Kohlhammer

Anne Gidion

Leichter beten

Leichte Sprache in der Liturgie –
Argumente, Anschauungen, Auswirkungen

Verlag W. Kohlhammer

1. Auflage 2024

Alle Rechte vorbehalten
© W. Kohlhammer GmbH, Stuttgart
Gesamtherstellung: W. Kohlhammer GmbH, Stuttgart

Print:
ISBN 978-3-17-044508-6

E-Book-Format:
pdf: 978-3-17-044509-3

Für den Inhalt abgedruckter oder verlinkter Websites ist ausschließlich der jeweilige Betreiber verantwortlich. Die W. Kohlhammer GmbH hat keinen Einfluss auf die verknüpften Seiten und übernimmt hierfür keinerlei Haftung.

Dieses Werk einschließlich aller seiner Teile ist urheberrechtlich geschützt. Jede Verwendung außerhalb der engen Grenzen des Urheberrechts ist ohne Zustimmung des Verlags unzulässig und strafbar. Das gilt insbesondere für Vervielfältigungen, Übersetzungen, Mikroverfilmungen und für die Einspeicherung und Verarbeitung in elektronischen Systemen.

Vorwort und Dank

Bei dem vorliegenden Text handelt es sich um die weitgehend unveränderte Fassung meiner Dissertationsschrift, die im Sommersemester 2023 von der Theologischen Fakultät der Universität Rostock unter dem Titel „Leichter Beten. Leichte Sprache in der Liturgie – Argumente, Anschauungen, Auswirkungen" angenommen wurde.

Den Impuls Leichter Sprache als Anfrage und Herausforderung für Sprache im Gottesdienst habe ich als Pastorin in der Evangelischen Stiftung Alsterdorf bekommen. Die vorliegende Arbeit ist danach und in Etappen entstanden – auch als eine Form der Praxisreflexion meiner Fortbildungsarbeit im Gottesdienstinstitut der Nordkirche und im Pastoralkolleg in Ratzeburg. Meine langjährige ehrenamtliche Mitwirkung beim Deutschen Evangelischen Kirchentag im Präsidium und in Foren und Gottesdiensten mit Leichter Sprache spiegelt sich im Text ebenfalls wider. Verteidigt habe ich die Arbeit während meiner aktuellen Aufgabe als Bevollmächtigte des Rates der EKD bei der Bundesrepublik Deutschland und der Europäischen Union in Berlin und Brüssel.

Ich danke allen, die mich in den verschiedenen Phasen der Untersuchung und des Schreibens begleitet und unterstützt haben. Zunächst gilt dieser Dank Professor Dr. Alexander Deeg, der die Explorationen von Leichter Sprache in der Liturgie von Anfang an konstruktiv und kritisch begleitet und das Zweitgutachten zu meiner Dissertation verfasst hat. Den Kolleginnen und Kollegen aus der Sozietät in Leipzig sei Dank für die Gelegenheit, ein Frühstadium meiner Überlegungen zur Diskussion zu stellen. Der Verbindung zur Leipziger Fakultät verdanke ich auch meinen Studienaufenthalt an der Duke Divinity School in Durham/North Carolina (USA) im Herbst 2015. Vor allem Professor Dr. Charles (Chuck) Campbell, Dr. David Stark und die Preaching Class haben mich dort begeistert und inspiriert. Auf Konferenzen der internationalen Societas Homiletica durfte ich „Plain Language between Ethics and Aesthetics" zur Diskussion stellen und Leichte Sprache auf Englisch denken. Auch davon habe ich viel gelernt. Im kleinen ambulanten Gottesdienst-Institut der Nordkirche und im Atelier Sprache in Braunschweig, mit den Kolleginnen und Kollegen im Zentrum für Gottesdienst- und Predigtkultur in Wittenberg und in den Arbeitsstellen für Gottesdienst der EKD und der Schweiz habe ich in Workshops und Seminaren immer wieder Übertragungen und Liturgien in Leichter Sprache erproben können. Auch ihnen allen sei hier herzlich gedankt, besonders Thomas Hirsch-Hüffell und Felix Ritter. Meinem ehemaligen Team im Pastoralkolleg Ratzeburg verdanke ich Unterstützung und Freiraum in der Endphase der Fertigstellung.

Allem voran danke ich Professor Dr. Thomas Klie für die Übernahme der Betreuung des Projektes und die Erstellung des Erstgutachtens. Darüber hinaus bin ich ihm sehr verbunden für die immer ermutigenden, bisweilen auch etwas robusten Rückmeldungen in verschiedenen Phasen der Textarbeit. Ohne diese Hartnäckigkeit gäbe es dies Buch nicht. Auch den Mitgliedern des Rostocker

„Dok-Kolls", namentlich Lisa Espelöer und Jakob Kühn, danke ich von Herzen für konstruktive Rückmeldungen und Wegbegleitung bis ins Finale.

Der wunderbaren Ratzeburger Bibliothekarin Uta Voß danke ich sehr für ihre Hilfe bei Literaturrecherche und Fußnoten, meiner Mutter Dr. Heidi Gidion für Unterstützung beim Korrekturlesen. Stellvertretend für viele danke ich Marei Röding und Dr. Susanne Schmidt für Ermutigung und Begleitung aller Art.

Mein Mann Pfarrer Karsten Wolkenhauer liebt eigentlich eher die langen Sätze mit starken Metaphern, Negationen, Konjunktiven und Futur Zwei. Dass selbst er sich bisweilen vom leichten Beten hat anstecken lassen, ist eine der größten Freuden für mich.

Angefangen hat es mit den Menschen in der Evangelischen Stiftung Alsterdorf. Leichter gebetet habe ich später auch gemeinsam mit den Mitarbeiterinnen und Mitarbeitern im Gästehaus der Vorwerker Diakonie im Domkloster Ratzeburg. Ihnen widme ich dieses Buch.

Berlin, Reformationstag 2023   Anne Gidion

Inhaltsverzeichnis

Vorwort und Dank 5

1. Einleitung 11
1.1 Absicht und Ziel dieser Untersuchung 11
    1.1.1 Leichte Sprache und Gottesdienst – Anfragen 11
    1.1.2 „Lasset uns beten" – das Tagesgebet 14
    1.1.3 Übersetzen als „Üben' 15
1.2 Aufbau und Gliederung 16

2. Vom rechtlichen Paradigma der Inklusion zum rhetorischen Paradigma der formalen Liturgik 21
2.1 Das Übereinkommen der Vereinten Nationen über die Rechte von Menschen mit Behinderungen, seine Anwendung in der Bundesrepublik Deutschland und seine Bedeutung für barrierefreie Kommunikation 21
    2.1.1 Ein Blick in die USA: Plain Language Network and Federal Guidelines of Plain Language 24
    2.1.2 „Plain Language" im kirchlichen Kontext – Drei Annäherungen 26
2.2 Leichte Sprache als Mittel zur barrierefreien Kommunikation 30
    2.2.1 Barrierefreiheit und Ermöglichungskommunikation 36
    2.2.2 Leichte Sprache und Einfache Sprache 37
    2.2.3 Leichte Sprache im Widerstreit 41
    2.2.4 Die Problematik sekundärer Adressatinnen und Adressaten ... 43
    2.2.5 Angst um den Reichtum religiöser Texte 44

3. Leichte Sprache aus sprachwissenschaftlicher Perspektive 47
3.1 Vorbemerkung 47
3.2 „Leichte Sprache – Theoretische Grundlagen. Orientierung für die Praxis." Konzeption und Aufbau einer umfassenden Kodifizierung ... 50
3.3 Regelwerke der Leichten Sprache in sprachwissenschaftlicher Perspektive 53
3.4 Funktionen Leichter Sprache 56
    3.4.1 Partizipationsfunktion 57
    3.4.2 Lernfunktion 60
    3.4.3 Brückenfunktion 61

3.5	Verstehen und Verständlichkeit	62
3.6	Übersetzen – Reduktion und Addition	63
3.7	Morphologie	65
3.8	Lexik	69
3.9	Syntax	72
3.10	Semantik	75
	3.10.1 „Frames"	75
	3.10.2 Mentale Räume	76
	3.10.3 Metaphern und Blending	78
3.11	Text	80
3.12	Erträge für die Frage nach Leichter Sprache in der Liturgie	84
4.	**Dem Volk aufs Maul geschaut: Öffentlich beten und verstanden werden**	87
4.1	Sprache im Gottesdienst	87
4.2	Sprache im Gottesdienst und Leichte Sprache	91
4.3	Leichte Sprache in der Liturgie	93
	4.3.1 Gottesdienst ohne Stufen	93
	4.3.2 Die Kriterien des Evangelischen Gottesdienstbuchs (EGb) und Leichte Sprache	95
4.4	Tagesgebete als „gebetetes" Dogma	97
4.5	Tagesgebete in Leichter Sprache?	100
5.	**Massenwirksames Erprobungsfeld Kirchentag**	105
5.1	Der Deutsche Evangelische Kirchentag seit 1949	105
5.2	Gottesdienste in Leichter Sprache – die Eröffnungsgottesdienste des Deutschen Evangelischen Kirchentages als Beispiel	108
	5.2.1 Übersetzungen in „Gerechte Sprache"	111
5.3	Das Material – die Gottesdienstabläufe	112
5.4	Beobachtungen an den Tagesgebeten	114
	5.4.1 DEKT Köln 2007	115
	5.4.2 DEKT Bremen 2009	116
	5.4.3 ÖKT München 2010	118
	5.4.4 DEKT Dresden 2011	119
	5.4.5 DEKT Hamburg 2013	120
	5.4.6 DEKT Stuttgart 2015	121
	5.4.7 DEKT Berlin/Wittenberg 2017	124
	5.4.8 DEKT Dortmund 2019	127
5.5	Erkenntnisse aus dem Erprobungsfeld Kirchentag	129

6.	Leichte Sprache und das Spezifikum des Gebets als sprachlich-rituelles Geschehen	131
6.1	Sprache – Generalmedium der Kommunikation des Evangeliums	131
	6.1.1 Sprache des Alltags	131
	6.1.2 Zum Streit um den „Anknüpfungspunkt"	134
	6.1.3 Kooperation mit den Hörenden	138
6.2	Gottesdienst als Ort ästhetischer Erfahrung	142
	6.2.1 Gebetssprache und Beten – Produktion und Darstellung	145
	6.2.2 „Auredit"	146
6.3	Die liturgische Sprache des Gebets	150
	6.3.1 Poesie und Verständlichkeit	150
	6.3.2 Gebete zwischen Rede und Ritus – Wort und Kult	155
6.4	Beten in Leichter Sprache zwischen „Vermeiden" und „Zumuten" ...	159
	6.4.1 Leichte Sprache und die „großen Transzendenzen"...........	159
6.5	Beten in Leichter Sprache als ästhetische Form	164
7.	Liturgiedidaktische Konsequenzen	167
7.1	Liturgiedidaktische Labore mit Leichter Sprache	167
	7.1.1 Vorbemerkung	167
	7.1.2 Liturgisches Lernen in der Aus- und Fortbildung	168
7.2	Liturgische Präsenz – liturgische Qualität	172
	7.2.1 „Liturgische Präsenz" nach Thomas Kabel	172
	7.2.2 Präsenz unter den Bedingungen der Absenz – fundamentalliturgische Ausdifferenzierungen	176
	7.2.3 Qualitätsentwicklung im Gottesdienst	178
	7.2.4 „Üben" im Kontext des evangelischen Gottesdienstes	180
	7.2.5 Beten üben	182
	7.2.6 Beten als „in Schwingung Kommen"	184
7.3	Tagesgebet in Leichter Sprache üben	189
	7.3.1 Beten mit „metaliturgischer Kommentierung"	191
7.4	Konzeptionelle Mündlichkeit	194
7.5	Zehn Thesen zur Verwendung von Leichter Sprache in der Liturgie	199
7.6	Anhang – Übungen	200
	7.6.1 Erträge und Beobachtungen	204
8.	Literatur- und Internetverzeichnis	207
8.1	Verzeichnis der zitierten, verwendeten und weiterführenden Literatur	207
8.2	Internetquellen	220

1. Einleitung

1.1 Absicht und Ziel dieser Untersuchung

1.1.1 Leichte Sprache und Gottesdienst – Anfragen

> „Gott,
> Du machst mutig.
> Aber wir haben Angst in diesen Tagen.
> Geh weiter mit, bitte.
> Wir hoffen auf Dich.
> Jeden Tag, immer neu.
> So soll es sein.
> So wird es sein.
> Amen"[1].

Gottesdienst ist öffentliche Kommunikation. Potentiell ist er für alle zugänglich. Jedenfalls sollte er es sein. In dieser Arbeit wird Gottesdienst durch die Übertragung einiger seiner Texte in Leichte Sprache auf seine wortsprachliche Zugänglichkeit hin überprüft. Dies hat neben den rechtlichen[2] auch theologische Gründe. In der Kommunikation des Evangeliums realisiert sich ein reformatorischer Anspruch, so das Grundverständnis dieser Arbeit. „Dem Volk aufs Maul schauen" wird als Leitsatz ernst genommen, und das nicht nur im Bereich der Predigt, sondern in der Liturgie bzw. in der Gebetssprache. Es wird hier der Versuch unternommen, die besondere Ausdrucksform des Tages- bzw. Kollektengebets in die Reichweite Leichter Sprache zu rücken.

Leichte Sprache ist theoriegeschichtlich zunächst einmal ein Produkt der Selbsthilfebewegung von Menschen mit geistigen Behinderungen. Ihr Ziel ist die Ermöglichung einer möglichst barrierefreien Kommunikation. Dazu ge-

---

[1] Gebet aus einem Workshop zu „Gebete mit Leichter Sprache in der Passionszeit 2022" im Rahmen eines Kurses für Pastorinnen und Pastoren der Nordkirche: „Denn wir wissen nicht, was wir beten sollen ... Labor für Gebetssprachen zwischen Kirche, Netz und Marktplatz", 4.–8. April 2022 im Pastoralkolleg in Ratzeburg (Programm RZ 2021a (pastoralkolleg-rz.de), vom 9.4.2022), Veröffentlichung mit Genehmigung der Verfasserin.

[2] Von der Verankerung des Diskriminierungsverbots für Menschen mit Behinderungen im Grundgesetz (1994) über Deutschlands Ratifizierung der UN-Menschenrechtserklärung von 2008 (ausführlicher in Kap.2) ist ein „Paradigmenwechsel in der internationalen Behindertenpolitik" festzustellen. Die rechtlich verankerten Umsetzungen des Gesetzes „zur Stärkung der Teilhabe und Selbstbestimmung von Menschen mit Behinderungen" (vgl. BMAS – Bundesteilhabegesetz, vom 9.4.2022) sind für die Jahre 2017–2023 angesetzt. Vgl. Lang, Katrin: Die rechtliche Lage zu Barrierefreier Kommunikation in Deutschland, in: Maaß, Christiane/Rink, Isabel (Hrsg.), Handbuch Barrierefreie Kommunikation [Kommunikation – Partizipation –Inklusion 3], Berlin 2019, 67–93.

hört auch die Forderung nach einer verständlichen Sprache im öffentlichen Raum – vor allem schriftlich, in Behördenkommunikation und Nachrichten. So wie hinsichtlich der baulichen Gestaltung Rampen und Fahrstühle den Zugang zum öffentlichen Personennahverkehr oder zu Bürogebäuden ermöglichen, sind Publikationen in Leichter Sprache niedrigschwellige Kommunikationsangebote zur aktiven Teilhabe an der gesellschaftlichen Kommunikation. Bei Gebrauchsanweisungen und Informationsbroschüren ist das mit vergleichsweise geringem Aufwand und gutem Ergebnis zu erreichen. Bei Parteiprogrammen und Leitbildern ist der Weg dahin ein komplexer Prozess. Die Ergebnisse sind dann im Netz und in Papierform vorzeigbar. Bei Lernmaterial kann es pädagogische Prozesse fairer und zugänglicher machen.

Diese Arbeit stellt eine Reihe von Fragen. Dabei nähert sie sich den Antworten auf verschiedener Kommunikation. Die Grundfrage ist dabei: Inwiefern ist Leichte Sprache auch auf die liturgische Sprache im evangelischen Gottesdienst anwendbar?

Angesichts der umfassenden Rezeptionsstudien, die eine empirisch verankerte Antwort erst ermöglichen, sind die Fragen hier kleiner, dafür aber grundsätzlicher. Wie wirkt sich die Verwendung Leichter Sprache auf die Produktion liturgisch relevanter Texte aus? Verhält sich die Sprachform neutral zu den überkommenen Inhalten? Und falls nein, was kann nicht abgebildet werden? Und wo ergeben sich Kommunikationsgewinne?

Leichte Sprache hat als Praxisprojekt begonnen (2.1) und ist in wenigen Jahren sowohl Teil eines umfassenden rechtlichen als auch eines sprachwissenschaftlichen Diskurses geworden.[3] „Leichte Sprache" ist definiert als eine „Varietät des Deutschen" mit reduziertem lexikalischen und grammatischen Inventar. Sie setzt auf einen zentralen, alltagsnahen Wortschatz, also auf Kernwörter, die stilistisch weitgehend neutral, präzise, möglichst arm an Nebenbedeutungen und nicht metaphorisch verwendet sind.[4]

Um dies Ziel zu erreichen, hat sich die leichte Sprache Regeln gegeben, die „Leichte Sprache" zu einem geschützten Begriff machen (ausführlich dazu in 2.2 und 3).

Leichte Sprache ist dabei eine Anforderung an die Gesellschaft. Übersetzerinnen und Übersetzer haben dabei eine hohe Verantwortung. Anders als bei Simultanübersetzungen von Fremdsprachen übersetzen sie nicht jeden Satz oder

---

3   Umfänglich in: Bredel, Ursula/Maaß, Christiane: Leichte Sprache. Theoretische Grundlagen. Orientierung für die Praxis, Berlin 2016. Dort werden die bestehenden Regelwerke zueinander in Beziehung gesetzt und sprachwissenschaftlich reflektiert. Vgl. auch: Maaß/Rink: Handbuch (Vgl. Kap.2).
4   Maaß, Christiane: Übersetzen in Leichte Sprache, in: Maaß/Rink, Handbuch, 273–300, 273. Siehe auch Bredel/Maaß: Leichte Sprache, 345: Die Regel der Netzwerke „Benutzen Sie einfache Wörter" wird hier mit Hilfe der Prototypentheorie spezifiziert. Diese besagt, dass „Bei Ausdrücken eines Bedeutungsfeldes einer der Ausdrücke im Begriffszentrum steht und sich alle anderen mehr oder weniger weit von ihm weg in der Peripherie bewegen." Ausgeführt werden z.B. das Bedeutungsfeld „Vogel" (Zentrum: Spatz, Amsel; Peripherie: Pinguin) oder das Wortfeld für den „Übergang vom Leben zum Tod" (Zentrum: sterben; Peripherie: abscheiden, entschlafen, verlöschen).

jede Phrase. Bei der Übertragung in Leichte Sprache entscheiden sie vielmehr immer wieder und von Fall zu Fall, welche Signifikate zentral sind, welche transformiert werden müssen und welche nicht transformiert werden können.

> „Es kann nicht darum gehen, solche Diskurse durch verständliche Diskurse zu ersetzen. Es muss aber darum gehen, Verständlichkeitsschneisen in solche Diskurse zu schlagen, und zwar überall dort, wo Menschen ein berechtigtes Verständnisinteresse haben, z.B. weil an ihnen Rechtstitel vollstreckt oder Operationen ausgeführt werden. Es wäre jedoch ein Missverständnis, wenn man den Anspruch hätte, dass die Leichte-Sprache-Texte die fachsprachlichen Texte vollumfänglich ersetzen. Die Aufgabe der Leichte-Sprache-Texte ist es, die fachsprachlichen Texte nachvollziehbar und die zentralen Informationen zugänglich zu machen."[5]

Bei allen Kommunikationsformen, die mehr sind als die Vermittlung von Information, bilden die Kriterien Nachvollziehbarkeit und Zugänglichkeit eine besondere Herausforderung. Besonders poetische und literarische Texte – schriftlich oder mündlich –, um Exaktheit bemühte Wissenschaft mit spezifischer Fachsprache und eben auch gewachsene liturgische Sprache verlieren (z.B. stilistisch, syntaktisch, semantisch) auf den ersten Blick durch die Übertragung in eine Varietät mit deutlich verschlankter Syntax und kargerer Lexik.

Insofern versteht sich die Arbeit mit Leichter Sprache in der Liturgie als ein Laboratorium zum Lernen und Experimentieren. Leichte Sprache ist dabei keine absolute Norm, sondern wird hier verstanden als liturgiedidaktische Methode im Blick auf die Performanz öffentlichen Betens. Die Zielgruppe sind also liturgisch professionell Agierende (im Haupt- und Ehrenamt). Die Arbeit geht von der These aus, dass vor dem Ausüben ein Einüben steht und dass, wer öffentlich stellvertretend betet, auch persönlich beten üben muss.

Michael Meyer-Blancks 2019 erschienene Monographie „Das Gebet"[6] ist dabei eine wichtige Argumentationshilfe für die von der Verfasserin wesentlich in den Jahren 2009–2019 in liturgischen Workshops erarbeitete Praxis der Übertragung von Gebeten in Leichte Sprache.

Leichte Sprache fordert einen möglichst „einfachen" und „prototypischen"[7] Wortschatz, der von möglichst vielen Menschen verstanden werden kann und so also durchaus Kommunikationsformen des Alltags entspricht. Gefordert sind u.a. „hohe Gebrauchsfrequenz, große diskursive Reichweite, stilistische Neutralität, keine Metaphorik" (Bredel/Maaß, 347, vgl. 3.8). Den sich hier zwangsläufig ergebenden Diskrepanzen widmet sich die vorliegende Arbeit.[8]

Auf der Produktionsseite sind mit propädeutischer Absicht die liturgisch Ausgebildeten im Blick, auf der Rezeptionsseite wesentlich Menschen, die mit

---

5 Maaß, Christiane: Rechtlicher Status der Übersetzungen in Leichte Sprache, in: dies./Rink, Isabel/Zehrer, Christiane, Leichte Sprache, Forschungsstelle Leichte Sprache, www.uni-hildesheim.de/leichtesprache (vom 30.1.2022). Dort als Beispiel: „Leichte-Sprache-Texte sind folglich nicht immer justizabel und können es auch nicht sein."
6 Tübingen 2019.
7 Bredel/Maaß: Leichte Sprache, 345.
8 Ausführlich und beispielhaft auf der Website der Evangelisch-lutherischen Kirche in Baden: Gebete in Leichter Sprache (ekiba.de) (vom 13.2.2022).

Liturgiesprache unvertraut sind und mit denen die Liturgisierenden im Gottesdienst ihrerseits zu tun haben. Romano Guardini und Wilhelm Stählin als wichtige Protagonisten der Liturgischen Bewegung sind in ihrer Zeit von einer Liturgiefähigkeit des Menschen ausgegangen. In der gottesdienstlichen Vorbereitung ist auch heute jeweils zu fragen, wieweit es um die Liturgiefähigkeit bestellt ist und ob Leichte Sprache eine Methode ist, auf niedrigerem Level anzusetzen, um eine neue Liturgiefähigkeit zu entwickeln.

1.1.2 „Lasset uns beten" – das Tagesgebet

Als Exempel für die Implementierung von Leichter Sprache in die Liturgie dient in dieser Arbeit ein kurzes und unspektakuläres liturgisches Stück – nicht die freien Stücke wie Begrüßung und Predigt, auch nicht die verschiedenen Bibelübersetzungen. Diese Gegenstände erforderten einen anderen methodischen Zugang und wären nur unter großem empirischen bzw. übersetzungstheoretischen Aufwand zu erfassen. Dies soll anderen Arbeiten zum Thema überlassen bleiben. Parallel zur Abfassung dieser Untersuchung ist ein Forschungsprojekt von Britta Lauenstein im Bereich Religions- und Gemeindepädagogik entstanden, das sprachvergleichend zur Übertragung biblischer Texte arbeitet[9].

Hier nun rückt das Tagesgebet, früher „Kollektengebet"[10], ins Zentrum der Untersuchung (Kap.4–6). Dies kurze Gebet als liturgisches „Scharnier zwischen dem Eröffnungsteil des Gottesdienstes und dem folgenden Verkündigungsteil"[11] besteht traditionell nur aus wenigen Worten. Es ist allerdings theologisch hoch verdichtet und muss darum gut zugänglich sein. Denn es ist ein „gebetetes Dogma", ein „Gottesdienst im Kleinen" (Kap.4). Das Subjekt ist das betende „Wir", prosphonetisch vorgetragen in der Erwartung, dass die anwesende Gemeinde einstimmt. Diese Gebetsform bewegt sich in der Spannung zwischen von Subjektivität befreiter Formel und vom Formelhaften befreiter Subjektivität. Das Gebet ist im Gottesdienst eine inklusive, kollektive *und* individuelle Handlung. Es setzt voraus, dass Rezipientinnen und Rezipienten innerlich in den angeschlagenen Grundton einstimmen und im Idealfall mitbeten können.

Wird das Tagesgebet in Leichte Sprache übertragen[12], tritt hinter der verdichteten formelhaften Sprache eine Fülle voraussetzungsreicher Einzelaspekte der biblischen Tradition und des christlichen Glaubens zutage. Die verdichteten

---

9 In einem Dissertationsprojekt am Fachbereich Theologie der Universität Paderborn bei Harald Schroeter-Wittke und Martin Leutzsch mit dem Arbeitstitel "Bibeltexte in Leichter Sprache – Arbeitsweisen, Intentionen und Problemlagen" (mündliche Auskunft der Verf.).
10 EGb 2020 = Evangelisches Gottesdienstbuch. Agende für die Union Evangelischer Kirchen in der Evangelischen Kirche in Deutschland (UEK) und für die Vereinigte Evangelisch-Lutherische Kirche Deutschlands VELKD), überarb. Fassung, Leipzig/Bielefeld 2020, 618f.
11 Deeg, Alexander: Das Kollektengebet. Ein Plädoyer, in: Lehnert, Christian (Hrsg.), „Denn wir wissen nicht, was wir beten sollen ..." Über die Kunst des öffentlichen Gebets [Impulse für Liturgie und Gottesdienst 1], Leipzig 2014, 38–48, 38.
12 Ausführlich zu den gängigen Regelwerken in Kapitel 3.

„großen Worte"[13] der christlichen Denktradition werden durch die Regelwerke verflüssigt, also verbalisiert, in mehrere Sätze aufgegliedert bzw. mit Metakommunikation versehen. Der abbrevierte Gedankengang der Formel wird durch Leichte Sprache in seine Bestandteile zerlegt. Soll auf pragmatischer Ebene eine neue Sprachform entstehen, die prosphonetisch gebetet werden kann, braucht es dann allerdings andere stimmige Formulierungen.

1.1.3 Übersetzen als „Üben"

Aus liturgieproduktiver Perspektive wird Leichte Sprache im Folgenden wesentlich als Werkzeug für das Üben des Gebets verstanden. Die ursprüngliche Zielgruppe dieser Selbsthilfebewegung wird dabei mitgedacht und mitgeführt, erweitert sich aber zur gemeindlich durchmischten Situation der Spätmoderne. Gottesdienste für liturgisch Ungeübte oder Kirchenferne sind dabei genauso im Blick wie Andachten im öffentlichen Raum. Die konkrete Übung besteht immer wieder darin, die christliche Tradition, wie die Agenda sie bewahrt, und die rezipierende Gemeinde ineinander zu verweben. Dies braucht Liturginnen und Liturgen, die – traditionsbewusst – eine eigene Haltung entwickeln und in jedem Gottesdienst und jedem öffentlichen Beten neu sprachfähig inszenieren. Der Gottesdienst im Ganzen und der einzelne Gottesdienst „entrinnt damit natürlich nicht der Dialektik von Machbarkeit und Unverfügbarkeit"[14]. Vielmehr stellt sich diese Dialektik „auch und gerade in der späten Moderne angesichts der Erosion traditioneller Gewissheitskommunikationen und der kulturellen Beschleunigungen mit umso größerer Dringlichkeit". Die Frage ist immer neu: „Was ist bewahrenswert, was muss verändert werden?"[15]

In der Spannung von „Vermeiden" schwerer Worte und dem „Zumuten"[16] sakralsprachlicher Spezifika gilt es auszuloten, wie Beten mit Leichter Sprache klingt und wirken kann. Dieser Untersuchung liegen zwölf Jahre Lehrtätigkeit in liturgiedidaktischen Workshops zugrunde. Übertragungen in Leichte Sprache haben sich dabei als zentrale Methode bewährt.[17] Die Übertragungen der Gebete aus dem Evangelischen Gottesdienstbuch (EGb) führen z.B. mitten hinein in die Frage nach dem Verhältnis von liturgischer Sprache und Alltagssprache.

Für die Übertragungen mit[18] Leichter Sprache gilt generell, dass die Ergebnisse vorläufig und kontextabhängig sind. Sie müssen sich als Varietät des Deut-

---

13   Ausführlich in 6.3 unter Bezug auf: Deeg, Alexander: Das äußere Wort und seine liturgische Gestalt [Arbeiten zur Pastoraltheologie, Liturgik und Hymnologie 68], Göttingen 2012.
14   Klie, Thomas: Fremde Heimat Liturgie. Ästhetik gottesdienstlicher Stücke, Stuttgart, 2010, 12.
15   Ebd.
16   Bock, Bettina M.: Im Spannungsfeld zwischen Vermeiden und Zumuten: „Leichte Sprache" in religiöser Kommunikation, in: epd-Dokumentation 40–41 (2021), 13–17.
17   Vgl. Kapitel 7.6 – Übungen.
18   Die Formulierung „mit" Leichter Sprache wird immer dann verwendet, wenn die Regeln nicht lege artis verwendet werden, z.B. wenn auf die Einbeziehung von Prüfgruppen verzichtet wird (vgl. Kap 3).

schen erst bewähren, ob als Gebrauchsanweisung oder als stimmiges Kirchengebet. Den Regeln eignet ein rechtlich-normativer Gestus, den Übertragungen nicht. Wer die Regeln mit gesetzlicher Akribie rezipiert, verfehlt ihren Grundimpuls. Für den Umgang mit den „großen Transzendenzen" (Thomas Luckmann), die die liturgische Sprache signifiziert, ist es vielmehr der Vorgang des Übersetzens selbst, der hier zu einer Methode wird. Es geht darum, die Rezeptionsfähigkeiten und Bedürfnisse der (potenziell) Anwesenden zu antizipieren, um darüber öffentlich beten zu lernen.[19] „Eine nur technisch verstandene Einfachheit ist zu simpel. (...) Gelungene Verständigung (ist) ein Akt der Liebe, eine Liebe, die erfinderisch ist und im Gespräch mit denen, die zuhören, neue Bilder, Geschichten und Einfälle empfängt – und dann verständlich zu sagen, wie schön Gott ist". Diese „homiletische Reflexion der leichten Sprache"[20], die Ralph Kunz formuliert hat, gilt es, in eine liturgische Reflexion der *Leichten Sprache als Übung des öffentlichen Betens* zu transformieren. Dazu leistet diese Untersuchung ihren Beitrag.

1.2   Aufbau und Gliederung

Um die These von Leichter Sprache als Übungsmuster für eine übersetzende liturgische Sprache im Gottesdienst zu validieren, zeichnet die vorliegende Arbeit *im zweiten Kapitel* zunächst die Herkunft der Leichten Sprache als Produkt einer Selbsthilfebewegung nach (2.1). Ein Seitenblick auf den anglo-amerikanischen Sprachraum vertieft das Projekt. Es wird deutlich: Hier zeigt sich ein nicht nur deutsches Phänomen (2.1.1), vielmehr gibt es im nordeuropäischen und im anglo-amerikanischen Sprachraum vergleichbare Entwicklungen.

Leichte Sprache ist dabei die weitestgehende sprachliche Forderung für einen auf Barrierefreiheit (2.2) ausgerichteten Zugang zu Informationen (im weitesten Sinn), einer „Ermöglichungskommunikation" (2.3). „Einfache Sprache" hingegen ist ein weitgehend undefinierter Begriff, der das Bemühen um kurze Sätze, einfache Lexik und möglichst voraussetzungslose Sprachbilder beschreibt (2.4). Leichte Sprache ist aus verschiedenen Perspektiven durchaus umstritten. Menschen mit Behinderungen als Rezipientinnen und Rezipienten fühlen sich teils stigmatisiert, sekundär Adressierte wiederum empfinden Leichte Sprache als Ärgernis. Angst vor Banalisierung und Bildungsverlust treten in der Praxis ebenso auf wie sinnentfremdende Übersetzungen, die das zentrale Anliegen von Leichter Sprache verfehlen (2.5).

---

19   Meyer-Blanck, Michael: Das Gebet, Tübingen 2019, 330f, beschreibt das öffentliche Beten als „pastorale Handlungskompetenz", die allerdings in keiner Ausbildungsphase im Mittelpunkt stehe und in der Regel entweder durch „Imitation" oder durch Abspaltung des „frommen" Ichs vom wissenschaftlichen Ich gelernt werde. Beides sei für eine Praxis des öffentlichen professionellen Betens nicht förderlich.

20   Kunz, Ralph: „Nichts ist ohne Sprache" (1. Kor 14,10). Kommunikation des Evangeliums einfach verständlich, in: epd-Dokumentation 40-41 (2021), 18–24, 23.

Aufbau und Gliederung

Das dritte Kapitel wendet sich dem Forschungsfeld Leichter Sprache aus sprachwissenschaftlicher Perspektive zu Das Feld ist neu. Der ursprüngliche Selbsthilfe-Kontext ist Teil eines umfangreichen Forschungsdiskurses geworden.

Leichte Sprache soll hier – darauf zielt diese Untersuchung – als ein Spiel- und Erprobungsraum für neu angeeignete und zugängliche Liturgiesprache verstanden werden. Darum wird bei der Entfaltung des sprachwissenschaftlichen Horizonts hier immer die Frage mitgeführt, was die jeweiligen Einschränkungen für liturgische Texte und vor allem für ihre Generierung austragen.

Leichte Sprache wird als Varietät des Deutschen zu einem umfassenden linguistisch beschreibbaren Regelwerk (Kapitel 3.1–3.10). Und so wird auch die fachfremde Perspektive im Blick auf die Funktionen der Leichten Sprache ergiebig: Partizipationsfunktion (3.4.1) mit dem Plädoyer für „skopusbasierte" Translation (3.4.1.1) hat einen praktisch-theologischen Beiklang, die Lernfunktion (3.4.2) und die Brückenfunktion (3.4.3) von Texten sind auch religions- und gemeindepädagogisch anschlussfähig. Die zentralen Verfahren auf Textebene (Reduktion, Addition und metasprachliche Kommunikation 3.6; 3.10) werden am Beispiel für liturgische Sprache vorgeschlagen. Auch Fragen der Morphologie (3.7), der Lexik (3.8) und der Syntax (3.9) werden auf Gebetsformulierungen hin überprüft. Beim Thema der Semantik (3.10) wird mit Hilfe von „Frames" (3.10.1), „mentalen Räumen" (3.10.2), Metaphern und „Blending" (3.10.3) nachvollzogen, wie Sprache Bilder produziert und wie dies auch bei einem reduzierten metaphorischen Repertoire möglich ist. Das in den Regelwerken besonders umstrittene Thema der Negationen (3.10.2.1) wird hinsichtlich seiner Möglichkeiten und Grenzen diskutiert.

Das vierte Kapitel wendet sich grundsätzlicher der Sprache im evangelischen Gottesdienst zu (4.1). Hier wird anhand von Cornelia Jagers Modell eines „Gottesdienst(es) ohne Stufen" (4.3.1). nach den Auswirkungen von Leichter Sprache auf liturgische Sprache (4.2) gefragt. Die für das Evangelische Gottesdienstbuch (EGb) geltenden Kriterien werden auf ihr Verhältnis zu Barrierefreiheit und Leichter Sprache hin überprüft (4.3.2).

Das Tagesgebet wird als liturgisches Stück ins Zentrum gestellt (4.4). Tradition und Subjektivität treffen dort in einer Art kleinem Kosmos aufeinander – paradigmatisch für den gesamten Gottesdienst. Was ändert sich an Semantik und Pragmatik des Tagesgebets durch die Verwendung von Leichter Sprache (4.5)?

Das fünfte Kapitel wendet sich dem liturgischen Großlabor des Deutschen Evangelischen Kirchentages zu (5.1). Im Zeitraum 2009–2019 (inklusive des 2. Ökumenischen Kirchentags 2010 in München) wurden jeweils „Eröffnungs-Gottesdienste in Leichter Sprache" gefeiert (5.2 und 5.3). Auch hier sind die Tagesgebete stellvertretend für die liturgische Sprache im Fokus (5.4). Bei den Gebeten in den Kirchentagsgottesdiensten wurde unter anderen auf Prädikationen (5.5) weitgehend zugunsten von Wir-Aussagen verzichtet, die die gottesdienstliche Situation der Gemeinde im Hier und Jetzt konstituieren. Agensnahe, indikativische, aktive und verbalisierte Formulierungen, die hier in diesem exponierten Erprobungsraum durch die weitgehende Berücksichtigung der Leichte Sprache-Regeln entstanden, treten an die Stelle von Huldigungsformen und Bezügen zum Heilshandeln Gottes.

Das sechste Kapitel geht mit Ernst Lange der Sprache als Generalmedium der Kommunikation des Evangeliums nach. Kategorien aus der Homiletik werden auf die Liturgik übertragen (6.1), der Streit um den „Anknüpfungspunkt" (Emil Brunner, 6.1.2) und eine mögliche Aktualisierung werden entfaltet. Definiert wird der Gottesdienst als ein Ort ästhetischer Erfahrung (6.2), in dem Gebetssprache produziert und zur Darstellung kommt (6.2.1) Das „Auredit" (Engemann, 6.2.2), also die Mündlichkeit und ihr Konzept, diktiert dabei die Suche nach angemessener Gebetssprache. Eine so verstandene Kommunikation des Evangeliums wird auf eine Antizipation des barrierefreien Hörens hin ausgedeutet.

Die Poesie wird insofern als Referenzform für Liturgie verstanden, als sie verknappt, verdichtet und konnotiert (6.3). Das Gebet steht formal also zwischen Rede und Ritus (Meyer-Blanck). Liturgie ist dabei immer beides, Wort und Kult (Deeg). Es gilt, eine Sprache zu finden, die das „Wort hinter den Wörtern" (Deeg) zum Vorschein bringen kann.

Auch die Sprachwissenschaft beginnt zu fragen, wie Leichte Sprache und sakrale Sprache zwischen der „Vermeidung" schwieriger Lexeme und der „Zumutung" religiös konnotierter Syntax und Semantik zu integrieren sind (Fix, Bock, 6.4; 6.4.1). Leichte Sprache wird als ästhetische Form, als Methode, als Spielraum für die Entstehung einer inklusiven Form öffentlichen Betens verstanden (6.5). Deshalb muss sie sich mit den Klippen der Rezeption beschäftigen: Eröffnet allein das Vermeiden schwieriger Wörter den Raum sakraler Teilhabe? Erste empirische Erkenntnisse hinsichtlich der Verwendung von Leichter Sprache im Alltagsleben zeigen: „Vermeiden" erleichtert Zugänge, aber das allein wird der provozierenden Fremdheit sakraler Sprachbilder nicht gerecht.

Das abschließende *siebente Kapitel* fragt nach liturgiedidaktischen Konsequenzen der Verwendung Leichter Sprache im Blick auf liturgisches Lernen (7.1). Überlegungen zur Aus-, Fort- und Weiterbildung (7.1.2) verbinden sich mit der Methode der „Liturgischen Präsenz" (7.1.3) nach Thomas Kabel und konkretisieren sich auf der Folie fundamentalliturgischer Einwände aus der Perspektive der Absenz. Dies wird eingeordnet in den Kontext der seit den 2010er Jahren wachsenden Bemühungen um „Qualitätsentwicklung im Gottesdienst" (7.2). Die dann folgenden Unterabschnitte widmen sich dem „Üben" im Kontext des evangelischen Gottesdienstes (7.2.1). Beten üben wird dabei verstanden als ein „in Schwingung kommen" (7.2.3). Übungen mit Leichter Sprache können zu einem solchen Gestus beitragen – so die These (7.3). „Liturgische Metakommunikation" (7.3) führt zu einem öffentlichen Beten im Modus einer „konzeptionellen Mündlichkeit" (7.4.), die auf der Produktionsseite ein barrierefreies Mitgehen und Mitbeten anbahnt. Am Ende der Ausführungen stehen „Zehn Thesen zur Verwendung von Leichter Sprache in der Liturgie" (7.5).

Im Anhang (7.6) wird deutlich: Der liturgiedidaktische Fokus dieser Untersuchung sieht die (gemeinsame oder individuelle) Übung als genuinen Wirkort für Leichte Sprache.

Die Übersetzung nach den (dynamisch verstandenen) Regelwerken ist Wesen und Methode in einem: Gesucht ist nicht das eine endgültige Ergebnis, sondern die je treffende situationsadäquate Form. Für diese braucht es eine sprachlich flexible Grundhaltung, die begründet aushandeln kann - auch hinsichtlich der Brückenfunktion und der Lernfunktion barrierefreier Liturgie: Welche Formeln gilt es aus Verbundenheit mit biblischer Tradition und ökumenischer Weite zu pflegen, zu erhalten und Leichter Sprache an die Seite zu stellen?

Vielleicht werden in der Zukunft wieder andere neue Sprachformen entstehen. Bis dahin kann es ein Weg sein, sich übend heranzutasten an eine Sprache „an der Grenze zum Unsagbaren"[21].

---

21 Rotzetter, Anton: Sprache an der Grenze zum Unsagbaren. Für eine zeitgemäße Gebetssprache in der Liturgie, Ostfildern 2002.

2. Vom rechtlichen Paradigma der Inklusion zum rhetorischen Paradigma der formalen Liturgik

2.1 Das Übereinkommen der Vereinten Nationen über die Rechte von Menschen mit Behinderungen, seine Anwendung in der Bundesrepublik Deutschland und seine Bedeutung für barrierefreie Kommunikation

Eine möglichst „barrierefreie"[1] Gesellschaft braucht eine für alle verständliche Sprache. Das Konzept der Leichten Sprache hat seine Wurzeln in der Selbstbestimmungsbewegung von Menschen mit Behinderungen und ihren Interessenverbänden. Sie fordern Teilhabe für alle am öffentlichen Leben. Die rechtliche Basis dafür ist die UN-Behindertenrechtskonvention von 2006 (im Folgenden: UN-BRK). Sie ist „das erste universelle Rechtsinstrument, das bestehende Menschenrechte, bezogen auf die Lebenssituation behinderter Menschen, konkretisiert. Es würdigt Behinderung als Teil der Vielfalt menschlichen Lebens und überwindet damit das noch in vielen Ländern vorherrschende defizitorientierte Verständnis. Dem Großteil der weltweit rund 650 Millionen behinderter Menschen soll das Übereinkommen erstmalig einen Zugang zu universell verbrieften Rechten verschaffen. (...) Zwei Drittel der etwa 650 Millionen Menschen mit Behinderungen leben in Entwicklungsländern. (...) Während das Weltaktionsprogramm für Menschen mit Behinderungen und die Rahmenbestimmungen für die Herstellung der Chancengleichheit von Menschen mit Behinderungen einen lediglich empfehlenden Charakter haben, wird das Übereinkommen für alle Staaten, die es ratifizieren, verbindlich. Das Übereinkommen über die Rechte von Menschen mit Behinderungen greift auf die Allgemeine Erklärung der Menschenrechte sowie auf die wichtigsten Menschenrechtsverträge der Vereinten Nationen zurück und formuliert zentrale Bestimmungen dieser Dokumente für die Lebenssituation von Menschen mit Behinderungen. Die UN-Behindertenrechtskonvention schafft somit keine Sonderrechte, sondern konkretisiert und spezifiziert die universellen Menschenrechte aus der Perspektive der Menschen

---

[1] In englischsprachigen Dokumenten ist von „accessibility" die Rede, im Deutschen wird dies im Diskurs über die Rechte von Menschen mit Behinderungen in der Regel mit „barrierefrei" übersetzt. Im Folgenden werden dieser Begriff und Ableitungen davon ohne Anführungszeichen verwendet. https://www.un.org/development/desa/disabilities/convention-on-the-rights-of-persons-with-disabilities/article-9-accessibility.html (vom 3.3.2022).

mit Behinderungen und vor dem Hintergrund ihrer spezifischen Lebenslagen, die im Menschenrechtsschutz systematische Beachtung finden müssen."[2]

Ziel des Übereinkommens ist es also, die Menschenrechte und Grundfreiheiten von Menschen mit Behinderungen zu gewährleisten, zu schützen und zu fördern. Die UN-BRK ist ein von 160 Staaten und der EU durch Ratifizierung, Beitritt oder (im Fall der Europäischen Union) formale[3] Bestätigung abgeschlossener völkerrechtlicher Vertrag, der die bislang bestehenden acht Menschenrechtsabkommen für die Lebenssituation behinderter Menschen konkretisiert: Sie werden nicht mehr als Kranke betrachtet, sondern als gleichberechtigte Menschen – weitreichende Verbesserungen der Lage von Menschen mit Behinderungen in den Vertragsstaaten sind das Ziel.

2006 wurde dieses Abkommen von der UNO-Generalversammlung in New York verabschiedet.

Deutschland hat dieses Abkommen 2008 ratifiziert und sich damit zu weitgehenden Maßnahmen verpflichtet, die zum Teil schon in das neunte Kapitel des deutschen Sozialgesetzbuchs (im Folgenden: SGB IX.) Eingang gefunden haben.

Die Bundesregierung erstellt unter Federführung des Bundesministeriums für Arbeit und Soziales (im Folgenden: BMAS) alle vier Jahre einen Bericht über die Lage von Menschen mit Beeinträchtigungen in Deutschland. Dazu werden Daten über deren Lebenslage und den Entwicklungsstand ihrer Teilhabe bzw. Inklusion systematisiert und ausgewertet. 2011 hat die Bundesregierung den ersten nationalen Aktionsplan dazu veröffentlicht. 2013 gab es den ersten „Teilhabebericht der Bundesregierung über die Lebenslagen von Menschen mit Beeinträchtigungen" (BMAS, 2013a). Im Januar 2017 hat die deutsche Bundesregierung den sogenannten „Zweiten Teilhabebericht über die Lebenslagen von Menschen mit Beeinträchtigungen" veröffentlicht[4]. Darüber hinaus informiert das BMAS aktuell über Teilhabemöglichkeiten für Menschen mit Beeinträchtigungen und hält diese Informationen auch und gerade in Leichter Sprache vor.[5] „Um sprachliche Barrieren für Menschen mit Lern- und geistigen sowie seelischen Behinderungen abzubauen, wurde die Leichte Sprache im BGG und im Sozialgesetzbuch verankert. Künftig sollen Behörden damit noch mehr Informationen in Leichter Sprache zur Verfügung stellen. Seit Beginn des Jahres 2018 sollen die Behörden zudem Formulare und Bescheide kostenfrei – je nach Bedarf – mündlich in einfacher, verständlicher Sprache oder, falls dies nicht ausreicht, schriftlich in Leichter Sprache erläutern. Gerade im Sozialverwaltungsverfahren ist dies wichtig für Menschen mit Behinderungen."[6]

---

2   Https://www.behindertenrechtskonvention.info/die-behindertenrechtskonvention-im-historischen-kontext-3743/ (vom 30.5.2019).

3   Https://www.behindertenrechtskonvention.info/meinungsfreiheit-und-informationszugang-3879/ (vom 18.5.19).

4   Https://www.agsv.bayern.de/wp-content/uploads/2018/07/Teilhabebericht_2017.pdf (vom 18.5.19).

5   Https://www.bmas.de/DE/Themen/Teilhabe-Inklusion/erklaerung-teilhabe-behinderter-menschen.html (vom 18.5.19).

6   Https://www.bmas.de/SharedDocs/Downloads/DE/PDF-Publikationen/a990-rehabilitation-und-teilhabe-deutsch.pdf?__blob=publicationFile&v=8 (vom 10.10.2019).

Der regelmäßig erstellte Bericht erfüllt die im § 66 SGB IX und Artikel 31 der UN-BRK festgelegte Berichtspflicht. Er orientiert sich damit an den Leitideen der UN-BRK: *Inklusion, Partizipation* und *Nichtdiskriminierung*. Diese drei Kriterien haben rechtliche und bauliche und verkehrstechnische Konsequenzen. Sie sind auch für den Bereich der öffentlichen Kommunikation und Sprache relevant.

Ein weiterer Teilhabebericht des BMAS folgte 2017[7], 2018 gab es einen zweiten nationalen Aktionsplan[8]. Dort heißt es: „Deutschland ist auf gutem Weg zu mehr Inklusion." Das geht aus dem Zwischenbericht zum Nationalen Aktionsplan zur UN-Behindertenrechtskonvention (UN-BRK) hervor. Das Bundeskabinett hat diesen Aktionsplan am 24. Oktober 2018 zur Kenntnis genommen und verabredet, den Nationalen Aktionsplan 2.0 (NAP 2.0) bis Mitte 2020 fortzuschreiben.[9] 2021 gab es einen weiteren Bericht.[10]

Neben wesentlichen sozialrechtlichen und (städte-)baulichen Konsequenzen betreffen diese Maßnahmen auch den Zugang zu Informationen. Die Grundlage dafür ist Artikel 21 der UN-BRK. Dort geht es um „das Recht von Menschen mit Behinderungen auf Meinungsäußerung und Meinungsfreiheit (…) einschließlich der Freiheit, sich Informationen und Gedankengut zu beschaffen, zu empfangen und weiterzugeben"[11].

Davon betroffen sind der Umgang mit Sprache im öffentlichen Raum und die Freiheit, sich Gedankengut zu beschaffen. Dieser Artikel wiederholt und bekräftigt, was bereits Artikel 19 des UN-Zivilpakts[12] und Artikel 19 der Allgemeinen Erklärung der Menschenrechte[13] enthalten. Die Verwendung von Gebärdensprache, Braille, unterstützender Kommunikation und Leichter oder Einfacher Sprache sollen im Umgang mit Behörden möglich und gängig werden.[14] In Deutschland besteht die rechtliche Grundlage dafür im Behindertengleichstellungsgesetz (BGG) von 2002 und in seiner Umsetzungsverordnung. Diese „Barrierefreie-Informationstechnik-Verordnung" (im Folgenden: BITV 2.0) von 2011 berücksichtigt schon die Beschlüsse der UN-BRK. Der Internetauftritt des BMAS z.B. bietet seine Informationen auch in Leichter Sprache an.[15]

Leichte Sprache ist in den vergangenen Jahren „gezielt entwickelt worden, um Menschen mit gering ausgeprägtem Lesevermögen den Zugang zu schriftlichen Texten zu ermöglichen", sie ist „ein wichtiges Instrument der Inklusion" für Menschen mit Behinderung. Diese haben so „ein gesetzlich verankertes

---

7 Https://www.bmas.de/DE/Service/Medien/Publikationen/a125-16-teilhabebericht.html (vom 30.5.2019).
8 Https://www.bmas.de/DE/Service/Medien/Publikationen/a775-zwischenbericht-nationaler-aktionsplan-un-behindertenrechtskonvention.html (vom 19.5.19).
9 Ebd.
10 Https://www.bmas.de/DE/Service/Publikationen/Broschueren/a125-21-teilhabebericht.html (vom 31.10.23).
11 Https://www.behindertenrechtskonvention.info/meinungsfreiheit-und-informationszugang-3879/ (vom 30.5.19).
12 Https://www.zivilpakt.de/meinungsfreiheit-3359/ (vom 16.7.19).
13 Https://www.menschenrechtserklaerung.de/ (vom 16.7.19).
14 Thema „Zugänglichkeit" vgl. Kapitel 3.
15 Https://www.bmas.de/DE/Leichte-Sprache/leichte-sprache.html (vom 16.7.19).

Recht", auf Informationen „in einer für sie geeigneten Form zugreifen zu können."[16]

Für den Funktionszusammenhang von Information und Sprache ist relevant, dass seit dem 22. März 2014 alle Behörden auf Bundesebene ihren Online-Auftritt in Leichter Sprache zugänglich machen müssen.[17] Die Novellierung des BGG[18] von 2016 und ihr Inkrafttreten am 1.1.2018 verfestigten die Position der Leichten Sprache.

Für den Kontext dieser Untersuchung gilt es festzuhalten: Die UN-BRK und ihre Umsetzung im deutschen Sprachraum legen den Anspruch der Barrierefreiheit nicht nur für architektonische und politische Systemzusammenhänge fest. Der Anspruch auf Barrierefreiheit betrifft im öffentlich-administrativen Sektor ebenso das Feld der Sprache und der öffentlichen Kommunikation[19]. Es werden also über die Logik der universellen Partizipationsgerechtigkeit im öffentlich-administrativen Sektor Regelungen vorgenommen, die für *jede* Kommunikation im öffentlichen Raum unmittelbar anschlussfähig sind. Dazu gehört in praktisch-theologischer Perspektive auch die öffentliche Kommunikation der Kirchen im Gottesdienst.

2.1.1 Ein Blick in die USA: Plain Language Network and Federal Guidelines of Plain Language

In den USA gibt es seit den 90Jahren ein „Plain Language Movement". 2010 hat Präsident Obama einen „Plain Language Act" unterzeichnet; dieser fordert verständliche Kommunikation im öffentlichen Raum.[20] Diese Richtlinien haben

---

16 Maaß, Christiane: Leichte Sprache. Das Regelbuch [Barrierefreie Kommunikation 1], Berlin 2015, 8.
17 Ebd.
18 § 11 BGG – Einzelnorm (gesetze-im-internet.de), Veröffentlichung des Bundesministeriums der Justiz: (1) Träger öffentlicher Gewalt sollen mit Menschen mit geistigen Behinderungen und Menschen mit seelischen Behinderungen in einfacher und verständlicher Sprache kommunizieren. Auf Verlangen sollen sie ihnen insbesondere Bescheide, Allgemeinverfügungen, öffentlich-rechtliche Verträge und Vordrucke in einfacher und verständlicher Weise erläutern. (2) Ist die Erläuterung nach Absatz 1 nicht ausreichend, sollen Träger öffentlicher Gewalt auf Verlangen Menschen mit geistigen Behinderungen und Menschen mit seelischen Behinderungen Bescheide, Allgemeinverfügungen, öffentlich-rechtliche Verträge und Vordrucke in Leichter Sprache erläutern. (3) Kosten für Erläuterungen im notwendigen Umfang nach Absatz 1 oder 2 sind von dem zuständigen Träger öffentlicher Gewalt zu tragen. Der notwendige Umfang bestimmt sich nach dem individuellen Bedarf der Berechtigten. (4) Träger öffentlicher Gewalt sollen Informationen vermehrt in Leichter Sprache bereitstellen. Die Bundesregierung wirkt darauf hin, dass die Träger öffentlicher Gewalt die Leichte Sprache stärker einsetzen und ihre Kompetenzen für das Verfassen von Texten in Leichter Sprache auf- und ausgebaut werden (vom 11.1.2022).
19 Als Beispiel öffentlicher Kommunikation die Nachrichten in Leichter Sprache im NDR-Fernsehen: https://www.ndr.de/fernsehen/service/leichte_sprache/index.html (vom 12.11.20).
20 Http://www.plainlanguage.gov/howto/guidelines/PresMemoGuidelines.cfm (vom 29.1.2022).

Gültigkeit für alle Bundesstaaten. Ihre Umsetzung ist unterschiedlich weit gediehen.[21]

Bei den Regeln liegt ein starker Fokus auf Schriftlichkeit und der übersichtlichen, empfängerorientierten Anordnung von Informationen. Die Perspektive von Kommunikation in Leichter Sprache ist empfängerorientiert, es geht vor allem darum, Gegenüber mit sehr unterschiedlichen Voraussetzungen zu erreichen.

Die Regeln vom Mai 2011[22] konzentrieren sich auf schriftliche Texte. Es geht darum, die Leserschaft möglichst genau zu identifizieren („Identify your audience"), den Text präzise zu organisieren („Organize") und beim Schreiben eines Textes auf eine Reihe von Gesichtspunkten zu achten: Verben statt Nomina, möglichst aktive Verben, kurze, einfache Worte, unnötige Worte weglassen, dasselbe Wort konsistent für dieselbe Sache benutzen, technischen Jargon vermeiden. Die Sätze sollen kurz sein, Subjekt, Prädikat und Objekt möglichst dicht beieinander, doppelte Verneinungen vermeiden, die wichtigsten Gesichtspunkte nach vorne, die Wortreihenfolge beachten. Andere Hilfen zur Deutlichkeit sind Beispiele, Listen, Tabellen, Bilder, Hervorhebungen, möglichst wenig Querverweise, möglichst übersichtliches Design.

In Kanada gibt es ebenfalls Richtlinien, Informationen und Praxiserfahrungen damit[23]. Der „Aktionsplan für Leichte Sprache" ist 2001 entwickelt worden. In den liberal-demokratischen Regierungsbezirken Kanadas ist Leichte Sprache seit 1988 Teil der staatlichen Kommunikationspolitik. Im Fokus waren und sind dabei Einwanderung und Multikulturalität[24]. Menschen mit kognitiven Schwierigkeiten sind erst im Kontext der VN-BRK dazugekommen (vgl. Kap. 2.1). Kanada ist Standort eines internationalen Leichte Sprache Netzwerks „PLAIN" (PlainLanguageAssociationInterNational), das 2008 gegründet wurde[25]. 2014 wurde dies Netzwerk als „non-profit-organization" approbiert, es hat über 200 Mitglieder[26], davon überwiegend in Kanada, den USA, Australien und Neuseeland, auch in Europa (Skandinavien, Ungarn, Großbritannien, Italien, Niederlande, Frankreich, Irland), Deutschland war von Anfang an Mitglied.

Training für Leichte Sprache ist aufwändig und kostet Geld, es gilt, Bewusstsein dafür zu erzeugen, dass „schwere" Texte allerdings auch Folgekosten produzieren in Form von Nachfragen und verschleppten Behördenprozessen. Der Fokus ist stets, „klarer zu kommunizieren"[27], sei es aus Sicherheitsgründen, sei es zur Verschlankung bürokratischer Abläufe, sei es zur Inklusion Verschiedener in der Gesellschaft. Weitere Gesichtspunkte für die Verwendung von Leich-

---

21 Www.plainlanguagenetwork.org (vom 29.1.2022).
22 Www.plainlanguage.gov (vom 29.1.2022).
23 NWT Literacy Council | NWTLiteracy (vom 29.1.2022).
24 Http://clad.tccld.org/plain-language-guides/ (vom 29.1.2022).
25 What is plain language? – Plain Language Association International (PLAIN) (plainlanguagenetwork.org) (vom 29.1.2022).
26 Plain language around the world – Plain Language Association International (PLAIN) (plainlanguagenetwork.org) (vom 29.1.2022). Internationale Konferenzen zu Fragen der Rechtsansprüche und Umsetzungen von „Plain Language" fanden bis zur Unterbrechung durch die Corona-Pandemie im zweijährigen Rhythmus statt.
27 Im Original: … „to communicate more clearly", ebd., 7.

ter Sprache in der öffentlichen Kommunikation in Behörden und Firmen sind außerdem[28]:
- es ist ein Gebot der Fairness, allen den Zugang zu Informationen zu ermöglichen
- es gibt operationale, nicht nur moralische Argumente dafür, z.B. gibt es über politisch-organisatorische Abläufe mehr mediale Berichterstattung, wenn Journalisten präzisere Informationen bekommen
- Leichte Sprache beseitigt eine paternalistische Haltung gegenüber Sprache[29], sie ermöglicht, dass Menschen selber aktiv werden und nicht darauf warten, dass jemand anders für sie entscheidet.
- Es ist wichtig, Leichte Sprache zu einem Akt der Höflichkeit zu erklären und weniger als eine Fähigkeit anzusehen.

Außerdem gab es wichtige Erkenntnisse für die Implementierung Leichter Sprache (vor allem im schriftlichen Kontext)[30]:
- Es ist ungünstig, Texte einfach für andere in Leichte Sprache zu korrigieren. Das bringt nur kurzfristig ein besseres Ergebnis, langfristig ist das keine Lösung, weil die Person selbst es nicht lernt.
- Der Prozess des Lernens und Anwendens der Regeln von Leichter Sprache braucht Zeit und hilft im Ergebnis, dass auch das Denken klarer wird.
- Kontinuierliche Verbesserung ist nachhaltiger als ein rascher Umschlag von einem Extrem ins andere.

Zusammenfassend lässt sich sagen, dass die rechtliche Lage und die Umsetzungsmechanismen denen in der Bundesrepublik Deutschland vergleichbar sind; die „Plain-English-Regularien weisen insgesamt eine große Konvergenz mit den Leichte-Sprache-Regelwerken auf"[31], die sich im öffentlichen Diskurs durchgesetzt haben.

2.1.2 „Plain Language" im kirchlichen Kontext – Drei Annäherungen

Die kirchliche Landschaft in den USA ist deutlich unübersichtlicher als in Deutschland. Ein Religionsverfassungsrecht und ein daraus resultierendes kooperativ und subsidiär organsiertes Verhältnis von Staat und Kirchen wie in Deutschland hat in den USA keine Verankerung[32]. Entsprechend zufällig und

---

28 Ebd., 9 (Alle folgenden Übertragungen aus dem Englischen von Verfasserin.).
29 Ebd.: „Plain language removes a paternalistic attitude about information".
30 Ebd., 10.
31 Vgl. auch Bredel, Ursula/Maaß, Christiane: Leichte Sprache. Theoretische Grundlagen, Orientierung für die Praxis [Sprache im Blick], Berlin 2016., 64.
32 In Deutschland sind durch die vergleichsweise überschaubarere kirchliche Landschaft mit zwei großen christlichen Kirchen und eine Reihe von in der ACK verbundenen kleineren Kirchen, die Beauftragte am Sitz der Bundesregierung haben und in die gesetzgebenden Organe hinein sehr gut vernetzt sind, vergleichbare Maßnahmen des Bundes von höherer

vom Engagement einzelner ist es abhängig, ob in Denominationen und ihren Gemeinden Beschlüsse, Richtlinien, Grundsätze, rechtliche Maßgaben zu Inklusion, Barrierefreiheit, Teilhabe beschlossen und umgesetzt werden.

Das Thema „Theology and Disability" hat aber auch im kirchlichen Kontext der USA einen hohen Stellenwert, exemplarisch genannt seien hier das „Disability Ministries Committee" der United Methodist Church, das Zentrum für „Disability concerns" der Christian Reformed Church und die "Summer School of Theology and Disability" der United Methodist Church in Ohio[33].

2.1.2.1 Die „Common English Bible" (CEB)

Als Bibelübersetzung auf einem sogenannten "comfortable reading level" (bequemen Lesbarkeitsniveau) gibt es seit 2010 (NT) und 2011 (AT) die "Common English Bible"[34] (CEB – allgemeine englische Bibel), die offenbar auf einem akzeptablen Lesbarkeitsniveau ist für die Mehrzahl englischsprachiger Menschen. Die CEB kombiniert „ökumenische biblische Wissenschaft" und „Notwendigkeiten klarer Kommunikation im 21.Jahrhundert"[35].

2.1.2.2 Universal Design for Learning (UDL)

Die Idee des „Universal Design for Learning" kommt aus der Grundhaltung, dass Menschen mit unterschiedlichen Begabungen und Ausgangsituationen sehr unterschiedlich lernen. Vor mehr als 30 Jahren hat diese Bewegung angefangen. Sie war ein Versuch, Menschen mit Behinderungen den Zugang zum Wissenserwerb zu ermöglichen. Eine der wesentlichen Methoden ist es grundsätzlich, verschiedene Zugänge zu Kommunikation und Wissenserwerb anzubieten. Der Ausdruck war inspiriert durch das "universal design concept" aus der Architektur und Produktentwicklung, die Ron Mace zuerst an der Staatlichen Uni-

---

Relevanz und Verbindlichkeit. Die Kirchen sind in Gesetzgebungsprozesse mit eingebunden, bekommen je nach Ressort und Kontaktpflege Gesetzesentwürfe in frühen Stadien zum Kommentieren und reagieren ihrerseits umfänglich und detailgenau auf staatliche Vorgaben. In einem solchen Kontext ist es plausibel, dass Fragen der Verständlichkeit öffentlicher Kommunikation ein durchaus gemeinsames Thema für staatliche, gesellschaftliche und kirchliche Stellen sein kann. Https://www.ekd.de/Bevollmaechtigte-10780.htm (vom 31.10.23).

33 Vgl. Collaborative on Faith and Disability (vom 19.2.2022); die Summer School des „Institute for Theology and Disability" in Ohio und ihr Leiter Bill Gaventa organisieren regelmäßig international beachtete Konferenzen zum Thema Theologie, Gottesdienst und Behinderung, vgl. Gaventa, Bill: Disability and Spirituality. Recovering wholeness, Waco TX 2018.
34 Https://www.bible.com/versions/37-ceb-common-english-bible (vom 22.3.2022).
35 Ebd.: „The new Common English Bible is the only translation to combine and balance highly respected ecumenical biblical scholarship necessary for serious study with responsiveness to 21st century clear communication requirements for comprehensive clarity" (Übersetzung AG).

versität in North Carolina in den 1980ern entwickelt hatte[36]. Diese Bewegung hat das Ziel, Ausstattungen, Umgebungen und Werkzeuge zu schaffen, die von möglichst vielen Menschen verwendet werden können. Die Initiatoren hatten verstanden, dass jedes Lernszenario besondere Voraussetzungen hat. Unnötige Barrieren sollen abgebaut werden, ohne die durchaus notwendigen Herausforderungen zu beseitigen. Die UDL Prinzipien gehen deshalb tiefer als das Thema Barrierefreiheit zu Gebäuden und Räumen, sie sind für alle Aspekte des Lernens relevant. Behinderung wird damit nicht mehr allein eine Herausforderung für die Menschen mit Lernschwierigkeiten und Einschränkungen, sondern eine Gestaltungsaufgabe für alle[37].

Die Regeln[38] gehen von drei Grundprinzipien aus:
1. Halte immer mehrere verschiedene Formen von „Engagement" (im Sinne von „Zugang", „Kontaktangebot") bereit.
2. Halte immer mehrere verschiedene Formen von Handlung und Ausdruck bereit.
3. Halte immer mehrere verschiedene Formen von Darstellungen bereit.

Die „People First Language" gehört als ein Teilaspekt zu diesem Ansatz hinein.

2.1.2.3 Senkrechte Gewohnheiten/geistliche Angewohnheiten – „vertical habits" nach Barbara Newman

Eine Variante, Gottesdienste und religiöse Rede auch Menschen mit kognitiven Schwierigkeiten zugänglich zu machen, liegt im Gedanken der sogenannten „vertical habits" von Barbara Newman, den sie in ihrem Buch über ein „zugängliches Evangelium" und „inklusiven Gottesdienst"[39] ausgeführt hat.

Die Autorin hat die dargestellten Methoden am reformierten „Calvin institute of Christian Worship"[40] in Michigan/USA entwickelt. Diese Methoden haben besonders Menschen im Blick, die neu zum Glauben gekommen sind. Sie sollen Menschen dabei helfen, nachvollziehen zu können, was im Gottesdienst passiert („to understand what we do in worship", 36). Die Autorin unterscheidet zwischen vertikalen und horizontalen Relationen. Beziehungen zwischen Menschen werden als „horizontal", sich zu Gott in Beziehung zu setzen, wird als ver-

---

36 Auch die UN-BRK spricht von „universellem Design" und bezeichnet damit „ein Design von Produkten, Umfeldern, Programmen und Dienstleistungen in der Weise, dass sie von allen Menschen möglichst weitgehend ohne eine Anpassung oder ein spezielles Design genutzt werden können". Begriffsbestimmungen | UN-Behindertenrechtskonvention (vom 3.3.2022).
37 Siehe Snow, Katie, www.disabilityisnatural.com (vom 18.9.2018).
38 Udl-guidelines-version-2-final-3.pdf (tri-c.edu) (vom 19.02.2022).
39 Newman, Barbara J.: Accessible gospel. Inclusive worship, Wyoming, MI 2015, 36ff. Alle folgenden Seitenzahlen in Klammern stammen aus diesem Buch, Übertragung ins Deutsche AG.
40 What We Do (calvin.edu) (vom 3.3.3022).

tikal verstanden. Handlungen und Äußerungen, die Gott adressieren, bezeichnet die Autorin entsprechend als „vertical habits".

Die im Buch geschilderten Verfahren wurden in Schulen und Kirchengemeinden ausprobiert und reflektiert. Sie haben nach den missionarischen, erzieherischen und interkulturellen Konsequenzen gefragt.[41] Die Autorin beschreibt diese Verfahren/Praktiken in ihrem Buch "Accessible Gospel, Inclusive Worship". Ihr Interesse ist von der Frage geleitet, welche dieser „Gewohnheiten" die religiösen Rezeptions- und Produktionformen von Menschen mit geistigen Behinderungen unterstützen. Anwendbar sind diese „habits" aus ihrer Sicht auch in multi-ethnischen Gemeinden und in Kontexten, in denen Menschen mit unterschiedlichen liturgischen Traditionen aufeinandertreffen.[42] Der Autorin geht es um ein an der Semantik der Psalmen orientiertes Verständnis von Gebet und geistlicher Entwicklung.[43] Aus ihrer christlichen Perspektive heraus ist es Gott, der sich den Menschen zuwendet. Aber die aus ihrer Sicht erzieherische Aufgabe besteht darin, möglichst eine Umgebung zu erwirken, in der Menschen sich für göttliche Zuwendung leichter öffnen können.[44]

> Diese „senkrechten Gewohnheiten" sind:
> Ich liebe Dich – Lob
> Es tut mir leid – Beichte
> Warum? – Klage
> Ich höre (zu) – Erleuchtung
> Hilfe! – Bitte
> Danke – Dankbarkeit
> Was kann ich tun? – Dienst
> Gott segne Dich! – Segen[45].

Die Autorin betont, dass es sich um Gewohnheiten („habits") handele, die aus dem Anwenden von „Übungen" („practices", vgl. Kap. 7.2.1) entstehen können. Als Form religiöser Praxis gelte es, Beziehungsaspekte, die aus Interaktion zwischen Menschen („horizontal") abgeleitet sind, einer Interaktion mit Gott zuzuschreiben („vertikal"). Das Konzept der senkrechten Angewohnheiten hat religiöse Erziehung hin auf persönliche Frömmigkeit im Blick, die auf die Liturgie im Gottesdienst vorbereitet. Die „barrierefreie Kommunikation mit Gott"[46] im Gottesdienst setzt einerseits Grundkenntnis der biblischen Figuren, der gängigen Lieder, der Reihenfolge der liturgischen Stücke, der sprachlichen Unterschiede von Lesung, Predigt, Gebet und Segen voraus, dies kann propädeutisch vorbereitet werden. Das Konzept der „vertical habits" ist katechetisch orientiert, es

---

41 „... what missionary, educational and intercultural consequences they might have" (36).
42 „Would this framework be effective in congregations filled with life-long Christians? Might Christian schools shape faith formation using the Vertical Habits? Would it be meaningful in churches of various ethnicities and worship practices?" (36).
43 „A biblical guide to shape the process both in worship and in relationships" (36).
44 „We are called to set up an environment where we can arrange an introduction." (36).
45 „Love you – Praise/ I'm sorry – Confession/ Why? – Lament / I'm listening – Illumination/ Help – Petition/ Thank you – Gratitude/ What Can I Do? – Service/ Bless you – Blessing" (37), (Übertragung AG).
46 „Accessible conversation with God" (35).

will religiöses Verhalten einüben bzw. universale menschliche Emotionen an geistliche Handlungen koppeln. Dieses pädagogische Konzept erfordert Zeit und einen wiederkehrenden, verlässlichen Beziehungsrahmen. Im Kapitel „Why habits are important"[47] führt Newman als Beispiel an, dass Kindern beigebracht wird, die Zähne regelmäßig zu putzen, „damit es eine Gewohnheit wird, wenn sie älter werden." Das meint: Es gibt eine Lehr-Lernbeziehung im Umgang mit den „vertical habits" – diese Relation setzt auf Einübung, Wiederholung und Internalisierung.

Auf der Grundlage der vertikalen Gewohnheiten hat Newman ein „Universal Design for worship"[48] entwickelt. Leichte Sprache im Gottesdienst zu verwenden, geht von der Annahme aus, dass Menschen möglichst voraussetzungsfrei Teil haben sollen an der freien Gnade, am Evangelium, am zugewandten Gott.

Mit dem „Universal Design for Worship" und den „vertical habits" teilt Konzept der Leichten Sprache die Vermeidung der Defizitorientierung hinsichtlich menschlicher Fähigkeiten. Vergleichbar dem Konzept des „Gottesdienstes ohne Stufen" (Kap 4.3.1) wird dabei ein möglichst voraussetzungsfreies und auf Inklusion hin ausgerichtetes Kommunikationssetting zugrunde gelegt (s. auch 7.6, These 8).

2.2 Leichte Sprache als Mittel zur barrierefreien Kommunikation

Die Anfänge der Forderungen nach Leichter Sprache reichen in die 1960er Jahre zurück. Es ist sicher kein Zufall, dass es in dem religionskulturell protestantisch geprägten Sozialstaat Schweden bereits 1968 die ersten Übersetzungen offizieller Dokumente in „lättlast"[49] gab, der Zeitschriften und Literaturreihen in einfacher Sprache folgten.[50] Auch in Finnland gibt es seit den 1970er Jahren Leichte Sprache, „selkokieli"[51] genannt, auch in Belgien, Norwegen, Dänemark, Estland und den Niederlanden gab es Bemühungen zu „leichten Varianten" zu den jeweiligen Standardsprachen.[52]

---

47 „We teach children to brush their teeth regularly so that as they grow it becomes a habit." (38).
48 Universal Design for Worship (calvin.edu) (vom 3.3.2022).
49 Vgl. Kellermann, Gudrun: Leichte und Einfache Sprache. Versuch einer Definition, in: APuZ 64.9–11 (2014), 7.
50 Ebd.
51 Tjarks-Sobhani, Marita: Leichte Sprache gegen schwer verständliche Texte, in: Technische Kommunikation 34.6 (2012), 25f. www.selkokeskus.fi Vgl. die Websites der Zentren für Leichte Varianten der Amtssprache in Finnland: (auf Finnisch) und „Lättlast" (leicht zu lesen)-Center für Schwedisch http://papunet.net/ll-sidor (vom 10.1.2022).
52 Ebd.

Im deutschen Sprachraum hat die „Bundesvereinigung Lebenshilfe" als erste in Leichter Sprache veröffentlicht.[53] Bis heute trägt die Lebenshilfe zur Verbreitung Einfacher und Leichter Sprache (zur Differenz vgl. 2.4.2) mit Veröffentlichungen[54], Einrichtung von Übersetzungsbüros und Förderung von Literaturwettbewerben bei.[55]

Leichte Sprache wird in diesem Zusammenhang zunächst formal verstanden als eine „Varietät des Deutschen, die im Bereich Satzbau und Wortschatz systematisch reduziert ist"[56]. Auch die „Reduktion mit Bezug auf das Weltwissen, das für die Lektüre vorausgesetzt wird"[57], erfolgt nach den Regeln für Leichte Sprache. Es wird Grundwortschatz verwendet, Fach- und Fremdwörter werden vermieden, oder, soweit für das Verständnis zentral, erklärt.

Leichte Sprache ist auf Deutsch in verschiedenen Regelwerken zugänglich. Es gibt das Regelwerk von „Inclusion Europe"[58] von 2009, das nicht direkt für das Deutsche konzipiert wurde, sondern eine Übersetzung aus dem Englischen darstellt, zeitlich aber vor den anderen zugänglich war (2009 meint das Jahr des Erscheinens der Regelbroschüre)[59]. Außerdem gibt es das Regelwerk des Netzwerks Leichte Sprache (2009)[60], „das aktuell wohl das am weitesten verbreitete darstellt"[61]. – Verbreitet sind auch die 13 Regeln aus Anlage 2 der BITV 2.0 von 2011[62], denen eine besondere Bedeutung für die rechtliche Legitimierung des Leichte-Sprache-Konzepts zukommt.

---

53 Schädler, Johannes/Reichenstein, Martin F.: „Leichte Sprache" und Inklusion. Fragen zu Risiken und Nebenwirkungen, in: Candussi, Klaus/Fröhlich, Walburga (Hrsg.), Leicht Lesen. Der Schlüssel zur Welt [Leicht Lesen B1], Wien u.a. 2015, 39 – 61, 41.
54 Https://www.lebenshilfe.de/informieren/publikationen/ (vom 29.5.19).
55 Seit 2016 gibt es auf Leipziger Buchmesse einen Literaturwettbewerb der Lebenshilfe „Die Kunst der Einfachheit". Dort z B. Bundesvereinigung Lebenshilfe (Hrsg.), Die Liebe und das kleine Herz, 2019 https://www.lebenshilfe.de/shop/artikel/die-liebe-und-das-kleine-herz/ (vom 30.5.19). Bücher in einfacher Sprache bringt auch der Verlag „Spaß am Lesen" heraus, vgl. https://einfachebuecher.de/, der Katalog ist ebenfalls zugänglich: https://einfachebuecher.de/WebRoot/Store21/Shops/95de2368-3ee3-4c50-b83e-c53e-52d597ae/MediaGallery/Kataloge/Catalogus_Duitsland_2018_Leichte_Sprache_final.pdf (vom 16.07.19).
56 Maaß: Leichte Sprache, 11.
57 Maaß: Leichte Sprache, 12.
58 Inclusion Europe, 2009: http://easy-to-read.eu/wp-content/uploads/2014/12/DE_Information_for_all.pdf (vom 16.07.19) Inclusion Europe (2009): Informationen für alle! Europäische Regeln, wie man Informationen leicht lesbar und leicht verständlich macht. Brüssel. Online verfügbar unter: http://www.inclusion-europe.org/images/stories/documents/Project_Pathways1/DEInformation_for_all.pdf (vom: 07.09.2019).
59 Maaß: Leichte Sprache, 17.
60 Https://www.leichte-sprache.org/die-regeln/ (vom 16.07.19).
61 Maaß: Leichte Sprache, 17.
62 BITV 2.0: Verordnung zur Schaffung barrierefreier Informationstechnik nach dem Behindertengleichstellungsgesetz (Barrierefreie Informationstechnik-Verordnung BITV 2.0). Berlin, 2011. http://www.gesetze-im-internet.de/bitv_2_0/BJNR184300011.html (vom 19.5.19).

In Deutschland hat das im Mai 2019 von Kassel nach Berlin umgezogene „Netzwerk Leichte Sprache"[63] den Begriff zunächst entwickelt und mit einem Logo versehen. Auf dem Logo ist ein rotes Stoppschild zu sehen mit der Aufschrift „Halt! Leichte Sprache!" Das Stoppschild signalisiert appellativ: ‚Hier gibt es Menschen im Raum, die das Gesagte nicht verstehen. Bitte Leichte Sprache sprechen.' Dieses Schild fordert verständlichere Kommunikation ein und „ermöglicht es, schwer verständliche Formulierungen zu identifizieren, gezielt alternative Formulierungen zu finden und Richtlinien für Texte zu finden, die auf Anhieb verstanden werden können"[64].

Für die europäische Leichte-Sprache-Bewegung „Netzwerk Leichte Sprache" war und ist sowohl „Inclusion Europe" als auch die „People First Bewegung" von großer Bedeutung. Letztere hat 1974 in den USA ihren Anfang genommen. Auf einer Tagung in Oregon kreierte eine Frau spontan den Namen des Netzwerks. Sie sagte: „Ich habe es satt, geistig behindert genannt zu werden. Wir sind zuerst einmal Menschen, eben People First!"[65]. Inzwischen gibt es auf der ganzen Welt „People first"-Gruppen. Der Name wird beibehalten als Zeichen der weltweiten Verbundenheit. Der Verein „Mensch zuerst – Netzwerk People First Deutschland e.V." hat das Projekt „Wir vertreten uns selbst!" entwickelt. Das Projekt will Menschen mit Lernschwierigkeiten in Deutschland stärken und vernetzen. Es wurden Schulungen und Austauschmöglichkeiten geschaffen; außerdem haben die Menschen in diesem Netzwerk die Regeln für Leichte Sprache entwickelt. „Mit Bezug auf das Englische finden sich die Begriffe „Plain Language" und „Easy-to-Read". Im „Easy-to-Read-Network" „versammeln sich sprachübergreifend Akteure, die an Kriterien für verständliche Texte arbeiten und sich darüber austauschen"[66] (vgl.2.1.1).

2001 wurde „Mensch zuerst – Netzwerk People First Deutschland e.V." gegründet[67]. Ein „Mensch mit Lernschwierigkeiten" (Selbstbezeichnung) übernahm die Geschäftsführung, weitere Menschen mit Lernschwierigkeiten sind im Vorstand. Regionale Sektionen gründeten sich in Deutschland, Österreich und Italien, Leichte Sprache wurde im öffentlichen Diskurs bekannter, der Deutsche

---

63 Https://www.leichte-sprache.org/ (vom 16.7.19).
64 Tjarks-Sobhani: Leichte Sprache, 26.
65 Woher kommt People First? (in Leichter Sprache) „Die People First Bewegung hat in Amerika angefangen. Dort gab es Menschen mit Lernschwierigkeiten, die mitreden wollten. Sie haben sich in Gruppen getroffen.1974 hat eine Gruppe in Oregon eine Tagung gemacht. Eine betroffene Frau hat dafür den Namen People First gefunden. Sie sagte: "Ich habe es satt, geistig behindert genannt zu werden. Wir sind zuerst einmal Menschen, eben People First". Das war vor 30 Jahren. Inzwischen gibt es People First Gruppen auf der ganzen Welt. Wir wissen, dass People First schwere Wörter sind. Wir wollen diesen Namen behalten. Weil wir uns mit den anderen People First Gruppen auf der ganzen Welt verbunden fühlen. Wir kämpfen alle für unsere Selbstbestimmung", http://www.menschzuerst. de/pages/startseite/wer-sind-wir/verein.php (vom 16.7.19).
66 Maaß: Leichte Sprache, 18. Siehe auch http://wordpress.easytoread-network.org/ (vom 16.7.19).
67 Mensch zuerst – Netzwerk People First Deutschland e.V. gibt es seit dem 2. März 2001, s. http://www.menschzuerst.de/pages/startseite/wer-sind-wir/grundsatz-programm. php#menschzuerst (vom 16.7.19).

Bundestag erließ 2011 die BITV (s o. FN 30). Das europäische Netzwerk „Capito" machte sich das Thema Barrierefreiheit als Ziel öffentlicher Kommunikation zu eigen.[68] 2013 gab die Lebenshilfe Bremen ein Wörterbuch mit Bildern heraus.[69] Damit wurde eine der Grundregeln Leichter Sprache umgesetzt: Bilder helfen, Texte zu verstehen[70].

In Deutschland gibt es zum Stand der Untersuchung über 15 Leichte-Sprache-Büros. 2010 wurde in Merchweiler an der Saar die „Agentur für Leichte Sprache"[71] gegründet, die die website „leicht-gesagt.de" betreibt. Diese Agentur hat die Überwindung von Sprachbarrieren zum Ziel: „Alle Menschen haben die gleichen Rechte – auch Menschen mit Behinderungen. Damit sie ihr Leben so selbstbestimmt wie möglich gestalten können, müssen noch viele Barrieren abgebaut werden."[72]

Die Agentur differenziert die möglichen Nutzerinnen und Nutzer: „Menschen mit Hör- und Sprachbehinderungen" gehören ebenso dazu wie „Menschen mit Lernschwierigkeiten". Dabei lehnen Betroffene den Begriff „geistige Behinderung" ab – sie wollen „Menschen mit Lernschwierigkeiten' genannt werden. Im Blick sind auch Menschen, die nur wenig lesen und schreiben bzw. nicht so gut Deutsch können, außerdem Menschen mit eingeschränktem Sprachverständnis, auch durch plötzliche Ausfälle, wie z.B. Schlaganfall oder Hirntumor. Auch Menschen, die etwas Neues lernen wollen und sich mit dem neuen Thema nicht so gut auskennen und viele andere mehr[73], profitieren von Leichter Sprache und von barrierefreier Kommunikation.

Am Fachbereich Sprachwissenschaften der Universität Hildesheim gibt es seit 2012 eine Forschungsstelle für Leichte Sprache[74], gegründet von der Linguistin Christiane Maaß. Die Forschungsstelle hat 2014 eine Untersuchung der bislang vorhandenen gängigen Regeln veröffentlicht[75] und auf Grundlage der vorliegenden Regelwerke ebenfalls ein Regelwerk aufgestellt (im Folgenden: Regeln der Forschungsstelle Leichte Sprache). Außerdem haben die Hildesheimer Germanistinnen und Übersetzungswissenschaftlerinnen Christiane Maaß und Ursula Bredel 2016 im DUDEN Verlag eine erste theoretische Grundlegung im deutschsprachigen Raum vorgelegt. Diese hat vor allem Übersetzerinnen und

---

68 Http://www.capito.eu/de/Ueber_uns/Netzwerke/Europaeische_Netzwerke/(vom 16.7.19).
69 Lebenshilfe Bremen (Hrsg.): Leichte Sprache. Die Bilder, Bremen 2013.
70 Http://www.leichte-sprache.de/dokumente/upload/21dba_regeln_fuer_leichte_sprache.pdf (vom 16.7.19), Kapitel 5. Gestaltung und Bilder, 33: „Bilder helfen Texte zu verstehen. Die Bilder müssen zum Text passen"; Maaß: Leichte Sprache, 143: Kapitel III. Leichte Sprache: Das Regelwerk der Forschungsstelle Leichte Sprache, (...) III.6. 5) Typographie und Layout, Einsatz von Bildern: „zentrale Konzepte bebildern, Aussparen der Illustrationsfunktion; Einsatz von Fotos (...); keine kindlich anmutenden Bilder für erwachsene Adressatinnen und Adressaten; Potential der Multicodialität ausschöpfen".
71 Http://www.leicht-gesagt.de/ (vom 10.1.2022).
72 Ebd.
73 Http://www.leicht-gesagt.de/ (vom 16.7.19).
74 Www.uni-hildesheim.de/leichtesprache/ (vom 16.7.19).
75 Www.christiane-maass.de/leichte-sprache-2.html (vom 16.7.19).

Übersetzer im Blick[76]. Diese DUDEN-Ausgabe entfaltete zumindest für den deutschen Sprachbereich eine stark normative Wirkung. Das DUDEN-Label steht für Verlässlichkeit und Korrektheit und ist Grundlage einer einheitlichen deutschen Rechtschreibung (ausführlich in Kapitel 3).

Der Impuls, Leichte Sprache öffentlich zu implementieren, kommt zwar aus der Selbsthilfebewegung von Menschen mit geistigen Behinderungen. Ihr Anspruch ist aber ein allgemeiner, insofern Leichte Sprache grundsätzlich alle Menschen im Blick hat, für die standardsprachliche Texte eine Verständnisbarriere darstellen. Die Forschungsstelle für Leichte Sprache konzentriert sich dabei stärker auf schriftliche Texte und versucht „zu erkennen ..., welche Arten von sprachlichen Strukturen das Verständnis erleichtern oder erschweren"[77]. Das „Handbuch für Leichte Sprache" systematisiert die herrschenden Praktiken und Diskurse und sortiert und bearbeitet die Sprachregeln.[78] Die bisherigen „Regeln"[79] sind aus der Praxis in Zusammenarbeit mit davon betroffenen Menschen entstanden.[80]

---

76 Bredel/Maaß: Leichte Sprache.
77 Universität Hildesheim | Fachbereich 3: Sprach- und Informationswissenschaften | Institut für Übersetzungswissenschaft & Fachkommunikation | Forschungsstelle Leichte Sprache (uni-hildesheim.de) (vom 2.5.2022).
78 Maaß: Leichte Sprache, sortiert die bisherigen Regelsysteme und ordnet sie nach „1.1 Grundprinzipien mit Bezug auf das Sprachsystem" (z.B. „Grammatische Funktionen mit eigenem Träger ausstatten" oder „Handlungsorientierung – verbal statt nominal", 76–81), „1.2 Ethischen Grundprinzipien Leichter Sprache" (z.B. „Falsches Deutsch vermeiden" oder „Erwachsene Adressaten als solche ansprechen", 81–86), danach folgen Regeln zu „2. Zeichenebene" (86ff), „3. Wortebene" (95ff), „4. Satzebene" (100ff – das ist das ausführlichste Kapitel, bedeutsam vor allem 126ff zum Umgang mit Negationen, vgl. weiter unter 3.10.2.1), „5. Textebene" (129ff). Das Kapitel „6. Typographie und Layout" (143ff) regelt die Druckform Leichter Sprache.
79 Https://www.gesetze-im-internet.de/bitv_2_0/BJNR184300011.html (vom 3.11.2019): Die folgenden Regeln sollen für die Bereitstellung von Information verwendet werden: „1. Abkürzungen, Silbentrennung am Zeilenende, Verneinungen sowie Konjunktiv-, Passiv- und Genitiv-Konstruktionen sind zu vermeiden. 2. Die Leserinnen oder Leser sollten, soweit inhaltlich sinnvoll, persönlich angesprochen werden. 3. Begriffe sind durchgängig in gleicher Weise zu verwenden. 4. Es sind kurze, gebräuchliche Begriffe und Redewendungen zu verwenden. Abstrakte Begriffe und Fremdwörter sind zu vermeiden oder mit Hilfe konkreter Beispiele zu erläutern. Zusammengesetzte Substantive sind durch Bindestrich zu trennen. 5. Es sind kurze Sätze mit klarer Satzgliederung zu bilden. 6. Sonderzeichen und Einschübe in Klammern sind zu vermeiden. 7. Inhalte sind durch Absätze und Überschriften logisch zu strukturieren. Aufzählungen mit mehr als drei Punkten sind durch Listen zu gliedern. 8. Wichtige Inhalte sind voranzustellen. 9. Es sind klare Schriftarten mit deutlichem Kontrast und mit einer Schriftgröße von mindestens 1.2 em (120 Prozent) zu verwenden. Wichtige Informationen und Überschriften sind hervorzuheben. Es sind maximal zwei verschiedene Schriftarten zu verwenden. 10. Texte werden linksbündig ausgerichtet. Jeder Satz beginnt mit einer neuen Zeile. Der Hintergrund ist hell und einfarbig. 11. Es sind aussagekräftige Symbole und Bilder zu verwenden. 12. Anschriften sind nicht als Fließtext zu schreiben. 13. Tabellen sind übersichtlich zu gestalten."
80 Manche der Regeln sind als Anhaltspunkte wichtig, aber aus sprachwissenschaftlicher Perspektive noch nicht differenziert genug. Vgl. Christiane Maaß 2014: Akademisierung und Professionalisierung des Übersetzens in Leichte Sprache, in: Christiane Maaß, Isabel Rink, Christiane Zehrer: Leichte Sprache, Forschungsstelle Leichte Sprache, www.uni-hil-

Das im DUDEN Verlag erschienene Werk ist insofern von Bedeutung, als es den Interimscharakter der Sprachimplementierung markiert: Das Projekt „Leichte Sprache" ist noch nicht abgeschlossen, und als Phänomen steht sie noch in der Erprobung und Kritik. Wichtig ist hier die Symbolpolitik, denn der DUDEN Verlag signalisiert im deutschsprachigen Raum einen linguistischen Standard. Der DUDEN ist *das* „Rechtschreibwörterbuch der deutschen Sprache"[81], und in diesem Verlag zu publizieren, hebt das Phänomen der Leichten Sprache in den Rang der öffentlichen Debatte. Die gilt sowohl für die Lexik wie auch für ihre Regeln. Die Autorinnen setzen voran: „Gegenwärtig ist Leichte Sprache noch weitgehend ein Praxisphänomen. (…) Auch die gegenwärtigen Regelwerke sind überwiegend aus der Praxis entstanden. (…) Inzwischen (…) haben Personen mit Kommunikationseinschränkungen ein Recht auf barrierefreie Kommunikation. (…) Die Praxis-Regelwerke halten dem daraus erwachsenden Erfordernis nach Übersetzung auch fachlicher Texte in Leichte Sprache jedoch noch nicht stand."[82] Auch sind die bisherigen Regeln eher „intuitiv konzipiert und bieten bislang keinen ausreichend präzisen Rahmen". Diesem Mangel schafft das immerhin 560 Seiten starke Werk Abhilfe (ausführlich in Kapitel 3).

Christiane Maaß und Isabel Rink, die Geschäftsführerin der Forschungsstelle für Leichte Sprache in Hildesheim, haben außerdem ein umfängliches „Handbuch barrierefreie Kommunikation" herausgegeben, das sich aus unterschiedlichen Perspektiven dem Thema nähert und den „Paradigmenwechsel" hin zur „gleichberechtigten Teilhabe"[83] in der Gesellschaft begleitet. Das Handbuch hat zum Ziel, „die Forschung zur Barrierefreien Kommunikation aus den unterschiedlichen Disziplinen zusammenzutragen und ihren gegenwärtigen Stand sowie bestehende Desiderate sichtbar zu machen" (18).

---

desheim.de/leichtesprache: „So genügt es beispielsweise nicht, ‚Negation' im Ganzen zu verbieten, nur weil man (korrekterweise) erkannt hat, dass Negation ein Verstehensproblem darstellt. Negation stellt eine Grundkategorie menschlicher Sprache dar und muss auch in Leichter Sprache zur Verfügung stehen, wenn funktionierende Texte entstehen sollen." (vom 29.3.2016).

31 „Das Werk war erstmals am 7. Juli 1880 von Konrad Duden als Vollständiges Orthographisches Wörterbuch der deutschen Sprache veröffentlicht worden und wurde in den folgenden Jahrzehnten Grundlage einer einheitlichen deutschen Rechtschreibung. Von Ende 1955 bis zur Reform der deutschen Rechtschreibung von 1996 war der Duden maßgebend für die amtliche Rechtschreibung in Deutschland. Inzwischen wird er „Auf der Grundlage der aktuellen amtlichen Rechtschreibregeln" des Rats für deutsche Rechtschreibung erstellt." https://www.duden.de/ (vom 16.07.19).

82 Bredel/Maaß: Leichte Sprache, 13f.

83 Maaß/Rink (Hrsg.): Handbuch barrierefreie Kommunikation, 13. Die zum Zeitpunkt dieser Untersuchung umfassendste Darlegung des Forschungsstandes findet sich hier: 2020_-_Erkenntnis_und_Transfer._Broschuere_Forschungsstelle_Leichte_Sprache_201209_RZ.pdf (uni-hildesheim.de, vom 22.2.2022), der Forschungsstand wird allerdings fortlaufend aktualisiert.

2.2.1 Barrierefreiheit und Ermöglichungskommunikation

Aus Sicht der Sprachwissenschaften ist die „Kernfunktion Leichter Sprache (...), geschriebene Information so aufzubereiten, dass sie auch von Leser(inne)n mit geringer Leseerfahrung (...) rezipiert werden kann"[84]. Die Gruppe der Forscherinnen um Christiane Maaß, Ursula Bredel, Isabel Rink und andere haben in der Hauptsache die Berufsgruppe der Übersetzerinnen und Übersetzer im Blick, die durch die Veränderung der rechtlichen Lage vermehrt in Leichte Sprache übersetzen müssen. Anders als bei Simultanübersetzungen von Fremdsprachen wird bei der „Übersetzung" in Leichte Sprache nicht jedes Wort bzw. jede Formulierung direkt „übersetzt". Bei der Übersetzung in Leichte Sprache entscheiden Übersetzende mit Hilfe der Regeln immer wieder und von Fall zu Fall, welche Informationen zentral für die Teilhabe am öffentlichen Diskurs sind und welche nicht. Das sind sehr verantwortliche Entscheidungen, für die es Kriterien braucht. Die Übersetzungsarbeit reicht also weit in den Bereich der Pragmatik hinein: Es geht darum, „Verständlichkeitsschneisen"[85] in Diskurse zu schlagen und Zugänge zu ermöglichen.

Dazu ist es nötig, sich zunächst mit den Barrieren zu beschäftigen, die den Zugang von Informationen erschweren: „Informationsbarrieren entstehen auf den vier verschiedenen Ebenen ‚Wahrnehmung', ‚Erfassung', ‚Vorerfahrung', ‚Vorwissen'"[86]. Für alle Kommunikationsformen, die mehr sind als die bloße Vermittlung von Information, ist Leichte Sprache eine besondere Herausforderung. Aber auch dort gibt es Experimente mit Literatur in Leichter und Einfacher Sprache[87].

---

84 Bredel/Maaß: Leichte Sprache, 514.
85 Christiane Maaß 2014: Rechtlicher Status der Übersetzungen in Leichte Sprache, in: Christiane Maaß, Isabel Rink, Christiane Zehrer: Leichte Sprache, Forschungsstelle Leichte Sprache, www.uni-hildesheim.de/leichtesprache. – Dort auch als Beispiel: „Leichte-Sprache-Texte sind folglich nicht immer justiziabel und können es auch nicht sein. Sie informieren über einen fachsprachlichen Diskurs. Diesen Status müssen sie transparent darstellen. In den Übersetzungen von Rechtstexten, die die Forschungsstelle Leichte Sprache ausführt, ist darum stets ein entsprechender Hinweis eingefügt, z.B. in der Übersetzung der Regelungen zum Nachteilsausgleich für Menschen mit Behinderung für das Landessozialamt Niedersachsen: Der Text in Leichter Sprache soll Sie nur informieren. Der Text ist nur ein Zusatz-Angebot. Der rechtsgültige Text ist das Gesetz. Der Text in Leichter Sprache ist rechts-unwirksam. Das bedeutet: Mit dem Text in Leichter Sprache können Sie nicht einen Nachteilsausgleich einfordern."
86 Pani u.a., Barrierefreie Kommunikation, 2010 (zit. nach Candussi/Fröhlich: Leicht Lesen).
87 Vgl. z.B. die Bibliothek am Luisenbad in Berlin. Sie erläutert in ihrer Pressemeldung vom 28.11.2014: „Texte in Leichter Sprache wenden sich an Menschen, die fast gar nicht lesen können. Leichte Sprache erkennt man an sehr einfachen Worten und kurzen Sätzen. Im Text stehen nur die allerwichtigsten Informationen. Leichte Sprache wendet sich an etwa 5 Prozent der Menschen in Deutschland. *Für andere Menschen sehen Texte in Leichter Sprache oft seltsam aus.* Einfache Sprache richtet sich an Menschen mit niedrigen Lesefähigkeiten. Das sind z.B. funktionale Analphabeten, Menschen mit geringer Bildung, ohne Schulabschluss oder Menschen mit einer anderen Muttersprache als Deutsch. Texte in Einfacher Sprache sind gut verständlich. Sie vermeiden Fremdwörter oder die Fremdwörter werden erklärt. Die Sätze sind meist nicht länger als 15 Wörter. In einem Satz steht höchstens ein

Die Bibliothek weist darauf hin, dass Texte in Leichter Sprache für Menschen, die darauf nicht angewiesen sind, im Schriftbild „oft seltsam" aussehen. Es entstehen kurze Sätze breite Zeilenabstände, dick gedruckte Schrift, Trennstriche in zusammengesetzten Nomina und Piktogramme dazu. Das verändert die Textgestalten natürlich, zugleich macht es Literatur und das Gespräch darüber zugänglich für Menschen, die davon sonst ausgeschlossen wären.[88]

Beim Verstehen von gesprochenen Texten kommen performative Faktoren hinzu, die über die sprachwissenschaftliche Arbeit an Texten hinausgehen: Lautstärke, Beleuchtung (für das Lippenlesen), generelle Sichtbarkeit der Sprechenden, aber auch Ton, nonverbale Kommunikation und Haltung begleiten das gesprochene Wort (mehr dazu im Kapitel 3).

Andererseits kann man schriftliche Texte immer wieder lesen oder dabei auf Übersetzungen bzw. Übertragungen zurückgreifen. Beim gesprochenen Wort, das man im Beisein anderer hört, kann man zwar auch um Verstehenshilfe bitten – aber der eine Moment, in dem einige verstehen und andere nicht, konstituiert soziale Exklusion schon im Akt des Verlautens.

Der Vergleich zu Barrierefreiheit von Gebäuden und Verkehrsmitteln macht es deutlich: Auch wenn jemand getragen wird, kann er oder sie eine Treppe hinuntergelangen. Das „Getragenwerden" ist allerdings ein entscheidender sozialer Faktor, denn es muss beispielsweise eine Person dabei sein, die erstens tragen kann und zweitens dazu auch bereit ist. Zu dieser Person muss dann drittens eine Beziehung aufgebaut und viertens eine Bitte an sie gerichtet werden. Dies stiftet zwar soziale Kommunikation, schafft aber ggf. auch Abhängigkeiten.

Dagegen zielt das Programm der Barrierefreiheit auf eine möglichst unabhängige und selbständige Teilhabe am öffentlichen Leben. Der individuelle und freie Zugang zu Kommunikation ist dafür entscheidend.

2.2.2 Leichte Sprache und Einfache Sprache

Leichte Sprache und Einfache Sprache werden oft synonym gebraucht, aber der Fachdiskurs grenzt sie voneinander ab. Bredel/Maaß bezeichnen Einfache Sprache als „das Varietätenspektrum zwischen Leichter Sprache und Standardsprache". Als Texte in Leichter Sprache gelten solche, „bei denen die inhaltliche Reduktion bereits Teil der (...) Planung ist" – so ein Modell nach Wagner/Schlen-

---

Komma. Der Bedarf an Medien in Einfacher Sprache gewinnt im Umfeld der Bibliothek zunehmend an Bedeutung, da das Gebiet einerseits von erheblicher Zuwanderung aus europäischen und außereuropäischen Ländern geprägt ist und andererseits einen relativ hohen Anteil an BewohnerInnen mit einer eher geringen Bildung bzw. Lesefähigkeit aufweist." (Herv. AG, vom 10.5.19).

88 Vgl. https://www.passanten-verlag.de/lesen/ (vom 15.7.19).

ker-Schulte von 2006[89], das die Anpassung von Prüfungsfragen bei Prüflingen mit eingeschränkter Lesefähigkeit untersucht.[90]

Bredel/Maaß haben in ihrem Duden Leichte Sprache nicht als *Textqualität*, sondern als *Sprachvarietät* verstanden, „die formal bestimmte, feste Konturen aufweist, nicht aber in Bezug auf inhaltliche Eigenschaften festgelegt ist. Ein Leichte-Sprache-Text ist dann ein Text, der bestimmte sprachliche Eigenschaften aufweist und dies unabhängig vom Grad der inhaltlichen Reduktion."[91] Ob und in welcher Weise inhaltlich reduziert wird, hängt an der jeweils intendierten Situation. Das gilt für Einfache Sprache im Prinzip genauso[92].

Einfache Sprache ist aber „durch einen komplexeren Sprachstil gekennzeichnet. Die Sätze sind länger, Nebensätze sind zulässig und sämtliche im Alltag gebräuchlichen Begriffe werden als bekannt vorausgesetzt"[93], Fremdwörter sollen ebenfalls vermieden und notfalls erklärt werden. Auf Satzzeichen und -abschnitte folgt nicht zwingend ein Absatz, das optische Erscheinungsbild ist nicht festgelegt. Texte in Einfacher Sprache sind hilfreich für Menschen mit Lese-Rechtschreibschwäche, mit Hirnverletzungen, bei funktionalem Analphabetismus, geringen Deutschkenntnissen und Deutsch als Fremdsprache.

Bettina M. Bock ergänzt das Spektrum der reduzierenden Sprachvarianten noch um die sog. „bürgernahe Sprache"[94]. Diese hat eine große, eher unspezifische Zielgruppe, ist wesentlich auf Fachsprache konzentriert, stark normiert und von den genannten reduzierenden Varianten die komplexeste. Sie setzt die Notwendigkeit der Vermittlung von Fachsprache voraus. Diese ist für Einfache oder Leichte Sprache aber nicht konstitutiv.

Neben den gesetzgebenden Institutionen, die auch die Entwicklung Leichter Sprache stark forcierten, waren bei Einfacher Sprache vor allem Verbände aus dem deutschsprachigen Bibliotheks- und Verlagswesen treibende Kräfte.

---

89 Wagner, Susanne: Im Spannungsfeld von fachlichen Anforderungen und sprachlichen Barrieren. Einfache Sprache in der Beruflichen Bildung. Vortragsmanuskript auf der Tagung „Barrierefreie Kommunikation in interdisziplinärer Perspektive", 23.-25.Oktober 2015, Hildesheim, zit. nach Bredel/Maaß, Leichte Sprache, 527. Modell nach: Wagner, Susanne/Schlenker-Schulte, Christa: Textoptimierung von Prüfungsaufgaben. Handreichung zur Erstellung leicht verständlicher Prüfungsaufgaben, 2. überarb. Aufl. Halle 2006.
90 Bredel/Maaß: Leichte Sprache, 527.
91 Ebd.
92 Die Forschungsstelle Leichte Sprache an der Universität Hildesheim vergibt (Stand Februar 2022) die Prüfsiegel „Leichte Sprache – wissenschaftlich geprüft" und „Einfache Sprache – wissenschaftlich geprüft". Die Siegel kennzeichnen Texte, die sich an wissenschaftlich etablierten Kriterien für Wahrnehmbarkeit und Verständlichkeit orientieren, z.B. „die Verwendung von alltagssprachlichem Wortschatz, kurzen Sätzen mit einfacher Satzstruktur und eine leicht wahrnehmbare und verständliche Gestaltung des Textganzen". Genutzt wird die FLS Software zur Verständlichkeitsprüfung sowie linguistische Analysen zur qualitativen Überprüfung, vgl. 2020_-_Erkenntnis_und_Transfer._Broschuere_Forschungsstelle_Leichte_Sprache_201209_RZ.pdf (uni-hildesheim.de) (vom 27.2.2022).
93 Kellermann: Sprache, 7.
94 Bock, Bettina M.: „Leichte Sprache": Abgrenzung, Beschreibung und Problemstellung aus Sicht der Linguistik, in: Jekat, Susanne u.a. (Hrsg.), Sprache barrierefrei gestalten. Perspektiven aus der angewandten Linguistik [TransÜD 69], Berlin 2014, 17-52, 20f.

Sie gehen von einer Leserschaft aus, die einfachere Texte bevorzugt. So bewirbt z.B. der Passantenverlag aus Casekow[95] sein Verlagssortiment wie folgt: „Einfach lesen: Die Original-Texte werden nicht nur nacherzählt. Wir versuchen, das Besondere der Geschichten in Einfache Sprache zu übertragen. Dabei werden auch schwierige Worte verwendet. Oder seltene Worte. Diese Worte werden erklärt, wenn das für die Geschichte wichtig ist. Aber nicht alles muss erklärt werden. Es ist auch schön, seinen eigenen Gedanken zu folgen."[96]

Die Sprachwissenschaft versucht eine genauere Abgrenzung in Modellen[97]. Bredel/Maaß nennen zwei Typen, Modell 1 in Form einer „Stufung", Modell 2 als „Kontinuum"[98]. Ersteres erfordere analog zum vorliegenden Duden ein genaues Regelwerk für Einfache Sprache. Es müssen eigene Anforderungen formuliert werden – sowohl typographisch als auch sprachlich. Im Modell des Kontinuums bleibt Einfache Sprache das variablere Modell, das abhängig von Kommunikationszwecken und intendierten Adressatinnen und Adressaten angepasst werden kann. Entsprechend ginge es bei Einfacher Sprache nicht „um eine Kodifizierung (...); vielmehr müssen Verfahren qualifiziert werden, mit denen es gelingen kann, graduierte Erleichterungs- bzw. Anreicherungspfade zu identifizieren."

---

95 Z.B. der Passanten Verlag – Literatur in Einfacher Sprache (passanten-verlag.de) konzentriert sich auf Literatur in Einfacher Sprache. (vom 05.1.2022).
96 Ebd. Dieser Grundsatz ist durchaus auch wegweisend für religiöse Sprache – nicht alles kann und muss erklärt werden. Vgl. ausführlicher Kap. 4 und 6.
97 Vgl. auch Gutermuth, Silke: Leichte Sprache für alle? Eine zielgruppenorientierte Rezeptionsstudie zu Leichter und Einfacher Sprache [Easy – plain – accessible 5], Berlin 2020. Diese Studie ist am „Center for Translation&Cognition" (Tra&Co)der Universität Mainz ist im Team der Professorin für Translationswissenschaften Silvia Hansen-Schirra entstanden. Gutermuth hat im Rahmen des Projektes „LES is more – Leichte und Einfache Sprache in der politischen Medienpräsenz" die „Rezeption von Texten in Behördensprache, Einfacher Sprache und Leichter Sprache" untersucht (ebd., 17). Die rechtlich verankerte Aufgabe, Behördenkommunikation in Leichter Sprache vorzuhalten, hat große Unsicherheiten hervorgerufen. Die Studie prüft, ob Texte mit den Regeln in Leichter Sprache für die primäre Zielgruppe erstens von dieser und zweitens auch tatsächlich von sekundären Adressatengruppen besser verarbeitet werden. Ein „Beamter in einer Behörde, der zur Aufgabe hat, die Informationen der hauseigenen Website in Leichter Sprache zu verfassen, wird damit überfordert sein" (18). Die Regelwerke sind widersprüchlich, die Adressatenlage komplex und divers. In diese Lücke gehen die Publikationen von Bredel/Maaß, die ihrerseits von kritischer Forschung (Leipzig, Mainz, Dresden) begleitet werden. Es ist nicht verwunderlich, dass so ein junges Forschungsfeld einerseits Herausforderungen und andererseits konkurrierende Lösungen hervorbringt. Alexander Lasch formuliert hinsichtlich seiner Praxisuntersuchung mit dem Bremer Träger der Behindertenhilfe Martinsclub (website: Wer wir sind – Martinsclub Bremen, vom 28.1.2022), es sei sinnvoller, statt einer Varietät „Leichte Sprache" besser „verschiedene funktionale Varietäten zu postulieren, die man als ‚Varietäten der Verständlichkeit' bezeichnen könnte." Für die in der Forschung höchst unterschiedlich verwendeten Begriffe „leichte" und „einfache" Sprache sollte man eine „Konstruktionsgrammatik" entwerfen, die aus „Grammatiken und Lexika des Übergangs" bestehe. Eine solche können dann „wertvolle theoretische Impulse" liefern (Lasch, Alexander: Zum Verständnis morphosyntaktischer Merkmale in der funktionalen Varietät „Leichte Sprache", in: Bock, Bettina M. /Fix, Ulla /Lange, Daisy [Hrsg.], „Leichte Sprache" im Spiegel angewandter Forschung, Berlin 2017, 275–299, 297).
98 Bredel/Maaß: Leichte Sprache, 531.

Dazu braucht es zunächst einen „definierten Begriff von Einfachheit" – entweder orientiert an den Sprach- und Texteigenschaften oder an den Fähigkeiten der Lesenden.

Im ersteren Fall geht es „um die Entscheidung, ob sprachliche Mittel oder Konstruktionen zugelassen sind oder nicht"[99]. Diese Entscheidung kann sich wiederum nach den zu vermeidenden Konsequenzen richten, also z.B. Störung des Textflusses durch aufwändige Erklärungen. Im zweiten Fall wird von der Lesefähigkeit der Ziel-Leserschaft ausgegangen. Dafür ist die „Bezugnahme auf ein (empirisch gestütztes) Kompetenzniveau" nötig; diesen Weg geht z.B. das österreichische Netzwerk CAPITO (s.o. 2.2). Hier wird ein „abgestuftes Leicht-Lesen-System" vorgeschlagen, das auf dem Gemeinsamen Europäischen Referenzrahmen (GER)[100] beruht. Der GER ist allerdings hauptsächlich auf den Fremdsprachenerwerb unter der Berücksichtigung der Mündlichkeit ausgerichtet. Eine Orientierung könnten auch die Niveaubeschreibungen von PICAAC[101] und PISA[102] bieten, die sich primär auf Lesekompetenz beziehen, außerdem auf „allgemeine Erkenntnisse aus der Verstehens- und Verständlichkeitsforschung"[103].

Bredel/Maaß beschreiben „zwei Grundrichtungen des Eingriffs von Leichter Sprache in Standardsprache: Reduktion und Addition" (ausführlich in Kapitel 3.5). Bei der Konstruktion Einfacher Sprache gehen sie nun nicht von Standardsprache, sondern von Leichter Sprache aus. Einfache Sprache betreibt gegenüber Leichter Sprache einen „Rückbau der Reduktionen" bzw. Additionen, um hinsichtlich der intendierten Gruppe der Adressatinnen und Adressaten das sprachliche Spektrum zu erweitern.[104]

Ein solches dynamisierendes Verständnis von Leichter und Einfacher Sprache, bzw. ein Arbeiten mit „Varianten der Verständlichkeit" (Lasch) werden in dieser Untersuchung zu liturgiedidaktischen Fragen ins Verhältnis gesetzt (vgl. Kapitel 7).

---

99   Ebd.
100 Gemeinsamer Europäischer Referenzrahmen definiert sechs Niveaustufen der Sprachkompetenz zwischen A: Elementare Sprachverwendung (A1 Anfänger, A2 Grundlegende Kenntnisse), B: Selbstständige Sprachverwendung (B1 Fortgeschrittene und B2 Selbständige Sprachverwendung) und C: Kompetente Sprachverwendung (C1 Fachkundige Sprachkenntnisse und C2 Annähernd muttersprachliche Kenntnisse), siehe Gemeinsamer Europäischer Referenzrahmen (GER) für Sprachen (europaeischer-referenzrahmen.de) und 676999_GER_Begleitband_ANHANG_08_Ergaenzende Deskriptoren.pdf (vom 5.1.2022).
101 Programme for the International Assessment of Adult Competencies – eine internationale Studie zur Untersuchung von Alltagsfertigkeiten Erwachsener. Das GESIS – Leibniz-Institut für Sozialwissenschaften ist für die Laufzeit von 2018 bis 2024 mit dem nationalen Projektmanagement von PIAAC in Deutschland betraut. Vgl. PIAAC: PIAAC Home (gesis.org) (vom 05.01.2022).
102 Programme for International Student Assessment, vgl. Aktuelles – PISA (tum.de) (vom 5.1.2022).
103 Bredel/Maaß: Leichte Sprache, 532, ausführlicher s. Kap. 3.4.
104 Ebd., 533.

2.2.3 Leichte Sprache im Widerstreit

2.2.3.1 Provokation und Stigma

Im Kapitel 3 wird genauer auf die Konstruktionsprinzipien Leichter Sprache aus sprachwissenschaftlicher Perspektive eingegangen. Zunächst noch ein paar Bemerkungen zur Kritik an Leichter Sprache. Denn das Konzept bzw. einige Erscheinungsformen Leichter Sprache stehen durchaus in der Kritik. Diese kritischen Einschätzungen lassen sich auch übertragen auf die Befürchtungen, die mit Gottesdiensten in Leichter Sprache verbunden sind.

Bredel/Maaß führen ihrerseits verschiedene Formen der Kritik auf, die sie unter den Gesichtspunkten „Provokation" bzw. „Stigma" [105] bündeln.

Leichte Sprache wird von einigen öffentlich als „restringierter Code" und als „abweichend von mit hohem Prestige verknüpften Sprachformen wahrgenommen"[106]. Der Linguist Josef Bayer von der Universität Konstanz spricht vom „Pfuschkonstrukt […]der leichten Sprache". Ziel müsse stattdessen „immer die Kompetenz der existierenden Sprache sein". Den Versuch, „alle wesentlichen Texte in eine erleichterte Kunstsprache zu überführen", hält Bayer „für nicht machbar und auch nicht wünschenswert".[107]

Diese Einwände seien ernst zu nehmen, so Bredel/Maaß. Da Verständlichkeit die Priorität bei Übersetzungsentscheidungen habe, verstößt Leichte Sprache in der Tat „gegen etablierte Normen und Konventionen konzeptioneller Schriftlichkeit. Die Regeln (...) beeinträchtigen sprachliche Ebenen und Aspekte (...): Reichtum der Register und Stile, Prägnanz und Kürze, Vielfalt der Textsorten."[108]

Einige der Regeln greifen tief in sprachliche Ästhetik ein und widersprechen dem Sprachgefühl, sie führen teils zu einer gewissen „Uniformität der sprachlichen Mittel, die potenziell ein gewisses Stigma für Leichte Sprache insgesamt darstellt."[109] Texte in Leichter Sprache erscheinen häufig redundant und explizit, was in der Rezeption auch „pragmatische Aspekte wie Höflichkeit, Hedging oder Expressivität"[110] herausfordert. Standardtexte sollen einem „mittleren Grad von Informativität" entsprechen (explizit genug, aber nicht zu explizit sein)[111].

---

105 Ebd. 45ff.
106 Bock, Bettina M.: Anschluss ermöglichen und die Vermittlungsaufgabe ernstnehmen. In: Didaktik Deutsch 38, 9–17, 10.
107 Zitiert nach: Sturm, Florian: Einfach schwer. Medienangebote in Leichter und Einfacher Sprache sollen Menschen mit Lese- und Lernschwierigkeiten helfen, aber auch solchen, die Deutsch lernen wollen. Funktioniert das? In: SZ-Online, 3. Dezember 2018, 18:32 Uhr, Presse und Rundfunk – Einfach schwer – Medien – SZ.de (sueddeutsche.de) (vom 10.1.2022).
108 Bredel/Maaß: Leichte Sprache, 45.
109 Ebd.
110 Ebd.
111 Ebd. unter Bezugnahme der Grice'sche Konversationsmaxime: „Mache deinen Gesprächsbeitrag mindestens so informativ, wie es für den anerkannten Zweck des Gesprächs nötig ist. Mache deinen Beitrag nicht informativer, als es für den anerkannten Zweck des Gesprächs nötig ist." Grice, Paul: Logic and Conversation, in: Cole, Peter/ Morgan, Jerry L.

Leichte Sprache wirkt demgegenüber als Provokation, die Texte sind durchaus explizit und fallen auf durch ihre charakteristische Fülle an Erläuterungen. Manche Abwehr gegen diese Texte entsteht vor allem dann, wenn sie als neue Regel für alle, als eine „neue standarddeutsche Norm"[112] missverstanden werden. Rezipientinnen und Rezipienten jenseits der primären Adressatenschaft fühlen sich dadurch ggf. abgewertet. Kommunikation in Leichter Sprache ist asymmetrisch und gilt als „statusniedrig"[113]. Gehen von als statusniedriger Eingestuften nun Forderungen nach einer Normveränderung öffentlicher Kommunikation aus, wird auf diese nicht mehr mit Mitleid und Sympathie, sondern mit Ressentiments und Abwehr reagiert[114].

Die Autorinnen verweisen auf Beispiele solcher Abwehr. Z.B. habe das Netzwerk Leichte Sprache einen in Leichter Sprache formulierten Brief an Professorinnen und Professoren deutscher Universitäten gerichtet und im Namen der Regeln für Leichte Sprache die Beteiligung von Menschen mit geistigen Behinderungen an der Forschung gefordert.[115] Solche Aktivitäten führen eher dazu, dass Leichte Sprache nicht als kommunikatives Zusatzangebot, sondern als normative kommunikative Maßgabe gesehen und entsprechend abgewehrt wird.

In der öffentlichen Debatte besteht die Gefahr, dass Leichte Sprache als „primitive" oder auch „kindliche" Sprachform wahrgenommen wird, „Informationen würden verfälscht, unnuanciert vereinfacht und Botschaften verflacht", Leichte Sprache werde als „Sprachform verstanden, die Erkennungszeichen einer bestimmten Gruppe (Menschen mit Lernschwierigkeiten) sei, also eine Art Sondersprache, die die Gruppenzugehörigen von den Nichtzugehörigen unterscheidet."[116] Das führe zu einem exklusiven Moment, was wiederum dem Inklusionsgedanken grundsätzlich entgegenstehe. Untersuchungen zeigen, „dass ein

---

(Hrsg.), Syntax and Semantics 3, San Diego u.a. 1975, 41-58 (dt. Übersetzung in: Meggle, Georg (Hrsg.), Handlung, Kommunikation, Bedeutung, Frankfurt/M. 1993, 243-265).

112 Bredel/Maaß: Leichte Sprache, 46.
113 Bredel/Maaß beziehen sich bei dieser Einschätzung auf den Ansatz von Fiske, Susan T./Cuddy, Amy J.C./Glick, Peter /Xu, Jun, A Model of (Often Mixed) Stereotype Content: Competence and Warmth Respectively Follow From Perceived Status and Competition. In: Journal of Personality and Social Psychology 82, 2002, 878-902. Die Autorinnen und Autoren klassifizieren Stereotypen und arbeiten zwei Dimensionen (Wärme und Kompetenz) und zwei Variablen (Status und Konkurrenz) als leitend heraus (vgl. Tabelle S. 47). „Wird eine Gruppe (...) als hierarchieniedriger eingestuft (Status), jedoch nicht als Konkurrenz für die eigene Position empfunden, so wird sie üblicherweise als warm(herzig), aber inkompetent eingeschätzt. (...) Als Beispielgruppen werden ältere Menschen oder Menschen mit Behinderungen genannt. Anders sieht es aus, wenn eine als hierarchieniedriger eingeschätzte Gruppe als Konkurrenz angesehen wird: Eine solche Gruppe wird üblicherweise als inkompetent sowie kalt bzw. anmaßend oder undankbar konzeptualisiert" (46), z.B. Sozialhilfeempfänger oder Menschen mit migrantischer Biographie.
114 Die Autorinnen weisen darauf hin, dass das Modell im US-amerikanischen Kontext entwickelt worden ist und die dortigen sozialen Verhältnisse deutlicher spiegelt als im deutschen Kontext mit umfassenden staatlich finanzierten Sozialleistungen (46).
115 Bredel/Maaß: Leichte Sprache, 47f.
116 Bock: „Leichte Sprache", 28f.

Teil der potentiellen Nutzer(innen) nicht auf diese Sprachvarietät zurückgreift, weil dieser sich durch die zu starken Simplifizierungen stigmatisiert fühlt"[117].

Bredel/Maaß würdigen die Verdienste der Selbsthilfebewegung. Sie sehen aber auch die Gefahr, dass Texte in Leichter Sprache selbst neue Sprachbarrieren aufrichten. So legen die beiden Autorinnen Wert darauf, Leichte Sprache mit dem DUDEN-Projekt als *Zusatzangebot* einerseits und als *professionelle Option* andererseits zu akzentuieren. So kann Leichte Sprache einerseits zur Teilhabe von Menschen mit Beeinträchtigungen beitragen, zugleich aber auch Teil von Forschung, Diskurs und Lehre sein.

Leichte Sprache kann auf nicht-primäre Adressatinnen und Adressaten als „Provokation" wirken, gleichzeitig gilt, auf Leichte Sprache angewiesen zu sein, vielfach als „Stigma"[118]. Diese Verbindung gilt es durch Versachlichung des Diskurses und möglichst differenzierten Umgang mit Adressatinnen und Adressaten aufzubrechen.

2.2.4 Die Problematik sekundärer Adressatinnen und Adressaten

Der Bremer Bildungsforscher Rainer Bremer wird in einem Interview in der Neuen Züricher Zeitung zitiert: „Die Leute, die die ‚Leichte Sprache' propagieren, lassen sich komische Sätze einfallen, die sich wie Parodien auf behinderte Menschen lesen"[119]. Auf die Frage der Zeitung „Verlieren Texte mit der Übersetzung von der Hochsprache in die ‚Leichte Sprache' ihre ‚Seele'?" antwortet der Bildungsexperte: „Ja. Texte werden inhaltsleer, wenn man nicht versucht, das Verständnis einer Sprache durch Bildung und Aufklärung heranzubilden, sondern umgekehrt, die Sprache an den Erkenntnisstand der Leute anpasst. Das ist im Kern bildungsfeindlich. Das ist zwar nicht neu. Neu ist aber, dass sich alle Welt davon überzeugen lässt und kaum jemand widerspricht."[120]

Die Sorge ist offenbar, dass durch die Verwendung sprachlicher Sonderform eine erst recht defizitäre Wahrnehmung von Personen mit Behinderungen erreicht wird. Die Sorge vor stereotypen Zuschreibungen kognitiver Defizite sollte aber zugleich nicht dazu führen, „Personen mit Behinderung, die auf barrierefreie Kommunikation angewiesen sind, diese nur deshalb vorzuenthalten, weil durch die reine Präsenz dieser Texte ihre Behinderung offenbar wird."[121] Auf Leichte Sprache angewiesen zu sein, ist in mehrfacher Hinsicht ein Stigma, das unterschiedliche negative Konnotationen mit sich bringt:

---

117 Schuppener, Saskia/Bock, Bettina M., Geistige Behinderung und barrierefreie Kommunikation, in: Maaß/Rink (Hrsg.), Handbuch Barrierefreie Kommunikation, 241.
118 Bredel/Maaß: Leichte Sprache, 50.
119 „Schlimmer als Realsatire", in: NZZ - Neue Züricher Zeitung vom 8.9.2014, zit. nach Bredel/Maaß: Leichte Sprache, 50.
120 Ebd.
121 Bredel/Maaß: Leichte Sprache, 51.

„Wer diese Texte benötigt, 1. kann kaum lesen; 2. kann möglicherweise nicht ‚richtig' Deutsch; 3. kann nicht an fachlichen Diskursen teilnehmen und gehört zu keiner dieser hoch valorisierten Gruppen; 4. benötigt Erklärungen selbst für einfachste Zusammenhänge und hat folglich eine verminderte Auffassungsgabe; 5. kann die Schönheit und Komplexität der Sprache nicht erfassen; 6. gefährdet die deutsche Sprache, wenn solche Texte im Zuge der Inklusion standarddeutsche Texte verdrängen."[122]

Tatsächlich wird die Zuschreibung 3. nur von primären Adressatinnen und Adressaten Leichter Sprache erfüllt (mehr zu primären und sekundären Adressaten in Kapitel 3). Zunehmend greifen Menschen auf Texte in Leichter oder Einfacher Sprache zurück, wenn diese Texte Fachdiskurse vereinfachen. Wer selbst über einen höheren Bildungsgrad verfügt, kann vereinfachte Texte ohne Stigmatisierung nutzen. „Wer (...) auf die Leichte-Sprache-Version angewiesen ist, unterliegt hingegen leichter einer Stigmatisierung."[123]

Die sekundären Adressatinnen und Adressaten nehmen Texte in Leichter Sprache unterschiedlich wahr: Im günstigsten Fall als Bereicherung und als Beitrag zu Inklusion und mehr Verständlichkeit, ggf. ignorieren sie die Texte auch einfach, weil sie sich nicht angesprochen fühlen. Sobald sekundär Adressierte die Texte im oben aufgeführten Sinne als Provokation empfinden, setzen möglicherweise negative Reaktionen ein, wie sie z.B. der Bremer Bildungsforscher Rainer Bremer zum Ausdruck bringt und die zur Ironisierung der Texte oder Diskreditierung des Anliegens führen können. Im Umgang mit sekundär Adressierten weisen Bredel/Maaß darauf hin, dass Texte in Leichter Sprache, solange diese nicht als Zusatzangebot vollständig etabliert sei, mit erläuternder „Metakommunikation" versehen werden sollten, bzw. „nach Möglichkeit eine kurze Anmoderation erhalten". Hilfreich sind auch die „systematisch gestufte(n) Erleichterungssysteme"[124], die z.B. in den unterschiedlichen Zuschreibungen von „Leichter" bzw. „Einfacher" Sprache liegen (siehe oben 2.4).

2.2.5 Angst um den Reichtum religiöser Texte

Vorbehalte gegen gottesdienstliche Texte in Leichter Sprache weisen offenkundig Parallelen zu den genannten Kritikpunkten an informativen Texten in Leichter Sprache auf. Auch in liturgischer Sprache beeinträchtigen die Regeln der Leichten Sprache den ästhetischen Gehalt der Texte, den „Reichtum der Register und Stile" (Bredel/Maaß, 45). Die kurzen Sätze und die Uniformität der sprachlichen Mittel können als kindlich oder als mangelnde Höflichkeit empfunden werden. Ähnlich den oben geschilderten Vorbehalten und der Sorge um Bildungsverfall kommt hinsichtlich gottesdienstlicher Sprache auch eine Angst

---
122 Ebd.
123 Ebd., 52.
124 Ebd., 174, als Beispiel wird hier die Patientenaufklärungsbroschüre der Firma Klarigo genannt (Parkinson. Patienteninformation in Leichter Sprache, Pfungstadt 2015): „Liebe Leserin, lieber Leser, dieser Text ist für Sie vielleicht sehr leicht. Dieser Text ist nämlich in Leichter Sprache geschrieben. So soll der Text barrierefrei sein. Das bedeutet: Sehr viele Menschen sollen den Text verstehen können."

um den Verlust tradierter Formen hinzu. Verbunden damit sind Ängste vor der Trivialisierung religiöser Sprache („Kindersprache") und ggf. auch Angst vor dem Verlust der ökumenischen Anschlussfähigkeit. Anders als Gebrauchsanweisungen oder Steuererklärungen sind liturgische Formen für Gottesdienstkundige „vertraut" – einerseits persönlich und in der eigenen Biografie verankert. Andererseits sind die liturgischen Stücke wie z.B. Kyrie oder Gloria historisch gewachsene Formeln, so dass jede Übersetzung nur einen kleinen Teil davon vermitteln kann. Zusätzlich entstehen bei der Übertragung von liturgischer Sprache durch Addition oder Reduktion (ausführlicher Kapitel 3.5) große Eingriffe in die Textlänge und Textästhetik, die den Charakter und ggf. auch den Gehalt nachhaltig verändern. Dies ist verbunden mit der Befürchtung vor einem Verlust liturgischer Pragmatik: Ist der Segen noch „Segen", wenn er vor allem kognitiv verstanden und deswegen so umformuliert wird? Ist die Doxologie am Ende des Tagesgebetes noch Doxologie, wenn sie in eine andere Sprachform übertragen wird?

Auf diese Fragen wird am Beispiel der Tagesgebete im Folgenden (Kapitel 4 und 6) ausführlich eingegangen.

Anschaulich wird diese Linie der Kritik an einem Beispiel: „Wer in Leichter Sprache formuliert, nimmt bewusst in Kauf, dass die gewählten Strategien der Vereinfachung von Sprache vieles verloren gehen lassen: bewusst vom Autor gesuchte Viel- oder Mehrdeutigkeit, vieles vom ästhetischen Gehalt, Schönheit, Satzmelodie, nicht zuletzt der individuelle Stil der Sprache. Gegenüber dem Gesichtspunkt der Verständlichkeit treten alle anderen Kriterien von Sprache zurück." Um „der Verständlichkeit willen mögen diese Verluste zu verschmerzen sein, (...) ganz anders (stellt sich diese Frage), wenn leichte Sprache nicht als *Ergänzung*, sondern als *Ersatz* ‚normaler' Sprache propagiert wird"[125].

Die empfundene Provokation eines sekundären Adressaten hat ihre Quelle vermutlich in misslungener Metakommunikation. Der Autor deutet die liturgiedidaktischen Ausführungen, die die Übertragungen von Bibeltexten in Leichte Sprache[126] im Vorwort begleiten, als den Versuch, Leichte Sprache als „Königsweg aus der Krise des Christlichen' zu präsentieren. Als Indiz dafür dient ihm der Hinweis der Autorinnen, die angesichts der Übertragung von Psalm 23 fragen, was Gottesdienstbesuchende „in der post-pastoralen Gesellschaft" mit dem Bild des „Guten Hirten" anfangen können. Das „post-pastoral" war von den Autorinnen hier tatsächlich wörtlich gemeint und deutete hin auf die lateinische Bedeutung von *pastor*, nämlich Hirte. Vögele deutet die Formulierung empört als anmaßenden Versuch, in Leichter Sprache „ein Therapeutikum" einer „religiösen Identitätskrise des Christlichen"[127] zu sehen – was von den Autorinnen und dem Herausgeberkreis von Buch und zugrundeliegender Reihe „gemeinsam

---

125 Vögele, Wolfgang: Leichte Sprache – Schwerarbeit. Warum ‚leichte Sprache' kein religiöses Therapeutikum in post-christlicher Zeit sein kann, in: Deutsches Pfarrerblatt 114.2 (2014), 81–84, 83.
126 Gidion/Arnold/Martinsen: Leicht gesagt!, 11.
127 Vögele: Leichte Sprache, 83.

gottesdienst gestalten" jedoch nicht angestrebt war, es handelt sich vielmehr um „Anregungen für die Praxis"[128].

Auf die liturgiedidaktischen Funktionen von Leichter Sprache gerade für Pastorinnen und Pastoren wird im 7. Kapitel ausführlich eingegangen. Dort wird ausgeführt, dass komplexes hermeneutisches Suchen nach berührender Sprache für Liturgie und Gottesdienst mehr ist als „nur an der einen Stellschraube der Verständlichkeit" zu drehen, „um größere (religiöse) Erfolge zu erreichen"[129].

Im Fokus steht vielmehr die Suche nach unterschiedlichen sprachlichen Mitteln, um das Ziel der Verständlichkeit zu erreichen. Übertragungen in Leichte Sprache entlarven zunächst einmal „eine Sicherheit, die von überkommenen Wortkombinationen getragen wird"[130].

Was an die Stelle dieser Sicherheit tritt, gilt es je neu und konkret zu erkunden und auszuloten.

Das rhetorische Paradigma der formalen Liturgik ist im Kontext evangelischer Gottesdienste der Ausgangstext. Je nach intendierter Adressatenschaft ließe dieser Ausgangstext sich mit den kodifizierten Prinzipien Leichter Sprache oder dem dynamischen Rückbau der Regeln hin zu Einfacher Sprache übertragen, um Inklusion, Partizipation und Proximität der liturgischen Vollzüge zu ermöglichen.

Auf die Prinzipien der Leichten Sprache soll nun im folgenden Kapitel ausführlicher eingegangen werden.

---

128 Vgl. im Geleitwort zu Gidion/Arnold/Martinsen, Leicht gesagt!, 8.
129 Ebd.
130 Gidion/Arnold/Martinsen: Leicht gesagt!, 17.

3. Leichte Sprache aus sprachwissenschaftlicher Perspektive

3.1 *Vorbemerkung*

Es ist wesentlich das Verdienst der beiden Sprachwissenschaftlerinnen Ursula Bredel und Christiane Maaß (beide Hildesheim), Leichte Sprache von einem Praxisphänomen der Behindertenrechtsbewegung hin zu einem Forschungsgegenstand der Übersetzungswissenschaften zu transformieren und auf einen wissenschaftlichen Standard zu bringen. Die Veröffentlichung einer Studie zur Leichten Sprache im DUDEN Verlag ist Ausdruck dieser Standardisierung. Das inklusive eines ausführlichen Literaturverzeichnisses 560 Seiten starke Werk hat zum Ziel, die „intuitiv konzipierten" aus der Praxis entstandenen Regelwerke „wissenschaftlich fundiert" zu analysieren. Den Autorinnen ist es ein zentrales Anliegen, „jenseits der Vertextungspraxis das System der Leichten Sprache greifbar zu machen"[1]. Gegen diesen Versuch der Standardisierung gibt es auch Widerspruch.

Parallel zu den Forschungen am Hildesheimer Lehrstuhl wurde von 2014–2018 an der Universität Leipzig mit Mitteln des Bundesministeriums für Arbeit und Soziales (BMAS) ein Projekt „Leichte Sprache im Arbeitsleben" („LeiSA"[2]) unter Leitung von Sprachwissenschaftlerin Bettina M. Bock und der Sozialwissenschaftlerin Saskia Schuppener durchgeführt. Es handelte sich dabei um „eine Evaluationsstudie zur Wirksamkeit der Leichten Sprache im Arbeitsleben." Im Kontext dieses Projekts wurde 2016 eine Konferenz mit dem Titel „‚Leichte Sprache' im Spiegel theoretischer und angewandter Forschung"[3] veranstaltet. In den Vorbemerkungen zur Publikation des Tagungsbandes kritisieren die Herausgeberinnen, die Leipziger Linguistinnen Bettina M. Bock, Ulla Fix und Daisy Lange, die verbreitete Herangehensweise an das Konzept Leichter Sprache. Sie sehen in der Begriffsbestimmung und den adressierten Personen und Personengruppen vor allem ein „Problem der Normierung"[4]. Letzteres halten sie für ein wesentlich deutsches Phänomen. Im deutschsprachigen Diskurs sei ein Zugang zum Phänomen „Leichte Sprache" manifest geworden, der im Wesentlichen auf der Einhaltung von Regeln basiere.[5] Denn „feste Regeln" definiert das „Netzwerk Leichte

---
1 Bredel, Ursula/Maaß, Christiane: Leichte Sprache. Theoretische Grundlagen, Orientierung für die Praxis [Sprache im Blick], Berlin 2016, 14. Die im vorliegenden Kapitel auftauchenden Seitenzahlen in Klammern im Fließtext sind aus diesem Buch.
2 Siehe: Aktuelles – LeiSA (uni-leipzig.de) (vom 06.1.2022).
3 Bock, Bettina M./Fix, Ulla/Lange, Daisy (Hrsg.): „Leichte Sprache" im Spiegel theoretischer und angewandter Forschung [Kommunikation – Partizipation -Inklusion 1], Berlin 2017.
4 Ebd., 16f.
5 Siehe auch 2.4 hinsichtlich der Unterscheidungen von Leichter und Einfacher Sprache.

Sprache"; Bredel/Maaß bearbeiten im DUDEN Verlag und in Lehrbüchern diese im Wesentlichen intuitiv entstandenen Regeln hin auf wissenschaftlichen Diskus und Forschungsdebatten. Sie erstellen damit ein wesentlich umfassenderes Regelwerk als die Selbsthilfebewegungen. Genau diese umfassende Bedeutung der Regeln stellen die Autorinnen des Leipziger Projekts infrage: „Alle Textsorten und sprachlichen Register sollen durch die Anwendung eines bestimmten Sets an Regeln so modifiziert werden können, dass sich die Chancen der Adressatenkreise auf kommunikative und informationelle Teilhabe verbessern. (...) Eine Bedienungsanleitung würde dann nach denselben universellen Regeln verständlich gemacht werden müssen wie ein Bibeltext"[6]. Dies sei eine „top-down"[7]-regulierte, normative Sicht auf das Phänomen der Leichten Sprache. Demgegenüber postulieren die Sprachwissenschaftlerinnen im Kontext des LeiSa-Projekts aus der Perspektive eines „bottom-up"-Ansatzes Formen, die von Fall zu Fall „kommunikative Teilhabe" auch von Menschen mit Verstehensschwierigkeiten ermöglichen. Im Zentrum ihrer Forschung steht eine „funktionskonstitutive Sicht"[8], die auf die jeweils konkreten Anwendungssituationen eingeht, heterogene Adressatenkreise voraussetzt und versucht, diese möglichst genau vorwegzunehmen und auf sie einzugehen. Die Ergebnisse der Studie sind gebündelt im Band von Bettina M. Bock[9], „Leichte Sprache" – kein Regelwerk[10].

Der DUDEN, den Bredel/Maaß 2016 vorgelegt haben, war trotz der nachvollziehbaren Einwände ein derartiger Schritt in der öffentlichen Repräsentanz des Themas „Leichte Sprache", dass er im Rahmen dieser Untersuchung ausführlicher dargestellt werden soll. Eine Adaption der Regeln von Fall zu Fall ist damit keineswegs ausgeschlossen und von Bredel/Maaß ebenso intendiert – das umfassende und differenzierte Regelwerk hebt die Notwendigkeit adressatengerechter Sprache und der Möglichkeiten dafür vielmehr in besonderer Weise hervor. In der graduellen und dynamischen Unterscheidung von Leichter zu Einfacher Sprache (vgl. 2.4) wird eine solche Richtung bereits angedeutet, auf die in Kapitel 7 dieser Untersuchung hinsichtlich ihrer Bedeutung für Liturgische Sprache weiter eingegangen wird. Aber auch im Feld der Liturgie gilt: Eine im Gottesdienst verantwortlich handelnde Person benötigt beides – eine gute

---

6   Bock/Fix/Lange: Leichte Sprache, 16.
7   Ebd., 17.
8   Ebd.
9   Das Leipziger Forschungsprojekt „LeiSA-parti" zielte auf die Erforschung partizipativer Arbeitsprozesse im Bereich Wissenschaft, und zwar mit Fokus auf Disziplinen, in denen bisher nicht partizipativ gearbeitet wird. Ein partizipativer Arbeitsprozess (hier: von Wissenschaftler/innen und Menschen mit Lernschwierigkeiten/sog. geistiger Behinderung) sollte hier exemplarisch umgesetzt und in einer linguistischen Begleitforschung reflektiert werden. Partizipativ erarbeitet wird ein barrierefreies Kommunikationsprodukt im Bereich Wissenschaftskommunikation: Gegenstand sind die Ergebnisse des BMAS- Projekts „LeiSA" („Leichte Sprache im Arbeitsleben", 2014–2018), siehe auch: Aktuelles - LeiSA (uni-leipzig.de) - (vom 4.1.2022). Mittlerweile Jun.-Professorin an der Universität Köln, Institut für deutsche Sprache und Literatur II, vgl. bettinabock.de (vom 4.1.2022).
10   Bock, Bettina M.: „Leichte Sprache" – kein Regelwerk. Sprachwissenschaftliche Ergebnisse und Praxisempfehlungen aus dem LeiSa-Projekt [Kommunikation – Partizipation – Inklusion 5], Berlin 2019.

Kenntnis der Normen und Regeln (z.B. des Gottesdienstbuchs und der Kasualagenden), zugleich wird sie die jeweils aktuelle Situation, die Anwesenden, deren Erwartungshorizont und mitgebrachte Fähigkeiten und Voraussetzungen u.a.m. berücksichtigen. Durch die Publikationen von Bredel/Maaß und anderen Mitarbeitenden der Hildesheimer Forschungsstelle ist der Diskurs um Leichte Sprache signifikant versachlicht und prominent geworden. Sie haben vor allem geleistet, die „intuitiv in der Praxis"[11] und der Selbstvertretungs-Initiativen von Menschen mit Behinderungen entwickelte Leichte Sprache zu professionalisieren und zum Gegenstand von Forschung und Reflexion zu machen.

Bredel/Maaß gehen davon aus, dass „Leichte Sprache eine regulierte Varietät des Deutschen und folglich auf allen Ebenen des Sprachsystems linguistisch beschreibbar ist" (14).

In der Reihe „Sprache im Blick" des DUDEN Verlags haben die beiden Autorinnen außerdem einen „Ratgeber"[12] als Arbeitshilfe für Übersetzerinnen und Übersetzer und ein „Arbeitsbuch Leichte Sprache mit Übungen"[13] entwickelt, die praxis- und beispielbezogen in die Leichte Sprache einführen und die Entscheidungen einüben, die es beim Übersetzen in Leichte Sprache braucht. Das Grundlagenbuch stellt zum Zeitpunkt der Abfassung dieser Untersuchung die umfassendste Darstellung und Untersuchung zu Leichter Sprache aus sprachwissenschaftlicher Sicht dar. Das Werk analysiert zudem gründlich die bereits vorliegenden Regelwerke zu Leichter Sprache. Deshalb soll es hier in seiner Argumentation in den wesentlichen Gedankenschritten nachvollzogen werden. Aspekte, die sich ausschließlich auf schriftliche Texte beziehen, werden nur peripher rezipiert (Schriftzeichen, Bilder, Typographie). Aspekte, die auch für gesprochene Texte zentral sind, werden dagegen genauer ausgeführt (Morphologie, Lexik, Syntax, Semantik und Text, 3.6–3.10).

Adressatinnen und Adressaten sind vor allem Übersetzerinnen und Übersetzer bzw. professionell in der Arbeit mit Zielgruppen Leichter Sprache Tätige. Phänomene religiöser Rede sind an keiner Stelle explizit genannt, es gilt hier entsprechend immer mitzubedenken, welche Auswirkungen die Anwendung der Regeln hinsichtlich der Sprachformen des Gottesdienstes haben. An Beispielen wird dies schon in diesem Kapitel mitvollzogen, ausführlicher dann unter dem Gesichtspunkt liturgiedidaktischer Überlegungen im 7. Kapitel expliziert.

---

11 Bock/Fix/Lange: Leichte Sprache, 11.
12 Bredel, Ursula/Maaß, Christiane: Ratgeber Leichte Sprache. Die wichtigsten Regeln und Empfehlungen für die Praxis [Sprache im Blick], Berlin 2016.
13 Bredel, Ursula/Maaß, Christiane: Arbeitsbuch Leichte Sprache. Übungen für die Praxis mit Lösungen [Sprache im Blick], Berlin 2016.

3.2 „Leichte Sprache – Theoretische Grundlagen. Orientierung für die Praxis." Konzeption und Aufbau einer umfassenden Kodifizierung

Die Autorinnen beleuchten das System der Leichten Sprache auf der Folie der deutschen Standardsprache und fragen vor allem: Was leisten „diejenigen sprachlichen Mittel, die durch die Regeln der Leichten Sprache beschnitten werden" (15)? Zugleich sind kommunikative Lösungen im Blick: „Welche kompensatorischen Mittel stehen zur Verfügung, wenn Leichte Sprache ohne diese Kategorien auskommen muss? Stehen diese kompensatorischen Mittel möglicherweise im Gegensatz zu anderen Regeln?"(15) Bredel/Maaß beziehen neben linguistischer Literatur auch Beiträge aus der „Verständlichkeitsforschung, aus der Psychologie und der Fachkommunikationsforschung"[14], außerdem „Forschung, die sich mit den Verstehensvoraussetzungen und Kommunikationseinschränkungen der unterschiedlichen Adressatengruppen von Leichter Sprache beschäftigt" (15), mit ein.

Im Folgenden werden die Argumentationsgänge des Grundlagenbuches dargestellt mit besonderer Berücksichtigung von gesprochener Leichter Sprache. Erkenntnisleitend für die Rezeption innerhalb dieser Untersuchung ist dabei die Frage nach den möglichen Auswirkungen von Leichter Sprache in der gesprochenen Liturgie des evangelischen Gottesdienstes. Für die Autorinnen ist die deutsche Standardsprache die Folie, diese ist auch für den evangelischen Gottesdienst im deutschsprachigen Raum Standard, zugleich ist die Sprache der Liturgie nicht nur im linguistischen Sinne korrekte, sondern auch durch Tradition geprägte, die wiederum eine eigene Folie abgibt (vgl. Kapitel 7).

Im ersten Kapitel des aus zwei Großkapiteln bestehenden Buches werden das Konzept und die Funktion, im zweiten die Struktur Leichter Sprache beschrieben. Im ersten Kapitel wird Leichte Sprache „im Varietätengefüge des Deutschen" (24) soziolinguistisch eingeordnet. Unter der Überschrift „Rezeptionserwerb" (40) werden die Voraussetzungen für das Verstehen von Texten in Leichter Sprache reflektiert. Die wissenschaftliche Beschäftigung mit Leichter Sprache ist noch jung. Es ist „noch nicht hinreichend beschrieben, wie genau die Kenntnisstruktur beschaffen sein muss, damit die Rezeption von Leichter Sprache gelingt" (40).

Zu den großen Stärken dieses umfassenden Theoriezugriffs gehört zugleich die genaue Einordnung der abwehrenden Urteile gegenüber der Leichten Sprache.

Der „teilweise lebhafte(r) Widerstand" (41) ist seinen Ursprüngen nach auch in „pädagogischen Traditionen" (42) zu suchen (vgl. Kapitel 2.5 Leichte Sprache im Widerstreit). Aus pädagogischer Perspektive ist davon auszugehen, dass „geschriebene Sprache der gesprochenen nachgeordnet" ist. Dabei wird oft über-

---

14 Bredel/Maaß: Leichte Sprache, 15.

„Leichte Sprache – Theoretische Grundlagen. Orientierung für die Praxis."

sehen, dass „die Rezeption auch die Produktion unterstützt". Die „starke bildungssprachliche Tradition" Deutschlands erschwert demnach den Gedanken, dass „eine Varietät wie die Leichte Sprache Zielsprache sein (...) oder ihr Erwerb auch nur ein anzustrebender Zwischenschritt auf dem Weg in die Vollverschriftung" (42) sein könnte. Leichte Sprache als Zwischenzustand zu einer größeren Teilhabe schriftlichen und mündlichen Diskurses ist gerade in Deutschland für viele schwer vorstellbar. Dabei werden allerdings „außerordentliche Chancen verspielt" – z.B. für den Spracherwerb von Nicht-Muttersprachlern. Die gleichförmigen Muster von Leichter Sprache geben gerade auch Menschen, die neu lesen lernen, die Chance, „über Einzelkonstruktionen hinaus Generalisierungen über sprachliche Strukturen abzuleiten und selbständig wiederzuverwenden". Leichte Sprache kann in so einer Perspektive die Funktion einer „transitorischen Norm" bekommen, also einer Vorgabe, die einen „Zwischenstand auf dem Weg zu einer voll ausgebauten Kompetenz" darstellt. Texte in Leichter Sprache nachvollziehen zu können, stellt dann einen Zwischenschritt dar, der aber schon Teilhabe in der Kommunikationsgemeinschaft ermöglicht. In den liturgiedidaktischen Überlegungen dieser Untersuchung wird auf diesen Gesichtspunkt zurückzukommen sein (vgl. 7.2.2).

Bei der theoretischen Betrachtung der Verwendung von Sprache steht die Ermöglichung von Beteiligung im Vordergrund: Sprache ist nicht nur Kommunikationsmittel, sondern auch „umfassende Partizipationsmöglichkeit" (13) für unterschiedliche Adressatinnen und Adressaten[15]. Leichte Sprache stellt „Perzeptibilität" und „Verständlichkeit" (45) an erste Stelle. Dadurch beeinträchtigt sie eine Reihe von Aspekten, die das Deutsche auszeichnen und die erst einmal nichts mit Verständlichkeit zu tun haben: „Reichtum der Register und Stile", „Prägnanz und Kürze", „Vielfalt der Textsorten" (45). Der Verzicht auf Nebensätze greift in die Ästhetik der Ausgangstexte ein und verletzt das Sprachgefühl mancher Leserinnen und Leser. Dadurch entsteht die Gefahr, dass Leichte Sprache „selbst zur Sprachbarriere (wird), wenn sie ihre Vermittlungsaufgabe nicht ernst nimmt"[16]. Leichte-Sprache-Texte sind durch ihre „charakteristische Fülle an Erläuterungen" und durch ihre „Explizitheit" (45) auffällig.[17]

In der Folge der Verordnung zur Schaffung barrierefreier Kommunikation (BITV 2.0) von 2011 wurden zunehmend die Wahlaufforderungen zu Landtags- und Bundestagswahlen in Leichter Sprache verschickt[18]. Dies löst teils starke Kri-

---

15 Vgl. Kap. 5 Adressat(inn)en von Texten in Leichter Sprache, bes. Kap. 5.1. Die Heterogenität der Adressatenschaft von Leichte-Sprache-Texten, 139ff.
16 Bock, Bettina M.: Anschluss ermöglichen und die Vermittlungsaufgabe ernstnehmen, In: Didaktik Deutsch 20.38 (2015), 9–17, 14.
17 Leichte Sprache wird als „dysfunktional" und als „Zeichen des Sprachverfalls" gesehen (45), siehe auch Bock, Bettina M.: „Leichte Sprache". Abgrenzung, Beschreibung und Problemstellungen aus der Sicht der Linguistik, in: Jekat, Susanne u.a. (Hrsg.), Sprache barrierefrei gestalten. Perspektiven aus der angewandten Linguistik [TransÜD 69], Berlin 2014, 17–52.
18 Dies Beispiel wird im Brendel/Maaß: Leichte Sprache, 139ff verwendet, seitdem sind auch bei weiteren Landtagswahlen die Programme in Leichter Sprache zugänglich, z.B in Sachsen www.landtagstagswahl-in-sachsen.de/Broschuere-in-leichter-sprache (vom

tik aus. Menschen fühlten sich herabgewertet und beleidigt, als unterstelle man ihnen eine geminderte Intelligenz. Die Reaktionen zeigen, dass die Verwendung von Leichter Sprache Zugänge nicht nur erleichtern, sondern die Provokation innere Widerstände auch erschweren kann (vgl. Kap. 2.5.2). Dies kann allerdings auch etwas mit der Art und Weise zu tun haben, in der Leichte Sprache verwendet wird. Bredel/Maaß zeigen an dem Beispiel der Wahl zur Bremischen Bürgerschaft auf, wie eine professionellere Übersetzungspraxis die Akzeptanz von Leichter Sprache bei der Leserschaft erhöhen könnte (49f). Sie zeigen die Ambivalenz der Verwendung von Leichter Sprache auf, wenn z.B. Menschen, die nicht auf Leichte Sprache angewiesen sind, zu Adressatinnen werden und daraus schließen, man unterstelle ihnen ihrerseits den Bedarf an Leichter Sprache. Die Autorinnen weisen darauf hin, dass die Akzeptanz von Leichter Sprache durch die zum Teil gravierenden Eingriffe in die Ausgangstexte bei Personengruppen, die nicht zu den primär Adressierten gehören, gering ist. Allerdings dürfe nicht vergessen werden, „dass die primären Adressat(inn)en ohne Leichte Sprache von der Teilnahme am Diskurs ausgeschlossen blieben" (513). Es gilt also abzuwägen, welche Adressatinnen und Adressaten in- oder gerade auch exkludiert werden. Bredel/Maaß zeigen, dass es nicht allein an der Verwendung von Leichter Sprache liege, sondern viel mehr an der Kommentierung der Texte und Begründung für ihre sprachliche Form.

Leichte Sprache stellt auch aus soziologischer Perspektive eine potenzielle Provokation dar. Leichte Sprache wird als „restringierter Code" wahrgenommen, der gegen „etablierte Normen und Konventionen konzeptioneller Schriftlichkeit" (45) verstoße. Leichte Sprache ist mehr als eine bloße Transformation der Oberfläche, vielmehr veränderten sich auch Inhalt und Funktionalität von Texten.

Wie schon in Kapitel 2.5 ausgeführt, bleibt deutlich, dass „Texterstellung" in Leichter Sprache eine „komplexe didaktische Vermittlung"[19] braucht. Es ist nicht davon auszugehen, dass die Verwendung an sich Verständnis und Teilhabe erzeugt – der Kontext und die Rahmenbedingungen sind ebenfalls zu beachten.

8.12.2019). Auch in bei der Schleswig-Holstein-Wahl 2018 sind diese Reaktionen öffentlich geworden.

19   Bock: Anschluss ermöglichen, 12. Auch bei Homepages besteht die Gefahr, dass die Versionen in Leichter Sprache eher als „Aushängeschild" für die Themen „Barrierefreiheit" und „Inklusion" gesehen werden. Es werden eher „Metainformationen" zur Website geboten, die nicht die gleiche Funktionalität haben wie die Ausgangswebsite (vgl. Bock, ebd., 13). Auf der Website der Evangelischen Kirche in Deutschland (EKD) finden sich unter dem Reiter „Leichte Sprache" veröffentlichte Texte in Leichter Sprache (Kundgebungen oder Erklärungen, was die EKD ist), siehe https://www.ekd.de/Leichte-Sprache-10938.htm. Das ist aber etwas anderes als eine Website in Leichter Sprache, die für Menschen mit Verstehensschwierigkeiten den gleichen Service bietet wie die Ausgangsseite.

3.3 Regelwerke der Leichten Sprache in sprachwissenschaftlicher Perspektive

Bredel/Maaß stellen eingangs kurz die bisher entwickelten Regelwerke Leichter Sprache vor (vgl. Kapitel 2). In Folge der UN-Behindertenrechtskonvention trat 2011 die „Barrierefreie-Informationstechnik-Verordnung" (BITV 2.0) in Kraft. Diese präzisierte das Behindertengleichstellungsgesetz (BGG) von 2002. In der BITV 2.0[20] findet sich eines der Regelwerke zu Texten in Leichter Sprache.

Ein weiteres ausführliches Regelwerk hat das Netzwerk Leichte Sprache[21] entwickelt und in Zusammenarbeit mit dem Bundesministerium für Arbeit und Soziales (BMAS) 2013 veröffentlicht.[22] Außerdem hat das in Kapitel 2 beschriebene Netzwerk „Inclusion Europe"[23] ein Regelwerk entwickelt, das 2009 in deutscher Fassung publiziert wurde[24]. Diese drei Regelwerke sind öffentlich zugänglich und haben entscheidend dazu beigetragen, dass „Leichte Sprache in den letzten Jahren eine so rasante Entwicklung genommen hat, dass sie heute vielen in Deutschland bekannt ist, dass sie vor allem einen rechtlichen Status gewonnen hat" (108). Im Folgenden werden sie in dieser Untersuchung mit „Netzwerk Leichte Sprache", „Inclusion Europe" und „BITV 2.0" bezeichnet.

Sprach- oder Übersetzungswissenschaftlerinnen waren bei den drei Regelwerken nicht „in nennenswerter Form an der Genese beteiligt" (82). Es ist aber „Inclusion Europe" und dem „Netzwerk leichte Sprache" wesentlich zu verdanken, dass das Thema Leichte Sprache aktuell auf der politischen Agenda ist. Aus der Praxis der Arbeit mit Menschen mit Lernschwierigkeiten und ihren Familien haben diese Netzwerke Lobby-Arbeit geleistet und dafür gesorgt, dass das Anliegen der Teilhabe von Menschen mit Behinderungen am Leben in der Gesellschaft öffentlich wahrgenommen wird. Sie haben entscheidend die Rolle der „Prüfpersonen"[25] hervorgehoben und in den Regeln verankert

---

20 Https://www.gesetze-im-internet.de/bitv_2_0/BJNR184300011.html (vom 3.11.2019), vgl. Kap. 2.2.
21 Https://www.leichte-sprache.org/ (vom 3.11.2019).
22 Https://www.leichte-sprache.org/wp-content/uploads/2017/11/Regeln_Leichte_Sprache.pdf (vom 3.11.19).
23 Die „Europäische Vereinigung von Menschen mit geistigen Behinderungen und ihren Familien" https://www.inclusion-europe.eu/ (vom 3.11.2019).
24 Https://easy-to-read.eu/wp-content/uploads/2014/12/DE_Information_for_all.pdf (vom 3.11.2019).
25 Vgl. https://www.leichte-sprache.org/wp-content/uploads/2017/11/Regeln_Leichte_Sprache.pdf Kapitel 6., „Prüfen": „*Lassen Sie den Text immer prüfen. Ist der Text für Menschen mit Lernschwierigkeiten? Dann lassen Sie den Text von diesen Menschen prüfen. Menschen mit Lernschwierigkeiten sind Fach-Leute. Das sind die Prüfer und Prüferinnen für Leichte Sprache. Nur sie können Ihnen wirklich sagen: Das kann ich gut verstehen.* Verstehen die Prüferinnen und Prüfer den Text? Dann ist der Text gut. Verstehen die Prüfer und Prüferinnen etwas nicht? Dann ist der Text nicht gut. *Dann müssen Sie den Text nochmal ändern.*" Im zweiten Teil der Regeln werden die Prüferinnen und Prüfer direkt angesprochen: „*Seien Sie mutig.* Wenn Sie etwas nicht verstehen, dann sind Sie *nicht* dumm. Wenn Sie etwas nicht verstehen, dann ist der Text *nicht* gut. Denn darum geht es beim Prüfen:

Leichte Sprache gibt es auch jenseits des deutschen Diskurses. Dem internationalen Projekt „Pathways I" ist es in den „Pathways I"-Regeln[26] gelungen, „aus der Praxis heraus über einzelsprachliche Regeln für Leichtes Sprechen zu finden". Die meisten Regeln gelten für alle Sprachen. Für das Deutsche ist die „visuelle Trennung langer Komposita" (z.B. „Straßen-Verkehrs-Ordnung") eine Extraregel, außerdem „der Verzicht auf das Präteritum" und „Vorschriften für das Gendern von Personen". Die Verständlichkeit von Texten hat „eine ausgeprägte sprachübergreifende Komponente" (88).

Bemerkenswert ist, dass „ein beträchtlicher Teil der Regeln aller drei Regelwerke mit den Befunden der Verständlichkeitsforschung konvergiert" (88). „Inclusion Europe" ist es damit gelungen, sprachübergreifende Regeln verständlicher Sprache zu erfassen und zu formulieren – unabhängig von der inklusionspolitischen Überzeugung, die den Regelwerken zugrunde liegt.

Selbstkritisch weisen die Autorinnen darauf hin, das in sprach- und übersetzungswissenschaftlicher Hinsicht die Regeln noch „erhebliche Defizite"[27] auf. Manche Regeln sind in ihrem Allvertretungsanspruch nicht angemessen, viele Regeln sind „zu generisch formuliert"[28], und „ein großer Teil der Regeln sind schlicht zu oberflächlich und widersprüchlich" (108). Die Regelwerke bieten „keinen ausreichenden Handlungsansatz für die Übersetzung in Leichte Sprache", allen „fehlt darüber hinaus eine Metaebene" (108f), die den tatsächlichen Status der Regeln klärt. Es braucht eine „wissenschaftlich fundierte Basis für eine Erstellung und Prüfung von Texten, die der Leichten Sprache zu Konsistenz und den Leichte-Sprache-Texten zu dauerhafter und objektiv messbarer Qualität verhilft." (109) Nachdem der rechtliche Status barrierefreier Sprache durch BITV 2.0 erreicht ist, fordern Bredel/Maaß eine „Professionalisierung und Akademisierung" der Leichten Sprache ein und legen sie zugleich vor: Diese Basis wurde durch das umfängliche Grundlagenbuch und die weiteren genannten Veröffentlichungen der beiden Autorinnen im DUDEN Verlag nun gegeben.

    Sagen Sie alles, was schwer für Sie ist. (...) Zeigen Sie oder sagen Sie. Das haben Sie verstanden. Das haben Sie nicht verstanden." (Herv. im Text. Im Original mit Absätzen nach jedem Satz).

26   „Pathways I – Wege zur Erwachsenenbildung für Menschen mit Behinderungen" begann im Oktober 2007 und endetet im September 2009 (vgl Kap 2.2). Entstanden sind durch „Schulungen für Lehrerinnen und Lehrer, wie man anderen Menschen beibringen kann, Texte in Leichter Sprache zu schreiben"; „Unterricht kann einfach sein, Wie man Angebote für lebenslanges Lernen zugänglich macht" und „Schreiben Sie nichts ohne uns, Wie man Menschen mit Lernschwierigkeiten einbezieht, wenn man leicht verständliche Texte schreibt" (https://easy-to-read.eu/, vom 3.11.2019). Vgl. auch https://easy-to-read.eu/wp-content/uploads/2014/12/DE_Information_for_all.pdf (vom 3.11.2019). Die ersten Ergebnisse wurden in Tampere, Finnland, im Juni 2009 auf einer Tagung vorgestellt, Bericht dazu in der Zeitschrift „Include" 1, 2009. An diesem Projekt waren neben „Inclusion Europe" Projektpartner aus Frankreich, Schottland, Finnland, Portugal, Litauen, Irland, Deutschland und Österreich eingebunden.

27   Die Autorinnen verweisen hier vor allem auf die radikale Forderung nach der Beteiligung von Prüfgruppen an jeder Übersetzung, an die Engführung mancher Regeln auf Personen mit geistigen Behinderungen (108).

28   Genannt werden „die Ersetzung des Genetivs durch eine von-Konstruktion, Vermeidung von Negation und Metaphern" (108).

In einer Tabelle (110ff) stellen Bredel/Maaß die Regeln der genannten Netzwerke vor und vergleichen sie mit den Regeln der Hildesheimer Forschungsstelle für Leichte Sprache. Alle Regelwerke sind darauf angelegt, die Verständlichkeit von Texten zu fördern. Einige Felder (z.B. mediale und visuelle Gestaltung) werden sehr kleinteilig reguliert.[29]

Bredel/Maaß sortieren die Regeln nach solchen, die sich bei allen oder mindestens zwei Regelwerken finden, und nach idiosynkratischen Regeln. Vor allem letztere deuten sie als beliebig. Allen Regelwerken fehlt die sprachwissenschaftliche Meta-Ebene. Ihnen gemeinsam ist das Ziel, barrierefreie Texte zu befördern. Aber es bleibt offen worauf die jeweiligen Annahmen beruhen, die Regeln wirkten sich hilfreich auf das identifizierte Problem aus. Wenn z.B. Leserinnen und Leser der Zielgruppe Menschen mit Leseschwierigkeiten kein Problem mit dem Wechsel von zwei Schriftarten haben – haben sich Inclusion Europe und das Netzwerk Leichte Sprache geirrt, und BITV 2.0 hatte recht (109f)? Oder gilt eher ein Kern, eine „Essenz" der Regel, die besagt, es sollen so wenig Schriftarten wie möglich verwendet werden, weil das generell Texte übersichtlicher macht?

Der tatsächliche Status der Regeln muss geklärt werden, damit sich Leichte Sprache etablieren und zu einem belastbaren Instrument zur Erstellung barrierefreier Texte werden kann.

Unter der Rubrik „Morphologie" stellt die Regeltabelle die Formen der Wörter zusammen, z.B. hinsichtlich ihrer Länge (kurze Wörter sind besser als lange, lange Komposita gilt es zu vermeiden, zusammengesetzte Worte sollen mit Bindestrich getrennt werden). Ebenso geht es um die Verwendung von Präteritum oder Konjunktiv (letzterer soll vermieden werden), um das Gendern von Personen (da sind die Regelwerke widersprüchlich, das Netzwerk Leichte Sprache rät „erst männlich, dann weiblich", Inclusion Europe genau umgekehrt. Binnenmajuskel, Unterstriche oder Gendersternchen werden generell als Verstehensbarrieren angesehen[30]).

---

29 Dort werden die praktischen Elemente von Texten reflektiert, u.a. die Beschaffenheit der Informationen (Print, elektronisch, Audio oder Video), das Format und die Qualität des Papiers, der Textumfang, die Schriftarten und das Layout der Zeilen und Seiten, außerdem Formen der Visualisierung und der Hintergrundgestaltung. Hierbei ist allen Regelwerken wichtig, dass die Schriftzeichen keine Serifenschriften sind, als Schriftgröße mindestens 14 Punkt verwendet wird, die Schriftarten gleichbleiben (möglichst Arial oder Tahoma). Auch im Feld „Schriftzeichen" geht es um die Lesbarkeit der Texte, Interpunktionen werden genau reguliert (keine Anführungsstriche, keine Prozentzeichen, kein &, keine hohen Zahlen, besser „wenig" oder viel"). Die Angaben sind sehr genau, schwanken aber je nach Regelwerk und wirken dadurch beliebig (z.B. schreibt das Netzwerk Leichte Sprache „kein Sperrdruck", Inclusion Europe „nicht ganze Wörter in Majuskeln" und die BITV 2.0 „maximal zwei Schriftarten".) Vgl. Tabelle Seite 110–116.

30 „Verständlichkeit schlägt im Zweifelsfall andere Kriterien (wie z.B. geschlechtergerechte Sprache", Maaß, Christiane: Leichte Sprache. Das Regelbuch [Barrierefreie Kommunikation 1], Berlin 2015, 85 ff. Maaß führt dort aus, dass „politische Korrektheit" hinter dem obersten Verständlichkeitsprinzip Leichter Sprache zurückstehen muss. „Inclusion Europe" schlägt vor, stattdessen neutrale Formen zu verwenden, wie z.B. „Sozialassistenz" statt „Sozialassistentinnen und Sozialassistenten". Dieser Vorschlag ist nicht generali-

Einig sind sich auch alle Regelwerke in der Bevorzugung des Aktivs vor dem Passiv (Netzwerk Leichte Sprache: „Benutzen Sie aktive Wörter", 113; siehe 3.6).

Auch hinsichtlich der „Lexik" besteht eine große Einigkeit: Zu verwenden sind „einfache Wörter" (Netzwerk Leichte Sprache), „leicht verständliche Wörter" (Inclusion Europe) bzw. „gebräuchliche Wörter und Redewendungen" (BITV 2.0). Fremdwörter sollen vermieden werden, ebenso Metaphern und Redewendungen (vgl. 3.7.)

Unter „Syntax" geht es um den Umfang der Sätze (alle drei Regelwerke sind sich einig: „kurze Sätze"). Das Netzwerk Leichte Sprache betont: „Verbalstil vor Nominalstil", klare Satzgliederung ist erwünscht (vgl. 3.8).

Unter der Rubrik „Semantik" ist der Umgang mit Negationen zentral. Alle drei verglichenen Regelwerke sind sich einig: „Vermeiden Sie Negationen", „Benutzen Sie positive Sprache" (114). Dieses Thema ist in der Rezeption besonders umstritten (vgl. 3.9). Unter der Rubrik „Text" fordern die Regelwerke eine „klare Benennung von Textthema und Textfunktion", die Informationen sollten auf das nötigste beschränkt und die Bezeichnungen für einzelne Dinge konsistent verwendet werden (z.B. BITV 2.0: „Begriffe sind durchgängig in gleicher Weise zu verwenden"). Als letztes führt die Tabelle die Rubrik „Prüfen" auf, darin geht es um das Prüfen der Übersetzungen durch Menschen mit Lernschwierigkeiten. Im Kontext dieser Untersuchung zu Leichter Sprache in der (gesprochenen) Liturgie sind vor allem auf die Ausführungen zu „Morphologie", „Lexik", „Syntax", „Semantik" und „Text" im Fokus, da diese Faktoren auch bei gesprochenen/gehörten Texten entscheidende Differenz- und damit Qualitätskriterien sind.

Bei der Rezeption der rechtlich verankerten Verwendung Leichter Sprache im Kontext öffentlicher Gottesdienste läuft vor allem die Frage mit: Welche der Regeln sind für liturgische Texte überhaupt sinnvollerweise rezipierbar? Dieser Frage soll ab Kapitel 4 nachgegangen werden.

3.4 Funktionen Leichter Sprache

Die Theorie der Leichten Sprache unterscheidet zwischen einer „Partizipationsfunktion", einer „Lernfunktion" und einer „Brückenfunktion" von Sprache.[31] Alle drei Funktionen sind auch für die Verwendung von Leichter Sprache im Gottesdienst relevant.

---

sierbar, weil es nicht für alle Bezeichnungen von Personen generalisierbare Formen gibt. Außerdem widerspricht dies der Regel, agensnahe Subjektbezeichnungen zu wählen.
31 Siehe auch Bredel/Maaß: Ratgeber, 10f und Bredel/Maaß: Arbeitsbuch, 5.

3.4.1 Partizipationsfunktion

Bei der „Partizipationsfunktion" (56) geht es um den Kerngedanken der Inklusion. „Informationsangebote" (56) sollen so verändert werden, dass alle Mitglieder einer Gesellschaft die Chance zur Teilhabe an gesellschaftlichen Prozessen bekommen. Im „Arbeitsbuch Leichte Sprache" heißt es noch knapper: „Leichte-Sprache-Texte richten sich an Leser(innen), für die allgemein- oder fachsprachliche Texte zu schwer sind und deshalb an ihr Lesevermögen angepasste Informationen benötigen."[32] Partizipation wird hier also von den Rezeptionsmodalitäten her gedacht. Was nicht verstanden werden kann, verhindert Teilhabe – Teilhabe ist nur über Verstehen denkbar.

Die These ist, dass Texte in Leichter Sprache besser verstanden werden, wenn sie „exhaustiv" sind, also „möglichst alle Informationen aus dem Ausgangstext enthalten" (56). Damit entsteht allerdings eine Schwierigkeit, die auch in der Liturgischen Kommunikation zu starken Veränderungen führen kann: Die Fülle von Ergänzungen, Erläuterungen und Beispielen, die das zum Verständnis der Texte nötige Vorwissen ergänzen sollen, verlängert oft die Ausgangstexte deutlich[33].

In den Ausführungen im Duden sind geschriebene Texte im Fokus. In der sprachlichen Performanz fallen Aspekte der Schriftgröße, Druckauflösung und Bebilderung weg (obwohl dies für die sog. „Gottesdienstzettel" bzw. das Gesangbuch in analoger Weise gilt).

---

32 Bredel/Maaß: Arbeitsbuch, 5.
33 Ein Beispiel: in: Jager, Cornelia: Gottesdienst ohne Stufen. Ort der Begegnung für Menschen mit und ohne geistige Behinderung [Behinderung – Theologie – Kirche 11], Stuttgart 2018 (s. ausführlicher Kap. 4.3 1) stellt Cornelia Jager eine von ihr selbst entwickelte und in der Praxis erprobte Gottesdienstform vor, deren Charakter als „ohne Stufen" unter anderem in der möglichst konsequenten Verwendung Leichter Sprache besteht. Ein Beispiel für das Phänomen, dass Texte in Leichter Sprache länger werden, weil die metasprachlichen Voraussetzungen für das Verstehen von Bildern und Metaphern erst geschaffen werden müssen. Im Kyriegebet verwendet die Liturgin den Ausdruck „Ich habe einen schweren Stein auf dem Herzen". Das ist metaphorische Sprache für einen Aspekt des Ausrufs „Kyrie eleison", in dem der Mensch vor Gott bringt, was in belastet und im übertragenen Sinne beschwert. Im „Gottesdienst ohne Stufen" nimmt die liturgische Person einen Stein in die Hand und zeigt ihn der Gemeinde. Sie sagt: „Der Stein ist hart." Sie klopft mit dem Stein auf ein Holzpult. Sie sagt: „Der Stein ist kalt. Fühlen Sie einmal." Die liturgische Person lässt einige Anwesende den Stein berühren. Danach sagt sie: „Der Stein kann auch spitz sein." Die Liturgin dreht den Stein und zeigt auf dessen Spitze. Weiter sagt sie: „Manchmal sind wir traurig. Dann haben wir ein schweres Herz. Manchmal sind wir wütend. Dann haben wir ein schweres Herz. Manchmal tun wir etwas Böses. Dann haben wir ein schwerer Herz. Dann sticht es in unserem Herzen. Das tut sehr weh. Menschen sagen dann auch: Ich habe einen schweren Stein auf dem Herzen." (148, Herv. im Text) Jager wendet eine Reihe von Regeln Leichter Sprache für mündliche Sprache an, unter anderem: „Bevorzugung bekannter Worte" („Böses tun" statt „sündigen"), „Gleiches Wort für die gleichen Dinge" (mehrfache Verwendung des Wortes „Böses"), „Pro Satz nur eine Aussage" und „Positive Sprache" („Manchmal haben wir etwas Böses getan" statt „wir haben uns nicht richtig verhalten"). (150).

Hier entsteht jedoch das „Dilemma, das für jeden einzelnen Text die Festlegung einer Strategie erforderlich macht" (56).

Eine situationsadäquate Übersetzung kann insofern deutlich verschieden vom standardsprachlichen Ausgangstext sein, da „equivalence" hier weniger angestrebt wird als eine Übernahme des „Skopus" des Ausgangstextes.[34]

3.4.1.1 *Skopus*

Der Begriff „Skopus" ist in der theologischen Hermeneutik[35] ausführlich diskutiert. In der antiken Rhetorik wird er als Terminus sowohl für das Ziel einer Rede als auch für das Ziel der Lebensführung verwendet. Diese „formal-hermeneutischen" und „material-ethischen"[36] Interpretationslinien ziehen sich durch die Verwendung des Begriffs in der Theologie.

In der Homiletik und Pädagogik wurde bis in die 60er Jahre des vergangenen Jahrhunderts die „Skopusmethode" diskutiert, also die Suche nach einer allgemein gültigen Textaussage, was von der Dialektischen Theologie einerseits und dem ästhetischen Turn in der Praktischen Theologie andererseits vehement abgelehnt wurde. Das „je neue Reden von Gott" dürfe nicht thematisch oder intentional vorab fixiert werden – so der Einwand der dialektischen Theologie. Die ästhetische Begründungslinie hingegen befürchtet bei der Ermittlung eines Skopus „die Gefahr der Trennung von letztlich bedeutungsloser Form und eigentlich entscheidendem Inhalt"[37].

Die Skopus-Idee verhindere zudem die Vielfalt der Wahrnehmungen eines Textes als „offenes Kunstwerk" (Gerhard Marcel Martin). Auf diese Debatte wird zurückzukommen sein, geht sie doch von vollumfänglich wahrnehmungsfähigen Rezipientinnen und Rezipienten aus und hat den Gedanken der Teilhabe von Menschen mit Lernschwierigkeiten nicht im Blick. In der Theologie ist es seit dem grundlegenden Beitrag von Günther Roth[38] still geworden um den Begriff „Skopus". Roth spricht sich gegen die reduzierende Verwendung als „Inhalt" oder „Kern" eines Textes aus. Vielmehr beschreibt er den Skopus als „Ausrich-

---

34 Zethsen, K.: Intralingual Translation. An attempt at description, in: Meta (2009), 795–812, 799f.
35 Vgl. Deeg, Alexander: Art. Skopus, in: Wischmeyer, Oda (Hrsg.), Lexikon der Bibelhermeneutik, Begriffe – Methoden – Theorien – Konzepte, München 2013, 555f. Dort Verweis auf Martin Luthers Verwendung des Begriffs: „generalis skopus" von AT und NT als das „Christum predigen und treiben" (WA 36,180; WA DB 7,385 u.ö.). Zugleich ist Skopus bei Luther auch ein handwerklicher Begriff: Jeder biblische Text muss durch Arbeit an der Sprache und Untersuchung des Kontextes auf seinen Sinn hin erschlossen werden. Für Luther war der Skopus also ein dynamischer Begriff, in der altprotestantischen Orthodoxie rückte der Begriff in die Nähe der „doctrina". Der „generalis skopus" war für Luther im Christusereignis zu finden, das sich je und je neu erschließt – in der Orthodoxie wurden die biblischen Schriften zu einer Sammlung von Kernsätzen (Skopoi).
36 Ebd.
37 Ebd., 556.
38 Roth, Günther: Der Skopus eines Textes in Predigt und Unterricht, in: ZThK 62 (1967), 217–229.

tung eines Textes auf seinen Brennpunkt hin", als „die Intention oder die Blickrichtung eines Textes auf sein Ziel"[39]. Der Skopus hat damit eine „hermeneutische Funktion", eine „Intention" – und das gilt für Texte, die Informationen vermitteln wollen, ebenso wie für Texte, die „zwar Erkenntnis nicht ausschließen, die aber in einen Lebensvollzug mithineinnehmen wollen"[40].

In der Translationswissenschaft wird der Skopus-Begriff seit Mitte des 20. Jahrhunderts[41] hingegen vermehrt verwendet. Er steht z.B. bei Hans J. Vermeer und Katharina Reiß für die „Kommunikationsabsicht", die durch die Übersetzung in eine neue Übertragung vermittelt werden soll[42]. Auf dieser Basis argumentieren auch Bredel/Maaß. Sie verwenden wie Vermeer/Reiß den Begriff des „translatorischen Handelns" und bringen damit zum Ausdruck, dass die „Absicht" und das „Ziel" der Übertragung wichtiger sind als die wortgenaue Übersetzung. Das Übersetzen in Leichte Sprache aus der deutschen Standardsprache ist intralinguales Übersetzen. Normalerweise geschieht Übersetzen zwischen unterschiedlichen Einzelsprachen („interlingual"). Das Interesse an Übersetzungen innerhalb von Varietäten einer Sprache ist in den vergangenen Jahren allerdings stark gestiegen, zu nennen sind z.B. ‚intralinguale Untertitelung für Hörgeschädigte'. Die Verwendung des Begriffs „intralinguale" Übersetzungen geht auf Roman Jakobson zurück: „Intralingual translation or rewording is an interpretation of verbal signs by means of other signs of the same language"[43].

Übersetzen in Leichte Sprache zählt nach dieser Logik zum Bereich des „diastratischen intralingualen" Übersetzens (184f), also einer Übertragung aus fachsprachlichen in allgemeinsprachliche Diskurse.

Beim Übersetzen in Leichte Sprache ist zwischen drei linguistischen Dimensionen zu unterscheiden[44]: „Zeichensystem", „Sprache" und „Kultur". Alle drei Dimensionen können jeweils inter- bzw. intrasemiotisch, inter- bzw. intralingual und inter- bzw. intrakulturell sein. Im Regelfall geschieht das Übersetzen in

---

39 Ebd., 226.
40 Ebd., 227.
41 Vermeer, Hans J.: Ein Rahmen für eine allgemeine Translationstheorie, in: Lebende Sprachen 23 (1978), 99–102.
42 Reiß, Katharina/Vermeer, Hans J.: Grundlegung einer allgemeinen Translationstheorie [Linguistische Arbeiten 147], Tübingen 21991. Autorin und Autoren unterscheiden hier nicht mehr zwischen Fach- und Literaturübersetzung, sondern entwickeln eine allgemein gültige Translationstheorie. Translation ist eine Handlung, die auf den Ausgangstext reagiert. Wer handelt, trifft eine Entscheidung. Der „Translator (übernimmt) eine eigenständige Position" (ebd., 87), er wird vom Sprachvermittler zum Ko-Autor. In diesem Zusammenhang verwenden Reiß/Vermeer den Begriff „Skopos", aus ihrer Sicht ist das Translat „skoposbedingt". Je nach Skoposentscheidung verändert sich die Übersetzung, es gibt nicht die eine Übersetzung, innerhalb eines Textes können auch verschiedene Skopoi festgelegt werden. Der Skopos ist also rezipientenabhängig (ebd., 101).
43 Jakobson, Roman: On linguistic aspects of translation, in: Brower, Reuben Arthur (Hrsg.), On translation, Cambridge MA 1959, 232–239, 233.
44 Unter Bezugnahme auf Siever, Holger: Übersetzen und Interpretation. Die Herausbildung der Übersetzungswissenschaft als eigenständige wissenschaftliche Disziplin im deutschen Sprachraum von 1960–2000 [Leipziger Studien zur angewandten Linguistik und Translatologie 8], Frankfurt/M. u.a. 2010, 224.

Leichte Sprache im Modus einer „intralingualen" Übersetzung; man überträgt einen Text innerhalb verschiedener Varietäten in ein- und derselben Sprache. Übersetzungen können aber auch „intersemiotisch" ausgeführt werden, wenn der Zieltext nach den Regelwerken für Leichte Sprache aufbereitet wird. „Intrakulturell" fällt eine Übersetzung aus, wenn die Lesenden „derselben Parakultur angehören, wenn auch häufig unterschiedlichen diakulturellen Gruppen" (185).

Versucht man, diese Begrifflichkeit auf den Evangelischen Gottesdienst zu Beginn der zwanziger Jahre des 21. Jahrhunderts zu übertragen, ließe sich das wie folgt darstellen:

Die „Parakultur" wären in diesem Sinn deutschsprachige Sonn- und Feiertagsgottesdienste, die dem Evangelischen Gottesdienstbuch kurz nach der Einführung der Perikopenrevision von 2018 entsprechen. Bei der „Diakultur" handelt es sich um die Zielgruppe der Rezipientinnen und Rezipienten Leichter Sprache. Eine „intrakulturelle" Übersetzung wäre dann eine, die potentiell für alle Rezipierenden geeignet ist – also für alle, die einen deutschsprachigen evangelischen Gottesdienst mit unterschiedlichen Voraussetzungen in Rezeptionsvermögen, Sprachfähigkeit und Weltwissen besuchen.

3.4.2 Lernfunktion

Diese genannten drei Übersetzungsmodalitäten implizieren auch eine „Lernfunktion", denn die Inhalte von Texten in Leichter Sprache sind für Rezipierende mit Verstehensschwierigkeiten besser zugänglich als die in den gängigen Lehrwerken repräsentierte Standardsprache. Die „Lernfunktion" Leichter Sprache besteht z.B. darin, dass Menschen, die als Analphabeten aufgewachsen sind, über Texte in Leichter Sprache besser lesen lernen können.

Die Lernfunktion kann somit „den Weg zum Standard ebnen"[45]. Umso wichtiger ist es allerdings, dass Leichte Sprache „ausschließlich korrektes Deutsch enthält"[46]. Menschen, die nicht lesen können, bekommen mit Hilfe von Texten in Leichter Sprache die Möglichkeit, ihre Scheu vor dem Lesen zu überwinden und noch als Erwachsene eine Lesefähigkeit zu entwickeln (139ff). Hierbei ist zwischen „Primären" und „Sekundären Adressat(inn)en" zu unterscheiden. Erstere sind auf Texte in Leichter Sprache angewiesen, dazu gehören Menschen mit geistigen Behinderungen und Lernschwierigkeiten[47], z.B. Legasthenie. Auch

---

45 Bredel/Maaß: Arbeitsbuch, 5.
46 Ebd. und öfter in: Bredel/Maaß: Leichte Sprache.
47 Die Autorinnen unterscheiden explizit zwischen Menschen mit geistigen Behinderungen und Menschen mit Lernschwierigkeiten, obwohl das Netzwerk People First diesen Unterschied nicht macht und nicht machen möchte. Bredel/Maaß bezeichnen diese semantische Verschiebung als „im politischen Kontext legitim, im wissenschaftlichen Kontext aber nicht angemessen". Sie „unterscheiden darum gemäß den Vorgaben aus der Fachliteratur zwischen Lernschwierigkeiten und geistiger Behinderung." (148). Menschen mit Lernschwierigkeiten (früher „Lernbeeinträchtigungen" als Oberbegriff für die Konzepte "Lernstörungen" und „Lernbehinderungen") gehört in das Konzept der Inklusion. Jede und jeder kann „Lernschwierigkeiten" haben, sie sind ein Problem der Aneignung. Sie unterliegen allerdings „endogenen oder exogenen Bedingungen" (149).

Menschen mit Demenz (153ff), prälingualer Hörschädigung (158ff), Aphasie (163ff) gehören dazu.[48]

Wichtige Adressatinnen und Adressaten sind aber auch von Analphabetismus Betroffene (166ff) und Menschen, die Deutsch als zweite Sprache lernen (169ff).

Sekundäre Adressatinnen sind solche, die zwar nicht auf Leichte Sprache angewiesen sind, aber z.B. durch öffentliche Kommunikation, mediale Vermittlung oder große Verteiler dennoch auf sie stoßen. Dies geschieht wie z.B. in den oben geschilderten Beispielen der Wahlprogramme. Es handelt sich also um Personen, die „mit einem Leichte-Sprache-Angebot konfrontiert werden, obwohl sie eigentlich Zugriff auf allgemein- und in variablem Ausmaß auch auf fachsprachliche Texte haben" (172). Diese Personen werden von Leichte-Sprache-Angeboten adressiert, ohne auf sie angewiesen zu sein (vgl. Kap. 2.5.2).

3.4.3 Brückenfunktion

Die „ideale Leserschaft" für Leichte Sprache ist theoretisch wie praktisch also „ausgesprochen heterogen" (141). Einerseits hat Leichte Sprache Menschen im Blick, die trotz geistiger Behinderungen und Lernschwierigkeiten durch Leichte Sprache einen Zugang zu Informationen bekommen. Anderseits kann der Umgang mit Leichter Sprache ein Durchgangsstadium sein auf dem Weg zum Erwerb der deutschen Standardsprache. Zugleich sollen Menschen angesprochen werden, die Deutsch als zweite Sprache lernen.

Das erschwert auch empirisch die Prüfungen von Texten durch einzelne Gruppen von Adressatinnen und Adressaten. „Bislang liegen noch keine systematischen Erkenntnisse über die tatsächliche Ausdifferenzierung der Leichte-Sprache-Leserschaft und über deren Rezeptionsbedürfnisse vor." (141) Bis solche empirischen Forschungsergebnisse vorliegen, bietet sich eine Orientierung an der „PIAAC-Studie"[49] an. Diese Studie untersucht die sprachlichen Kompetenzen Erwachsener im internationalen Vergleich und expliziert diese anhand der „Lesekompetenz der Probanden" (143).

Ungeachtet der diffusen und tendenziell offenen Rezeptionssituation kommt Leichter Sprache zusätzlich zu der Lernfunktion funktional auch eine wichtige „Brückenfunktion" zu. Texte in Leichter Sprache können auch genutzt werden, um vorübergehende oder lokale Verstehensprobleme mit Ausgangstexten zu beheben (vgl. 57).

Von lokalen Verstehensproblemen könnte im Gottesdienst gesprochen werden, wenn Gottesdienstbesucherinnen und -besucher der deutschen Sprache zwar vollumfänglich mächtig sind, aber unvertraut mit den Sonderformen der

---

48 Eine wichtige Funktion für Leichte Sprache in der Liturgie wäre es dann auch, Menschen, die nicht gottesdienstlich sozialisiert sind, an Liturgie überhaupt herankommen zu lassen.
49 Rammstedt, Beate (Hrsg.): Grundlegende Kompetenzen Erwachsener im internationalen Vergleich. Ergebnisse von PIAAC 2012, Münster u.a. 2013, vgl. Kapitel 2.4, Differenzierung zwischen Leichter und Einfacher Sprache.

liturgischen oder theologischen Sprache. Texte in Leichter Sprache können gerade in einen solchen Fall eine wichtige „Brückenfunkton" übernehmen. Auch von dieser Funktion Leichter Sprache als Mittel der Liturgiedidaktik wird im 7.Kapitel ausführlicher die Rede sein.

3.5 Verstehen und Verständlichkeit

Leichte Sprache will Inhalte möglichst verständlich zugänglich machen. Bredel/Maaß nennen hierfür zwei Parameter: „Verstehen" bezieht sich auf die Lesenden und ihre „Rezeptionsaktivitäten", „Verständlichkeit" bezieht sich auf die Texte selbst, die mehr oder weniger zugänglich sind (117). Diese beiden Parameter sind nicht sehr trennscharf, sondern markieren eher eine heuristische Differenz. Während Verständlichkeit nur unter Berücksichtigung des Verstehens durchs beteiligte Subjekt zu denken ist, ist Verstehen immer auch eine von der Verständlichkeit von Texten abhängige Variable.

Die Textrezeption bezieht sich dabei sowohl auf die Perzeption bzw. Perzipierbarkeit des Textes durch seine Beschaffenheit, (Mediale und visuelle Gestaltung, Morphologie etc., vgl. 3.2) als auch auf das Verstehen/die Verständlichkeit der Inhalte (Semantik, Text, vgl. 3.2).

Hinsichtlich der auditiven Perzeption von Texten liegt die „optimale Verarbeitungsrate bei 150–300 Wörtern (pro Minute, Ergänzung AG)"[50], beim Leseverstehen ist die optimale Verarbeitungsrate deutlich höher (250–400 pro Minute). Das gegenständliche und das sprachliche „Vorwissen" spielen dabei eine große Rolle (118f).

In der Parakultur des evangelischen Gottesdienstes werden vorrangig die auditiven Rezeptionsmuster bedient, bei alternativen Liturgien wird aufgrund der einmaligen Inszenierung auf gedruckte Vorlagen gesetzt. Bei diesen gilt es dann auch im Falle der Verwendung Leichter Sprache, die Regeln für Textbeschaffenheit zu berücksichtigen.

---

50 Rayner, Keith/Pollatsek, Alexander: The psychology of reading, Hillsdale, NJ u.a. 1989.

3.6 Übersetzen – Reduktion und Addition

Die aktuell existierenden Wörterbücher für Leichte Sprache sind aus der Praxis heraus entstanden[51] und adressieren jeweils vorausgesetzte Lesende/Hörende mit unterschiedlichen Einschränkungen.[52]

Den jeweiligen Übersetzungshandlungen liegen Vorentscheidungen zugrunde. Die Übersetzenden greifen zum Teil „in starkem Maße in die Ausgangstexte ein" (202). Die „Treue" gegenüber dem Ausgangstext (202) ist nicht am stärksten handlungsleitend. Der „Skopus" (vgl. 3. 3) ist beim Übersetzen nicht die Treue zum Ausgangstext, sondern bietet ein Translat mit der Funktion an, Informationen für eine bestimmte Zielkultur zugänglich zu machen. Das translatorische Handeln definiert sich von seiner *Funktion* bzw. seinen Zielen her und nicht von der genauen Übereinstimmung mit dem Ausgangstext.[53]

Bei Übersetzungsentscheidungen gibt es zentrale Kriterien, die über den Anspruch der Äquivalenz zum Ausgangstext hinausgehen. Ziel ist hier nicht die Äquivalenz, sondern die „Adäquatheit, verstanden als Übereinstimmung mit dem Übersetzungszweck" (205). Dabei hat die Funktionalität Vorrang: „Es ist wichtiger, dass ein gegebener Translat(ions)zweck erreicht wird, als daß eine Translation in bestimmter Weise durchgeführt wird"[54].

Der Grad der Übereinstimmung mit dem Ausgangstext ist dabei also nicht die entscheidende Übersetzungsmotivation und nicht das höchste Ziel. Die Übersetzenden werden vielmehr als „bewusst Handelnde konzipiert" (204), die einen angemessenen Zieltext erstellen und dafür ggf. mehr Quellen als den Ausgangstext heranziehen. Am Beispiel von Gesetzestexten weisen die Autorinnen nach, dass „Ausgangs- und Zieltext sich hinsichtlich ihres Status erheblich von-

---

51 Das Wörterbuch für Leichte Sprache der Bundesvereinigung Lebenshilfe verfügt online über ca. 300 Einträge, in gedruckter Form gibt es das „Das neue Wörterbuch für Leichte Sprache" vom Netzwerk People First Deutschland mit ca. 400 Einträgen. Beide sind nach Bredel/Maaß „keine ausreichende Ressource für das Übersetzen (...), sie sind in ihrer Verfasstheit aber auch nicht als solche intendiert (197).

52 Umfänglich und ständig im Wachsen begriffen ist das Projekt „Wiki Hurraki" https://hurraki.de/wiki/Hauptseite (vom 29.9.2019). Wiki Hurraki wird betrieben von dem Projekt Hep Hep Hurra, einem gemeinnützigen Verein, dessen Ziel es ist, Non Profit Projekte zu unterstützen, vgl. https://hephephurra.de/card/ (vom 29.9.2019). Diese Website arbeitet wie Wikipedia, jede und jeder kann beitragen und etwas verändern, alle Texte sind in Leichter Sprache. Ein alphabetisches Wörterverzeichnis liefert Erklärungen teils mit Bildern und Verweisen auf andere Websites

53 Reiß/Vermeer: Grundlegung.

54 Reiß/Vermeer ebd.,100f. verdeutlichen das am Beispiel einer Übersetzung der Genesis: „Gegeben sei die Funktion ‚Genesis (...) als magischer Text' (...). Wichtig ist, daß der ‚Wort'laut' möglichst erhalten bleibt, sekundär ist der Wortsinn. – Gegeben sei die Funktion ‚Bibel als ästhetischer Text'. Wichtiger ist, daß die Ästhetik gemäß den Erwartungen der Zielkultur (...) erhalten bleibt. – Gegeben sei die Funktion ‚Bibel als informativer Text'. Wichtig ist, daß der Textsinn klar wird (soweit dies möglich ist); hier gibt es Unterziele: für den Theologen, für den Laien usw. (...) – Es gibt also nicht d i e Übersetzung(sform) des Textes; die Translate variieren in Abhängigkeit von den vorgegebenen Skopoi" (Rechtschreibung wie im Original).

einander unterscheiden können" (206). Ein Gesetz ist in seiner spezifischen Formulierung beschlossen.

Das juristische Problem ist hierbei zugleich ein hermeneutisches, denn nur die Originalfassung ist rechtsgültig, nicht aber die u.U. sehr viel besser verständliche Übertragung. Übersetzungen von Gesetzestexten haben selbst keinen Gesetzesstatus, sie sind selbst „nicht rechtsgültig" (206). Sie haben aber die wesentliche Funktion, den betroffenen Personen überhaupt Einblick und Zugang in die Rechtslage zu vermitteln und damit ihre Teilhabe am sie betreffenden Geschehen zu ermöglichen. Der Text in Leichter Sprache erläutert und kommentiert in diesem Fall den Originaltext.[55]

Auch hier lässt sich ein Vergleich zu agendarischen Formulierungen ziehen. Sie sind in der Regel von liturgischen Ausschüssen vorbereitet und von Synoden bzw. Kirchengemeinderäten beschlossen. Sie haben also in ihrer jeweiligen Formulierung Verbindlichkeit. Die liturgischen Formulare sind in der Regel stark traditional (biblisch) geprägt, alternative Formulierungen finden sich in Anhängen des Gottesdienstbuches bzw. der Agenden oder werden vor Ort durch Gottesdienstteams etabliert. Im Übergang solcher Formulare hin zu Elementen Leichter Sprache bedarf es der Hermeneuten, die die Zweisprachigkeit im liturgischen Vollzug performieren.

Im Falle der Liturgie sind das z.B. zusätzliche Hinweise zu liturgischen Formeln oder biblischen Texten, die in den Gebeten oder Bibeltexten für den jeweiligen Sonntag selbst nicht enthalten sind, deren Vorwissen aber als erforderlich für das Verständnis des Textes angesehen wird. Der Umgang damit steht vor der Spannung, zusätzliche Erläuterungen (Additionen) einzuführen, die den rituellen Charakter der Texte verändern, oder die Texte in liturgischer Kürze zu belassen, was ggf. auf Kosten der Verständlichkeit geht (vgl. Kap. 7).

Als Beispiel ein Standard-Gebetsabschlusses im Vergleich mit einer Übertragung in Leichte Sprache:

> „Das bitten wir Dich durch deinen Sohn Jesus Christus,
> der mir dir lebt und regiert von Ewigkeit zu Ewigkeit" (EGb).

Das ist für geübte Gottesdienstbesuchende eine gewohnte Formel, auf die ein gesprochenes oder gesungenes „Amen" folgt. Eine möglichst inhalts-äquivalente Übertragung in Leichte Sprache wäre z.B.:

> „Dein Sohn ist wie wir.
> Damit wir sein können wie er.
> Er kommt von Dir.
> Er geht wieder zu Dir hin.

---

55 Als Beispiel ein Portal des niedersächsischen Justizministeriums zum Thema Erben und Vererben in Leichter Sprache: https://www.justizportal.niedersachsen.de/download/128851/Vererben_-_erben_-_Leichte_Sprache.pdf: „Der Text in Leichter Sprache soll Sie nur informieren. Der Text ist nur ein Zusatzangebot. Der rechtsgültige Text ist das Gesetz. Der Text in Leichter Sprache ist rechtsunwirksam. Das bedeutet: Mit dem Text in Leichter Sprache können sie keine Ansprüche erheben. Das Heft ist keine rechtliche Beratung" (vom 19.9.2019).

So leben wir gut.
Heute und immer."[56]

Wer den traditionellen Ton der ersten Version gewohnt ist, mag sich an der zweiten Form stören. Wer aber auf der Ebene der Verständlichkeit keinen inneren Maßstab für evangelische Gebetssprache hat, wird ggf. durch die Texte eher erreicht als durch die typisch agendarische, aber in Syntax und Semantik verschachtelte Formulierung. Die Bauprinzipien und Funktionen des Tagesgebets werden in Kapitel 4 ausführlicher entfaltet. Im Kapitel 6 werden anhand der Tagesgebete in den als in Leichter Sprache angekündigten Eröffnungsgottesdiensten des Deutschen Evangelischen Kirchentages ebenfalls die sprachlichen und inhaltlichen Veränderungen in den Blick genommen.

3.7 *Morphologie*

Leichte Sprache sucht nach Wortformen, die möglichst leicht aufzunehmen und zu verarbeiten sind. Generell gilt:

„Je komplexer Wortformen und Wörter sind, desto aufwendiger und störungsanfälliger ist ihre Verarbeitung beim Lesen" (297). In Leichter Sprache gibt es „ein reduziertes Wortformeninventar"[57] und „optische Lesehilfen für das Erfassen komplexer Wörter"[58].

Aus morphemreichen Lexemen sind morphemärmere zu bilden. Im Deutschen kommt als besondere Herausforderung die Morphologie der Deklination und der Konjugation hinzu. Die Deklination betrifft nominale Ausdrücke, unterschieden wird in die drei Kategorieklassen Kasus (Nominativ, Genitiv, Dativ, Akkusativ), Numerus (Singular, Plural) und Genus (Maskulinum, Femininum, Neutrum). Die Konjugation betrifft die Verben, unterschieden wird in fünf Kategorieklassen: Person (1., 2., 3. Person), Numerus (Singular, Plural), Tempus (Präsens, Präsens Perfekt, Präteritum, Präteritum Perfekt, Futur und Futur Perfekt), Modus (Indikativ, Konjunktiv) und Genus Verbi (Aktiv, Passiv). Um diese Kategorien zu kennzeichnen, werden im Deutschen morphologische Mittel und Hilfsverbkonstruktionen verwendet, dafür gibt es „synthetische" (er spielt – er spielte; sie spricht – sie sprach) und „analytische" (er hat gespielt, sie wird gesprochen haben) Formen. Unter dem Gesichtspunkt Leichter Sprache (Präteritum vermeiden, grammatische Funktionen mit eigenem Träger ausstatten[59]) ist die analytische Funktion günstiger als die synthetische.

Am Beispiel: „Er aß" – in nur zwei Buchstaben „bündelt die Form (...) eine ganze Reihe von Informationen"[60]: Die Buchstabenkombination „aß" ist ein Verb

---

56 Übertragung AG.
57 Vgl. Bredel/Maaß: Leichte Sprache. Kap. 8.1 Flexionsmorphologie, 297ff.
58 Vgl. ebd., Kap. 8.2 Wortbildung, 328ff.
59 Maaß: Leichte Sprache, 76.
60 Ebd.

mit der Bedeutung essen/Nahrung zu sich nehmen, es ist in der dritten Person Singular Indikativ Präteritum und gehört zu einem unregelmäßig gebeugten Verb.

Wenn dies eine Wort übersehen wird oder nicht auf seinen Wortstamm zurückgeführt werden kann, fehlt ein Bündel zentraler Informationen für einen ganzen Satz oder Teilsatz. Das Perfekt ist hier vorzuziehen: „Er hat gegessen". Die Funktionen sind auf zwei Wörter aufgeteilt, der Wortstamm „essen" ist noch zu erkennen, die Hilfsform „hat" kann als bekannt vorausgesetzt werden.

Im Bereich der Morphologie gilt also als ein zentrales Prinzip Leichter Sprache analytisch vor synthetisch – das heißt: Es ist prinzipiell für das Verstehen funktionaler, die Funktionen auf mehrere Stellen im Satz zu verteilen. Die analytische Form führt zur Addition – die Sätze werden in der Regel etwas länger, aber verständlicher.

In ähnlicher Weise wird auch beim Genitiv verfahren, der nicht ohne Grund auch umgangssprachlich stark unterrepräsentiert ist. Der Genitiv ist im Modus Leichter Sprache „nicht lizensiert" (299), er gilt als der Kasus, der am stärksten „markiert" (298) und deshalb am schwierigsten zu verarbeiten ist. In der Formulierung „Nachbars Katze" ist der Genitiv leichter zu übersehen bzw. zu überhören als die Dativ-Konstruktion „Die Katze vom Nachbarn".

Aus dem Bereich der liturgischen Kommunikation ließe sich hier verweisen auf die Verwendung des Genitivs „Jesu". Biblisch-liturgisch ungeübten Ohren klingt es wie ein eigener Name („die Stimme Jesu", „durch Jesu Geburt"), leichter verständlich ist „die Stimme von Jesus", „durch die Geburt von Jesus". Kaum ein anderer Kasus markiert bildungssprachliche Differenzen stärker als der korrekte Gebrauch des Genitivs, der umgangssprachlich fast ausschließlich adverbial eingelöst wird. Der Possessivgenitiv kann im Deutschen allerdings durch präpositionale Fügungen mit *von* ersetzt werden.

Für die Syntax gilt der schlichte Regelsatz, die Reihenfolge „Subjekt vor Objekt" zu bevorzugen. Das syntaktische Subjekt soll in der Regel das Agens sein und dem Objekt des Handelns vorangestellt werden. Der Dativ hingegen füllt in vielen Fällen die „Lücken, die die Vermeidung des Genitivs hinterlässt" (302)[61].

Für Genitivattribute, die nicht einfach durch Dativkonstruktionen ersetzt werden können, gelten detailgenaue und fallbezogene „Transformationsregeln" (302ff). Der Genitiv kommt am häufigsten als Genitivattribut („das Handy der Kanzlerin") vor, da ist die Formulierung mit „von" („das Handy von der Kanzlerin") eine klare Übertragung. Der Genitiv kommt aber auch in anderen Konstruktionen vor, z.B. als „präpositionaler Genitiv" („trotz des schlechten Wet-

---

61 Der Genitiv wird in eine „von + Dativ-Phrase" (302) umgewandelt, z.B.: Das Haus des Lehrers wird zu „das Haus von dem Lehrer". Dies geht aber nicht mit allen Genitivkonstruktionen, dann muss der Kontext in die Übersetzungsentscheidung mit einbezogen werden, um den Übersetzungszweck herauszuarbeiten (s.o. zu den Kriterien von „Adäquatheit" statt „Äquivalenz" 205 u.ö.). Ausführlicher zum Genitiv auch: Bock, Bettina M.: „Leichte Sprache", 57, und Lange, Daisy: Der Genitiv in der „Leichten Sprache" – das Für und Wider aus theoretischer und empirischer Sicht, in: Zeitschrift für Angewandte Linguistik 70 (2019), 37–72.

ters"), als „Genitivobjekt" („die Gemeinde gedenkt der Toten") oder als „freier Genitiv" („meines Erachtens verdienen die jungen Leute Respekt"). Diese Genitivverwendungen erfordern jeweils spezifische Transformationsstrategien, die nicht immer mit einer „von"-Formulierung umgesetzt werden können. Beim Präpositionalkasus („trotz des schlechten Wetters arbeiten die Handwerker weiter") empfiehlt sich bei der Übertragung in Leichte Sprache die Auflösung der Konstruktion in zwei kurze Sätze: „Das Wetter ist schlecht. Trotzdem arbeiten die Handwerker weiter." Dies macht die Konstruktion leichter verständlich. Eine Verwendung des Dativs („trotz dem schlechten Wetter") würde keine Komplexitätsreduktion der Formulierung bedeuten. Der Gebrauch des Genitivs als Objektkasus („die Gemeinde gedenkt der Toten") ist qualitativ und quantitativ eingeschränkt, er folgt z. B. auf die wenig umgangssprachlichen Verben „rühmen, erfreuen, ermangeln, besinnen, gedenken, bezichtiger." (310). Nicht nur in Leichter Sprache, sondern auch in Standardsprache gibt es Präferenzen für einen einfachen Dativersatz („die Gemeinde gedenkt den Toten") oder einen Ersatz durch den Akkusativ („die Gemeinde denkt an die Toten"). Bei der Übersetzung des freien Genitivs („meines Erachtens verdienen die jungen Leute Respekt") ist darauf zu achten, dass die Funktion (wie im Beispiel als adverbial) erhalten bleibt: „Meiner Meinung nach verdienen die jungen Leute Respekt" (Ersetzung durch „nach" und Verwendung des Dativs).

Durch die Vermeidung des Genitivs entsteht in der Leichten Sprache ein „Drei-Kasus-System" (311f). Für die weniger geläufigen Formen des Genitivs als Präpositionalkasus, Objektkasus oder als freier Kasus muss im Einzelfall (wie in den Beispielen gezeigt) geprüft werden, ob in die Satzkonstruktion eingegriffen oder eine Alternativkonstruktion gefunden werden muss. Die grammatische Attributsstruktur verändert sich, die semantische Komplexität gilt es allerdings zu erhalten.

Obwohl in Leichter Sprache für die Vermeidung komplexer Nominalgefüge Verben verwendet werden sollen (vgl. BITV 2.0: „Benutzen Sie Verben", bzw. im Netzwerk Leichte Sprache: „Nominalstil vermeiden"), sind nicht alle Verbformen funktional. Person und Numerus sind uneingeschränkt nutzbar, als Genus Verbi ist nur im Aktiv zu verwenden (unisono schreiben alle Regelwerke „Vermeiden Sie Passiv!"), im Modus nur Indikativ, außerdem gilt es, das Präteritum zu vermeiden und stattdessen Perfekt oder Präsens zu verwenden. Modalverben (können, sollen, wollen etc.) und Hilfsverben (sein, haben) dürfen ins Präteritum gesetzt werden. Eine „Aussage im Indikativ kann auf ihren Wahrheitswert überprüft werden" (317), im Konjunktiv „entzieht ein Sprecher dem Hörer die Möglichkeit einer Wahrheitswertprüfung", es „gibt dann kein Vergleichsobjekt, auf das man sich vernünftig beziehen könnte" (317).[62]

Zusammenfassend lässt sich sagen: Hinsichtlich der Nomina verwendet Leichte Sprache ein Drei-Kasus-System. Hinsichtlich der Verben etabliert sie ein

---

62 Vgl. in den Netzwerkregeln: „Vermeiden Sie den Konjunktiv. Den Konjunktiv erkennt man an diesen Wörtern: hätte, könnte, müsste, sollte, wäre, würde." (BITV 2.0 und BMAS 2013,31).

„Zwei-Tempus-System" – Präsens und Präsens Perfekt. Der Indikativ ist der einzige zu verwendende Modus, Aktiv das zu verwendende „Genus Verbi" (327).

Damit liegt eine Nähe der Leichten Sprache zur konzeptionellen Mündlichkeit vor. In Leichter Sprache zu schreiben, ist wie Sprache für das einmalige Hören (z.B. im Radio): „Aussagen im Präsens und Perfekt verweisen aus dem unmittelbaren Wahrnehmungsraum in das Hier und Jetzt des Lesers (bzw. der Hörenden, Ergänzung AG). Tempusformen, die ferne Referenzräume öffnen, werden vermieden. Aussagen im Indikativ lassen einen Abgleich mit der gegebenen Wirklichkeit zu, auf die grammatisch markierte Eröffnung von hypothetischen Räumen wird verzichtet. Mit dem Aktiv wird eine agens-nahe handlungsorientierte Ereignisdarstellung" (327) bevorzugt (vgl. Regel „Passiv vermeiden").

Will man einer mechanistischen Übersetzungslogik entgehen, bedarf es einer intensiven Auseinandersetzung sowohl mit der morphologischen Struktur als auch mit der jeweils aktualisierenden Funktion dieser Struktur (s. 3.9 Semantik, Kategorie der „Spacebuilder"). Es soll gezeigt werden, dass die linguistisch starke Reduktion der Leichten Sprache nicht mit einer Reduktion der Verstehensweise einhergehen muss. Vielmehr gilt es, „Kompensationsmöglichkeiten in Leichter Sprache für die Eröffnung ferner und/oder hypothetischer Verweisräume zur Verfügung zu stellen" (327).

Hinsichtlich der Wortbildungsmorphologie ist für die vorliegende Untersuchung vor allem anderen die „Transformation von Substantivkomposita in Leichte Sprache" (330) von Bedeutung. Die Schriftform von Substantivkomposita wird in den Regelwerken visuell, also auf der Textoberfläche durch Bindestriche zum Ausdruck gebracht („Bundes-Teilhabe-Gesetz"). Diese Option wird von Maaß/Bredel aus pädagogischen Gründen abgelehnt, obwohl sie die leichtere Rezeption konzedieren. Schwerer wiegt aber der Gesichtspunkt der „Brückenfunktion" Leichter Sprache bzw. der „Bewertung von Leichter Sprache als Material für Alphabetisierung" (334). Außerdem entstehen durch die Trennung mit dem Bindestrich schwer interpretierbare „Wortreste" (z.B. „Herzens-Brecher") und nicht lizensierte Genitivkonstruktionen.

Bredel/Maaß schlagen stattdessen sogenannte „Mediopunkte" vor, um komplexe Wortstrukturen in Leichter Sprache lesbarer zu machen. Sie wollen damit u.a. verhindern, dass sich „Ausgangs- und Zielsprache" zu weit voneinander entfernen. Sie nehmen dafür eine idiosynkratische Sonderschreibweise bewusst in Kauf, um den Unterschied zu Worten, die auch in der Ausgangssprache mit Bindestrich geschrieben werden (334ff), nicht einzuebnen. Der Mediopunkt (z.B. Milch·straße) „zeigt die Wortfuge an, ohne den Wortkörper vollständig zu zerstören" (337). Er lässt auch die Möglichkeit zu, Bindestriche zu erhalten („Arbeiter·wohlfahrt-Versicherungs·unternehmen" – was dann allerdings trotzdem unter der Regel der Verwendung möglichst kurzer Morpheme in Leichte Sprache aufgelöst werden müsste).

Der Mediopunkt ist nach Maaß/Bredel eine „sanfte optische Markierung morphologischer Fugen", die „Grenzen der Wortbausteine" werden sichtbar, ohne den Abstand vom Ausgangstext zu groß werden zu lassen.

3.8 Lexik

Die Auswahl der Lexeme ist für die Übersetzung in Leichte Sprache von großer Bedeutung. Die Regelwerke schreiben unisono vor: „Benutzen Sie einfache Wörter" (BMAS 2013, 22) bzw. „Verwenden Sie leicht verständliche Wörter, die allgemein bekannt sind" (Inclusion Europe 2009, 10).

Sogenannte „Prototypen" erweisen sich für die Leichte Sprache als besonders geeignet (346ff). Als Kriterien für solche Prototypen und damit als für die Leichte Sprache geeignete Lexeme sind zu nennen: „Hohe Gebrauchsfrequenz, große diskursive Reichweite, Medienneutralität[63], denotative Präzision, konnotative Neutralität, keine Metaphorik, morphologische, graphematische und phonologische Einfachheit (...), früher Erwerbszeitpunkt, später Verlust" (347). Dies bedeutet, dass umgangssprachliche Lexeme zu bevorzugen sind vor bildungssprachlichen Wendungen, Konkretheit geht vor Abstraktheit, Denotation ist funktionaler als Konnotation.

Bei Lehnworten ist die Abgrenzung nicht einfach. Wann beginnt ein Fremdwort? „Wie lange muss ein Wort schon in einer Sprache verwendet werden und wie weit muss und darf man in der historischen Rekonstruktionskette zurückgehen, um ein Wort als Fremdwort zu charakterisieren?" (348) Gilt das „Handy" schon als eingedeutscht im Verhältnis zum Wort Telefon? Ist das Wort „googlen" ebenfalls schon eingedeutscht, oder formuliert man lieber „bei der Internetsuchmaschine ‚Google' nachgucken"? Auch hier gilt es, adressatenbezogene Übersetzungsentscheidungen zu treffen.

Im Bereich *fachlich gebundener Lexik* ist die Situation noch etwas anders: Da sich die „spezifische Semantik erst im entsprechenden Fachkontext (einstellt), müssen diese Ausdrücke in Leichter Sprache stets erläutert werden" (350). Vor allem dann, wenn sie im Alltagskontext einen anderen Sinn aufrufen (z.B. wie „Kopfzeile" oder „Fußnote"). Fachspezifische Lexeme („berufliche Rehabilitation") laden nicht in dieser Weise zu Missverständnissen ein, brauchen aber in der Regel für Rezipientinnen Leichter Sprache eine Erklärung.

Eigennamen werden in der Regel direkt in den Zieltext übernommen (355). Die Autorinnen unterscheiden allerdings zwischen Eigennamen für Personen, Sachen und Nomina (Peter, Silvia, Schweiz) und „Appellativa" (Haus, Kirche, Hund) und benennen ihren unterschiedlichen Bezug „auf die außersprachliche Welt" (355). Eigennamen sind zunächst „semantisch leer", das bedeutet, sie bekommen ihren Sinn erst durch ihren Bezug auf eine (tatsächliche oder fiktive) Person. Appellative sind überindividuelle semantische Zuordnungen.

Was für Eigennamen insgesamt gilt, trifft für *biblische Namen* in besonderer Weise zu. Mit den biblischen Figuren sind nicht persönlich bekannte Menschen gemeint, obwohl viele der Namen einen hohen Bekanntheitsgrad im Alltag haben. „Benjamin" ist nur für biblisch Kundige der jüngste Sohn von Jakob und

---

63 „Medienneutral" sind Ausdrücke, die sowohl in der Mündlichkeit wie in der Schriftlichkeit verankert, also weder nur Umgangssprache noch ausschließlich Schriftsprache sind.

Rahel aus den fünf Büchern Mose. Alle drei Namen sind als Alltagsnamen beliebt und bekannt, Benjamin wird ggf. mit „Benjamin Blümchen" assoziiert, Jakob und Rebekka mit den Nachbarskindern. Um diese Namen mit biblischen Figuren zu verbinden, braucht es biblisches Wissen bzw. eine christliche oder jüdische Sozialisation. Viele biblische Namen sind beliebt und bekannt, aber nicht notwendig als biblisch assoziiert. Ihre semantische Füllung hin auf biblische Geschichten und den damit verbundenen Verheißungskontext bekommen sie erst durch zusätzliche Erläuterungen. Diese Erläuterungen – z.B. „Benjamin ist der jüngste Sohn von Jakob und Rahel" oder „Jakob hatte 12 Söhne. Die Namen dieser Söhne sind auch die Namen der Stämme vom Volk Israel." – erzeugen durch die Verwendung von fachspezifischen Begriffen ihrerseits neuen Erläuterungsbedarf. Andere biblische Beschreibungen und Namensergänzungen wie „Jünger" oder „Prophet" haben auch alltagssprachliche Bedeutungen, andere wie z.B. „Sadduzäer" oder „Zelot" sind außerhalb von Fachkreisen nicht verständlich.

Die Zieltexte werden durch Addition verlängert. Eigennamen können verwendet werden. Sie müssen aber als solche gekennzeichnet werden. Sie können auch „strategisch zur Personifizierung abstrakter Rollenträger genutzt werden" (381).

Funktionswörter wie „Präpositionen" (361ff „mit", „aus" „für" – etc.), „Artikel" (365ff „der", „die", „das"), „Pronomen" (369ff „mein", „dein") und „Adverbien" (375ff „hier", „dort" bzw. „heute", „nachher") haben sprachlich eine hohe Frequenz und Kürze. Die Artikel „sortieren" das „Diskursuniversum in bekannt und neu" (381). Bekannt ist, was durch „einen Frame oder einen Ankerausdruck eingeführt" ist („mein Mantel" oder „ein Mantel"). Wenn diese Kenntnis nicht vorausgesetzt werden kann, werden die Zieltexte wiederum länger, weil Erläuterungen eingeführt werden müssen.

Satzadverbien spielen in Leichter Sprache eine große Rolle, sie übernehmen häufig die „Modalisierung von Aussagen" und ersetzen damit den Konjunktiv („vielleicht ist dies das Auto von Anna").

Pronomen haben in Leichter Sprache eine besondere Relevanz[64]. Personalpronomen sollen vermieden, Demonstrativpronomen hingegen möglichst intensiv genutzt werden. *Personalpronomen* haben als Hauptfunktion die „Wiederaufnahme von Textreferenzen" (369). Das erfordert „syntaktisches" und „konzeptionelles" Wissen (371f), um den Bezug aus vorhergehenden Sinneinheiten erstellen zu können. Darauf zu verzichten, „stellt den gravierendsten Eingriff in das Sprach- und Textsystem überhaupt dar"[65] (382).

---

64 Bredel/Maaß grenzen Pronomen und Artikel (unter Bezug auf Eisenberg, Peter: Grundriss der deutschen Grammatik 2: Der Satz. Stuttgart/Weimar 32006) voneinander ab: Pronomen sind alle nominalen Verweiswörter, die anstelle eines Nomens oder einer Nominalgruppe stehen können (pro-nominal). Als Unterklasse konzentrieren sie sich auf die Personalpronomen und Demonstrativpronomen (369ff).

65 Inclusion Europe, 2009, 15: „Seien Sie vorsichtig, wenn Sie Pronomen verwenden. Pronomen sind Wörter wie „ich", „du", „er", „sie" oder „es". Man verwendet sie statt einer Person oder einer Sache. Achten Sie darauf, dass immer eindeutig klar ist, wer oder was gemeint ist. Wenn das nicht klar ist, verwenden Sie das eigentliche Wort". Die Autorin-

Demonstrativpronomen werden für „Wiederaufnahmen" und „komplexbildende Verweisungen" (374) genutzt. Diese Verweise stehen in Leichter Sprache häufig nicht zur Verfügung. Deshalb werden Demonstrativpronomen überwiegend zur „Leserführung" (375) genutzt[66]. Auch hier gilt es in der Nähe zu den Regelwerken zu überlegen, wie trotz dieser Einschränkung eine Diversität der Sprachformen erhalten werden kann.

Adverbien sind in Leichter Sprache wichtig, weil „mit einer Teilklasse von ihnen das Fehlen bestimmter grammatischer Konstruktionen der Standardsprache kompensiert werden kann" (375). Lokale und temporale Adverbien gliedern Sachverhalte räumlich und zeitlich, allerdings nicht nur für einen Sachverhalt, sondern sie „bilden im Text einen Rahmen, der so lange aktiv bleibt, bis mit weiteren sprachlichen Mitteln ein Wechsel angezeigt wird" (375). Die Adverbien werden also nicht wiederholt, sondern müssen mit anderen Mitteln gesichert werden[67]. Die Wiederholung eines Adverbs verändert die Bedeutung und ruft jeweils einen neuen Zusammenhang auf[68].

Mit Satzadverbien wird im Gegensatz zu lokalen und temporalen Adverbien nicht notwendig ein Rahmen gesetzt, vielmehr modifizieren sie einen Sachverhalt, deshalb „können sie ohne Bedeutungsverschiebungen wiederholt werden"[69]. Hinsichtlich ihrer „konkreten Modifikationsfunktion" (377) teilen sich Satzadverbien in zwei Gruppen: Sie setzen die Aussage, die sie modifizieren, als wahr voraus („*leider, überraschenderweise, unglücklicherweise*") oder qualifizieren ihren Wahrheitsgehalt („*vielleicht, vermutlich, wahrscheinlich*"). Das Satzadverb „*hoffentlich*" leistet beides. Die zweite Gruppe ist in Leichter Sprache sehr wichtig, da sie das Fehlen grammatischer Konditional-Konstruktionen und Konjunktive ausgleicht. Die neutrale Zukunftszuweisung „*vielleicht*" wird dabei besonders häufig verwendet[70].

---

nen nennen dies aus sprachwissenschaftlicher Perspektive „die für Leichte Sprache wohl weitreichendste Regel" (369).

66 Als Beispiel aus einem Zeitungsbeitrag: „Es ist Frühling – auf Sylt und anderswo. Diese Tatsache ist nicht zu überhören. Welche Vögel liefern den Soundtrack zur Jahreszeit?" (zit. nach Brunsbütteler Rundschau Online, 20.03.2014). In Leichter Sprache: „Es ist Frühling. / Es ist Frühling in Sylt. / Und es ist Frühling in ganz Deutschland. / Das können wir hören: / Die Vögel singen. / Wir wollen wissen: / Welche Vögel singen im Frühling?" (374f).

67 Nicht: „Gestern waren wir im Zoo, gestern haben wir etwas gegessen, gestern waren wir im Kino" – sondern „Gestern waren wir im Zoo. Dann haben wir etwas gegessen. Dann waren im Kino." Das „gestern" aus dem ersten Satz gilt bis zu einer neuen temporären Angabe (375f).

68 „Hier ist ein Kreis, hier ist ein Dreieck, hier ist ein Viereck" – das meint jeweils andere geometrische Formen. Wenn sie gemeinsam aufgerufen werden sollen, hieße es in Leichter Sprache: „Hier siehst Du drei Formen: /1. ein Dreieck. 2. einen Kreis. 3. ein Viereck." (376)

69 „Vielleicht ist das ein Dreieck. Vielleicht ist das ein Kreis. Vielleicht ist das ein Viereck."

70 Vielleicht gilt als „der neutralste Kandidat für Wahrscheinlichkeitszuweisungen" (378). Ausführlich dazu: Ehrich, Veronika: Das modale Satzadverb vielleicht – Epistemische (und andere?) Lesarten, in: Katny, Andrzej/ Socka, Anna (Hrsg.), Modalität/ Temporalität in kontrastiver und typologischer Sicht, Frankfurt/M. 2010, 183-202.

Zusammenfassend gilt hinsichtlich der Lexik: Der Ausgangspunkt ist die Zuweisung in Inhalts- und Funktionswörter. Bei *Inhaltswörtern* sind hinsichtlich Leichter Sprache Kernwörter Fremdwörtern vorzuziehen. Eigennamen sind Hürde und Chance. Sie können als solche gekennzeichnet werden; sie nur auf ihre Bedeutung festzulegen, läuft ins Leere. Aber „die Chance ist funktional: (...) Eigennamen (können) strategisch zur Personifizierung abstrakte(r) Rollenträger genutzt werden (...); abstrakte Szenarien können dann alltagsnah und beispielhaft dargestellt werden" (381). *Funktionswörter* begünstigen durch ihre hohe Frequenz und ihre Kürze die Verständlichkeit, können aber auch übersehen und missverstanden werden. Funktionswörter sichern überdies Textkohärenz (382). Das Fehlen der Personalpronomen in Leichter Sprache „stellt den gravierendsten Eingriff in das Sprach- und Textsystem überhaupt" dar. Wie dargestellt, kann dieser Eingriff durch Demonstrativpronomen und Präpositionaladverbien „wenigstens teilweise kompensiert werden" (382).

3.9 Syntax

Die deutsche Syntax ist mit ihrer Vorliebe für Nebensätze und Wortstellungsstrukturen eine besondere Herausforderung für Verständlichkeit nach den Kriterien Leichter Sprache. Insofern gilt als globale Regel in allen Regelwerken für Leichte Sprache die Aufforderung, „kurze Sätze"[71] zu verwenden. „Gemeint ist, dass Satzgefüge in Leichter Sprache in autonome Einzelsätze aufgelöst werden" (384). Je tiefer ein Satz in ein Satzgefüge eingebettet ist, umso mehr gedankliche Zwischenschritte sind nötig, um „die Gesamtkonstruktion" auszuwerten[72].

Eine Übertragung in Leichte Sprache kann aber nicht einfach statt eines Kommas einen Punkt setzen und so die Nebensätze auf die Ebene von Hauptsätzen heben. Es ist also syntaktisch zu differenzieren. Aber wie?

Die Hauptkritik gilt den Regelwerken, die auch die Konjunktionen „oder", „wenn", „weil", „und" und „aber" als Satzanfang zulassen (385). „Oder", „und" und „aber" können hauptsatzeinleitende Konjunktionen sein. „Wenn" und „weil" allerdings leiten Nebensätze ein und gehören in Satzgefüge hinein[73].

---

71 Bundesministerium für Arbeit und Soziales (Hrsg.): Teilhabebericht der Bundesregierung über die Lebenslagen von Menschen mit Beeinträchtigungen. Teilhabe – Beeinträchtigung – Behinderung, Bonn 2013, 44, und Inclusion Europe: 2009, 16, formulieren: „Schreiben Sie kurze Sätze. Machen Sie in jedem Satz nur eine Aussage. Trennen Sie lange Sätze. Schreiben Sie viele kurze Sätze." Vgl. Bredel/Maaß: Leichte Sprache, 383f.

72 Herausfordernd sind vielfältig eingebettete Gebetssätze wie: „Herr, der du die, die du die Deinen nennst, versammelt hast an deinen Tisch ...".

73 Ein Beispiel: Auch wenn diese Nebensätze am Anfang des Satzes stehen, sind sie trotzdem funktional Nebensätze: „Weil es schon so spät ist, ruft er heute nicht mehr an." Eine Auflösung in „Weil es schon so spät ist. Er ruft heute nicht mehr an." ist kein korrekter Zieltext. Eine sinnvolle Auflösung bestünde bei diesem Beispiel darin, das „weil" durch eine andere Konjunktion im zweiten Satz zu ersetzen, die am Anfang eines Hauptsatzes stehen

Leichte Sprache ist demgegenüber auf „Ersatzkonstruktionen verwiesen, die die semantischen Relationen, die in Satzgefügen ausgedrückt werden, mit anderen Mitteln verbalisieren" (401). Die Ersatzkonstruktionen verwenden meist einen „d-Ausdruck (d-eshalb, d-ann, trotz-d-em, Herv. im Text), die besonders geeignet sind, „eine gesamte Proposition auf(zu)greifen und die gegebenen Teilinformationen (...) auf einander (zu) beziehen"[74].

Die Koordination von Satzreihen ist in Leichter Sprache eine Herausforderung. Satzteile zu verknüpfen, geschieht nicht einfach additiv, es braucht „die Konstruktion einer gemeinsamen Einordnungsinstanz" (415).

Die grammatikalischen Verknüpfungsbezüge müssen in Leichter Sprache transparent gehalten werden. Verknüpfungen mit „und" sind die häufigsten. Mit einem „und" werden „die Konjunkte als gleichrangig konstruiert" (405), die Verknüpfung ist additiv. Dabei verliert man die adversativen, disjunktiven, kausalen und komparativen Koordinationstypen (405) – für die braucht es zusätzliche Konstruktionen. Die Verwendung der Konjunktion ‚aber' z.B. betrifft das Erwartungssystem der Hörenden/Lesenden, das durch die Verwendung von „aber" aufgehoben werden soll.[75]

Übersetzungsentscheidungen setzen also immer auch eine Interpretation der Ausgangsstruktur voraus. Da von den standardsprachlichen Konjunktionen nur „und", „aber" und „oder" zur Verfügung stehen, sind diese „erheblichen Mehrbelastungen ausgesetzt" (407). Texte in Leichter Sprache verlieren dadurch an semantischer Tiefe. Hier signalisieren Maaß/Bredel ein empirisches Forschungsdesiderat, um ggf. die Regeln zu flexibilisieren.

Die Wortstellung (415) regeln die Netzwerke wie folgt: „Benutzen Sie einen einfachen Satz-Bau. Beispiel: Gut: Wir fahren zusammen in den Urlaub. Schlecht: Zusammen fahren wir in den Urlaub."[76] Ein wesentliches Kriterium für leichte Verständlichkeit ist also die Voranstellung des Subjekts. Manchmal soll aber über die Wortstellung ein inhaltlicher Akzent gesetzt werden, der auch in Leichter Sprache eine Umstellung erfordert. („Heute ist vierter Advent". „Ist heute der vierte Advent"?)

Nach dem „topologischen Feldermodell" nach Wöllstein[77] (416) gibt es fünf Kernfelder im Satz: „Vorfeld", „linke Klammer", „Mittelfeld", „rechte Klammer",

---

kann und das Verhältnis von Ursache und Wirkung gewährleistet: „Es ist schon spät. Deshalb ruft er heute nicht mehr an."

74 Ein Beispiel aus der Sprache der Liturgie: „Wir beten zu Gott, obwohl wir ihn nicht sehen können". In Leichter Sprache: Wir können Gott nicht sehen. Trotzdem beten wir zu ihm. (Übertragung AG).

75 Ein Beispiel: „Mein Lehrer ist streng, aber gerecht" – um das zu verstehen, braucht es ein Konzept von „streng", das zugleich nicht einfach additiv mit „gerecht" verbunden werden soll. In Leichter Sprache muss das Erwartungskonzept von „streng" ggf. explizit gemacht werden. „Mein Lehrer ist streng. Strenge Lehrer sind oft nicht gerecht. Aber mein Lehrer ist trotzdem gerecht." (406). Eine andere Möglichkeit wäre auch: „Mein Lehrer ist streng. Das ist nicht angenehm. Aber mein Lehrer ist auch gerecht. Und das ist gut." (407).

76 BMAS: Teilhabebericht, 45.

77 Wöllstein, Angelika: Topologisches Satzmodell [Kurze Einführungen in die germanistische Linguistik 8], Heidelberg 2010.

"Nachfeld". Diese unterscheiden sich durch ihre Besetzungsoptionen. Am Beispiel:
(Vorfeld:) Das Volk (linke Klammer:) wählt (Mittelfeld:) heute (rechte Klammer:) den Bundestag (Nachfeld:) für vier Jahre.

Bedeutsam für die Analyse von Leichter Sprache sind vor allem drei Aspekte der Satzstellung: die Satzklammer (418), die Vorfeldbesetzung (419ff) und die Folge der Satzglieder im Mittelfeld (423f).

Für das Deutsche ist die Klammerstruktur kennzeichnend („Im letzten Monat *ist* in den Kollekten aller Adventssonntage mehr Geld *zusammengekommen* als im ganzen Jahr"). Der erste Teil des Verbs steht in der linken Klammer, das Mittelfeld enthält eine Reihe von Informationen („in den Kollekten", „aller Adventssonntage", „mehr Geld"), in der rechten Klammer steht der Verb-Rest.

Leichte Sprache bevorzugt das Perfekt vor dem Präteritum (vgl. 3.6. Morphologie „Zwei-Tempus-System", „analytische vor synthetischen Formen"). Deshalb entsteht bei Sätzen im Perfekt mit aufgeteiltem Verb regelmäßig ein Mittelfeld. Wird diese Struktur zu lang oder enthält zu viele Informationen (vgl. Netzwerk Leichte Sprache: „Nur eine Aussage pro Satz", Inclusion Europe: „Nur ein Gedanke pro Satz", 114), braucht es in Leichter Sprache die Auflösung der Mittelfeldstruktur in Einzelsätze. Ein Aussagesatz wie „Im letzten Monat ist in den Kollekten aller Adventssonntage mehr Geld zusammengekommen als im ganzen Jahr." ließe sich wie folgt auflösen:
„In der Adventszeit sind viele Menschen in den Gottesdienst gegangen.
Die Menschen haben viel Geld gespendet.
Die Gemeinde hat über 5.000 Euro gesammelt.
Die 5.000 Euro sind für arme Menschen.
Die Gemeinde gibt das Geld an arme Menschen weiter."

Die Konstruktion wird länger und enthält durch Addition eine Reihe von Zusatzinformationen, die der Ausgangssatz voraussetzt (viele Menschen sind in den Gottesdienst gegangen, die Summe beträgt über 5.000 Euro, das Geld wird für arme Menschen verwendet). Es braucht mehr Informationen bzw. interpretatorisches Handeln (vgl. 3.10, Semantik, zum „translatorischen Handeln"), um die komplexen Klammersätze in einfache Sätze aufzulösen.

An einem Gebet mit komplexer Klammerstruktur lässt sich ebenfalls gut verdeutlichen, was eine Übertragung in Leichte Sprache syntaktisch und semantisch bewirkt:

„Die Namen derer, die uns lieb sind
und die wir vermissen
und um die wir uns sorgen,
mit denen wir es schwer haben,
nennen wir Dir in der Stille:"

kann übertragen werden:

„Gott,
wir beten zu Dir.
Wir lieben Menschen.
Wir vermissen Menschen.

Wir sorgen uns um sie.
Mit anderen Menschen haben wir es schwer.
Wir nennen Dir die Namen von allen diesen Menschen.
Wir sprechen die Namen leise.
Gott,
nur Du kannst sie hören."[78]

Das Gebet verändert seinen Charakter, wird weniger erklärend und verdichtet. Der Gebetstext wird länger, die Sätze werden kürzer, das Zuhören wird einfacher.

Die Übertragung in Leichte Sprache greift tief in den Ausgangstext ein. Es gilt, die verschiedenen Voraussetzungen, die das Verständnis des Textes erfordert, zu entflechten.

Das Vorfeld ist die bevorzugte Position für das Subjekt. Wechselt die Vorfeldbesetzung, wird die Kohärenz unterbrochen. In dem Gebetsbeispiel wird das entsprechend aufgelöst: „*Wir* sprechen die Namen leise. *Nur Du* kannst sie hören." Die Anrede „Gott" wird am Schluss noch einmal aufgenommen, um das Anrede-Du wieder in Erinnerung zu rufen. Deutlich wird, dass es wie in der Lexik auch hinsichtlich der Syntax kompensatorische Konstruktionen braucht, um das durch Leichte Sprache entstehende syntaktische Vierfelderschema auszugleichen.

3.10 Semantik

3.10.1 „Frames"

Die Hauptaufgabe des Übersetzens in Leichte Sprache ist die Reduktion von Komplexität. Dies ist die zentrale Idee hinter allen Regeln, die sich auf das Feld der Semantik beziehen. „Frames" sind „strukturierte Bündel von Wissensbeständen, Glaubenseinstellungen und typischen Handlungen", die dazu beitragen, einzelne Aktionen und Erfahrungen in größere Zusammenhänge zu deuten und „einzuordnen". Diese Frames sind „kulturell geprägt" und „durch Erfahrung und Erlernen ausgebildet".[79]

„Das Darstellen von zeitlichen und räumlichen Strukturen, von Kontrafaktischem, Potenziellem und Fiktionalem, die Verwendung von Analogien und Metaphern – all das stellt in Leichter Sprache eine Herausforderung dar." (431) Jenseits der Bedeutung des Einzelworts entstehen semantische Phänomene durch Wortkonstellationen. Dies wird bei den Regelwerken „Inclusion Europe" und „Netzwerk Leichte Sprache" noch zusätzlich durch das Metaphernverbot erschwert. Zu den Interpretationen von Metaphern braucht es „Sprach- und Welt-

---

78 Vgl. Gidion, Anne/Hirsch-Hüffell, Thomas: Wenn wir stockender sprächen, in: Lehnert, Christian (Hrsg.), „Denn wir wissen nicht, wie wir beten sollen ..." [Impulse für Liturgie und Gottesdienst 1], Leipzig, 2015, 54–67. Übertragung im Text AG.
79 Bredel/Maaß, 426.

wissen in einem Umfang, der bei den primären Leichte-Sprache-Adressat(inn)en nicht vorausgesetzt werden kann" (431).

Für den Gottesdienst ist diese Voraussetzung zu diskutieren. Anders als bei gesprochener Rede, die der Informationsübermittlung dient (Vorträge, Reden), sind zumindest Teile der gottesdienstlichen Rede durch ihren Kontext und ihren Sprechort (Altar, Lesepult, Kanzel) so determiniert, dass ihre pragmatische Absicht ihren Inhalt stark mitträgt.

3.10.2 Mentale Räume

Liturgische Sprache wird durch die Regel, Metaphern und Bilder zu vermeiden, zentral tangiert. Religiöse Rede besteht wesentlich aus Bildern und Metaphern, das gilt für Psalmen („Der Herr ist mein Hirte", „Gott, Du bist mein Fels", „Wie der Hirsch schreit nach frischem Wasser, so schreit meine Seele, Gott, nach Dir") genauso wie für Gebets- und Segenssprache. Die Liste biblischer Bilder und Metaphern im Gottesdienst ist endlos, sie beginnt mit „Unsere Hilfe steht im Namen des Herrn, der Himmel und Erde gemacht hat" und endet mit „Der Herr erhebe sein Angesicht auf dich und gebe dir Frieden". Diese liturgischen Formeln in Leichte Sprache zu übersetzen bedeutet, sie völlig zu verändern.

Liturgische Formeln knüpfen an innere Bilder an. Was aber tun, wenn das Weltwissen, das diese Bilder generiert, nicht vorausgesetzt werden kann?

Auch Bredel/Maaß diskutieren das Thema der inneren Bilder. Sie rekurrieren auf die „Theorie der mentalen Räume" des französischen Linguisten Fauconnier[80]. Mentale Räume sind „kognitive Repräsentationen im Kopf des Rezipienten bzw. der Rezipientin, die in einem Gespräch oder bei der Rezeption eines Textes spontan gebildet werden." (431) Untereinander sind diese Räume in „hierarchisch strukturierte(n) Netzwerke(n)" (431) aufgebaut, die zueinander in unterschiedlichen Beziehungen stehen. Beim Rezipieren eines Textes werden sie „(1) aufgebaut, (2) ausgestattet und (3) verknüpft" (432).

Nach der Theorie von Gilles Fauconnier entstehen mentale Räume durch sogenannte „space-builder". Als „space-builder" dienen nach dieser Theorie Ausdrücke, die innere Räume eröffnen – z.B. Verben mit der Bedeutung „glauben" oder „wollen", Phrasen wie „in Wirklichkeit" oder „ihrer Meinung nach". Durch solche Formulierungen entstehen kognitive Repräsentationen im Kopf der Rezipierenden, die „hierarchisch strukturierte Netzwerke" bilden, die „intern" ihrerseits durch Frames geordnet sind (431). Der Aufbau eines solchen Bildes funktioniert durch einen „Basis-Raum" – das ist der Ausgangspunkt[81]. Von dort

---

80   Fauconnier, Gilles: Mappings in thought and language, Cambridge u.a. 1997. Der Linguist Fauconnier, 1944 in Frankreich geboren, arbeitet an der Universität San Diego, California, zu Fragen der Kognitionswissenschaft und des „mental blending". Seine Forschung (mit dem US-amerikanischen Linguisten Mark Turner) dienen Bredel/Maaß u.a. als Grundlage für die Theorie der „mentalen Räume" („mental spaces"), die der Verwendung von Sprache zugrunde liegen und die es in Leichter Sprache ebenfalls zu erzeugen gilt.
81   Z.B. Sätze wie: „Wir befinden uns im 21. Jahrhundert" oder „Dieser Textabschnitt ist aus einem Brief von Paulus an die Gemeinde in Korinth".

Semantik   77

aus können durch „space-builder" weitere Räume eröffnet werden, z.B. durch Formulierungen wie „vielleicht"/ „möglicherweise"/„ich stelle mir vor" („ich stelle mir vor: Paulus hatte die Gemeinde lange nicht gesehen"), es kann auch Aufmerksamkeit auf eröffnete Räume zurückgelenkt werden („wie wir vorhin schon gehört haben"). Nach Fauconnier[82] können diese Spacebuilder unterschiedliche grammatische Formen haben, sie können als Präpositionalphrasen fungieren („in dieser Geschichte"), Adverbien („wirklich", „möglicherweise", „vielleicht", s. 3.8), Subjekt-Verb-Komplexe („Petrus träumt:"), Subjunktion und Nebensatz („wenn Gott wiederkommt").

Auch in Leichter Sprache ist es möglich, mentale Räume zu verwenden bzw. auf diese zuzugreifen. Sie müssen allerdings als solche gekennzeichnet sein, da der Konditionalis (vgl. 3.7 Morphologie) in Leichter Sprache nicht gestützt ist.

3.10.2.1 Negation

Keine Negation zu verwenden, ist eine der Regeln, in der sich alle drei Regelwerke einig sind. Zugleich ist es die einzige übergreifende Regel, die explizit die Semantik betrifft[83]. Die Beispiele aus den Regelwerken konstruieren Situationen, in denen dieselbe Aussage ohne Negation realisiert werden kann. Es gibt allerdings auch Fälle, „bei denen Negation aus unterschiedlichen Gründen nicht vermieden werden kann" (461). Es gilt zwischen vermeidbaren und unvermeidbaren Negationen zu unterscheiden. Vermeidbare Negationen sind solche, in denen „negierte Ausdrücke über ein direktes Antonym verfügen"[84]. Auch doppelte Negationen lassen sich in bestimmten Fällen vermeiden – sie wegzulassen, ist aber nicht einfach dasselbe. In manchen Fällen übernimmt die Negation eine „über die im engeren Sinne semantische, propositionsorientierte Perspektive, die auch eine pragmatische, diskursorientierte Komponente haben kann"[85]. Im Sinne der Theorie der mentalen Räume braucht es eine „flexiblere Negationstheorie" (461), die nicht einfach nur einen Raum abwählt („krank sein") und dazu eine Alternative formuliert. Bei den Fällen, in denen es keine direkten Antonyme[86] gibt,

---

82 Fauconnier: Mappings, 40.
83 Im Regelwerk des Netzwerks Leichte Sprache heißt es so: „Benutzen Sie positive Sprache. / Vermeiden Sie negative Sprache. / Negative Sprache erkennt man an dem Wort: nicht. / Dieses Wort wird oft übersehen. / Beispiel / Schlecht: Peter ist nicht krank. / Gut: Peter ist gesund."
84 Z.B. „Bitte gehen Sie nicht ohne mich los" – „Bitte nehmen Sie mich mit", oder: „Es ist kein Kuchen mehr übrig." – „Der Kuchen ist alle" (461).
85 Beispiel: „Das ist nicht uninteressant" – „Das ist (vielleicht) interessant". Das „vielleicht" übernimmt im Leichte-Sprache-Beispiel die Funktion eines Hedge (461). Das Weglassen doppelter Negationen trägt auch zu dem von manchen sekundären Adressaten als direkt empfundenen Charakter bei.
86 Im Workshops zum Übertragen in Leichte Sprache taten sich durch das Negationsverbot besonders ergiebige mentale Räume auf. Wie überträgt man z.B. das „Du sollst nicht" der Zehn Gebote (Ex 20, 1-27 und Dtn 5, 6-20) ohne Negationen? Eine Übertragung von „Du sollst nicht töten" (Ex 20,13/ Dtn 5,17) sieht sich mit der Herausforderung konfrontiert, aus der Fülle der Alternativen auszuwählen: „Du sollt leben lassen", „Du sollst Leben

braucht es eine Differenzierung für die Realisierung von Negation. Negation ist ein „Spacebuilder" (3.10.2), also eine Form, Verstehensraum zu eröffnen. Damit kommen Strategien der „Spacebuilder" zum Einsatz: Explizitheit, Mehrgliedrigkeit, Position und (im Falle von geschriebener Sprache) Fettdruck.

Am Beispiel von „Peter ist nicht krank": Eine explizite Übertragung erfordert eine zusätzliche Markierung, die die Negation unterstützt. Z.B.: „Peter ist nicht krank. / Peter simuliert. / Das heißt: Alle Leute sollen denken: / Peter ist krank. / Aber Peter ist gesund." (467)

Mehrgliedrigkeit verhindert die Verschmelzung der Negation mit dem Artikel (z.B. verschmelzen häufig „ein" und „kein", siehe Regel „analytisch vor synthetisch"). Die Negation mit „nicht" ist vorzuziehen. Hinsichtlich der Position ist der Satzanfang dem Verstehen zuträglich. Besonders auffällig ist ein „deiktischer Verweis zum Beginn des Satzes", z.B. „So nicht: ...". In gedruckten Texten kann das *nicht* fett hervorgehoben werden, generell „sollen Negationsmarker fettgesetzt werden, damit sie weniger oft übersehen werden" (468).

3.10.3 Metaphern und Blending

Metaphern entstehen mental-sprachlich durch „Blending, also durch Verschmelzung aus unterschiedlichen Input Spaces"[87]. Diese weisen eine „partielle Übereinstimmung" auf (470). Dieser partiellen Übereinstimmung entspricht ein weiterer mentaler Raum. Traditionelle Metapherntheorien entwerfen Metaphorik als Dreierkonstellation aus Bildempfänger, Bildspender und Tertium Comparationis (470).

Wenn Metaphern im Gottesdienst in Leichter Sprache verwendet werden, müssten sie erst aufgebaut und mit mentalen Räumen und Rahmen (nach Fauconnier: „mental spaces" und „mental frames") ausgestattet werden.

Am Beispiel: „Gott, Du bist mein Fels". Das Bild „Fels" muss beschrieben werden, die Eigenschaften eines Felsen – stabil, unverrückbar, stark – werden im nächsten Schritt mit Gott verknüpft, der ebenfalls schon immer da war und darin stabil, unverrückbar und stark ist. Im Folgenden kann der Psalmvers: „Gott, Du bist mein Fels", bzw. das Bild von Gott als „Fels" im Gottesdienst weiter als Blending entfaltet werden, da die Zuhörenden sich nun in einem gemeinsamen mentalen Raum befinden[88]. Dadurch entsteht eine neue Struktur, die mehr ist als die Summe von Bildgeber, Bildempfänger und Tertium Comparationis.

---

schaffen", „Du sollst Konflikte nicht mit Waffengewalt lösen" etc (Beispiele aus Workshopübersetzungen, AG).

[87] Bredel/Maaß beziehen sich auf den sprachwissenschaftlichen Metaphernbegriff nach Fauconnier: Mappings, und Fauconnier, Gilles/Turner, Mark: The way we think. Conceptual blending and the mind's hidden complexities, New York NY 2002.

[88] Vgl. auch Jager: Gottesdienst.

Diese mentalen Räume gibt es nach Bredel/Maaß unter Berufung auf Fauconnier für „Zukünftiges", für „Modales" und für „Potenziales"[89], außerdem für „irreale Konditionalität" und für „Negation"[90].

Immer wieder gilt es zu betonen: Um von einer gemeinsamen Zielgruppe für Leichte Sprache sprechen zu können, muss man idealtypisch verkürzen, sonst wäre es nicht möglich, überhaupt Regeln aufzustellen. Alle Regelwerke der Leichten Sprache gehen davon aus, dass ein Querschnitt durch die Zielgruppen Leichter Sprache Metaphern anders rezipiert als durchschnittlich Rezipierende von Standardsprache.

In Leichter Sprache braucht es entsprechende Aufbereitung, damit die Rezipierenden trotzdem Frames zu den Themen des Textes bilden können. Die entscheidenden Strategien dafür sind „Deskription, Explizierung und Exemplifizierung" (479) – sowohl durch „verbale" als auch durch „para- und nonverbale Zeichenressourcen". Die komplexen Weltverhältnisse werden durch additive Verfahren ausgeglichen – zu den Gefahren, die dies auf der Textebene bedeutet, siehe unten unter 3.10.

Am Beispiel von „Gott als Fels" ließe sich das etwa so rekonstruieren: Um den „Frame" aufzubauen, der das Bild trägt, braucht es erst die Beschreibung eines Felsen (stark, fest, groß), dann die Explizierung (so ist auch Gott, stark, fest, groß, immer da, tragend). Dann erst ließe sich entfalten, woran eine Person merken kann, dass Gott stark, groß, fest, immer da, tragend, also wie ein Fels ist. In diesem aufgebauten Frame[91] ist dann gemeinsames Teilhaben an Bedeutung möglich.

In der Sprache der vierteiligen Metapherntheorie ist der Bildempfänger: Die Menschen sollen sich auf Gott verlassen können. Der Bildgeber ist: Felsen sind hart und fest und stabil und schon sehr, sehr lange da. Das Tertium Comparationis besteht in der Stabilität, Festigkeit, Dauer des Felsen und Gottes Dauer, Stabilität und Festigkeit. Blend: „Gott ist mein Fels" – darauf kann die angesprochene Person bauen, sich verlassen. Zugleich kann das Felsenbild erweitert werden – in den Felsen kann man klettern, aus Felssteinen eine sichere Mauer bauen.

Im Blending entsteht „kreative Mündlichkeit" (472), entstehen Witz und Lebendigkeit. Leicht ist diese Form der Sprache allerdings nicht. Wer sich mit dem Verständnis von Texten ohnehin schwertut, dem ist nicht damit gedient, dass er statt einer nachvollziehbaren Information metaphorische Anspielungen präsentiert bekommt. Der Einwand der Regelwerke gegenüber Metaphern ist also berechtigt, Metaphern sind „semantisch komplex und erfordern zu ihrer Erschließung einen erheblichen kognitiven Aufwand" (472).

---

89 Vgl. Tabelle S. 457.
90 Vgl. Tabelle S. 469.
91 So (zum Zeitpunkt der Abfassung noch ohne Rekurs auf sprachwissenschaftliche Theorien) intendiert in: Gidion/Arnold/Martinsen: Leicht gesagt, 10: „Mit Bildern und Metaphern wird sparsam umgegangen. Benutzt man sie, benötigen sie eine Art Rampe, die den Zugang zu ihnen erleichtert" (Herv. AG).

Metaphern sind allerdings so tief in der menschlichen Sprache verwurzelt, dass eine Regel wie „Vermeiden Sie Metaphern" nicht vollständig umsetzbar ist[92].

Für das gesprochene Wort und das Zeichensystem des Gottesdienstes braucht es also Strategien, um Menschen zu ermöglichen, die mentalen Räume des Gottesdienstes zu betreten. Zu fragen ist jeweils, welche Metaphern für den Gottesdienst unvermeidlich sind, welche das Verstehen erleichtern und welche den Verstehensprozess erschweren.

Der Maximalanspruch, dass „religiöse Rede (…) der Wirklichkeit notwendigerweise mehr zu(spricht), als das jeweils Wirkliche aufzuweisen hat"[93] und der Forderung der Regelwerke, auf Metaphern zu verzichten, sind zueinander in ein Verhältnis zu setzen. Zu fragen ist dabei, welche Formen der „Frames" im Gottesdienst in Leichter Sprache „mentale Bilder" eröffnen können. Die grundsätzliche Metaphorizität des Redens von Gott ist durch den Anspruch Leichter Sprache herausgefordert.[94] Auch in der Liturgie werden „komplexe Weltverhältnisse" (480) versprachlicht, die die Hörenden an ihre Grenzen bringen. In Teilen des Gottesdienstes werden die Sprachbilder gesagt und zugleich aufgeführt (Beten am Altar, Segnen mit entsprechenden Gesten).

3.11 Text

Für die Veränderungen der Texte durch die Übertragung in Leichte Sprache legen Bredel/Maaß den Textbegriff des Hamburger Germanisten und Textlinguisten Klaus Brinker[95] zugrunde. „Der Terminus ,Text' bezeichnet eine begrenzte Folge von sprachlichen Zeichen, die in sich kohärent ist und die als Ganzes eine erkennbare kommunikative Funktion signalisiert"[96]. Mit Brinker konzentrieren sich die Autorinnen auf die Aspekte „Begrenzung", „Kohärenz", „kommunikative Funktion" und „Ganzheit" (484)[97].

---

92 In Workshops gibt es gute Erfahrungen mit der Formulierung „Vorsicht bei Metaphern! Rampen bilden!" (7.6) – vgl. auch Gidion/Arnold/Martinsen: Leicht gesagt, 11: „Wir haben uns bemüht, sprachlichen Bildern Rampen zu bauen, wenn wir sie denn für unerlässlich hielten. Es geht dabei nicht in erster Linie um ein kognitives Verstehen, sondern um die Möglichkeit, an Erfahrungen anzuknüpfen, die in der Lebenswirklichkeit der Hörerinnen und Hörer übertragbar sind."
93 Jüngel, Eberhard: Metaphorische Wahrheit. Erwägungen zur theologischen Relevanz der Metapher als Beitrag zur Hermeneutik einer narrativen Theologie, in: EvTh Sonderheft (1974), 71 (s. auch 7.5, These 8).
94 Vgl. Jüngel, Eberhard, Metaphorische Wahrheit, 1974, 71–122.
95 Brinker, Klaus: Linguistische Textanalyse. Eine Einführung in Grundbegriffe und Methoden, Berlin 52001, und Brinker, Klaus/Cölfen, Herrmann/Pappert, Steffen: Linguistische Textanalyse. Eine Einführung in Grundbegriffe und Methoden, Berlin 82014.
96 Ebd., 20ff.
97 Dies ist gegenüber dem religiösen und v.a. dem liturgischen Textverständnis eine deutliche Reduzierung. Das Thema „Performanz" ist bei Brinker nicht im Blick.

Texte in Leichter Sprache treten häufig in Nachbarschaft zu Texten in Standardsprache auf (z.B. bei Online Angeboten[98]). Dieser Wechsel ist dem Verstehen abträglich.

Bredel/Maaß führen mit Brinker in normativer Hinsicht die „grammatische" und die „thematische" Kohärenz von Texten auf (485, Brinker 2001, 21). Das Verstehen grammatischer Kohärenz setzt geteiltes Wissen voraus, die Netzwerkregeln fordern ein Verwenden derselben Wörter für denselben Sachverhalt (z.B. nicht abwechselnd „Angela Merkel" und „die [ehemalige] Kanzlerin"). In Leichter Sprache müssen Informationen explizit gemacht werden.[99]

Texte in Leichter Sprache stellen im Vergleich zu Texten in Standardsprache eine erhebliche Reduktion dar. Zugleich ist es an vielen Stellen notwendig, durch Addition zusätzliche Rahmen („Frames", vgl. 3.9) zu den Gegenständen des Textes aufzubauen. Auf lokaler Ebene hinsichtlich Morphologie, Lexik, Syntax und Semantik erhöht diese „Kombination aus Reduktion und Addition" die Verständlichkeit, zugleich ist dieser sie auf der Makroebene des Textes „gerade abträglich" (481). Die „Textkohärenz" wird durch die reduktiven Verfahren geringer, die Textlänge wird durch die additiven größer, so dass gerade ungeübte Leserinnen und Leser sich in den entstehenden Texten auch verlieren können. Zugleich senkt die reduziert additive Textform potenziell die Akzeptanz bei Rezipierenden von Standardsprache, so die These von Bredel/Maaß. Der umfängliche Einsatz von Addition führt auf der Textebene zu Problemen (480).

Die gängigen Regelwerke Leichter Sprache bearbeiten die Textebene, sie benennen allerdings alle nicht „die dilemmatische Ausprägung der Textebene in Leichter Sprache im Kontext der anderen Regeln" (482). Sie fordern kurze Sätze und eine Reduktion auf wesentliche Informationen – je voraussetzungsreicher die Sachverhalte sind, desto nötiger sind allerdings umfassendere Informationen. Wenn also z.B. nicht vorausgesetzt werden kann, was das „Glaubensbekenntnis" ist, ist die Aufforderung des Liturgen „Wir antworten auf das Evangelium mit dem Bekenntnis unseres Glaubens" wenig hilfreich. Es brauchte einen Frame. Der wiederum stünde in der Gefahr, die Textanteile zu erhöhen und auf

---

98 Auch im liturgischen Kontext tritt so eine Nachbarschaft auf – einem Gebet in Leichter Sprache folgt z.B. das Vater Unser in geprägter Sprache. Oder in der Predigt wechseln sich Passagen in Leichter Sprache mit Passagen in Standardsprache ab. Ohne solche Fälle zu erwähnen, lassen sich doch aus den Erläuterungen der Autorinnen Rückschlüsse ziehen: Der Wechsel zwischen der Textsorte des Informationsangebots ist für die Rezipientinnen von Leichter Sprache problematisch. Denkbar wäre, das Ganze des Gottesdienstes als einen Text zu sehen, in dem geprägte Formeln und übersetzte Textpassagen sich abwechseln. Der Gottesdienst in toto wäre dann im Sinne von Brinker die „als Ganzes erkennbare kommunikative Funktion", und die einzelnen Passagen darin wären jeweils begrenzte Folgen sprachlicher Zeichen.

99 Ein Beispiel: „Der Ex-HSV-Spieler Marcell Jansen beendet seine Profifußballkarriere" – der Ankerausdruck „Ex-HSV-Spieler" öffnet einen gedanklichen Frame, in den andere Begriffe gehören, wie „Profifußballkarriere". Die Informationen bleiben implizit und werden vorausgesetzt (die HSV ist ein Profi-Fußballverein, Marcell Jansen war ein wichtiger Spieler dieses Vereins), vgl. Bredel/Maaß: Leichte Sprache, 486.

liturgie-pragmatischer Ebene den Zusammenhang von Evangelium und Credo zu stören.

Hinsichtlich der thematischen Kohärenz gilt, dass in der Regel explizite und nicht implizite Verknüpfungssignale gewählt werden sollen. Auf das Credo bezogen, könnte das eine Position des Liturgen im Raum sein (z.B. sich zu den anderen Menschen in der Gemeinde stellen), ein explizites Hochheben des Gesangbuchs, auf dessen letzter Seite das Credo abgedruckt ist, verbunden mit dem Hinweis, jetzt werde das Glaubensbekenntnis gemeinsam gesprochen. Der Druck im Gesangbuch ist allerdings viel zu klein, und das Blättern dauert ggf. zu lange und stört den Fluss des Gottesdienstes. Dafür wären dann eine Beamerprojektion oder ein größerer Gottesdienstzettel hilfreich (was wiederum aus baulichen und ästhetischen Gründen oft nicht überzeugt).

Beim Sprechen von Texten wird „mit konventionellen Mitteln signalisiert, die sich in Sprach- und Kulturgemeinschaften über einen längeren Zeitraum herausgebildet haben. (...) Die typischen Mittel der Signalisierung der Textfunktion werden von den Teilnehmer(inn)en einer Kulturgemeinschaft entweder in Instruktionssituationen oder durch praktische Teilhabe erlernt"[100] (487). Kompetente Lesende bzw. Hörende erkennen Texttypen. Sie können erfassen, „in welcher Funktion ihnen ein Text entgegentritt" (487). Gerade dieses ist für liturgische Sprache wichtig. Der Raum, die Zeit und die Gesamtinszenierung des Gottesdienstes arbeiten mit der Erwartung, dass metaphorisch kommuniziert und performiert wird. Ungeübten oder eingeschränkt kompetenten Textrezipientinnen und -rezipienten fehlt allerdings, so die Ausgangshypothese für die Regelwerke, die für das Erfassen von Texten zentrale Fähigkeit, Texttypen zu unterscheiden. „Leichte-Sprache-Texte sollten darum deutlich zu erkennen geben, was ihre Aussageabsicht ist" (488). Der Text muss in seiner Ganzheit erschließbar und in seiner Funktion einzuordnen sein. In Leichter Sprache verschwimmen die Textsorten allerdings miteinander, die „sprachliche Ausprägung der Texte selbst (ist) in einer Weise beeinträchtigt, dass Textsorten kaum wirksam gestaltet werden können" (489).

Reduktion und Addition führen dabei tendenziell zu einer „Homogenisierung" (490) der Leichte-Sprache-Texte, die „prägenden sprachlichen Eigenschaften der Textsorten sind in Leichter Sprache nicht mehr oder kaum noch vorhanden". Dies ist für liturgische Texte hinsichtlich ihrer Übertragung in Leichte Sprache eine der Hauptherausforderungen.

Bredel/Maaß stellen hier die auch für diese Untersuchung zentrale Frage, „inwiefern es die historisch gewachsenen Textsorten in Leichter Sprache (...) überhaupt noch geben kann" (490). Ein Gebet wie das Vaterunser ist z.B. nicht nur eine andere Textsorte als ein Kochrezept oder eine Nachrichtenmeldung – alle drei implizieren auch eine jeweils eigene Performanz. Das Vaterunser ist auf Einstimmen aus, es wird in der Regel stehend und gemeinsam gesprochen. Ein

---

100 Deshalb ist Leichte Sprache in der Liturgie auch hilfreich für solche Teilnehmende am Gottesdienst, die weder das eine noch das andere erfahren haben – also weder „Instruktion" noch „praktische Teilhabe". Zu denken ist an Teilnehmende bei Kasualien, an Konfirmandeneltern etc.; s. Kap. 7.

Kochrezept will ebenfalls ausgeführt werden, um sich bei Erfolg (das gelungene Gericht) auf Textebene selbst überflüssig zu machen. Und eine Nachrichtenmeldung setzt auf die mediale Übermittlung von Informationen.

Genau diese Textsortenunterscheidung geht durch die Verwendung von Leichter Sprache auf den ersten Blick aber verloren. In der genaueren Betrachtung von gottesdienstlichen Texten in Leichter Sprache wird das in den folgenden Kapiteln am Beispiel der Gattung Tagesgebet zu überprüfen sein. Verhindert „Reduktion des sprachlichen Inventars (...) eine je nach Textsorte divergierende Ausschöpfung des Sprachsystems' (490)? Oder gibt es auch in Leichter Sprache die Möglichkeit, das Sprachsystem divergierend auszuschöpfen, wenn auch in geringerer Form als mit der Verwendung von Standardsprache?

Auf der Ebene der Grapheme führen die Veränderungen der Interpunktion, der „Listen- statt Textmodus" und die Verwendung von Bildern dazu, dass die Texte ihrer Ausgangsfunktion entkleidet werden und andere Erwartungen wecken, als der Ausgangstext sie intendiert.

Die Autorinnen entwickeln primär additive Strategien, die eine Gestaltung der Textebene auch für Leichte-Sprache-Texte möglich machen (502ff). Es sind dies „Verfahren der typografischen Gestaltung" (502ff), der „Adressierung" (506ff) und der „metakommunikativen Kommentierung" (509ff). Für gesprochene Sprache relevant sind die Verfahren „Adressierung" und „metakommunikative Kommentierung".

Texte in Leichter Sprache haben eine „ausgeprägte Orientierungsfunktion" (506), unter anderem durch die Vermeidung von Passivkonstruktionen und durch die explizite Agens-Struktur. Adressatinnen und Adressaten können in den Texten explizit angeredet werden („Adressierung"), diese Regel ist ein prägendes Charakteristikum Leichter Sprache und allen hier diskutierten drei Regelwerken gemeinsam. Dies Verfahren ist für Texte relevant, die „Aktionsmöglichkeiten" (507) eröffnen[101]. Metakommunikative Kommentierung ist z.B. die Formulierung „das heißt auch xxx". Beispiel: Beim nächsten Lied sammeln Frau Müller und Herr Meyer Geld ein. Das heißt auch „Kollekte einsammeln".

Auch die Kategorie „Höflichkeit" ist für Leichte-Sprache-Texte prägend. Die Netzwerkregeln legen Wert darauf, die Angesprochenen zu siezen[102]. Die „höfliche, handlungsleitende Ansprache der Adressat(innen) auf Textebene ist ein Charakteristikum von Leichte-Sprache-Texten" (509).

Hinsichtlich der metakommunikativen Kommentierung hilft es, dem Text explizit eine Hauptfunktion zuzuweisen. Es kann auch gesagt werden, was ein

---

101 Viele Texte, die in Leichter Sprache vorliegen, sind Behördentexte aus dem Kontext des Sozialgesetzbuches VIII, die also Menschen mit Behinderungen und ihre Rechte zum Thema haben. Dort geht es in der Regel um Aktionsmöglichkeiten. Für liturgische Texte ist die Frage ebenfalls interessant, was für Aktionsmöglichkeiten eröffnet werden. Eine Übertragung in Leichte Sprache könnte diese freilegen.
102 Unangemessenes Duzen suggeriert eine Vertrautheit, die nicht besteht, und konstruiert außerdem eine asymmetrische Beziehung. Vgl. „Benutzen Sie die Anrede Sie. Wann geht die Anrede Du? Bei Kindern. Oder Sie kennen die Leser und Leserinnen. Und Sie duzen diese Person auch sonst." (http://www.leichtesprache.com/dokumente/upload/21dba_regeln_fuer_leichte_sprache.pdf, vom 13.10.2019).

Text gerade nicht leistet (z.B. ist die Übersetzung eines Gesetzestextes selbst nicht justiziabel, das muss bei einer Übersetzung dazugesagt werden, 509).

Die gängigen Netzwerkregeln benutzen die Formulierung „das schwere Wort dafür ist"[103] als Hinweis. Für Bredel/Maaß ist dieser Verweistyp anspruchsvoll, da er eine rückwärtsgewandte („anadeiktische", 510) Leserichtung fordert. Sie präferieren nach vorne gerichtete, „katadeiktische Komplexbildungen", die „leichter zu erfassen" sind[104].

„Themenrahmung" ist eine weitere Strategie, Texte zugänglich zu machen. Zu Beginn „wird die Art der Anbindung der nachfolgend eröffneten mentalen Räume an den Basis-Raum explizit gemacht", das hilft dabei, die „weniger komplexen temporalen Mittel (...)" der Leichten Sprache zu kompensieren (511).

3.12 Erträge für die Frage nach Leichter Sprache in der Liturgie

Texte sind „Ganzheiten" (512). Sie haben Begrenzungen, „sie weisen grammatische und thematische Kohärenz und eine kommunikative Funktion auf" (512). Reduktion und Addition beeinflussen „erheblich" die „Ästhetik der Leichte-Sprache-Texte (...). Textsorten sind in sprachlicher Hinsicht nur noch in eingeschränktem Maße umsetzbar" (512)[105].

Textsorten, „die das sprachliche Inventar in besonderer Weise ausschöpfen, etwa poetische (...) oder fachliche (...) Texte", geraten besonders an die Grenze der Darstellbarkeit durch Leichte Sprache. Das gilt für Rede-Passagen im Gottesdienst besonders. Zwischen Poesie, geprägter Formel und kirchlicher Spezial-Sprache[106] sind sie eine Sonderform, die durch Leichte Sprache stark verändert wird. Zwischen Reduktion und Addition braucht es in Leichter Sprache Verfahren, die auf Textebene stabilisierend wirken. Es hilft, den Gottesdienst als Gesamttext und diesen im linguistischen Sinne als *Skopus* (3.4.1.1) zu sehen. Es gilt dann, entsprechende Frames einzufügen, um den mentalen Raum „Gottesdienst" zu errichten (ausführlicher Kap.7).

Darauf wird im Kontext der Untersuchung von liturgischen Texten genauer einzugehen sein.

---

103 „Vermeiden Sie Verweise. Verweisen Sie nicht auf andere Stellen im Text. Verweisen Sie nicht auf andere Texte. Das schwere Wort dafür heißt: Quer-Verweis." (http://www.leichte-sprache.com/dokumente/upload/21dba_regeln_fuer_leichte_sprache.pdf, vom 13.10.2019).
104 Anadeiktische Komplexbildung: „Sie bekommen eine Ladung. (...) Dann müssen sie zu Gericht kommen. (...) Das ist die Pflicht von jedem Bürger." Katadeiktische Komplexbildung: „So muss ein Richter sein: Ein Richter muss sehr genau sein. (...) Und ein Richter muss mitfühlen können." (510, Hervorhebungen im Text).
105 Vgl. Kapitel 2.5 Leichte Sprache im Widerstreit.
106 Vgl. Grözinger, Albrecht: Die Sprache des Menschen. Ein Handbuch für das Grundwissen von Theologinnen und Theologen, München 1991.

Indem Bredel/Maaß die bestehenden Regelwerke kritisieren und konstruktive Wege aufweisen, die Partizipationsfunktion, die Lernfunktion und die Brückenfunktion Leichter Sprache zu erhalten und zu vertiefen, zeigen sie auf, wie Reduktion einerseits und Addition andererseits die Textrezeption als Ganze jeweils erleichtern, sie aber auf der Makroebene z.B. durch erhebliche Verlängerung der Texte erschweren. Auch führen sie durch Adressierung und metasprachliche Kommentierung Formen ein, diese Herausforderungen zu kompensieren. Das Verhältnis von Explizitem und Implizitem wird durch semantische Lizensierungen der Regelwerke erheblich anders bestimmt als in vielen Ausgangstexten. Der Umgang mit für religiöse Sprache zentralen Metaphern braucht eine differenziertere Betrachtung als das schlichte Metaphernverbot der Regelwerke. Die Theorie der mentalen Räume (Fauconnier) weist die große Verantwortung der Übersetzenden aus, die stärker im Sinne von Reiß/Vermeer an einem bestimmten Skopus (oder den verschiedenen Skopoi) des Ausgangstextes entlang gehen als an der textlichen Gestalt.

Bredel/Maaß zeigen, wie eine sprachwissenschaftlich reflektierte und dem Anliegen der Teilhabe von Menschen mit Einschränkungen am sprachvermittelten Diskurs verpflichtete Übersetzungspraxis gelingen kann. Dies gilt es im Folgenden auf die Sprache der evangelischen Liturgie zu übertragen und zu reflektieren.

4. Dem Volk aufs Maul geschaut: Öffentlich beten und verstanden werden

4.1 Sprache im Gottesdienst

Im Licht der sprachwissenschaftlichen Rekonstruktionen mit gelegentlichen Seitenblicken auf liturgische Formulierungen unterschiedlicher Texttypen soll nun grundlegender der Fokus auf Sprache im Gottesdienst gerichtet werden.

Sprache im Gottesdienst ist eine eigene Form, betont Michael Meyer-Blanck, der Bonner Praktische Theologe und langjährige Vorsitzende der Liturgischen Konferenz der EKD. Sprache im Gottesdienst „dient keinem außerhalb des Gottesdienstes liegenden Zweck. (...) Die Sprache dient nichts anderem als dem Ausdruck von Glaubenserfahrungen, damit im Gottesdienst Glaubenserfahrungen möglich werden."[1] Diese fundamentale Bestimmung reduziert die Funktion gottesdienstlicher Verbalkommunikation in protestantischer Tradition auf das Verstehen bzw. das Verstanden-werden-Können von mitgeteilten Erfahrungen und Deutungen des Glaubens. Solche Glaubenserfahrungen sollen und wollen im Gottesdienst kommuniziert werden. Dazu werden vorformulierte Texte aus der Heiligen Schrift gesprochen und gelesen, die selbst schon in einen jahrhundertelangen Kommunikations- und Übersetzungsprozess eingelagert sind. Gesprochen und gelesen werden ebenfalls frei formulierte Stücke (z.B. Begrüßung, Predigt, Abkündigungen, liturgische Moderationen), liturgische Syntagmen (Prosphonesen, Responsorien, Orationen) und Lieder (mit Texten aus der Alten Kirche bis in die unmittelbare Gegenwart hinein).

All diese Rubriken und Textsorten haben sich in der Sprach- und Kulturgemeinschaft im deutschsprachigen evangelischen Raum über eine längere Zeit herausgebildet. Zugleich erfordern sie eine je aktive Teilhabe bzw. eine Kenntnis ihrer Textgattungen und damit verbundenen Partizipationserwartungen. Das Evangelische Gottesdienstbuch geht selbstverständlich von einer solchen Partizipation aus[2]. Es setzt als erstes seiner sieben Kriterien voran: „1. Der Gottesdienst wird unter der Verantwortung und Beteiligung der ganzen Gemeinde gefeiert."[3]

---

1 Meyer-Blanck, Michael: Gottesdienstlehre, Tübingen 2011, 541.
2 Zugleich ist die Spannung zwischen Innovation und Tradition einerseits und die in ständiger Veränderung begriffene gottesdienstliche Landschaft im Blick. Im Vorwort der Ausgabe von 2020 heißt es: „Wir sind gespannt auf die Diskussionen, die über eine Agende der Zukunft im Zeitalter von Ökumene und Digitalisierung – um nur zwei wichtige Dimensionen zu erwähnen – in den nächsten Jahren zu führen sein werden" (EGb 2020, 6).
3 In der Fassung nach der „kleinen Revision" der Ordnung Gottesdienstlicher Texte und Liturgien, die zum 1. Advent 2018 in Kraft getreten ist, EGb 2020, S. 17-19: Die maßgeblichen Kriterien „für das Verstehen und Gestalten des Gottesdienstes": „1. Der Gottesdienst wird unter der Verantwortung und Beteiligung der ganzen Gemeinde gefeiert.

Den sonntäglichen Gottesdienst „zutiefst inklusiv" zu nennen, ist nach diesen Kriterien „eine Tautologie"[4], alle Menschen sind in ihm prinzipiell willkommen und zum Mitfeiern autorisiert. Schon Martin Luther hatte hinsichtlich des Gottesdienstbesuchs sehr unterschiedliche Menschen im Blick. In seinen beiden wesentlichen Gottesdienstentwürfen (der „Formula Missae" von 1523[5] und der „Deutschen Messe" von 1526[6]) bleibt er der lateinischen, also der altkirchlich-katholischen Messtradition im Wesentlichen treu. Er bittet zwar darum, aus den liturgischen Ordnungen „ja kein notwendiges Gesetz zu machen", sondern sie „der christlichen Freiheit entsprechend"[7] zu gebrauchen. Gleichzeitig plädiert er pragmatisch und aus „Nächstenliebe"[8] für eine möglichst große Einheit der liturgischen Formen, die wie „einerlei Taufe, einerlei Sakrament" seien und „keinem etwas Besonderes vor Gott gegeben ist" (ebd.). Allerdings sind für Luther die liturgischen Formen seiner Zeit allenfalls „Übergangslösungen"[9], sie sollen zum Glauben und zum Christentum „anreizen"[10]. Wer schon zum Christentum und zum wahren Glauben gekommen ist, brauche solche Ordnungen und Veranstaltungen nicht mehr. Wiederholt fordert Luther Rücksicht auf „die Jugend und die Einfältigen", für die es erst einmal gelte, „der Schrift gewöhnt, geschickt, geläufig und ihrer kundig (zu) werden" (ebd.). Für diese „muss man lesen, singen, predigen, schreiben und nachdenken" (ebd.). Für diese und auf diese hin sind Formen und Texte recht, denen es „aufs Maul zu schauen" gilt. Luther schreibt dem Gottesdienst im Blick auf seine Wirkung eine Art Kollateralnutzen zu: Eine wohlgeordnete, sprachlich verantwortete und kontextsensible Gottesdienstgestaltung hat immer auch „gemeindepädagogische" Effekte.

Diese lutherischen Grund-Sätze erweisen sich in der späten Moderne trotz deutlich anderer Rezeptionsbedingungen als nach wie vor maßgeblich und fast wie Vorformulierungen des Inklusionsgedankens.

Wie also sind liturgische Texte zu formulieren und zu applizieren, um gegenwärtig potenziell eine „ganze Gemeinde" erreichen zu können?

---

2. Der Gottesdienst folgt einer erkennbaren, stabilen Grundstruktur, die vielfältige Gestaltungsmöglichkeiten offenhält. 3. Bewährte Texte aus der Tradition und neue Texte aus dem Gemeindeleben der Gegenwart erhalten den gleichen Stellenwert. 4. Der evangelische Gottesdienst steht in einem lebendigen Zusammenhang mit den Gottesdiensten der anderen Kirchen in der Ökumene. 5. Die Sprache darf niemanden ausgrenzen; vielmehr soll in ihr die Gemeinschaft von Männern, Frauen, Jugendlichen und Kindern sowie von unterschiedlichen Gruppierungen in der Kirche ihren angemessenen Ausdruck finden. 6. Liturgisches Handeln und Verhalten bezieht den ganzen Menschen ein; es äußert sich auch leibhaft und sinnlich. 7. Die Christenheit ist bleibend mit Israel als dem erstberufenen Gottesvolk verbunden."

4 Peters, Frank: Inklusiv feiern. Anreizungen zu einem partizipativen Gottesdienst, in: Geiger, Michaela/ Stracke-Bartholmai, Matthias (Hrsg.): Inklusion denken. Theologisch, biblisch, ökumenisch, praktisch, Stuttgart 2018, 279ff.
5 WA 12, 208–214.
6 WA 19, 80–111.
7 WA 19, 72.
8 Peters: Inklusiv feiern, 282.
9 Ebd.
10 WA 19, 75.

Entscheidend ist für einen evangelischen Gemeindegottesdienst nicht der gesetzliche Anspruch, dass jede und jeder tatsächlich an ihm teilnimmt. Normativ ausschlaggebend ist vielmehr seine „Partizipationsoffenheit"[11]. Dies ist ein Anspruch an die Vorbereitung der Gottesdienste. Partizipationsoffenheit meint in diesem Zusammenhang zunächst ein *produktions*ästhetisches, weniger ein *rezeptions*ästhetisches Kriterium. Auf produktionsästhetischer Seite bedeutet dies, eine potentielle Partizipation aller mitzudenken. Das reale Teilnahmeverhalten ist hierfür nur von nachrangiger Bedeutung.

Vielmehr ist ein Gottesdienst in dem Maße inklusiv und einladend, wie er „die Möglichkeit eröffnet, an diesem nicht nur passiv teilzunehmen, sondern ihn aktiv mitgestalten und damit mitprägen zu können", und zwar „unbeschadet aller sozialen, bildungsmäßigen, kulturellen und natürlichen Unterschiede"[12].

Die von Meyer-Blanck benannte „eigene Form"[13] der im Gottesdienst gesprochenen Worte ist jedoch empirisch nicht für alle zugänglich. Wer sich auskennt, liturgisch sozialisiert ist bzw. über eine langjährige Gottesdiensterfahrung bzw. das entsprechende Weltwissen verfügt, kann sich darin weitgehend sicher bewegen – im sakralen Raum, mit den religiösen Semantiken und leiblichen Vollzügen.[14]

Wie in jedem komplexen rituellen Geschehen, das über einen langen Zeitraum kulturell gewachsen ist, sind weder Sitzordnung, Ablauf, Bewegungen von Aufstehen und Hinsetzen, Prosphonese, Versikel und Responsorien, noch das Verhältnis von Sprechen und Singen und die Beteiligung hieran selbsterklärend und voraussetzungsfrei erschließbar. Alles dies setzt vielmehr Erfahrung damit voraus oder fordert bei erster Begegnung umfassende Erklärungen.

Viele Gemeinden bemühen sich, den unterschiedlichen Bedürfnissen von Menschen mit Einschränkungen baulich gerecht zu werden. Rollstuhlrampen sind üblich geworden, Abholdienste holen weniger mobile Menschen zum Gottesdienst von zu Hause ab, Induktionsschleifen ermöglichen auch Schwerhörigen, bei entsprechender Platzwahl und geeigneten Geräten, dem Gottesdienst zu folgen und sich zu beteiligen. In einigen Gemeinden gibt es mittlerweile Gesangbücher im Großdruck.[15]

Zu allen baulichen, pragmatischen und rechtlichen Maßnahmen haben Gottesdienste den Anspruch, das erfahrbar zu machen, wovon die Rede ist: Die bedingungslose Zuwendung des liebenden und dem Menschen zugewandten Gottes.

---

11 Peters: Inklusiv feiern, 284.
12 Peters, ebd., unter Bezugnahme auf Preul, Rainer: Art. Volkskirche IV. Praktisch-theologisch, in: RGG4 8, 2005, 1186.
13 Meyer-Blanck: Gottesdienstlehre, 541.
14 Vgl. Josuttis, Manfred: Der Weg in das Leben. Eine Einführung in den Gottesdienst auf verhaltenswissenschaftlicher Grundlage, Gütersloh ³2000; Nicol, Martin: Der Weg im Geheimnis. Plädoyer für den evangelischen Gottesdienst, 3. erw. Aufl., Göttingen 2011; Klie, Thomas: Fremde Heimat Liturgie. Ästhetik gottesdienstlicher Stücke [PThe 104], Stuttgart 2010.
15 Vgl. zum Thema Barrierefreiheit im Gottesdienst www.kirche-inklusiv.de und www.netzwerk-kirche-inklusiv.de (jeweils vom 17.7.19).

„Christlicher Gottesdienst ist Dialog mit Gott im Medium menschlicher Mitteilung und Darstellung"[16], und der Gottesdienst als mitteilende Darstellung des Evangeliums ist immer öffentlich. Auch hinsichtlich des Ritus war es Luther ein Anliegen, die Gemeinde aktiv am Gottesdienst teilhaben zu lassen, z.B. die sogenannte „Augenkommunion" abzuschaffen.[17] Er begründete den Gottesdienst als einen „cultus semper reformandus"[18]. In der Abgrenzung zur katholischen Messe galt es weniger, sich in Observanz der Riten zu üben. Wichtiger war die je neue Rede – „dass alle diejenigen, die diese unsere Ordnung im Gottesdienst sehen oder befolgen wollen, ja kein notwendiges Gesetz draus machen (...), sondern sie, der christlichen Freiheit entsprechend, nach ihrem Gefallen gebrauchen, wie, wo, wann und wie lange es die Sachen (Plural im Originaltext, AG) mit sich bringt und fordert."[19]

Mit den „Sachen" hat Luther die sozialen Begleitumstände und den je aktuellen Verlautbarungskontext im Blick – evangelisch ist also ein mündiges Verstehen der Abläufe und Worte zentral. Die Liturgisierenden haben sich um Verständigung und Verständlichkeit zu bemühen, was auch die jeweils aktuelle Lage der Gemeinde mit einbezieht und nicht schlicht von Kanzel und Altar her performiert, was *rite* zu sein vorgibt. Was die Gemeinde aktual versteht, steht unter pneumatologischem Vorbehalt und ist auch durch ausführliche Nachgespräche ex post nur bedingt empirisch zu ermitteln. Die grundsätzliche Offenheit der Rezeption bleibt ein unkalkulierbarer Faktor. Dieser enthebt die Sendenden aber nicht ihrer Bemühungen, sich so verständlich wie möglich zu machen.[20] Die Glocken läuten und verkünden den Beginn, sie laden ein und heißen willkommen.

Doch worin besteht das Willkommen-Sein? Alle sollen kommen können, aber nicht alle sind in der Lage, sich liturgisch regelkonform zu verhalten. Das hat bei unterschiedlichen Adressatinnen und Adressaten unterschiedliche Gründe, die oft nicht sichtbar und in der Vorbereitung nicht antizipierbar sind.

Ein für den evangelischen Gottesdienst zentrales Kommunikationsmedium ist die Sprache, in der sich die Liturgie vermittelt. Wer liturgische Semantiken nicht gewöhnt ist bzw. kognitiv erschließen kann, ist im Nachteil gegenüber kirchlich Sozialisierten. Das Erleben eines Gottesdienstes in einem Land, dessen

---

16 Meyer-Blanck, Gottesdienstlehre, 25.
17 Ebd., 153.
18 Ebd., 173.
19 WA 19,72, 3–10.
20 Bei Luther ist Christus das eine Wort Gottes, auf dem der Glaube der Kirche gründet: „Denn daß ich predige, wenn wir zum Gottesdienst zusammenkommen, das ist nicht mein Werk noch Tun, sondern geschieht um euer aller willen im Namen der ganzen Kirche. Es muß nur einer sein, der da redet und auf Anordnung und mit Zustimmung der anderen das Wort führt, die sich jedoch damit, daß sie die Predigt hören, auch zu dem Wort bekennen und so auch andere lehren (Predigt zu Lk 14,1–6, WA 49, 599)." Was Luther hier mit Recht für die vom Prediger zu verantwortende Kanzelsprache fordert, gilt unter den Bedingungen einer differenzierten Moderne auch für die vom Liturgen verantwortete Liturgiesprache. Aus dem Verlauten muss im Namen der Gemeinde ein Zustimmen und Einstimmen werden können. Und beides ruht im Verstehen, andernfalls kann es nicht weitergesagt, bzw. gelehrt werden.

Sprache sich dem Gast nicht erschließt, hebt eine solche Diskrepanz ins Bewusstsein: Dramaturgie und womöglich die Logik einzelner Rubriken werden erkannt, emotional kann sich ein religiöses Involvement abbilden, aber die Semantiken, die Idiolekte und die idiomatischen Nuancen gehen verloren. Das muss das Gottesdiensterleben in der subjektiven Wahrnehmung insgesamt nicht grundsätzlich beeinträchtigen, Raum und Musik, Gemeinschaft, Zeichenhandlungen und Atmosphäre können trotzdem einladend und vermittelnd wirken. Aber auch wenn der Verstehenszusammenhang „Kirche" und der rituelle Kontext „Gottesdienst" durch Raum und Setting erfassbar sind – das kognitive Verstehen ist ohne sprachlichen Zugang nicht möglich.

Die zentrale produktionsästhetische Aufgabe ist es also, Verstehen so umfassend wie irgend umsetzbar durch Verständlichkeit zu ermöglichen. Und hier kommt Leichte Sprache im geschilderten Sinne ins Spiel – auch ins Spiel der Liturgiesprache.

4.2 Sprache im Gottesdienst und Leichte Sprache

Im Sinne einer möglichst umfassenden Barrierefreiheit und Zugänglichkeit des Gottesdienstes ist es anzustreben, dass die sprachlichen Mittel sich an den vermuteten Rezeptionsmöglichkeiten der Adressatinnen und Adressaten messen lassen. Wenn in der je aktuellen Gottesdienstgemeinde (z.B. bei Kasualien, in Citykirchen, bei Kirche Open Air oder bei den primären Adressatinnen und Adressaten Leichter Sprache, vgl. Kap. 3) keine oder nur wenige Traditionen, Idiomatiken und gewachsene Metaphoriken vorausgesetzt werden können, stellt sich die Frage nach der Beschaffenheit des Sprachmediums. Was nicht verstanden wurde, ist zuvor – so lässt sich liturgiedidaktisch zuspitzen – auch nicht zu verstehen gegeben.

Im 3. Kapitel wurde dargelegt, wie es durch Reduktion bzw. Addition einerseits und durch Adressierung, metasprachliche Kommunikation, besonders „Spacebuilder"[21] andererseits zur Erzeugung „mentaler Räume" kommen kann. Dies erfordert aber einen erheblichen Aufwand und einen signifikanten Eingriff in gängige Liturgiesprache.

Gerade Addition und Metakommunikation stehen in Spannung zu einer gottesdienstlichen Sprache, deren „Kunst (...) darin (besteht), mit wenigen schlichten Worten ein Bedeutungsfeld zu erzeugen, das bei vielen verschiedenen Besuchern eigene Erfahrungen anklingen lässt und sie in Resonanz mit dem biblischen Evangelium versetzt."[22] Meyer-Blanck betont, „Vorbild für die Sprache der Gebete" (und die liturgische Sprache im Gottesdienst überhaupt, Ergänzung

---

21　Bredel, Ursula/Maaß, Christiane: Leichte Sprache. Theoretische Grundlagen, Orientierung für die Praxis [Sprache im Blick], Berlin 2016, 500 u.ö.
22　Meyer-Blanck: Gottesdienstlehre, 541.

AG) ist „die Lyrik". Nach dieser These besteht das „Ideal (...) in vielen Bedeutungen durch wenige Worte"[23].

Meyer-Blanck geht hier von der semiotischen Figur des „offenen Kunstwerks"[24] aus, nach der ein Bedeutungsüberschuss durch die Inszenierung taktischer Ambiguitäten[25] gesetzt wird. Das Verfahren beruht formal auf einer ökonomischen Logik: Durch nur ein Syntagma sollen gezielt viele Bedeutungen generiert werden, im Idealfall können sich Hörende und Lesende ihren je eigenen Reim auf das Gehörte bzw. Gelesene machen. Methodisch wird dieser Sinnüberschuss – analog zur Lyrik – durch Verfremdungen (Metaphern, rhetorische Figuren und Mehrfachkodierungen) generiert. Syntaktisch dominiert das Muster der Verdichtung, Redundanzen werden vermieden, weil sie das Spektrum der Lesarten sukzessive reduzieren.

Leichte Sprache hingegen funktioniert formal genau umgekehrt: Nach dem „Redundanzprinzip"[26] sollen wichtige „Informationen mehrfach erscheinen, gestützt und multicodal hervorgehoben werden, damit sie nicht übersehen werden können"[27]. Bei Leichter Sprache geht es vordergründig weniger um die Erzeugung einer Lesartenvielfalt, sondern um die Anbahnung der einen und intendierten Lesart. Alternativ ließe sich jedoch auch die These vertreten, dass es bei Leichter Sprache im Gottesdienst um die Ermöglichung ebenso vieler Lesarten wie bei standardsprachlichem Deutsch geht. Die verschiedenen Funktionen von Leichter Sprache (vgl. Kapitel 3.4: Partizipationsfunktion, Brückenfunktion, Lernfunktion) ermöglichen Teilhabe und Verstehen, und erst diese ermöglichen dann eine Vielfalt von Lesarten und Deutungen.

Folgt man Meyer-Blanck, dann hat die Gottesdienstsprache eine „‚Ent-Automatisierung' des Gemeinten"[28] zum Ziel, während „die biblische Sprache selber Wiedererkennbarkeit und damit Vertrautheit"[29] ermöglicht. Dies ist zwar im Modus der Leichten Sprache nur unter besonderen Umständen zu realisieren, aber – wie Bredel/Maaß zeigen – nicht unmöglich (3.12). Vertrautheit setzt Ver-

---

23 Ebd., 542.
24 Vgl. Eco, Umberto: Opera aperta. Forma e indeterminazione nelle poetiche contemporanee, Mailand 62004 (= Das offene Kunstwerk, Frankfurt/Main 61993); Martin, Gerhard Marcel: Predigt als „offenes Kunstwerk"? Zum Dialog zwischen Homiletik und Rezeptionsästhetik, in: EvTH 44 (1984), 46–58; Neijenhuis, Jörg: Gottesdienst als Text. Eine Untersuchung in semiotischer Perspektive zum Glauben als Gegenstand der Liturgiewissenschaft, Leipzig 2007; Garhammer, Erich/Schöttler, Heinz-Günther (Hrsg.): Predigt als offenes Kunstwerk, Homiletik und Rezeptionsästhetik, München 1998; Klie, Thomas: Zeichen und Spiel. Semiotische und spieltheoretische Rekonstruktion der Pastoraltheologie, Gütersloh 2003.
25 Die operative Differenzierung zwischen taktischer und faktischer Ambiguität findet sich bei Engemann, Wilfried: Semiotische Homiletik. Prämissen, Analysen, Konsequenzen [Textwissenschaft, Theologie, Hermeneutik, Linguistik, Literaturanalyse, Informatik 5], Tübingen/Basel 1993, 154.
26 Maaß, Christiane: Leichte Sprache. Das Regelbuch [Barrierefreie Kommunikation 1], Berlin 2015., 80f.
27 Ebd., 80.
28 Meyer-Blanck: Gottesdienstlehre, 542.
29 Ebd.

stehensprozesse voraus, die im Falle biblischer Rede auch für sprachlich konventionell sozialisierte Kommunikationspartner nicht unbedingt gegeben ist (vgl. 3.10, Semantik: „Gott als Fels").

Diese Überzeugung hat immer wieder neue Bibelübersetzungen motiviert.[30] Umso mehr gilt dies im Blick auf die primären Adressatinnen und Adressaten Leichter Sprache. Hier ist eher von einer vertrauten Unvertrautheit zu reden.

Meyer-Blanck fordert für die gottesdienstliche Sprache einen Mittelweg ein: Weder kann es liturgisch darum gehen, alles neu zu formulieren (dies ginge auf Kosten der Wiedererkennbarkeit)[31], noch ist es angezeigt, liturgische Floskeln einfach nur zu repetieren (dies ginge auf Kosten der Ent-Automatisierung und der Erzeugung einer Lesartenvielfalt). Es lässt sich „eine Parallele zwischen der angemessenen Art und Weise gottesdienstlicher Strukturen und gottesdienstlicher Sprache feststellen. Das Prinzip des Innovativen" passe damit „genau so wenig zum Gottesdienst wie die bloße Wiederholung"[32].

Es gilt also einen Weg zu finden, das Tradierte und Geformte je neu im Licht der aktuellen Situation hörbar werden zu lassen.

4.3 Leichte Sprache in der Liturgie

4.3.1 Gottesdienst ohne Stufen

Wie aber ist in der Produktion liturgischer Kommunikation zu verfahren, wenn weder der Gottesdienst (als Formenensemble und religiöse Üblichkeit) selbst noch die dort gesprochene Sprache vertraut sind?

Cornelia Jager hat in ihrer Wuppertaler Dissertation das Modell eines Gottesdienstes „ohne Stufen"[33] entwickelt. Gottesdienst wird – so ihre Generalthese – „als der zentrale Ort angesehen, in dem Begegnungen möglich sind". Dies kann aber nur gelingen, wenn er „barrierefrei" (vgl. 2.1), das heißt „ohne Stufen"[34] gefeiert wird. Mit „barrierefrei" ist dabei weniger ein architektonisch vollständig erreichbarer Zustand gemeint, sondern ein „Prinzip, welches das Verständnis des Gottesdienstes und seine Gestaltung ebenso prägt, wie die unterschiedlichen

---

30 Volxbibel, Die gute Nachricht, Evangelium in Leichter Sprache, Kirchentagsübersetzungen. Die BASISBIBEL von 2021 (Deutsche Bibelgesellschaft Stuttgart) umrahmt die biblischen Texte mit ausführlichen Erklärungen und hermeneutischen Einführungen. Sie duzt die Leserinnen und Leser und geht von unterschiedlichen Kompetenzen aus, für die sie jeweils verschiedene Lernprogramm bereitstellt.
31 Vgl. auch Martin Luthers Kriterium der „Nächstenliebe" als Motiv für die möglichst einheitliche Form.
32 Meyer-Blanck: Gottesdienstlehre, 542.
33 Jager, Cornelia: Gottesdienst ohne Stufen. Ort der Begegnung für Menschen mit und ohne geistige Behinderung, Stuttgart 2018.
34 Ebd., 13.

Begegnungen im Gottesdienst"[35]. Jager stellt einen „Gottesdienst ohne Stufen" exemplarisch vor anhand der Dimensionen „Sprache, Musik und Abendmahl". Auch ihre Bemerkungen zu Liedtexten und Abendmahlsliturgie beschäftigen sich mit dem Verhältnis von Sprache im Gottesdienst und Leichter Sprache.[36] Jager geht den einzelnen Stücken des Gottesdienstbuches entlang und paraphrasiert die je unterschiedlichen Texttypen nach den Prinzipien von Leichter Sprache, außerdem fügt sie Verkörperlichungen (Tanz, Gesten) hinzu. Sie untersucht alle Teile des Gottesdienstes hinsichtlich ihrer Eignung für einen barrierefreien Gottesdienst im Sinne ihrer Forderung nach einem „Gottesdienst ohne Stufen" als „Ort der Begegnung".

Dabei fordert sie (auf Grundlage des Sozialgesetzbuchs IX für die Rechte von Menschen mit Behinderungen von 2001 und das seit 2002 auf Bundesebene in Kraft getretenen Behindertengleichstellungsgesetzes, s. Kap. 2.2) spezielle barrierefreie Kommunikationsformen für Menschen mit Behinderungen, wie z.B. „basale Kommunikation" (geeignet für intensive Behinderungen wie Autismus oder Wachkoma), „gestützte Kommunikation"[37] (für Menschen mit autismusbedingten Beeinträchtigungen, Down-Syndrom, Hyperaktivitätsstörungen) sowie verschiedene Formen der in Deutschland üblichen „Gebärdensprache"[38]. Sie untersucht die im Gottesdienst verwendeten Wörter und analysiert sie mit Hilfe der Regelwerke von Inclusion Europe und „Mensch zuerst" (vgl. Kap.2). Beispielsweise eignen sich *„kurze Wörter"* besser als lange, *„bekannte"* besser als unbekannte, *„einfache Worte"* sind abstrakten Begriffen vorzuziehen, *„schwere Wörter"* gilt es zu erklären. Wörter wie „Fürbitte", „Segen" oder „Evangelium" sind erklärungsbedürftig.[39] Im Sinne des „Übersetzens als Handlung" (Kap. 3) ist es aus ihrer Sicht zulässig, „einen *Text* beim Umschreiben in Leichte Sprache unter Beibehaltung seines Inhalts und Sinns zu *verändern*"[40].

Jager entwickelt aus der Perspektive erprobter Gemeindepraxis auch rezeptionsästhetisch eine Vorstellung des inklusiven Gottesdienstes, wie er analog im Nachgang zur UN-Behindertenrechtskonvention an vielen Orten gefordert wird. Ähnliches fordert auch das „Netzwerk inklusiv" der Evangelisch-Lutherischen Kirche in Norddeutschland[41]. Inklusion wird dort als eine „Haltung" und ein „Prozess" beschrieben, nicht als etwas, „was man auch noch machen muss"[42]. Ähnlich argumentiert auch die jüngste Orientierungshilfe zum Thema Inklusion,

---

35 Ebd., 14.
36 Jager hat mit ihrem Bild des „Gottesdienstes ohne Stufen" einen normativen Anspruch an das Ganze des Gottesdienstes, als Gemeindepastorin in Essen hat sie solche Gottesdienstformen erprobt.
37 Einen Überblick über verschiedene kommunikationsformen für Menschen mit Behinderungen gibt Theunissen, Georg: Pädagogik bei geistiger Behinderung und Verhaltensauffälligkeiten. Ein Kompendium für die Praxis, 4. neu bearb. u. erw. Aufl., Bad Heilbrunn 2005.
38 Ausführlicher dazu Jager: Gottesdienst, 195f.
39 Ebd., 119 (Hervorhebungen im Zitat).
40 Ebd., 121 (Hervorhebungen im Zitat).
41 www.netzwerk-kirche-inklusiv.de (vom 21.1.2020).
42 Ebd.

die die Evangelische Kirche im Rheinland mit dem programmatischen Titel „Da kann ja jede(r) kommen. Inklusion und kirchliche Praxis"[43] herausgegeben hat. Alle Menschen, wie verschieden sie auch sind, so der gemeinsame Argumentationsgang, sollen grundsätzlich die Möglichkeit bekommen, über ihre Beteiligung an gesellschaftlichen Prozessen und eben auch am Leben in der Kirchengemeinde und insbesondere am Gottesdienst selbst zu entscheiden. „Inklusion braucht eine persönliche Haltung, die durch Interesse, Wertschätzung, Akzeptanz und Anerkennung gegenüber anderen Menschen geprägt ist. Dazu gehört, dass die Andersartigkeit der Anderen als Bereicherung verstanden wird. Inklusion ist zuerst eine Haltung, eine persönliche Einstellung, die jedem die Möglichkeit gibt, im privaten und beruflichen Umfeld Neues zu entdecken und zu bewirken. Sie zeigt sich in unserem Denken und Handeln, in unserer verbalen und nonverbalen Sprache. Das beinhaltet immer Begegnungen auf Augenhöhe."[44]

4.3.2 Die Kriterien des Evangelischen Gottesdienstbuchs (EGb) und Leichte Sprache

Die Formulierungen aus dem Netzwerk „Kirche inklusiv" stammen aus der Zeit nach der UN-BRK, sind also erst nach 2008 entstanden. Der Inklusionsgedanke gewann erst in der Zeit der Genese des EGb (Ende der 1970er bis 1999) zunehmend an Bedeutung. So will das EGb anders als die Vorläufer-Agenden aus VELKD (1955) und UEK (1959) nicht „nur ordnen, ‚was zu tun ist'", sondern es enthält „Anregungen, Hilfen und einen Rahmen, um Gottesdienste so zu gestalten, dass sie für Menschen in einer säkularisierten, multikulturell geprägten Gesellschaft einladend wirken und mitvollzogen werden können"[45]. Im jahrzehntelangen Entstehungsprozess der „Erneuerung der Agende"[46] wurden im Ringen um die sieben Kriterien (s.o. 4.1) zugleich die Vorstellungen von Kirche und Gottesdienst der 1970er bis 1990er Jahre verhandelt.

Aber die Kriterien sind produktionsästhetisch durchaus auch auf die Verwendung von Leichter Sprache hin auslegbar. Die Funktionen der Übersetzung in Leichte Sprache (vgl. Kapitel 3.4: Partizipationsfunktion, Lernfunktion, Brückenfunktion) haben grundlegende Gemeinsamkeiten mit den Kriterien des EGb. So ermöglicht eine auf Partizipation ausgerichtete Sprache die „Beteiligung der ganzen Gemeinde" (Kriterium 1).

---

43 Http://www.ekir.de/pti/Downloads/Da-kann-ja-jeder-kommen.pdf (vom 21.1.2020).
44 Https://www.netzwerk-kirche-inklusiv.de/fileadmin/user_upload/baukaesten/Baukasten_Netzwerk_Kirche_Inklusiv/Dokumente/Impulse_fuer_einer_inklusiven_Gottesdienst_Endfassung.pdf (vom 21.1.2020).
45 Meyer-Blanck, Michael: Liturgie und Liturgik. Der Evangelische Gottesdienst aus Quellentexten erklärt, 2. aktual. Aufl. Göttingen 2009, 15.
46 Ausführlich bei Schwier, Helmut: Die Erneuerung der Agende. Zur Entstehung und Konzeption des "Evangelischen Gottesdienstbuches" [Leiturgia NF 3], Hannover 2000. Außerdem Schulz, Frieder: Einheit und Vielfalt der Gottesdienste. Gestaltungsimpulse für den Gottesdienst aufgrund des Strukturpapiers „Versammelte Gemeinde', in: WPKG 64 (1975), 457–473.

Eine „erkennbare", „stabile Grundstruktur" – wie in Kriterium 2 gefordert – trägt zur Lernfunktion bei. Gottesdienst wird erlebt und wiedererkannt, Addition und Repetition geben Sicherheit im Vollzug. Texte in Leichter Sprache bieten durch Metakommunikation (3.11) den Zugang zu „bewährten Texten aus der Tradition" (Kriterium 3), während „neue Texte aus dem Gemeindeleben der Gegenwart" (ebenfalls Kriterium 3) den „gleichen Stellenwert" bekommen und in Leichter Sprache formuliert sein können.

Denn die „Sprache darf niemanden ausgrenzen" (Kriterium 5).

Die Rolle der Gemeinde (Kriterium 1) einerseits und das Verhältnis von „erkennbarer, stabiler Grundstruktur", die zugleich vielfältige Gestaltungsmöglichkeiten offenhält" (Kriterium 2), bekommen vor dem Hintergrund der verschiedenen Regelwerke für Leichte Sprache einen besonderen Akzent.

Geht man bei der Gottesdienstvorbereitung davon aus, dass die anwesende Gemeinde aus den verschiedensten Gründen von der Verwendung Leichter Sprache profitiert, wird sie durch Leichte Sprache zur Beteiligung und Mitwirkung ermutigt. Texte aus der Tradition und „neue Texte aus dem Gemeindeleben der Gegenwart" (Kriterium 3) gleichberechtigt nebeneinander zu stellen, ließe durchaus auch zu, dass Texte in Leichter Sprache neben Texten der Tradition verwendet werden und diese dadurch metakommunikativ zugänglich machen. Das fünfte Kriterium („Sprache darf niemanden ausgrenzen; vielmehr soll in ihr die Gemeinschaft von Männern, Frauen, Jugendlichen und Kindern sowie von unterschiedlichen Gruppierungen in der Kirche ihren angemessenen Ausdruck finden") hat von seiner Genese her in erster Linie das Verhältnis von Frauen und Männern im Gottesdienst im Blick.[47] Die Formulierung von der „Sprache", die „niemanden ausgrenzen darf", ist allerdings ebenfalls aus heutiger Sicht auf die Adressatinnen und Adressaten Leichter Sprache hin auslegbar.

Das sechste Kriterium beschreibt das liturgische Handeln und Verhalten als „auch leibhaft und sinnlich". Unter dem Gesichtspunkt der Verwendung Leichter Sprache ist an Elementarisierung, unterstützende Kommunikation oder Gebärdendolmetschen zu denken, was für verschiedene primäre Adressatinnen und Adressaten (z.B. mit geringen sprachlichen Kompetenzen, aber auch Menschen mit Deutsch als zweiter Sprache) hilfreich ist.

Das Kriterium der „bleibenden Verbundenheit mit Israel" ist aus der Perspektive Leichter Sprache erklärungsbedürftig, weil es theologisch kirchengeschichtlich und exegetisch hoch voraussetzungsreich ist. Aber ebenso wie komplexe systematisch-theologische Topoi sind auch biblische theologische Themen grundsätzlich mit Hilfe zusätzlicher Erklärungen und Herleitungen vermittelbar. Für gottesdienstliche Sprache bleibt die Herausforderung (vgl. 3.5: Reduktion und Addition), die Texte nicht zu lang werden zu lassen und nicht zu didaktisieren, sondern ihre Nähe zu poetischer Sprache trotz der Reduktion des Wortschatzes und der Syntax stilistisch und pragmatisch zu erhalten.

Die Chance von Leichter Sprache geht also weit über die (schon weit gefassten) primären Adressatinnen und Adressaten hinaus, sie ist eine Chance für

---

47 Schwier: Erneuerung, 397ff.

eine Kirche, die nicht mehr selbstverständlich davon ausgehen kann, mit ihren liturgischen Angeboten auf des gottesdienstlichen Zeichensystems Kundige zu treffen.

Sprache ist in diesem umfassenden Kommunikationsprozess nur ein Faktor unter vielen, wohl aber der entscheidende Faktor. Im „Wort-Antwort-Geschehen"[48] des evangelischen Gottesdienstes „kommt es auf die Qualität des Wortes an. Das Wort muss nicht nur aktuell kommuniziert sein (…). Diese aktuelle Kommunikation muss sich so vollziehen, dass sie (die Menschen, AG) sich angesprochen fühlen."[49] Das Thema der Barrierefreiheit von religiöser Rede und Gottesdienst bzw. Teilhabe von Menschen mit Lernschwierigkeiten ist erst durch die UN-BRK, ihre Implikationen für öffentliche Kommunikation und damit die Notwendigkeit von Leichter Sprache seit 2008ff, weiter ins öffentliche Bewusstsein gerückt.[50] Nun gilt es zu prüfen, wie Leichte Sprache und der Anspruch auf barrierefreie Kommunikation zur evangelischen Liturgie theoretisch wie praktisch in ein Verhältnis zu setzen sind. Cornelia Jagers Arbeit ist ein wichtiger Beitrag dazu.

Zu den unumstrittenen Voraussetzungen liturgischer Kommunikation zählen traditionell die Narrationen und Bildwelten der Bibel. Will man diese Wort- und Bildwelten nicht denotativ ihres Bedeutungsüberschusses entledigen und trotzdem im Modus verstehbarer Rede religiös kommunizieren, dann gilt es, durch „Spacebuilder" (vgl. 3.10.3: Metaphern und Blending) das Verstehen metaphorischer Sprache zu erleichtern. Im Einzelfall ist immer wieder zu prüfen, was welche Sprachbilder in der jeweiligen Rezeption austragen bzw. wie notwendig sie für das Gemeinte (die Zielvorstellung) sind.

Leichte Sprache zielt also immer darauf ab, die liturgische Kommunikation so zu transformieren, dass Menschen sich im lutherischen Sinne „angesprochen" wissen und am Wort-Antwort-Geschehen beteiligt sind.

4.4 Tagesgebete als „gebetetes" Dogma

Gottesdienstsprache ist besondere Sprache, insbesondere die Sprache der Gebete. Mit Michael Meyer-Blanck „erschließt" sich im Gebet, „was Leben und Schöpfung sind".[51] Zur Eröffnung des dritten Bugenhagen-Symposiums im Atelier Sprache in Braunschweig mit dem Thema „Die Sprache der Liturgie" eröff-

---

48 Meyer-Blanck: Liturgie, 36.
49 Ebd., 38.
50 In Diakonie und Caritas war dies Thema schon lange präsent, auch beim Kirchentag gab es seit den neunziger Jahren das Zentrum „Kirchentag barrierefrei" und Gottesdienste und Bibelarbeiten „für Menschen mit Behinderungen" – aber auch da ist seit dem Bremer Kirchentag 2009 und der expliziten Verwendung von Leichter Sprache eine deutliche Veränderung zu verzeichnen, vgl. Kap. 6.
51 Meyer-Blanck, Michael (Hrsg.): Die Sprache der Liturgie. Eine Veröffentlichung des Ateliers Sprache e.V, Braunschweig/Leipzig 2012, 13.

net er ebenso poetisch wie treffend: „Die Liturgie, so kann man sagen, ist die poetischste aller poetischen Handlungen, weil sie auf die Frage zurückwirft, was man denn sagen kann, wenn man überhaupt etwas sagen kann, welche die Bedingungen der Möglichkeit menschlichen Sprechens sind und welche die Grenzen des Sinns."[52] Andere sollen die Möglichkeit haben, in das öffentlich stellvertretend Gesprochene mit einzustimmen.[53]

Eine besondere Form dieses öffentlich stellvertretenden Sprechens ist das Tagesgebet (vor Einführung des EGbs: „Kollektengebet"). Nach der Einschätzung von Alexander Deeg und ihm darin folgend Tanja Gojny[54] ist das Tagesgebet/Kollektengebet „zu den bedrohten liturgischen Spezies"[55] zu rechnen. Das „colligere", das die Bitten aller im Gottesdienst Versammelten nach dem Kyrie und Gloria „einsammelt", gehört zu den wechselnden Stücken. Das EGb verwendet die Messformulierung „Kollektengebet" für die Grundform I nicht mehr. In der Grundform II wird die Formulierung „Eingangsgebet" verwendet, dies ist „weniger streng komponiert"[56]. Das „Tagesgebet" bündelt in der Grundform I den „reicheren Eingangsteil" und schließt ihn ab[57], das „Eingangsgebet"[58] hat „als Kernstück der Eröffnung"[59] eine größere Eigenständigkeit.

Für die vorliegende Untersuchung ist besonders das Tagesgebet von Interesse. Es besetzt in mehrerlei Hinsicht ein „dazwischen": Zwischen Proprium und Ordinarium, zwischen Eröffnungsteil und Verkündigungsteil und zwischen Formelsprache und frei zu wählenden Formulierungen und schließlich zwischen Liturgin bzw. Liturg und Gemeinde. Das Tagesgebet, wie es nun heißt, ist „kein selbständiges Gebet" (EGb 618ff), es „beschließt (…) die meist dialogisch gestalteten Anrufungen der Gemeinde im Eingangsteil des Gottesdienstes (Psalm, Kyrie,

---

52   Ebd.
53   Vgl. Gidion, Anne/Hirsch-Hüffell, Thomas: Wenn wir stockender sprächen, in: Lehnert, Christian (Hrsg.), »Denn wir wissen nicht, was wir beten sollen …« Über die Kunst des öffentlichen Gebetes [Impulse für Liturgie und Gottesdienst 1], Leipzig, 2014, 54ff. Meyer-Blanck weist zurecht darauf hin, dass beim öffentlichen Beten die „inszenatorische Kompetenz" erforderlich ist. „Die Vorbeter sollen zeigen, wie sich Erleben und Verstehen miteinander verbinden. Ein Gebetselement – sei es das Gloria Patri, das Kyrie, Gloria, Sanctus, Agnus Dei oder was auch immer – wird erst durch die innere Beteiligung der Vorbeter spirituell produktiv. Dazu ist aber die eigenständige Durchdringung auf dem Hintergrund basaler historischer Kenntnisse notwendig." (in: Meyer-Blanck: Das Gebet, Tübingen 2019, 372).
54   Gojny, Tanja: Kollektengebet. Artenschutz für eine bedrohte liturgische Spezies? In: Bubmann, Peter/Deeg, Alexander (Hrsg.), Der Sonntagsgottesdienst. Ein Gang durch die Liturgie, Göttingen 2018, 129–134.
55   Deeg, Alexander: Das Kollektengebet. Ein Plädoyer, in: Lehnert, „Denn wir wissen nicht", 38–48, 38.
56   Arnold, Jochen: Was geschieht im Gottesdienst? Zur theologischen Bedeutung des Gottesdienstes und seiner Formen, Göttingen 2010, 106.
57   Ebd.
58   Letzteres ergab Sinn zu einer Zeit, als mit der vorangestellten Salutatio „Dominus vobiscum" eine andere liturgische Person auftrat, die die Gemeinde noch nicht begrüßt hatte. Diese „sammelte" dann die Gebete der Gemeinde ein und fügte einen Hinweis auf das Proprium des Sonntags hinzu, um damit auf die dann folgenden Lesungen einzustimmen.
59   Arnold: Was geschieht, 106.

Gloria) und fasst sie in knapper und konzentrierter Form zusammen". Das gottesdienstliche Gebet wird von der Vorstellung getragen, es sei „eingelagert in eine Gemeinschaft, die einmütig ihre religiöse Grundbefindlichkeit vor Gott zum Ausdruck bringt"[60]. Die Aufforderung „Lasst uns beten" steht am Anfang. Wörtlich verstanden fordert dies zu einem gemeinsamen Gebet auf.

Die Sprechsituation vor dem bzw. zum Altar signalisiert eine Separation des Liturgen von der Gemeinde, die aber faktisch nicht grundsätzlich auch so wahrgenommen werden muss. Das „uns" ernst zu nehmen, hieße aus produktionsästhetischer Perspektive, ein Gebet zu formulieren, das die Anwesenden grundsätzlich mitsprechen könnten, wenn sie in der Lage sind, das Gesprochene sinnerschließend zu rezipieren.

Das EGb schreibt dem Tagesgebet traditionell eine vierteilige Struktur mit abschließendem „Amen" zu (EGb, 528): Nach dem „Lasst uns beten" („*Oremus*") wird Gott in der „Anrede" („*Anaklese*") als persönliches Gegenüber beim Namen genannt. In der dann folgenden „Aussage" („*Prädikation*") wird „Gottes Heilswirken (...) in Erinnerung gerufen durch den Hinweis auf seine Offenbarung in Wort und Tat". Darauf folgt die „darauf vertrauende Bitte („*Supplikation*" *mit Folgesatz*) um leibliche oder geistliche Gaben nach der Verheißung". Im Abschluss („*Konklusion*") stehen „der Ausblick auf die durch Christus verbürgte Erhörung und der Lobpreis des dreieinigen Gottes". Mit dem (oft gesungenen) „Amen" am Schluss macht „die Gemeinde sich das Gebet im Glauben zu eigen"[61].

Aus dieser Struktur – *Anaklese, Prädikation, Supplikation, Konklusion* – ergeben sich nun die Tagesgebete im Propriumsteil des EGb. Für jeden Sonntag bzw. kirchlichen Festtag werden drei Tagesgebete angeboten: das erste in „überlieferter" Sprachform, die beiden folgenden in „freierer Sprachform". Im zweiten und dritten wird auf eine größere Vielfalt der Gottesprädikationen und aktuellere Bildsprache geachtet.[62]

Das EGb stellt im Propriumsteil eine Textsammlung zur Auswahl (EGb 618ff.), die auch für Kasualien oder Gottesdienst mit besonderen inhaltlichen Schwerpunkten („Diakonie", „Diaspora", „Bitte um gesegnete Arbeit") gedacht sind.[63]

---

60 Klie, Thomas/Langer, Markus J.: Evangelische Liturgie. Ein Leitfaden für Singen und Sprechen im Gottesdienst, Leipzig, 2015, 59.
61 Meyer-Blanck beschreibt in der grundlegenden Untersuchung „Das Gebet" (s.o. Anm. 53) das „sammelnde Tagesgebet" als „wie eine kleine Rede aufgebaut' (376). Er nennt sogar sechs Bestandteile: „1. Anrede, 2. Gedenken des bisherigen Handelns Gottes, 3. Gewährungsbitte, 4. Zielsatz, 5. Lobender Redeschluss, 6. Amen der Gemeinde." (Ebd., 372).
62 Ein Beispiel: am 3. Sonntag nach Epiphanias (EGb 2020, 296f) beginnt das erste Gebet mit „Barmherziger Gott", das zweite „Gott, unser Retter", das dritte Gebet mit „Gott voll ungeahnter Möglichkeiten". Eine Version in Leichte Sprache könnte so lauten: Gott, / du bist gerecht. / Anders als wir es kennen. / Gegen die Erwartung bist du da. / In einer fremden Frau. In einem Arzt, der hilft. / Komm auch zu uns. / Heile uns. / Mitten am Tag. / Segne uns. /Amen", nach Gidion, Anne/Arnold, Jochen/Martinsen, Raute (Hrsg.): Leicht gesagt! Biblische Lesungen und Gebete zum Kirchenjahr in leichter Sprache [gemeinsam gottesdienst gestalten 22], Hannover 2013, 57.
63 Zur Rezeption vgl. Peters, Frank: Agende und Gemeindealltag. Eine empirische Studie zur Rezeption des Evangelischen Gottesdienstbuches [PTHe 117], Stuttgart 2011.

In dieser Gebetsstruktur „kommt die Eigenart des christlichen Betens zum Ausdruck: Die Bitte ist auf das immer schon vorausgegangene Heilshandeln Gottes gegründet." Allerdings sei diese Art zu beten kein „natürliches", sondern ein „zu lernendes" Beten (EGb 529).

Die Struktur ist historisch gewachsen und hat traditionell eine große Nähe zu einer dogmatisch verdichteten Formelsprache. Im Kollektengebet kommen keine persönlichen aktuellen Überzeugungen zum Ausdruck, sondern es performiert in lehrhaften Formulierungen das Proprium des Gottesdienstes im Kirchenjahr. Die feste Struktur können sich Liturgisierende – so die Theorie – umstandslos aneignen, und zugleich senkt sie durch ihre verbale Prägnanz die Schwelle zum Mitbeten. Auch bei eigenen anderen Formulierungen soll „nach Möglichkeit Prägnanz und Knappheit dieser Gebetsform beibehalten werden, wie es seiner zusammenfassenden und abschließenden Funktion entspricht" (ebd.). Es folgt eine Reihe möglicher alternativer Konklusionen, die entweder trinitarisch oder in überlieferter Form („durch Jesus Christus") oder in freierer Sprachform („Du bist unser Helfer jetzt und alle Zeit") ausgeführt werden.

Das Tagesgebet ist das Scharnier zwischen Anrufungs- und Verkündigungsteil.[64] Die Gemeinde wird am Ende des Eingangsteils gesammelt, ihre Konzentration ist in der Eingangssequenz gebündelt und kann sich (idealiter) nun auf das Hören von biblischen Texten und homiletischer Auslegung des Verkündigungsteils konzentrieren.

4.5 *Tagesgebete in Leichter Sprache?*

Bei den Tagesgebeten des EGb führt eine Übertragung in Leichte Sprache in der Regel dazu, den hohen dogmatisch-appellativen bzw. erklärenden Anteil der Gebete hervorzuheben, der dem Sprechakt an dieser Stelle im Gottesdienst (Ende des A-Teils, Ende von Anrufung und Eröffnung, noch kein inhaltliches Schwergewicht) eine gewisse Unwucht gibt. Werden Tagesgebete hingegen nicht aus einer

---

64 Alexander Deeg bleibt in seinem „Plädoyer" bei dem Terminus „Kollektengebet" und nennt es „eine Schule liturgischen Handelns" (Deeg: Kollektengebet, 47): „Die Rolle, die Liturginnen und Liturgen m.E. im evangelischen Gottesdienst einnehmen sollten, lässt sich exemplarisch am Kollektengebet studieren. Ich handle in der Gemeinde und mit ihr. Das Kollektengebet wird mit der Gebetsaufforderung an die Gemeinde eröffnet und mit einem gemeinsamen Amen beendet. Als Liturg bin ich genötigt, Worte zwischen Aufforderung und Amen zu finden. Aber es ist entscheidend zu wissen, warum. Nicht um die Gemeinde gut zu unterhalten, nicht um mich selbst als eloquenten, charmanten und witzigen Conferencier dazustellen und auch nicht, um durchgehend zu verkündigen (...), sondern um in, mit und unter diesen Worten den anzureden, der Grund und Ziel des Gottesdienstes, Schöpfer und Erhalter der Welt, unsere Vergangenheit und Zukunft ist." Unter produktionsästhetischer Hinsicht bleibt aber trotz des Plädoyers zu fragen, woher die Gemeinde dies denn ahnen soll, wenn sie zu der Sprachform keinen oder nur wenig Zugang hat und wenn auf die aus alltagssprachlicher Perspektive unverständliche Kyrie-Gloria-Sequenz noch eine weitere in der Sondersprache der Liturgie folgt.

liturgischen Vorlage in Leichte Sprache übertragen, sondern von vorneherein mit der pragmatischen Absicht „Kollekten/Tagesgebet" in Leichter Sprache geschrieben, weicht der semantische Gehalt zwar häufig von dem eines gängigen Tagesgebets aus dem Gottesdienstbuch ab, die pragmatische Funktion bleibt jedoch erhalten. Sie wird eher noch geschärft und entschlackt, weil auf dogmatische Floskeln verzichtet wird und häufig die Person des Liturgen als Betender mehr ins Zentrum rückt. Die Gebetsperspektive zoomt wie mit der Kamera heran: Statt der verdichteten dogmatischen Sequenzen rücken die Gebete in Leichter Sprache den Sprechenden und den Hörenden auf den Leib. Die Person des oder der Betenden wird sichtbarer, subjektive Einschätzungen und Befindlichkeiten werden thematisiert und spürbar.

Dies wird je nach Gebetspraxis oder Gebetsverständnis negativ oder positiv bewertet. Diese Deutungen lassen sich weder harmonisieren noch negieren, sondern sie sind Kehrseiten ein und desselben Phänomens, das unterschiedlich bewertet wird.[65]

Folgt man den Zuschreibungen des EGb und deutet diese Art zu beten als ein „zu lernendes Beten", in dem verdichtete Dogmatik und das Proprium im Kirchenjahr eine signifikante Rolle spielen, erfordert eine Übertragung in Leichte Sprache eine sorgfältige Abwägungsleistung bzw. eine Entscheidung über das Ziel der Verwendung von Leichter Sprache. Schätzt man die liturgische Bedeutung des Tagesgebets am Ende des A-Teils des Gottesdienstes eher „ornamental" (also: verzierend, nicht inhaltlich schwergewichtig) ein, fiele ein solches Gebet in Leichter Sprache eher kurz aus (Reduktion).[66] Semantisch wäre nur wenig zu transformieren. In den Vorschlägen des EGb „passiert" unter semantischer Rücksicht aber sehr viel, es sind hoch voraussetzungsreiche Texte, die nach den Regeln Leichter Sprache sehr lang werden können, weil durch Addition und „Spacebuilder" (vgl. Kap 3) Ergänzungen hinzukommen, um den Adressatinnen die mentalen Räume der verwendeten biblisch-theologischen Bezüge zu eröffnen. Eine Alternative wäre eine radikale Reduktion, die alle nach den Regelwerken Leichter Sprache schwer verständlichen Wörter vermiede. Ein agendarisches Tagesgebet in Leichte Sprache zu übertragen, hat deshalb auch dekodierende Funktion, weil man – durch die Übersetzung sehr auf *Verständlichkeit* ausgerich-

---

65 „Leichte Sprache hilft beim Finden einer betenden Haltung. Denn Beten geht in Hauptsätzen. Wichtig: Gebetssprache ist nicht Kanzelsprache und nicht Verkündigungssprache. Sie erklärt nicht und relativiert auch nicht. Vorgeformte Gebete können Anregung sein, Eigenes zu finden." Gidion, Anne: Gebet, in: Fendler, Folkert (Hrsg.), Qualität im Gottesdienst. Was stimmen muss, was wesentlich ist, was begeistern kann. Gütersloh 2015, 216–223, 218.

66 Auch das EGb 2020 lässt die Option eigener Formulierungen anstelle der vorgeschlagenen zu. „Der Aufbau der Tagesgebete erleichtert durch den festen Rahmen das Mitbeten und ist zugleich ein sachgemäßes Muster für neu zu formulierende kurze Gebete. Wenn ein Tagesgebet sprachlich bearbeitet oder neu formuliert wird, sollten nach Möglichkeit Prägnanz und Knappheit dieser Gebetsform beibehalten werden, wie es seiner zusammenfassenden und abschließender Funktion entspricht." (619, Herv. AG) Was allerdings unter dem Gesichtspunkt möglichst barrierefreier Kommunikation unter „Prägnanz und Knappheit" zu verstehen ist, steht unter der unter 3.5 ausgeführten Spannung von Reduktion und Addition bzw. gerät ggf. in Spannung zwischen Verständlichkeit und Textebene.

tet – die ursprünglichen Formulierungen aus dem EGb nach der Übersetzung teilweise eher als „heiliges Rauschen" wahrnimmt.⁶⁷

Das folgende Beispiel zeigt an, dass die sprachpragmatisch adäquate Übertragung in Leichte Sprache das Tagesgebet völlig neu komponieren muss (Sonntag Reminiszere, EGb 325):

> „Gott, du hast täglich Grund, uns zu zürnen,
> und trägst uns dennoch mit großer Geduld:
> Schau nicht auf unsere Sünden,
> sondern gedenke deiner Barmherzigkeit
> und wende deinen Zorn von uns ab.
> Durch Jesus Christus, unseren Herrn,
> der mit dir und dem heiligen Geist lebt und regiert
> von Ewigkeit zu Ewigkeit."

Eine Variante einer Übertragung des Gebets in Leichter Sprache:

> „Gott, jeden Tag machen wir etwas falsch.
> Bist Du deshalb böse auf uns? Nein.
> Du bist geduldig.
> Du hältst uns aus.
> Wir bitten Dich: Bleib dabei.
> Erinnere Dich: So bist Du.
> Du liebst die Menschen.
> Du liebst uns. Du verzeihst uns.
> Immer wieder.
> Du hast Deinen Sohn geschickt. Jesus Christus. Der lebt und wirkt.
> Mit Deinem Geist. Der versöhnt uns mit Dir. Und miteinander.
> Heute und immer."⁶⁸

Die Übertragung wendet hinsichtlich der Wort-, der Satz- und der Textebene eine Reihe der Regeln⁶⁹ Leichter Sprache an. Sie stattet hinsichtlich Negation und Vergangenheitsformen „grammatische Funktionen mit eigenem Träger aus" (statt: „Gott, Du hast täglich Grund, uns zu zürnen" – „Gott, jeden Tag machen wir etwas falsch. Bist Du deshalb böse auf uns? Nein.") Sie verwendet „zentralen, statt peripheren Wortschatz"⁷⁰ (statt: „Sünden", „Barmherzigkeit" und „Zorn" wählt die Übersetzung: „Bist Du deshalb böse auf uns? Nein. / Du bist geduldig./ Du hältst uns aus. / Wir bitten Dich: Bleib dabei."). Auf der Wortebene finden „möglichst kurze Wörter"⁷¹ Verwendung, es wird „verbal statt nominal"⁷² formuliert (statt „gedenke Deiner Barmherzigkeit" – „Erinnere Dich. So bist Du.") Sie verwendet „kurze Sätze" mit „nur eine(r) Aussage pro Satz" ⁷³ (statt: „Durch Jesus Christus, unseren Herrn,/ der mit dir und dem heiligen Geist lebt und regiert/ von Ewigkeit zu Ewigkeit" wählt sie: „Du hast Deinen Sohn ge-

---

67 Rezeptionsästhetisch mag genau dies für manche Gottesdienstbesuchende angemessen sein.
68 Übertragung AG.
69 Maaß: Leichte Sprache, 179ff.
70 Ebd., 179.
71 Ebd., 180.
72 Ebd., 181.
73 Ebd.

schickt./ Jesus Christus./ Der lebt und wirkt./ Mit Deinem Geist./ Der versöhnt uns mit Dir./ Und miteinander./Heute und immer.")

Die kurzen Sätze verleihen dem Gebet insgesamt eine andere Sprechmelodie. Es geht weniger um die dogmatische Summe im Proprium und Ordinarium des jeweiligen Sonntags bzw. der jeweiligen Position im Gottesdienst, vielmehr wird eine enge Beziehung zwischen der Betenden und der angeredeten Instanz Gottes imaginiert. Bei dieser Form des Betens geht es darum, verständlich zu reden, ohne banal zu sein.

Meyer-Blanck rekurriert in seinem 2019 erschienenen Grundlagenwerk „Das Gebet" bereits auf Leichte Sprache als eine Form der Gebetssprache. Er bewertet die Konsequenzen ihres Einsatzes positiv und unterstellt ihr Potential: „Auf dem Wege der Vereinfachung kann es zu einer unmittelbareren und intensiveren Wahrnehmung kommen. Sind die Gebetsdimensionen von Dank und Bitte, Erinnerung und Hoffnung (Anamnese und Epiklese) nicht nur, aber doch wesentlich *Empfindungen*, dann ist es das Ziel der Gebete, dass diese zu einem deutlichen Resonanzerleben bei den Mitbetern führen. (...) Zudem berührt das Leichte und Elementare den Gebetsvorgang als solchen. Versteht man das Gebet auch als ein Regressionsphänomen (...), dann konzentriert die Leichte Sprache auf das Wesentliche, auf grundlegende Erinnerungen und Hoffnungen *coram Deo* (Hervorhebungen im Original)".[74]

Das Beispiel der Übertragung des Gebets vom Sonntag Reminiszere veranschaulicht, dass jede Veränderung auf Wort-, Satz- und Textebene entscheidungsabhängige Variablen tangiert. Im Sinne der in Kapitel 3 aufgeführten Überlegungen zur „Übersetzung als Handlung" und zum „Skopus" bildet eine solche Übertragung einen kontextgebundenen Kompromiss zwischen der Wahrung der semantischen Gehalte und den Versuchen möglichst barrierefreier Kommunikation im Gottesdienst. Gerade geprägte und damit tendenziell exklusive Formeln versperren sich rein mechanistischen Übertragungen.

Das Tagesgebet als „gebetetes Dogma" steht in der besonderen Spannung zwischen rituell geformter und zugleich zum innerlichen Mitbeten einladender Sprache. Das Gebet wird mit einem kollektiven „Amen' abgeschlossen, „die Akklamation gehört der Gemeinde"[75]. Das Tagesgebet (inklusive Salutatio) ist also wie ein Gottesdienst im Kleinen – die Gemeinde wird begrüßt, die Eingangssequenz fasst Eröffnung und Anrufung zusammen, das Gebet bündelt die gottesdienstliche Situation (Ordinarium) des gemeinsamen Feierns vor Gott und deutet die kirchenjahreszeitliche Thematik (Proprium) an, und die Gemeinde antwortet mit „Amen".

---

74 Meyer-Blanck: Gebet, 320.
75 Klie/Langer: Liturgie, 59.

5. Massenwirksames Erprobungsfeld Kirchentag

5.1 Der Deutsche Evangelische Kirchentag seit 1949

Der Deutsche Evangelische Kirchentag (im folgenden DEKT) hat seit seiner Konstituierung vom 28. Juli bis 1. August 1949 in Hannover „eine zunehmende Bedeutung als religiöses Großereignis erlangt"[1]. Als Veranstaltung „zwischen Feier und Protest"[2] findet er alle zwei Jahre statt, außerdem gab es 2003 (Berlin) und 2010 (München) ökumenische Kirchentage. Der dritte ökumenischer Kirchentag im Mai 2021 mit der Losung „schaut hin…" (Mk 6,38) war in Frankfurt/Main geplant und fand pandemiebedingt digital und dezentral statt[3].

Der Kirchentag versammelt evangelische Christinnen und Christen, „aber auch Mitglieder anderer Konfessionen und Religionen und z.T. selbst Areligiöse zu gemeinsamen Diskussionsrunden, Bibelauslegungen und Gebeten."[4] Er hat seine Wurzeln im Verbandsprotestantismus des 19. Jahrhunderts. Seinen stärksten Gründungsimpuls bekam er allerdings aus dem „Zusammenbruch aller bisherigen Ordnungen und Leitbilder in Deutschland", der „den Boden für grundlegende Erneuerungen"[5] bildet. Der Kirchentag hatte von Anfang an im Blick, die verfasste „Evangelische Kirche in Deutschland" als massenhafte Bewegung zu ergänzen und durch „Laienaktivität"[6] zu erneuern. Zudem sollten neue Impulse für die kirchliche Praxis vorgestellt und exemplarisch erprobt und verbreitet werden. Durch die Mitwirkung von evangelischen Christinnen und Christen, die nicht hauptamtlich in der Kirche tätig waren, sollten von Anfang an „der Kirchenfremdheit der evangelischen Christen in der Welt und der Weltfremdheit der Christen in der Kirche" entgegengewirkt werden. Durch seine Konzentration auf eine viertägige Veranstaltung, die nur alle zwei Jahre an wechselnden Orten stattfindet, versammelte und versammelt er bis heute Menschen unterschiedlicher Milieus und Sprachstile für eine jeweils kurze Zeit[7]. Er zieht „alt und jung",

---

[1] Pickel, Gert/Jaeckel, Yvonne/Yendell, Alexander: Der Deutsche Evangelische Kirchentag – Religiöses Bekenntnis, politische Veranstaltung oder einfach nur ein Event? Eine empirische Studie zum Kirchentagsbesuch in Dresden und Hamburg, Baden-Baden 2015, 9.

[2] Suhr, Ulrike: Lebendige Liturgie: Der Kirchentag zwischen Feier und Protest. In: Evangelische Stimmen 3 (2018), 23–26.

[3] Vgl. www.oekt.de (vom 10.1.2022).

[4] Pickel/Jaeckel/Yendell: Kirchentag, 9.

[5] Thadden, Rudolf von: Vision und Wirklichkeit. Reinold von Thadden und der Kirchentag, in: Runge, Rüdiger/ Ueberschär, Ellen (Hrsg.), Fest des Glaubens – Forum der Welt. 60 Jahre Deutscher Evangelischer Kirchentag, Gütersloh 2009, 12–16, 12.

[6] Ebd., 13.

[7] Er wird als „Kirche in Bewegung", als „vor-läufige" und besondere Form von Kirche beschrieben, vgl. die grundlegende Dissertation von Schroeter, Harald: Kirchentag als vor-

Menschen von „nah und fern" an[8] und ist bis heute „stark von Jugendlichen und jungen Erwachsenen geprägt", was „quasi den innerkirchlichen Sonderfall" darstellt[9]. Der Kirchentag findet in größeren Städten oder Regionen statt. Die Menschen kommen auf dem Messegelände, in Kirchen, Konzerthallen und Rathäusern zusammen, aber auch die jeweiligen Innenstädte sind maßgeblich Veranstaltungsraum. Dort und vor allem dort geschieht auch der Kontakt „mit den Konfessionslosen" und den „religiös Unmusikalischen", der ebenfalls zum Selbstverständnis der Kirchentage gehört.[10]

Der Kirchentag hat ein religionspädagogisches Potential.[11] Das Zusammentreffen verschiedener thematisch gebundener Gruppen und die möglichst voraussetzungslose Verständigung über geistliche und politische Themen war dem Kirchentag von Beginn ein Anliegen. Aus ekklesiologischer Perspektive sind die „Kirchentagsdurchführungen" eine Erscheinungsform von „Kirche". In ihrer 2020 erschienenen Erlanger praktisch-theologischen Dissertation „Phänomen Kirchentag. Event. Hybrid. Gemeinde?" beschäftigt sich Christiane Renner empirisch und kirchentheoretisch mit der Frage, „wie Kirche beim Kirchentag (...) hinsichtlich der konkreten Sozialgestalt, in Bezug auf seine Organisationsform oder auch angesichts des Erlebens Gestalt annimmt"[12]. Renner bezeichnet den Kirchentag als einen komplexen „Organisations-Hybrid"[13]. Hinsichtlich der Organisation und Struktur des Phänomens Kirchentag unterscheidet sie zwischen „Kirchentagsdurchführungen", „Kirchentagsorganisation im Vorfeld", dem „Kirchentag als Bewegung" und dem Kirchentag „als Organisationsprozess einer Organisationselite"[14].

---

läufige Kirche. Der Kirchentag als eine besondere Gestalt des Christseins zwischen Kirche und Welt [PThe 13], Stuttgart u.a. 1993.
8   Pickel/Jaeckel/Yendell: Kirchentag, 29.
9   Ebd., 30.
10 Ebd., 33.
11 Renner, Christiane, "...damit wir klug werden" – Potentiale der Gemeinde-Bildungs-Prozesse beim Deutschen Evangelischen Kirchentag, in: PTh 107.3 (2018), 130–137.
12 Renner, Christiane: Phänomen Kirchentag. Event, Hybrid, Gemeinde? Praktisch-theologische Erkundungen [PThe 173], Stuttgart 2020, 29.
13 Ebd., 112ff. Im Folgenden wird der Begriff „Kirchentag" in diesem doppelten Sinne von Bewegung und Durchführung verwendet – „Bremen 2009" z.B. bedeutet dann die Organisation, Planung und Inszenierung der Kirchentagsdurchführung zum öffentlich bekannten Termin.
14 Ebd., 113f. Vgl. auch: „Kirchentagsorganisation ist (...) eine Hybridorganisation aus zeitlich auf Dauer gestellten, institutionalisierten Organisationseliten, immer wieder neu, und temporär begrenzt aufgebauten Projekteliten sowie zahlreichen freiwilligen Ehrenamtlichen" (114). Aus eigener jahrzehntelanger Partizipation in sowohl Organisations- als auch Projektelite sei der Hinweis erlaubt, dass auch diese Tätigkeit freiwillig und ehrenamtlich war und ist. Zutreffend ist allerdings die Beobachtung der komplexen Generierungsprozesse von Ehrenamtlichen, die den Charakter der Bewegung mit dem der Organisation permanent verbinden und damit im Idealfall die jeweiligen Nachteile ausgleichen. Im Konfliktfall prallen genau diese aufeinander. Auf der website www.dekt.de ist der Kirchentag mittlerweile als „Event&Bewegung" angekündigt (vom 10.1.2022).

Gerade die Gottesdienste bei Kirchentagsdurchführungen sind „Inszenierungen"[15] von Kirche in öffentlicher Gestalt unter freiem Himmel. Traditionelle und neu formulierte Texte und Musik werden kombiniert, visuell-ästhetisch „werden alternative Wege zum agendarischen Vorschlag gegangen". Die „Kirchentagsinszenierung" weist „für Beteiligte wie die interessierte Öffentlichkeit innerstädtische Plätze als kirchliche Veranstaltungsorte" aus. Eine „popmusikalische Interpretation traditionellen protestantischen Liedguts" steht neben „eigens für die jeweiligen Kirchentagsdurchführungen angefertigte Bibelübersetzungen", dies „kennzeichnet diese Inszenierung als genuin erkennbare Kirchentagsinszenierung"[16].

Als solche sind die Kirchentage neben der soziologischen Betrachtung nicht zuletzt ein liturgisches Labor, das je aktuelle liturgische Entwicklungen abbildet und öffentlichkeitswirksam erprobt.

Das Thema barrierefreie Kommunikation hat auf Kirchentagen schon länger einen festen Platz. Das Zentrum „Barrierefrei" des Deutschen Evangelischen Kirchentages[17] organisiert seit 1983 im Rahmen der Kirchentage Veranstaltungen, die besonders für Menschen mit körperlichen und geistigen Behinderungen geeignet sind.[18] Auch die Debatte um verständliche Sprache für Menschen mit Verstehensschwierigkeiten hat diese Veranstaltungen von Anfang an begleitet. Der Kirchentag hat sich schon früh der Herausforderung gestellt, möglichst barrierefrei zu kommunizieren[19] und verständliche Gottesdienste zu feiern. Er ist deshalb für die sprachlich angemessene Gestalt von religiöser Rede, von Reden

---

15　Renner verweist hier auf den Begriff der „Inszenierung", wie ihn Jan Hermelink in „Kirchliche Organisation und das Jenseits des Glaubens", Gütersloh 2011, verwendet. Hermelink stellt hier den Kategorien „Organisation, Institution und Interaktion" die Reflexionsperspektive „Inszenierung" an die Seite. „Das christliche Leben wird im Kontext vielfältiger Ordnungsvorgaben inszeniert – jedoch so, dass diese Vorgaben auf je individuelle Weise angeeignet und überschritten werden. Auch diese einmaligen, flüchtigen Inszenierungen des Glaubens sind praktisch-theologisch zur Gestalt der Kirche zu rechnen" (Hermelink: Organisation, 122).

16　Renner: Phänomen, 299.

17　Auf der Homepage des jeweils aktuellen Kirchentages werden barrierefreie Angebote vorgestellt, Unterstützungsangebote gemacht und Programmhinweise in Leichter Sprache (https://static.kirchentag.de/production/htdocs/fileadmin/dateien/zzz_NEUER_BAUM/Service/Downloads/Publikationen/DEKT37_Das_ist_der_Kirchentag_leichte_Sprache.pdf) bereitgestellt (vom 5.3.2020). In dieser Broschüre wird die Organisation Kirchentag mit ihren Ursprüngen und Besonderheiten in Leichter Sprache erklärt. Für den Kirchentag Dortmund hat dies eine Gruppe bestehend aus Ehrenamtlichen, Pastoren und Diakoninnen vorbereitet, die teils seit Jahren die Kerngruppe des „Zentrums barrierefrei" ausmachen: Michael Hofmann, Ulrike Kahle, Christian Möring, Peter Köster und Mareike Lüdtke. Bewohnerinnen und Bewohner der Diakonie Hildesheim „Himmelsthür", in der die Diakonin Ulrike Kahle tätig ist, haben als Prüfgruppe die Texte gelesen, auch sie werden namentlich genannt: Helga Hinkelmann und Jan Sanner. Vgl. https://www.kirchentag.de/ueber_uns/kirchentag_barrierefrei/ (vom 15.3.2020).

18　Https://www.kirchentag.de/ueber_uns/kirchentag_barrierefrei/geschichte.html. (vom 9.2.2020).

19　Die Website des Kirchentags hat als eigenen Reiter: Kirchentag in Leichter Sprache |(vom 10.1.2022).

über Theologie und von entsprechender Anschlusskommunikation in verständlicher Sprache ein zentrales Erprobungsfeld.

5.2 Gottesdienste in Leichter Sprache – die Eröffnungsgottesdienste des Deutschen Evangelischen Kirchentages als Beispiel

Eine besonders prominente Form öffentlichkeitswirksamer Gottesdienste in Leichter Sprache sind seit 2009 die Eröffnungsgottesdienste der Deutschen Evangelischen Kirchentage (bzw. 2010 des zweiten Ökumenischen Kirchentages).

Im Zuge der Debatte um die VN-BRK (vgl. Kapitel 2.1) und die Leichte Sprache wurde von der Projektleitung[20] für die Eröffnungsgottesdienste des Kirchentages in Bremen 2009 zum ersten Mal eine Liturgie mit Hilfe Leichter Sprache entwickelt. Sie war für alle drei Eröffnungsgottesdienste verbindlich. Ein Gottesdienst war besonders als Leichte-Sprache-Gottesdienst angekündigt[21]. Dort war vor allem auch die Predigt in Leichter Sprache, übersetzt vom ersten Übersetzungsbüro für Leichte Sprache in Deutschland, dem Übersetzungsbüro der Lebenshilfe Bremen.[22]

Dem Präsidium des DEKT war es in der Debatte damals wichtig, nicht mehr einen Sondergottesdienst „für Menschen mit Behinderungen" anzukündigen und zu feiern, der die Zielgruppe bewusst festlegt und damit stigmatisiert und rubriziert.[23] Vielmehr sollte „das Produkt", der Gottesdienst selbst, als in Leichter Sprache angekündigt werden. Auf dem Rathausmarkt in Bremen, der „Guten Stube der Stadt", sollte deutlich gemacht werden, dass alle willkommen sind, die einen Eröffnungsgottesdienst in Leichter Sprache feiern möchten. Unterstrichen wurde der besondere Einladungscharakter nicht zuletzt auch durch den erreichbaren und prominent bespielten Veranstaltungsort. An den anderen beiden Orten an der Weser und auf der Bürgerweide wurde mit gleicher Liturgie gefeiert, dies war den Veranstaltenden besonders wichtig, um die Verbindung zwischen allen drei Gottesdiensten hervorzuheben und zugleich die (kirchen-)öffentliche Relevanz Leichter Sprache zu betonen. Nur die Begrüßung und die Predigt waren bei den anderen beiden Eröffnungsgottesdiensten in Standardsprache und fielen thematisch je verschieden aus. Die biblische Grundlage für

---

20 Eine vom Präsidium des DEKT berufene ca. 10-köpfige Gruppe aus Theologen und Musikerinnen im Haupt- und Ehrenamt, der die Verf. angehört hat und die vom damaligen Kirchentagspastor Joachim Lenz begleitet wurde.
21 32. Deutscher Evangelischer Kirchentag, Bremen 20.-24.Mai 2009, Programm 2009, 15.
22 Https://lebenshilfe-bremen.de/ (vom 9.2.2020).
23 Der folgende Abschnitt beruht auf den teilnehmenden Beobachtungen der Vf.in, die seinerzeit als Mitglied in der „Projektleitung Eröffnungsgottesdienste" für den Bremer Kirchentag war, außerdem von 1997–2011 als Mitglied in Präsidialversammlung und Präsidium des DEKT involviert war und darüber Zugang zu den Protokollen hatte.

alle drei Eröffnungsgottesdienste war einerseits die Losung, die für den gesamten Kirchentag verbindlich war: „Mensch, wo bist Du?" (Gen 3,9). Die Grundlage für Liturgie und Predigt war zusätzlich das Buch des Propheten Jona[24]. Beim Gottesdienst in Leichter Sprache spielte als Gestaltungs- und Elementarisierungselement ein etwa anderthalb Meter großer Wal aus Pappmaschee, der von Künstlern eines Ateliers in der Evangelischen Stiftung Alsterdorf in Hamburg gestaltet worden war, eine besondere Rolle. Helferinnen und Helfer trugen ihn während des Gottesdienstes durch die Gemeinde auf dem Marktplatz. Die Predigerin, die damalige Vizepräses der Evangelischen Kirche im Rheinland, Petra Bosse-Huber, hatte sich auf die Sprachform eingelassen und ihre Predigt schon unter Berücksichtigung einiger Kriterien Leichter Sprache geschrieben. Die Endfassung hat das Bremer Übersetzungsbüro für Leichte Sprache erstellt[25].

Beim Ökumenischen Kirchentag in München 2010 gab es auf dem Marienplatz einen Gottesdienst, der von der Projektleitung „Kirchentag barrierefrei" organisiert wurde. Die Predigt hielt der Religionspädagoge Günther Ruddat[26], langjähriger Vorsitzender des ständigen Ausschusses des DEKT „Abendmahl Gottesdienst Fest und Feier" (AGOFF). Die Predigt zur Losung „Damit ihr Hoffnung habt" (unter Bezug auf 1. Petr 1,3–9.13) war nicht in Leichter Sprache verfasst, aber an einer Elementarisierung biblisch-theologischer Inhalte und einfacher Sprache orientiert.[27]

Beim DEKT in Dresden 2011 wurde das Modell aus Bremen 2009 wieder aufgenommen und der Eröffnungsgottesdienst in Leichter Sprache auf der prominenten und zentralen Open-Air-Bühne mitten in der Altstadt direkt bei der Frauenkirche gefeiert. Die Predigt zur Losung „... da wird auch dein Herz sein" (unter Bezug auf Mt 6, 19–21[28]) hielt die freikirchliche Rundfunkpastorin Andrea Schneider aus Oldenburg, die unterstützt durch einige Mitglieder aus der Vorbereitungsgruppe „Eröffnungsgottesdienste"[29] die Predigt selbst mit Hilfe der zu diesem Zeitpunkt am weitesten verbreiteten Regelwerke für Leichte Sprache übertragen hatte[30].

---

24 Lechner, Silke (Hrsg.): Deutscher Evangelischer Kirchentag Bremen 2009. Dokumente, Gütersloh 2010, 18ff.
25 Ebd., 25–27.
26 Ruddat, Professor am Fachbereich Religions- und Gemeindepädagogik der Ev. Fachhochschule Rheinland-Westfalen-Lippe in Bochum und an der Hochschule Wuppertal/Bethel, war der langjährige Vorsitzende des ständigen Ausschusses des Kirchentages „Abendmahl, Gottesdienst, Fest und Feier".
27 Glück, Alois u.a. (Hrsg.): Damit ihr Hoffnung habt. 2. Ökumenischer Kirchentag, 12.–16. Mai 2010 in München. Dokumentation, Gütersloh/Kevelaer 2011, 50–52.
28 Mt 6,19–21 nach der vom Kirchentag in Auftrag gegebenen Übersetzung in Leichter Sprache: „Sammelt im Leben keine Schätze. Solche Schätze gehen doch bloß kaputt. Oder Diebe klauen deinen Schatz. Bei Gott im Himmel klaut keiner Schätze. Sammelt alles Wichtige bei Gott. Gott beschützt deinen Schatz. Das Wichtigste von dir ist dein Herz. Und dein Herz ist immer bei deinem Schatz."
29 In der Sprache der Organisation DEKT „Projektleitung Eröffnungsgottesdienste" genannt.
30 Lechner, Silke/Düring, Friedemann (Hrsg.): Deutscher Evangelischer Kirchentag Dresden 2011. Dokumente, Gütersloh 2012, 31–33. Diese Information über die Übersetzung beruht auf Auskunft der Predigerin an Verf.

In Hamburg 2013 gab es erstmals den in der ARD übertragenen „Zentralen Eröffnungsgottesdienst mit Leichter Sprache"[31]. Die Übersetzung des zugrunde gelegten Bibeltextes „... soviel du brauchst" (2. Mose 16, 11–18) entstand ebenfalls im „Zentrum Barrierefrei" unter Leitung von Michael Hofmann[32]. Wie in Bremen 2009 gehörte zu diesem Gottesdienst auch, dass „nicht nur auf der Wort-Ebene agiert worden ist"[33]. Die Reaktionen, insbesondere auf die Fernsehübertragung, waren breit gefächert zwischen: „endlich ein Gottesdienst, den alle verstehen" bis zu „nach einer Viertelstunde hatte ich Sehnsucht nach einem Relativsatz"[34].

Bei den dann folgenden Kirchentagen Stuttgart 2015, Berlin/Wittenberg 2017 und Dortmund 2019 wurden die im Fernsehen übertragenen Gottesdienste wieder in Standardsprache vorbereitet[35]. In Stuttgart[36] und Berlin gab es je einen Eröffnungsgottesdienst in Leichter Sprache, für Dortmund wurden mehrere Gottesdienstrubriken zusammengefasst, ein Gottesdienst war als „in ökumenischer Weite (in Leichter Sprache)" angekündigt[37]. Für den 3. Ökumenischen Kirchentag in Frankfurt 2021, der aufgrund der Corona-Pandemie hauptsächlich digital und dezentral stattfinden musste, wurde von einem ökumenischen Team

---

31 Lechner, Silke/Stauff, Heide (Hrsg.): Deutscher Evangelischer Kirchentag Hamburg 2013. Dokumente, Gütersloh 2014, 28–37. Die Formulierung „mit" Leichter Sprache signalisiert, dass nicht an jeder Stelle alle Regeln der gängigen Regelwerke für Leichte Sprache eingehalten wurden: „Seit 2009 wurde jeweils einer der drei zentralen Eröffnungsgottesdienste in Leichter Sprache gefeiert. Das Kirchentagspräsidium hatte beschlossen, in Hamburg 2013 den fernsehübertragenen Eröffnungsgottesdienst in Leichter Sprache zu feiern, um dem Thema Inklusion besondere Aufmerksamkeit und Rückenwind zu geben. Die Projektleitung hat entschieden, den Gottesdient mit Leichter Sprache zu feiern. Es sollte möglich sein, dass einzelne Lieder und Gebete in gewohnter Form und Formulierung benutzt werden. Die hier dokumentierten Texte sind vorab in der Evangelischen Stiftung Alsterdorf von Menschen mit leichter geistiger Behinderung getestet und korrigiert worden." (28, Herv. im Text) Es gab in Hamburg drei weitere Eröffnungsgottesdienste, die verschiedene Aspekte der gastgebenden Stadt akzentuierten: „Eröffnungsgottesdienst auf dem Kiez" (38–41), „Eröffnungsgottesdienst mit Orchester und Chor" auf dem Rathausmarkt, der „Guten Stube der Hansestadt" (42–45), und „Eröffnungsgottesdienst mit skandinavischer Note" (46–47).
32 Hofmann ist Qualitätsmanager bei einer Krankenkasse und engagiert sich seit gut 30 Jahren ehrenamtlich für den Kirchentag. Er verantwortet gemeinsam mit anderen das „Zentrum barrierefrei" und die meisten Kirchentagsübersetzungen in Leichte Sprache. Vgl. auch https://www.evangelisches-gemeindeblatt.de/publikationen/evangelisches-gemeindeblatt/heftarchiv/detailansicht/leicht-kann-schwer-sein-1069/ (vom 15.3.2020).
33 Lechner: Hamburg 2013, 28.
34 Mündliche Reaktionen aus Gesprächen der Verfasserin. Kritisch über den Riesen „Dundu" auch https://www.welt.de/politik/deutschland/article115791128/Der-Papa-und-Mama-Gott-muss-draussen-bleiben.html (vom 21.3.2020).
35 Der Hamburger DEKT hatte Inklusion als expliziten Schwerpunkt, was diese Akzentsetzung dann auch beim fernsehübertragenen Gottesdienst nahelegte. Die folgenden Kirchentage hatten andere Prioritäten (Stuttgart: Migration und Flüchtlinge, Berlin: Reformationsjubiläum).
36 Vgl. Lechner, Silke/Stauff, Heide/Zeißig, Mario (Hrsg.): Deutscher Evangelischer Kirchentag Stuttgart 2015. Dokumente, Gütersloh 2016, 30–32 (Predigt von Pfarrerin Renate Höppner).
37 Deutscher Evangelischer Kirchentag (Hrsg.): Dortmund 19.-23. Juni 2019, Fulda 2019, 16.

eine Übersetzung der Bibeltexte für Gottesdienste und Bibelarbeiten in Leichter Sprache erstellt[38].

5.2.1 Übersetzungen in „Gerechte Sprache"

Bibelübersetzungen sind beim DEKT nicht erst seit den Debatten um Leichte Sprache im Fokus. In Vorbereitung des DEKT in Frankfurt 1987 hatte Hildburg Wegener, die damalige theologische Referentin der theologischen Frauenarbeit in Deutschland e.V. (EFiD), das Anliegen auf den Weg gebracht, „dass auf dem Kirchentag 1987 Frauen (aber z.B. auch Menschen mit Behinderungen) sprachlich möglichst wenig diskriminiert werden"[39]. Wie im Bezug auf den grundsätzlichen Gebrauch Leichter Sprache (vgl. Kap 2) spielte auch bei der Debatte um geschlechtergerechte Sprache eine UN-Konferenz eine wichtige Rolle – die Organisation der Vereinten Nationen für Erziehung, Wissenschaft und Kultur (UNESCO) hatte auf ihrer 24. Generalkonferenz 1987 die Forderung nach einem „nicht-sexistischen Sprachgebrauch" zu einem ihrer Anliegen gemacht, diese „gender-mainstreaming guidelines"[40] dienen ihnen dazu, „sexistische Denkmuster" in den jeweiligen Sprachen zu identifizieren. Sie sollen – hier für das Deutsche – das „Bewusstsein für sprachliche Diskriminierung stärken" und „zeigen, dass praktikable Alternativen, die den Prinzipien der sprachlichen Gleichbehandlung folgen, im Deutschen entweder schon existieren oder ohne große Schwierigkeiten gebildet werden können"[41]. Neben den UNESCO-Guidelines aus dem politischen Bereich gingen „Impulse für eine Beteiligung von Frauen in

---

38 Die Übertragungen in Leichte Sprache wurden im Auftrag des 3. ÖKT durchgeführt von: Dieter Bauer, Claudio Ettl, Michael Hofmann, Ulrike Kahle, Peter Köster, Sr. Paulis M. Mels FSGM und Christian Möring (www.oekt.de, vom 11.1.2022). Das ist eine ökumenische Gruppe bestehend aus Mitgliedern des Ausschusses „Kirchentag barrierefrei" (Hoffmann, Kahle, Köster, Möring) und des Projekts Evangelium in Leichter Sprache (Bauer, Ettl, Sr. Paulis), vgl. www.evangelium-in-leichter-sprache.de, eine Kooperation des Katholischen Bibelwerks e. V. Stuttgart mit der Akademie Caritas-Pirckheimer-Haus (CPH) in Nürnberg und dem Katholischen Bibelwerk im Erzbistum Bamberg.

39 Köhler, Hanne: Gerechte Sprache als Kriterium von Bibelübersetzungen. Von der Entstehung des Begriffes bis zur gegenwärtigen Praxis, Gütersloh 2012, 96. Hanne Köhler beschreibt in ihrer am Institut für Evangelische Theologie der Fakultät für Kulturwissenschaften der Universität Paderborn angenommenen Dissertation ihre eigene Auseinandersetzung mit dem Thema „gerechte Sprache". Durch ein Studienjahr 1983/84 am United Theological Seminary in Dayton/Ohio ist sie dem Phänomen „inclusive language" begegnet und erlebte zum ersten Mal, dass sie „ein Jahr lang in allen Veranstaltungen und Gottesdiensten als Frau nicht nur mitgemeint, sondern wirklich angesprochen wurde" (13). Im US-Kontext erfuhr sie, dass „‚inclusive language' mehr umfasst als geschlechtergerechte Sprache", und in der Folge erlebte sie „die traditionelle kirchliche Sprachform in einer deutschen protestantischen Landeskirche als in mehrfacher Hinsicht unangemessen und korrekturbedürftig" (ebd.).

40 Http://www.unesco.org/new/fileadmin/MULTIMEDIA/HQ/ERI/pdf/UNESCO_Gender_Mainstreaming_Guidelines_for_Publications.pdf (vom 1.5.2020).

41 Hellinger, Marlis/Bierbach, Christine: Eine Sprache für beide Geschlechter. Richtlinien für einen nicht-sexistischen Sprachgebrauch, hrsg. von der Deutschen UNESCO-Kommission, Bonn 1993, 4.

Theologie und Kirche von der Ökumene aus, insbesondere vom Ökumenischen Rat der Kirchen (ÖRK)", der von 1988–98 die Ökumenische Dekade „Kirchen in Solidarität mit den Frauen" durchführte[42].

Für den Deutschen Evangelischen Kirchentag 1987 in Frankfurt gab die EFiD ein Heft mit Bibeltexten in „frauengerechter Sprache" heraus.[43] Die Kriterien für diese Übersetzungen hatten von Anfang an „nicht nur die Gerechtigkeit gegenüber Frauen im Blick"[44]. Es finden sich (im Sprachduktus der 1980er Jahre) die Punkte: „4. Ich kann behinderte und benachteiligte Menschen in ihrem Menschsein mit Begabungen und Schwächen wahrnehmen. / 5. Ich kann Menschen anderer Hautfarbe und anderen Glaubens so ansprechen, wie sie sich selbst bezeichnen."[45]

Das Heft wurde im Vorfeld und während des Kirchentages verkauft, auf dem Kirchentag wurde eine „Resolution zur frauengerechten Sprache" verabschiedet[46].

Ab dem dann folgenden Kirchentag Berlin 1989 wurden zusätzlich zur damals gültigen Lutherübersetzung (1984) alternative Bibelübersetzungen in das Programmheft übernommen[47]. Das prominenteste Projekt der in der Übersetzungsarbeit in Gerechter Sprache Engagierten war (und ist) ohne Zweifel die 2006 veröffentlichte „Bibel in gerechter Sprache" (BiGS)[48].

Die Anliegen der „gerechten" und der barrierefreien Kommunikation verbinden sich im Einsatz für Menschenrechte und Gleichberechtigung und Inklusion. Sie geraten hinsichtlich der ästhetischen Ausformung allerdings in Konflikt. Sowohl die gendergerechten wie die israelbezogenen Übersetzungsentscheidungen kommen zu Ergebnissen, die weit von Standardsprache geschweige denn Leichter Sprache entfernt sind. Dies gilt es in den Entscheidungsprozessen für liturgische Sprache mit zu berücksichtigen.

5.3 Das Material – die Gottesdienstabläufe

In produktionsästhetischer Perspektive sind die Gottesdienstabläufe in Leichter Sprache[49] mit der Absicht entstanden, Gottesdienste „für alle" vorzubereiten.

---

42 Köhler: Gerechte Sprache, 80.
43 Evangelische Frauenarbeit in Deutschland (Hrsg.): Gerechte Sprache in Gottesdienst und Kirche. Mit Bibeltexten zum Frankfurter Kirchentag in frauengerechter Sprache, Frankfurt/M. 1987.
44 Ebd., 5.
45 Ebd.
46 Köhler: Gerechte Sprache, 101.
47 Ebd. zu Kriterien und Genese ausführlich 101–174.
48 Bibel in gerechter Sprache, hrsg. von Ulrike Bail u.a., 4., erw. u. verb. Aufl., Gütersloh 2011.
49 Die Abläufe wurden der Verf. über das Pastorat des Kirchentags zugänglich gemacht. Verfasst wurden sie von den ehrenamtlichen Vorbereitungsgruppen für die jeweiligen Kirchentage und unter Leitung hauptamtlicher Mitarbeitender des Kirchentages. Die Programm-Abläufe liegen der Verfasserin als interne Drehbücher vor. Auf der Basis dieser Drehbücher organisiert das jeweilige Team für jede Open-Air Bühne und den jeweils da-

Zugleich zeigt die Planung und Durchführung von mehreren parallelen Eröffnungsgottesdiensten, dass nicht „alle" kommen werden, sondern nur die, die sich von einem Angebot in Leichter Sprache angesprochen fühlen. „Für alle" beschreibt eine *potenzielle* Inklusion (vgl. Kapitel 4.1).

Diese Eröffnungsgottesdienste sind in den Programmen, in der öffentlichen Kommunikation des DEKT und der begleitenden Medien mit dem Rubrum „in Leichter Sprache" gekennzeichnet[50]. Aufgrund der Kennzeichnung im Programmheft können die Besucherinnen und Besucher davon ausgehen, dass die Schwelle für das Verstehen niedrig und die Sprache weitgehend zugänglich ist. Möglicherweise – Untersuchungen über die Zusammensetzung der Gottesdienstgemeinde liegen nicht vor – wirkte die Rubrizierung auch exkludierend für die Teilnehmenden, die sich auf diesen Sprachgestus nicht einlassen wollten (vgl. Kapitel 2.5.1 Provokation und Stigma).

Die Programmheftredaktion setzte für den Kirchentag in Bremen 2009 einen Beschluss des Kirchentagspräsidiums vom April 2008[51] um, anders als noch bis 2007 mit der Formulierung „Gottesdienste für Menschen mit Behinderungen"[52] nicht die Gemeinde, sondern den zu erwartenden Gottesdienst zu bezeichnen.

Die an den Kriterien Leichter Sprache orientierten Liturgien der Kirchentage zwischen 2009–2019 weichen in ihrem Aufbau in einigen Punkten von Grundform I ab[53].

Im Kontext dieser Untersuchung geht es nicht darum, die Kirchentagsliturgien als ganze darzustellen und zu bewerten. Am Exempel der Tagesgebete soll jedoch gezeigt werden, wie ein produktionsästhetischer Anspruch, Gottesdienste in Leichter Sprache zu feiern, sich liturgiesprachlich abbildet.[54]

---

zugehörigen Platz die Durchführung der Großgottesdienste. Hier ein großer Dank an Ilse Müller und das Pastorat des Kirchentages für die Überlassung der Skripte.
50 Auch wenn sie nicht alle Regeln (vgl. Kap. 2 und 3) konsequent zur Anwendung bringen – s.u. Kap. 6.3.
51 So dokumentiert im internen Sitzungsprotokoll, das der Verf. als damaligem Mitglied des Gremiums vorliegt. Die Debatte im Präsidium spiegelte die unterschiedlichen Auffassungen, die auch im Fachdiskurs bis heute prägend sind: Eröffnet die Verwendung von Leichter Sprache einen Zugang oder verschärft sie ein bestehendes Stigma? Die damalige Entscheidung des Präsidiums, „alle Eröffnungsgottesdienste (des Bremer Kirchentags sollten) vom Ansatz des Gottesdienstes in Leichter Sprache lernen" (Protokoll), anstatt ganz auf Leichte Sprache zu verzichten, um einer Stigmatisierung vorzubeugen, kommt den liturgiedidaktischen Überzeugungen der vorliegenden Untersuchung nahe.
52 Vgl. Sitzungsprotokoll, s. FN 51.
53 Mehr zu den Liturgien des Kirchentages in Ratzmann, Wolfgang (Hrsg.): Der Kirchentag und seine Liturgien. Auf der Suche nach dem Gottesdienst von morgen [Beiträge zu Liturgie und Spiritualität 4], Leipzig 1999.
54 Diese Arbeit nutzt keine Videoaussagen und keine Erfahrungsberichte und persönlichen Statements. Sie bleibt das „Ereignis" also schuldig. Sie kann nicht objektivieren, wie ein bestimmtes liturgisches Stück tatsächlich auf die anwesenden Personen gewirkt hat. Sie beschreibt die Textform unter Verwendung der Regelwerke für Leichte Sprache. Der Verf. geht es dabei nicht um Geschmacksurteile. Obwohl sie bei den meisten erwähnten Gottesdiensten anwesend war oder Menschen dazu persönlich befragen konnte, geht es auch nicht um die Frage, ob der Gottesdienst als ganzer „gefiel" oder von der Mehrheit der Anwesenden als „gelungen" erlebt worden ist. Es geht vielmehr darum darzustellen, wie die

5.4 Beobachtungen an den Tagesgebeten

Zur Erinnerung: Das Tagesgebet ist „gebetetes Dogma" und fasst rituell und inhaltlich die Eingangsliturgie zusammen (vgl. Kap 4.4). Es ist „kein selbständiges Gebet", es ist das Scharnier zwischen Anrufungs- und Verkündigungsteil. Die Gemeinde wird am Ende des Eingangsteils gesammelt, ihre Konzentration ist in der Eingangssequenz gebündelt und kann sich (idealiter) nun auf das Hören von biblischen Texten und heutigen Auslegungen konzentrieren, um die es im folgenden (B-)Teil geht.[55]

Auch ein Tagesgebet in Leichter Sprache setzt auf die traditionelle Gliederung von Gebetsanrede, Prädikation, zentraler Bitte, Conclusio und Amen, um auf der Ebene der Textpragmatik eine analoge Form zu erzeugen. Die Tagesgebete der Eröffnungsgottesdienste der Kirchentage in Leichter Sprache (vgl 6.1 und 6.2) sind (sofern schriftlich greifbar[56]) auf die genannten Formelemente zu untersuchen. Zugleich hat sich die Entwicklung Leichter Sprache im Beobachtungszeitraum dieser Untersuchung (vgl. Kapitel 2 und 3) deutlich entwickelt. Mit Einführung des Grundlagenwerks von Bredel/Maaß im DUDEN Verlag und den weitergehenden Linguistischen Forschungen ist im Deutschen ein Standard in Praxis und Forschung erreicht, der der Projektgruppe für die Eröffnungsgottesdienste des Bremer Kirchentages 2009 noch nicht zur Verfügung stand. Die fortschreitende Entwicklung um Leichte Sprache, die Professionalisierung des Forschungsfeldes und die Erfahrungen mit den Adressatinnen und Adressaten sind auch den Liturgien der Leichte-Sprache-Gottesdienste der Kirchentage seit 2009 anzumerken. Wenn im Folgenden unter dem Gesichtspunkt der Regelwerke dennoch einige kritische Anmerkungen gemacht werden, steht der Verdienst der Übersetzenden und Planenden um das Thema und die Verbreitung Leichter Sprache in der Liturgie nicht in Frage. Im Gegenteil: Die Analyse der Tagesgebete würdigt vielmehr diese Entwicklung. Zugleich lässt sich an diesem liturgischen Stück besonders gut die Spezialform gottesdienstlicher Sprache als einer Sprache „dazwischen" erkennen – zwischen Proprium und Ordinarium, zwischen Eröffnungsteil und Verkündigungsteil und zwischen Formelsprache und frei zu wählenden Formulierungen und schließlich: zwischen Liturgin bzw. Liturg und Gemeinde (siehe Kap. 4.4).

Die Tagesgebete der Kirchentagsliturgien zeigen – so die These –, wie die Übersetzenden dieses „dazwischen" semantisch und metaphorisch füllen.

Im Folgenden werden die im Manuskript zugänglichen Eröffnungsgottesdienste der Kirchentage in dem Zeitraum untersucht, seitdem von Veranstalter-

---

Anwendung der Prinzipien Leichter Sprache die Ausgestaltung der Gebete auf der Wort-, der Satz- und der Textebene beeinflusst hat.
55 Vgl. EGb 2020, 618.
56 Die Liturgien des Kölner und des Bremer DEKT Eröffnungsgottesdienstes enthalten keine Tagesgebete.

seite explizit auf „Leichte Sprache" als ein Charakteristikum dieser Gottesdienste verwiesen wurde.[57]

Diese Arbeit fragt nach den Veränderungen, die durch Leichte Sprache in liturgischer Sprache entstehen. Die Bedeutung der Tagesgebete als „gebetetes Dogma" und verdichteter „Gottesdienst im Kleinen" wurden oben bereits (vgl. Kap 4.4) dargelegt. Die Tagesgebete öffentlich wirksamer und (intern) dokumentierter Gottesdienste des DEKT dienen deshalb dazu, die Auswirkungen Leichter Sprache auf liturgische Sprache darzustellen. Die vorliegenden Texte sollen nach drei Kriterien untersucht werden:
1. Wie werden die gängigen Regelwerke angewandt (vgl. Kap 3)? Welche Regeln werden beachtet, welche nicht?
2. Wo sind durch die Verwendung eben dieser Regelwerke sprachliche Einbußen in Metaphorik und Sinngehalt zu beobachten? Wo sind die Abstriche im Vergleich zur Standardsprache besonders deutlich? Mit anderen Worten: Wo gibt es offenkundige Sinnverluste auf der Produktionsseite?
3. Worin bestehen die Spezifika dieser Texte? Was kommt jenseits der erhöhten Verständlichkeit an neuer Qualität hinzu?

Am Ende steht die Verknüpfung der Fragen inhaltlicher (materialer) und formaler (ästhetischer) Wahrnehmungen eines exemplarischen gottesdienstlichen Stücks. Diese Erwägungen führen hin zu den liturgischen und ästhetischen Erwägungen des 7. Kapitels.

5.4.1 DEKT Köln 2007

Der Eröffnungsgottesdienst des Zentrums Barrierefrei (vgl. Kap 6.2) im repräsentativen Festsaal „Gürzenich" in Köln war als inklusiver Gottesdienst „in Leichter Sprache" angekündigt und setzte die Losung des DEKT in Köln „lebendig und kräftig und schärfer" (nach Hebr 14,12) in Szene[58]. Der Gottesdienst war als einer von insgesamt vier der Eröffnungsgottesdienste als besonders für Menschen mit körperlichen und geistigen Behinderungen konzipiert und als solcher im Programmheft gekennzeichnet. Rainer Schmidt[59], Pfarrer der evangelischen Kirche im Rheinland, Paralympics Tischtennisweltmeister und Kabarettist, hielt die Predigt[60]. Aus dem internen Ablauf geht hervor, dass es in der 11.Minute (17:41)

---

57 Die der Verf. zugänglichen Manuskripte umfassen den Zeitraum von 2007–2019. In diese Zeit fallen, wie in Kapitel 2 dargelegt, die wesentlichen rechtlichen Fixierungen im BGG und die dem nachfolgenden linguistischen Forschungen (Kapitel 3).
58 Vgl. interner Ablaufplan „Eröffnungsgottesdienst im Gürzenich", Stand 2.5.2007 (unveröffentlicht).
59 Https://www.schmidt-rainer.com/ (vom 03.5.2020).
60 Die anderen drei Eröffnungsgottesdienste fanden Open-Air für 10.000–20.000 Personen (auf Bühnen am Heumarkt und am Roncalli-Platz) bzw. für 50.000 Menschen (auf den Poller Wiesen am Rhein) statt. Der Gottesdienst im Gürzenich war für ca. 1000 Menschen konzipiert, der Predigttext war nicht die Losung aus Hebr 12,14, sondern Mk 10, 46-52, die Heilung des sog. „blinden Bartimäus" mit der (in Inklusionszusammenhängen häufig zitierten) Jesus-Frage: „Was willst Du, dass ich Dir tun soll?". Vgl. Lechner, Silke/Urban,

nach musikalischer Einstimmung und einem entfalteten Votum, verbunden mit dem Kanon „Du bist da, wo Menschen leben"[61], ein Eingangsgebet gab, gesprochen von der Hildesheimer Diakonin Ulrike Kahle[62]. Der Text liegt nicht vor.

5.4.2 DEKT Bremen 2009

Zwischen den Kirchentagen Köln 2007 und Bremen 2009 gab es in den Leitungsgremien eine lebhafte Debatte um die Eröffnungsgottesdienste. In der Präsidialversammlung, dem etwa 110-köpfigen Gremium aus gewählten und berufenen Personen, die den Kirchentag verantworten[63], wurde diskutiert, wie der Kirchentag dem Anspruch auf barrierefreie Kommunikation am besten gerecht werden könne. Gewiss auch im Zuge des steigenden Bewusstseins für die Bedeutung Leichter Sprache im Kontext der UN-Behindertenrechtskonvention wurde der oben geschilderte Kölner Gottesdienst kritisch diskutiert[64]. Als Ergebnis wurde von den Leitungsgremien beschlossen: In Bremen solle es keinen explizit als „für Menschen mit Behinderungen" angekündigten Gottesdienst geben, vielmehr

---

Christoph (Hrsg.): Deutscher Evangelischer Kirchentag Köln 2007, Dokumente, Gütersloh 2007, 27–30.

61 Böhlemann, Peter u.a. (Hrsg.): Lieder zwischen Himmel und Erde. Das Liederbuch, Düsseldorf 32008, Nr. 169.

62 Diakonin der Diakonie Himmelstür in Hildesheim, Mitglied des DEKT-Ausschusses „Kirchentag barrierefrei" (vgl. Kap. 5.2).

63 Https://www.kirchentag.de/ueber_uns/organisation/praesidialversammlung/ (vom 03.5.2020)

64 Das interne Protokoll der Präsidialversammlung vom 6.-8.3.2008 referiert einen Teil der Debatte. Ohne Namensnennungen hier nur in Stichworten zum Zusammenhang: Ein Eröffnungsgottesdienst in Leichter Sprache solle nicht „zu einem Sondergottesdienst für Behinderte" werden. Wichtig sei, sich auf den Verstehenshorizont von Menschen mit Behinderungen einzulassen, da er „für alle Besucher/innen neue Sichten auf Texte und Liturgie ermögliche". Der Gottesdienst solle nicht als „Gottesdienst für Behinderte", sondern als „Gottesdienst in Leichter Sprache" bezeichnet werden, der für alle Besucherinnen und Besucher offen sei. Im damaligen „Zentrum barrierfrei des DEKT" betrachtete man diese Entwicklung zunächst mit Sorge, da die Gottesdienste für Menschen mit Behinderungen eine Errungenschaft seit dem Leipziger Kirchentag 1997 und bis 2001 durchgeführt sei. Beim ersten ÖKT in Berlin 2003 gab es insgesamt nur einen zentralen Eröffnungsgottesdienst, erst 2005 fand in Hannover in der Christuskirche ein „Eröffnungsgottesdienst mit und für Menschen mit geistigen Behinderungen" statt. Die Debatte wurde bei der Präsidiumssitzung am 25./26. April 2008 weitergeführt. Einig war man sich darin, dass ein „Sondergottesdienst" für Menschen mit Behinderungen nicht mehr zeitgemäß sei. Die Alternative dürfe allerdings nicht sein, kein entsprechendes Angebot mehr zu haben. Vielmehr sollten „alle Gottesdienste vom Ansatz des Gottesdienstes in Leichter Sprache lernen". Zugleich dürfe dies auch nicht „dogmatisch gesetzt" werden, da viele Menschen sich auch „anspruchsvoll durchkomponierte Redebeiträge" wünschten. In der eigenen Wahrnehmung (Bericht aus dem Pastorat des Kirchentages auf der Präsidiumssitzung vom 6./7. Februar 2009) war der Bremer Kirchentag als „Großereignis der Kultur der Integration" konzipiert. Im Nachhinein wurde dann der Gottesdienst in Leichter Sprache mitten in der Bremer Innenstadt (erstmals Open Air) als Erfolg gewertet, die „Gottesdienstgemeinde war denkbar heterogen" (Protokoll Präsidium 6./7.Februar 2009).

sollten alle (nur noch) drei Open-Air Gottesdienste mit einer Liturgie in Leichter Sprache gefeiert werden[65] (vgl. Kap 5.1).

Der Bremer Eröffnungsgottesdienst enthält kein Tagesgebet. Stattdessen gibt es eine Hinführung zum zugrundliegenden Bibeltext aus dem Buch Jona, von Sprecherin und Sprecher in eigener Übersetzung der Projektleitung vorgetragen. Die liturgische Hinführung übernimmt Aspekte des Tagesgebets, sie bündelt den Eröffnungsteil[66]: *„‚Mensch, wo bist Du?' Das ist die Losungs-Frage, die über diesen Tagen im Mai steht. Das ist die Frage, die Sie und Euch alle hierhergelockt hat".*

Sie sammelt die Anwesenden *„Nun erstmal: Innehalten. Ankommen. Sich umschauen. Seinen Platz finden."* Und sie hält nach dem kommenden Wortteil (die Auslegung und Aktualisierung des Buches Jona) Ausschau[67]: *„‚Mensch, wo bist Du?' Durch den Gottesdienst begleitet uns einer, dem diese Frage auch gestellt wurde: Das ist der Prophet Jona."*

Durch die Wiederholung der Kirchentagslosung „Mensch, wo bist Du?" wird die Losung im Bewusstsein gehalten und mit dem Jona-Text verknüpft. Zugleich wird die Figur Jona eingeführt und als biblische Gestalt aktualisiert.

Hätte die Projektleitung, die für alle drei Eröffnungsgottesdienste des DEKT in Bremen zuständig war, die Regelwerke für Leichte Sprache zur Verfügung gehabt und konsequent zugrunde gelegt, hätte schon dies als deutlich zu komplex wahrgenommen werden müssen. Ein Bibelwort nach Genesis 3,9 („Und Gott der HERR rief Adam und sprach zu ihm: Wo bist du?" – Luther 2017) auf die Frage „Mensch, wo bist Du?" zu übertragen und diese Frage wiederum mit dem Auftrag des Propheten Jona und seiner Flucht vor Gott zu verbinden, setzt biblisch kundige mentale Räume voraus, die eine ausführliche Hinführung („Spacebuil-

---

65 Die Verf. war an der Entstehung des Gottesdienstes beteiligt und hat als Liturgin mitgewirkt. Damals stand im Vordergrund, eine Einheit der drei Eröffnungsgottesdienste zu betonen und das Thema „Leichte Sprache" in den Mittelpunkt des Kirchentagsgeschehens zu rücken (vgl. Kap 6.2). Die Vorbereitungsgruppe hatte 2008 ihre Arbeit aufgenommen, im Jahr, als Deutschland die UN-Behindertenrechtskonvention ratifizierte (vgl. Kap 2). Unter jetzigen Standards der Hildesheimer Forschungsstelle für Leichte Sprache genügen die Texte nur teilweise dem Anspruch der Regelwerke. Die Texte sind an vielen Stellen zu voraussetzungsreich, zu spielerisch, zu poetisch – z.B. in der Übertragung von Jona 1: Jona „muss Farbe bekennen und die Karten auf den Tisch legen" – die Übertragung verwendet metaphorische Sprache, gebraucht verschiedene Formulierungen für den gleichen Sachverhalt, und verstößt damit gegen etliche Regeln auf der Textebene (vgl. Maaß, Regelbuch 2015, 182, „Verwendung gleicher Wörter für gleiche Sachverhalte, keine Synonyme"). U.a. dieser Vorrang des „Poetischen" vor dem „Leichten" hatte im Vorfeld auch zu Konflikten mit der Projektleitung des Zentrums „barrierefrei" geführt. Der kreative Arbeitsstil der Vorbereitungsgruppe aus Theologinnen und Kirchenmusikern, der Wunsch, für alle drei Gottesdienste im Wesentlichen eine einheitliche Liturgie zu entwerfen, die auch Rezipierende mit standardsprachlichem Verstehenshorizont anspricht und die damals bekannten Regelwerke Leichter Sprache standen stärker miteinander im Konflikt, als die Projektleitung für die Eröffnungsgottesdienste und mit ihr die Verf. es damals wahrgenommen haben.
66 Meyer-Blanck, Michael: Das Gebet, Tübingen 2019, 376.
67 Ebd.

der", vgl. Kap.3.10 bzw. „Rampe"[68]) und damit eine erhebliche Addition auf der Textebene nötig gemacht hätte. Dies ist damals unterblieben.

5.4.3 ÖKT München 2010

Der Eröffnungsgottesdienst des ÖKT auf dem Marienplatz in München hat laut Skript in der Minute 8 ein Eingangsgebet. Die Liturgin, die römisch-katholische Schwester Dr. Aurelia Spendel OP aus Augsburg, betet:

> *Lasst uns beten:*
> *Wir kommen zu dir, Gott, und stehen hier zusammen.*
> *Sieh uns an.*
> *Du bist die Hoffnung für alle.*
>   *Ohne Hoffnung kann kein Mensch leben.*
>   *Von Kindesbeinen an sind wir darauf angewiesen.*
> *Sprich uns an.*
> *Du bist das Wort für alle.*
>   *Ohne Sprache kann kein Mensch leben.*
>   *Tag für Tag brauchen wir das Gespräch.*
> *Geh mit uns weiter.*
> *Du zeigst uns einen Weg mit allen.*
>   *Ohne Orientierung kann kein Mensch leben.*
>   *Schritt für Schritt fragen wir nach gutem Geist.*
> *Leben soll sich ausbreiten – heute und alle Zeit.*
> *Amen.*

Das Gebet hat eine dreiteilige Grundstruktur. Zwei Gottesprädikationen – „Hoffnung für alle", „Wort für alle" werden Gott in der Anrede zu gesprochen, im dritten Teil wird Gott angeredet als der, der einen „Weg mit allen" zeigt („Du bist", „Du bist", „Du zeigst"). Die eingerückten Verse führen diese Prädikationen jeweils aus.

Die linksbündigen Sätze sind syntaktisch kurz und im Präsens gehalten. Sie sind aktiv formuliert. Die Worte sind kurz. Das Subjekt ist das kollektive „wir" auf dem Platz, der Angeredete ist Gott, das wird im ersten Satz durch den Einschub („wir kommen zu dir, Gott, und stehen hier zusammen") verdeutlicht. Auf der semantischen Ebene sind die Prädikationen „Hoffnung", „Weg" und „Wort" zwar gängige religiös konnotierte Worte, aber zugleich auch Worte der Alltagssprache, die in Leichter Sprache erst mit einem „Frame" versehen werden müssten, um im Gebet als religiöse Metapher erkennbar zu sein. Die Mehrzahl der Sätze sind im Nominal- statt im Verbalstil gehalten.

Die eingerückten Sätze verstoßen zusätzlich in mehrfacher Hinsicht gegen die Regelwerke (vgl. Kapitel 3.10.2). Sie verwenden Negationen als Spacebuilder („ohne Hoffnung", „kein Mensch"). Im Sinne von Bredel/Maaß handelt es sich dabei um vermeidbare Negationen. Eine semantisch gleichwertige Variante in Leich-

---

68 Gidion, Anne/Arnold, Jochen/Martinsen, Raute (Hrsg.): Leicht gesagt! Biblische Lesungen und Gebete zum Kirchenjahr in leichter Sprache [gemeinsam gottesdienst gestalten 22], Hannover 2013, 10: „Mit Bildern und Metaphern wird sparsam umgegangen. Benutzt man sie, benötigen sie eine Art Rampe, die den Zugang zu ihnen erleichtert".

ter Sprache wäre z.B. „*Jeder Mensch braucht Hoffnung*" oder „*Jeder Mensch braucht Sprache*").

Außerdem verwenden die eingerückten Sätze Metaphern oder Formulierungen, die im übertragenen Sinne zu verstehen sind („*von Kindesbeinen an*", „*Schritt für Schritt*"). Eine semantisch sinnerhaltende Variante wäre „jedes Kind" oder „jeden Tag". Formulierungen wie „Orientierung" oder „guter Geist" sind Lehnwörter bzw. Kirchensprache, die ebenfalls in Leichter Sprache nicht gestützt sind.

Das Gebet enthält zwar die zentralen Merkmale eines Tagesgebets (Anrede, Gottesprädikationen und zentrale Bitte, gleich mehrere). Es stellt entfernt den Bezug zum Kasus her: Wir „*stehen hier zusammen*" – das verweist auf die Situation des Open-Air Eröffnungsgottesdienstes auf einem zentralen Platz in der Stadt. Die Verwendung des Wortes „Hoffnung" verweist auf die Losung des ÖKT „*… damit ihr Hoffnung habt*".

Der poetisch anmutende Dreiklang Hoffnung-Wort-Weg und die Grundstruktur des Tagesgebets vermitteln, worum es geht, aber die Bezeichnung „Leichte Sprache" trifft trotz der kurzen Sätze in Summe nicht zu.

5.4.4 DEKT Dresden 2011

Der Eröffnungsgottesdienst auf dem Neumarkt vor der Frauenkirche wurde ebenfalls als „in Leichter Sprache" angekündigt. Laut Gottesdienst-Skript betet die Hamburger Pastorin Raute Martinsen als Liturgin um 17.38:25 h das Tagesgebet:

> *Gott,*
> *es ist Kirchentag, lass uns feiern: Es gibt Dich!*
> *Wir freuen uns auf die nächsten Tage.*
> *Was werden wir erleben?*
> *Lass uns fremde Menschen kennenlernen und hören, was sie denken.*
> *Lass uns zusammen singen und streiten, trauern und träumen.*
> *Gott, all das sind deine Schätze für uns.*
> *Sie machen uns reich, egal, ob wir Geld haben oder nicht.*
> *Wir können davon weiterschenken.*
> *Den Menschen hier in Dresden und allen Menschen.*
> *Gott, deine Schätze stillen unsere Sehnsucht nach Frieden.*
> *Amen*

Das Gebet nimmt die klassische Form auf, aber die Prädikation fehlt. Nach der kurzen Anrede „*Gott*" stehen eine Aufforderung („*lass uns feiern …*"), eine Aussage („*Wir freuen uns auf die nächsten Tage*") und eine Frage („*Was werden wir erleben?*"), die die Betenden auf den Kasus Eröffnungsgottesdienst fokussieren. Danach kommen eine Reihe Bitten bzw. Aufforderungen („*Lass uns*"). Die Conclusio nimmt mit dem Verweis auf die „Schätze" das biblische Motiv des Gottesdienstes („Woran Du Dein Herz hängst, da ist Dein Schatz") bzw. der Losung für den Dresdener Kirchentag („da wird auch dein Herz sein") auf. Die Schätze nach dem Verständnis der Beterin sind in den Verben beschrieben: „*fremde Menschen kennenlernen und hören, was sie denken"/"zusammen singen und streiten, trauern und träumen"*. Dem Wortfeld „Schätze/reich/Geld" wird das Wortfeld „Schätze/reich/fremde Menschen ... / zusammen singen, streiten, trauern, träumen" gegenübergestellt. Diese Schätze im übertragenen Sinne lassen sich „weiterschenken", sie „stillen die Sehnsucht nach Frieden".

Einige der Sätze dieses Gebets erfüllen die Regel „kurze Sätze": *„Es gibt Dich!", „Wir freuen uns auf die nächsten Tage.", „Was werden wir erleben?"* Andere sind zu lang und enthalten mehrere Aussagen: *„Lass uns fremde Menschen kennenlernen und hören, was sie denken."* Der Halbsatz *„... egal, ob sie Geld haben oder nicht"* verstößt gegen die Regel, möglichst keine Negationen zu verwenden. Auf der semantischen Ebene ist die mehrdeutige Verwendung des Wortes „Schatz" problematisch. Fremde Menschen kennenzulernen, zu hören, was sie denken etc., wird als *„Gott, das sind Deine Schätze für uns"* bezeichnet. Ebenso die Aufforderung, zusammen zu singen, zu streiten, zu trauern und zu träumen. Das sind einerseits eine Reihe von Gedanken pro Satz, was in Leichter Sprache eine Auflösung in mehrere Sätze erfordert hätte. Zugleich setzt es Abstraktionsfähigkeit voraus, diese diskursiven und emotionalen Vorgänge als Schätze zu verstehen, die Gott für die Menschen auf diesem Kirchentag bereithält und die wichtiger seien als Geld. Die Absicht ist offenkundig, die Abstraktion des Begriffs „Schatz" mit Übertragungen aufzubereiten, damit die Rezipierenden die intendierten Frames zu den Themen des Ausgangstextes bilden können. „Schatz" soll hier anders als materiell bestimmt werden, gleichzeitig soll auf der Textebene die übliche Länge eines Tagesgebetes nicht wesentlich überschritten werden. Diese Herausforderung löst das Gebet pragmatisch – lässt dabei aber einige der Regel Leichter Sprache außer Acht.

5.4.5 DEKT Hamburg 2013

In Hamburg wurde der zentrale fernsehübertragene Eröffnungsgottesdienst in Leichter Sprache gefeiert. Kirchentagspastor Joachim Lenz betete laut Skript um 17:16:10 h:

> *Gott, wir danken dir.*
> *Du schenkst uns das Leben.*
> *Danke für die ganze Welt.*
> *Du hast sie gemacht.*
> *Danke für die Menschen in meinem Leben.*
> *Niemand soll einsam sein.*
> *Gott, wir danken dir.*
> *Amen.*

Das Gebet ist wie ein Ringschluss umrahmt durch den anredenden Satz „*Gott, wir danken dir*"[69]. Dieser Satz ist Anrede und abschließende Gebetsformulierung

---

69 Zugleich der Kehrvers eines der Lieder im Gottesdienst, aus: Deutscher Evangelischer Kirchentag (Hrsg.): KlangFülle. Liederbuch zum 34. Deutschen Evangelischen Kirchentag Hamburg 2013, München 2013, Nr. 116, „Gott, deine Werke sind groß". Der Kehrvers „Gott, wir danken dir." umrahmt den unmittelbar vorher gebeteten Psalm 104 in Leichter

zugleich. Die Anrede wird erweitert um die Zuschreibung „Du schenkst uns das Leben" und den Dank „für die ganze Welt". Parallel dazu dankt der Beter „für die Menschen in meinem Leben". Das Schöpfungsthema von Psalm 104, den die Gemeinde vorher gebetet hat, klingt an, ebenso der Refrain des für den Hamburger DEKT zu Psalm 104 komponierten Liedes „Gott, wir danken dir". Die Bitte ist zu einer Forderung geworden: „Niemand soll einsam sein." Gott wird mit dieser Bitte nicht direkt adressiert, der Satz beschreibt eine grundsätzliche Forderung. Die kurzen Sätze entsprechen den Regelwerken, die synthetische Negation („niemand") und der fehlende Rückbezug auf die Gottesanrede allerdings nicht. Auf der Textebene bleibt das Gebet dadurch in der Kürze der Tagesgebete nach dem Schema des EGb – eine Übersetzungsentscheidung für Reduktion, die auf der semantischen Ebene aber das Verstehen erschwert.

Die Wiederholung „Gott, wir danken dir" am Schluss tritt an die Stelle der Conclusio, es erfolgt kein weiteres Lob Gottes, sondern ein erneuter Dank. Semantisch erfüllt das Gebet ebenfalls die Merkmale Anrede, Lob, Bitte und abschließende Gebetsformulierung. Es bewirkt mit Lob, Dank und Bitte aus einem thematischen Feld (Schöpfung, Welt, Menschen, Gemeinschaft – Bezug auf die Kirchentagslosung „so viel du brauchst") auf der Ebene der Pragmatik Konzentration und Bündelung von Thema und Situation. Die Formulierungen in Leichter Sprache lenken nicht ab, sondern verstärken diese Fokussierung.

In Summe entspricht das Gebet mit Ausnahme der Negation auf der Wort-, Satz- und Textebene den wesentlichen Regeln Leichter Sprache. Durch die Wiederholung der Motive und Formulierungen aus Psalm und Lied wird der Skopus der Liturgie (Gott, wir danken Dir) verstärkt und die Verständlichkeit erhöht.

5.4.6 DEKT Stuttgart 2015

In Stuttgart wurde einer der drei Eröffnungsgottesdienste auf dem Marktplatz gefeiert und wurde als „In Leichter Sprache" angekündigt. Der damalige Stuttgarter Stadtdekan Sören Schwesig betet um 18:28 am Altar auf der Open-Air-Bühne:

> *Guter Gott, nun sind wir da.*
> *Von nah und fern sind wir gekommen.*
> *Wir möchten miteinander diesen Kirchentag erleben.*
> *Wir freuen uns auf diese Tage.*
> *Auf das Miteinander Reden.*
> *Auf das Feiern.*
> *Wir freuen uns, Deinen Geist zu spüren.*
> *Wir wollen verstehen, was das heißt: Sterben müssen. Klug sein.*
> *Lass' dies reiche Tage sein.*
> *Gefüllte Tage.*
> *Tage mit guten Gesprächen.*
> *Tage mit heilsamen Begegnungen.*

Sprache, direkt vor dem Tagesgebet wird gesungen „Gott, deine Werke sind groß. / Wir staunen über deine Wunder. / Von deinem Segen leben wir. / Gott wir danken dir. / Von deinem Segen leben wir. / Gott, wir danken dir." (KlangFülle 116, Strophe 3).

Tage mit der Erfahrung einer großen Gemeinschaft.
Guter Gott, nun sind wir da.
Schenk uns deinen Segen,
Amen

Die Gottesanrede zu Beginn mit dem Adjektiv „guter" markiert den Sprechakt als Gebet. Gott wird angeredet, das „wir", das nun „da" ist, wird durch den Sprechenden als Gemeinde markiert.

Von nah und fern sind wir gekommen. Das betende, durch den Sprecher vertretene „wir" wird genauer bestimmt und beschrieben. „*Von nah und fern*" – das nennt keine konkreten Orte, aber es schließt alle möglichen Personen mit ein in das kollektive „*wir*" der Gemeinde.

Wir möchten miteinander diesen Kirchentag erleben. Die Bestimmungen des „wir" werden fortgesetzt. Der Liturg macht Aussagen über die Motivationen der Anwesenden („*wir möchten miteinander diesen Kirchentag erleben*"). Im Gebetsgestus ist dies angenommene „wir" auch in agendarischen Gebeten Normalität – es ist der stellvertretende Akt des Beters/der Beterin für die ganze Gemeinde. Außerhalb des Gebetskontextes wäre das „wir möchten" eine ungedeckte Annahme, die es zu überprüfen gelte. Auch im folgenden kurzen Satz: *Wir freuen uns auf diese Tage.* bleibt das „wir" Subjekt. In dem durch die Anrede in Satz 1 markierten Kontext des Gebets behält das „wir" seine Plausibilität – auch wenn im Sinne von Paul Grice eine gewisse „ambiguity" bleibt – was ist, wenn Menschen dabei sind, die sich nicht „*auf diese Tage*" freuen – unfreiwillig mitgekommene Kinder, Mitarbeitende im Sicherheitsdienst der auftretenden Politiker, Personen, die haupt- oder ehrenamtlich für die Durchführung des Kirchentags arbeiten und mit hoher Anspannung auf diese Tage sehen. In den ersten beiden „wir"-Sätzen „*nun sind wir da*" und „*von nah und fern sind wir gekommen*" liegt ein objektiv-beschreibbares Kollektiv – die Menschen sind tatsächlich da, und nachweislich sind viele von ihnen aus unterschiedlichen Orten gekommen. Sobald aber das Feld der Emotionen beschrieben und in den „wir"-Modus hineingenommen wird, entsteht die Gefahr der Annahme von Nicht-Bewiesenem.[70]

Dieses Phänomen ist nicht auf Leichte Sprache beschränkt, es wird nur durch die reduzierte Syntax und die Wiederholung besonders augenfällig.

Die folgenden Satzfetzen „*Auf das Miteinander Reden.*" und „*Auf das Feiern.*" sind syntaktisch unvollständig und werden noch vom vorherigen Subjekt und Prädikat aus dem Satz „*Wir freuen uns auf diese Tage*" determiniert. Alleinstehend bleiben sie unvollständig. Im Kontext sind sie als Beispiele dessen zu verstehen, worauf das kollektive „wir" der versammelten Kirchentagsgemeinde sich freut. Die Beispiele sind allgemein anwendbar, „*miteinander reden*" und „*feiern*" kann als allgemeiner Wunsch bei einem Open-Air-Event vorausgesetzt werden.

Der folgende Satz „*Wir freuen uns, Deinen Geist zu spüren.*" ist syntaktisch vollständig. Er ist eine weitere Spezifizierung dessen, worauf das „wir" der Gemeinde sich freut. Es ist zugleich wieder eine Anrede an Gott („*Deinen Geist*"), die die

---

70 Vgl. mit Engemann, Wilfried, Einführung in die Homiletik, Tübingen 3 (hochgestellt) 2020, 44ff: Die „Wir-alle-Syntax".

alltäglicheren Formulierungen umrahmt und sich auf Gott bezieht. Nach den Regelwerken müsste die Gottesanrede erneuert bzw. deutlich gemacht werden, dass das Personalpronomen „Deinen" sich auf Gott rückbezieht, da fünf Sätze übersprungen werden.

Wir wollen verstehen, was das heißt: Sterben müssen. Klug sein. In der Formulierung der ersten Person Plural bleibend, wird nun das Proprium des Tagesgebets, der Bezug zu Psalm 90 „… damit wir klug werden", aufgenommen. An dieser Stelle wird der Text aus seiner Binnenklammer des an Gott gerichteten Gebets auf den größeren Kontext des ganzen Gottesdienstes (Eröffnungsgottesdienst des Stuttgarter Kirchentags mit der Losung „… damit wir klug werden") bezogen. Der Psalm wurde vorher von der Gemeinde auf dem Platz gebetet (im Wechsel von Frauen und Männern). In der Kirchentagsübersetzung klingt Psalm 90 Vers 12 wie folgt: „*Das Leben der Menschen ist kurz. / Wir bitten Dich: Erinnere uns daran. / Lass uns an den Tod denken. / Damit wir klug werden.*"

Die anwesenden Männer haben diese Verse laut gebetet, die anwesenden Frauen haben sie gehört und/oder mitgelesen. Zwischen dem Psalm und dem hier analysierten Gebet wird das Lied „Bei Gott ist Platz für uns" gesungen, was sich als gliederndes und wiederholendes Moment durch den Gottesdienst zieht.

Lass dies reiche Tage sein. Gott wird angeredet und im Modus der Bitte angesprochen. Dies ist nach der Grundstruktur des Tagesgebets die zentrale Bitte. Sie wird in den folgenden kurzen, syntaktisch unvollständigen Sätzen näher bestimmt. Die folgenden Sätze oder Satzfetzen antworten auf die nicht gestellt Frage: Was sind reiche Tage? Was ein „gefüllter" Tag ist, bestimmt sich hier auch über den Kontext. Gestresste Menschen, die durch Arbeit oder Familie oder beides „*gefüllte Tage*" haben, würden das vielleicht nicht in jedem Fall als „*reiche Tage*" bezeichnen. Im Kontext des Tagesgebets im Eröffnungsgottesdienst des Kirchentages bei sonnigem Wetter und ansprechender Atmosphäre ist ein anderes „*reich*" gemeint. Als Metapher ist „*reich*" missverständlich – es könnte wörtlich verstanden bedeuten: Tage mit großem Verdienst, Tage, an denen es viel Geld gibt, Tage, an denen alle reich werden. Die kurzen Folgesätze sind Spacebuilder, um „*reich*" im intendierten Sinne zu deuten. Die vorhergegangene Psalmlesung trägt ebenfalls schon zur Errichtung des mentalen Raumes bei. *Tage mit guten Gesprächen*: Ein weiterer Satzfetzen als Explikation von dem, was „*reiche Tage*" sein können. „Gute Gespräche" ist weniger missverständlich als „reiche Tage".

Tage mit heilsamen Begegnungen: Die Nennung „Heilsame Begegnungen" hingegen setzt voraus, etwas müsse „geheilt" werden. Auch diese Metapher ist missverständlich, weil sie Krankheit suggeriert und tatsächlich erfolgende Heilung in Aussicht stellt.

Tage mit der Erfahrung einer großen Gemeinschaft. Diese Formulierung hingegen ist schon aufgrund der Massensituation auf dem Platz und der Programmgestaltung der Kirchentags-Tage naheliegend und anschlussfähig. Auf viele Menschen zu treffen, wird sich nicht vermeiden lassen. Diese nicht nur als Masse, sondern als „große Gemeinschaft" zu erleben, ist als Wunsch und Bitte plausibel.

Guter Gott, nun sind wir da.

Diese Formulierung wiederholt die Anrede und Beschreibung des Anfangs. Der Ringschluss bündelt und sammelt die teils metaphorisch mehrdeutigen Bitten und Aussagen und Beschreibungen des Mittelteils. *Schenk uns deinen Segen.* Es folgt eine weitere Bitte, die für liturgisch Kundige zu diesem Zeitpunkt des Gottesdienstes etwas Missverständliches haben kann. Gottesdienstlich wird der Segen erst am Schluss des Gottesdienstes erwartet. Für die Semantik des Ausdrucks „Segen" kann die Gesamtinszenierung als Spacebuilder verstanden werden – auf der reinen Textebene müsste es übersetzt werden.

Amen. Die Bekräftigungsformel schließt auch dieses Gebet ab. Keines der angegebenen Gebete überträgt „Amen", z.B. in „So sei es" oder „So ist es" oder „So soll es sein". Alle übernehmen die Formel und fügen ihr nichts hinzu. Offenbar wird „Amen" als Wort eigener Gattung, als eindeutig der Kirchensprache zugehöriges Wort gedeutet.

5.4.7 DEKT Berlin/Wittenberg 2017

Beim Kirchentag in Berlin und Wittenberg wird einer der drei Eröffnungsgottesdienste als „in ökumenischer Weite (in Leichter Sprache)"[71] gefeiert. Die Liturgin, die damalige Berliner Oberkonsistorialrätin Christina-Maria Bammel, betet laut Skript um 18:23:50 h am Brandenburger Tor:

> *Gott, wir waren unterwegs.*
> *Jetzt sind wir hier, / in Berlin, / beim Kirchentag.*
> *Es sind so viele Menschen hier. / Unglaublich viele.*
> *Wir feiern miteinander.*
> *Wir reden miteinander.*
> *Wir suchen nach Dir, Gott.*
> *Und Du?*
> *Du siehst uns.*
> *Du berührst uns.*
> *Du bist uns nahe.*
> *Hier in Berlin und auf dem Weg.*
> *Jetzt. / Heute. / Und an jedem Tag.*
> *In Ewigkeit.*
> *Amen.*

Gott wird angeredet. In der Anrede an Gott schildert die Beterin zugleich die Situation der Gemeinde – „*wir waren unterwegs*", und dann in der zweiten Zeile: „*jetzt sind wir hier*". Der Kasus Eröffnungsgottesdienst, in dem nicht eine feste Gemeinde, sondern eine Gemeinde aus vielen Menschen von vielen Orten zusammenkommt, steht nach der Anrede an Gott am Anfang und bestimmt semantisch auch die folgenden Sätze.

Jetzt sind wir hier, in Berlin, beim Kirchentag.

Der Satz konstituiert weiter das „wir", indem der Ort „Berlin" und der Anlass „Kirchentag" genannt werden. Auf pragmatischer Ebene dienen die ersten

---

71 Deutscher Evangelischer Kirchentag (Hrsg.): Berlin – Wittenberg 24.-28. Mai 2017. Programm, Fulda 2017.

sieben Zeilen ebenfalls der Konstitution von Gemeinde. Es wird ein „wir" geschaffen. Anders als im „wir" in 5.4.6 werden damit verbunden keine Emotionen unterstellt, sondern zunächst eine offensichtliche Situation beschrieben. So auch im folgenden Satz: *Es sind so viele Menschen hier.* Semantisch ist auch in diesem Satz der Informationsgehalt redundant, die Qualifizierung „so viele" ist ungenau. Im Kontext hat auch dieser Satz gemeindekonstituierende Wirkung. Syntaktisch wechselt der Satz die Perspektive, wählt die Draufsicht („es sind" statt „wir sind") und gibt der Menge, den „viele(n)" damit etwas Objektives, das durch den folgenden Satzfetzen noch unterstrichen wird: *Unglaublich viele.* Im folgenden Satz wechselt das Subjekt zurück ins „wir", das Verb kann präsentisch und futurisch zugleich verstanden werden. „Wir feiern miteinander" – das tun „wir" jetzt und am an den Gottesdienst anschließenden „Abend der Begegnung". Das werden „wir" in den kommenden Tagen auch weiter tun. In der Form des Tagesgebets ist das am ehesten eine Conclusio, jedenfalls keine Anrede, und keine Bitte. So auch der folgende Satz: „Wir reden miteinander." Der gemeindekonstituierende „Wir"-Duktus geht weiter. Auch dieser Satz kann als Präsens und als Futur verstanden werden. Er ist Programm (beim Kirchentag sollen alle miteinander reden) und Beschreibung zugleich (beim Kirchentag und auch schon jetzt beim Eröffnungsgottesdienst reden alle miteinander). In der Form des Tagesgebets ist auch dieser Satz pragmatisch redundant.

Es geht weiter mit: *„Wir suchen nach Dir, Gott."*

Das „Wir" bleibt Subjekt. Auch dieser Satz kann futurisch und präsentisch verstanden werden. Er nimmt die Gottesanrede wieder auf. Er kann als zentrale Bitte verstanden werden – aber nur indirekt formuliert. „Wir suchen nach Dir, Gott" könnte als Bitte formuliert heißen: „Bitte lass Dich von uns finden, Gott." Oder: „Bitte sei Du da, wenn wir reden und feiern."

Mit der kurzen Frage: *Und Du?* wird die Anrede an Gott fortgesetzt. Für sich genommen, ist die Frage an Gott mehrdeutig. Von „wo bist Du?" bis zu „wir machen dieses oder jenes – und was machst (eigentlich) Du?" sind Deutungen möglich – abhängig von Tonfall der Betenden und Kontext der Sätze vorher. „Und Du?" spricht Gott direkt an, als Gegenüber zum „wir", es ist syntaktisch der einzige Satz, der keine Aussage, sondern eine reine Frage ist – ohne dass für sich genommen klar ist, wonach die Betende eigentlich fragt. Mit *„Du siehst uns."* folgt statt der zentralen Bitte nun eine Gottesprädikation – verbunden mit der Antwort auf die Frage „Und Du?"

Das *„Du siehst uns"* nimmt zugleich die Losung des Kirchentags „Du siehst mich" auf und wendet sie in den Gebetsplural. Im Gottesdienst wird auch das Lied gesungen „Du bist ein Gott, der mich anschaut..."[72].

Andere Variationen des Wortfelds sehen/ansehen/gesehen werden als Teil der Mensch-Mensch- und der Gott-Mensch-Relation sind die Leitmetaphern des Gottesdienstes. „Du siehst uns" ist dabei auch Präsens und Futur. Es ist ein be-

---

72 Deutscher Evangelischer Kirchentag (Hrsg.): freiTöne. Liederbuch zum Reformationssommer 2017, Kassel 2017, Lied 1: Du bist ein Gott, der mich anschaut (Text: Susanne Brandt, Melodie: Miriam Buthmann 2016).

schreibender Aussagesatz – der aber, weil durch den Kontext Gott als Angeredeter markiert auch ein Bekenntnis ist, das sagt: „Ich glaube, du siehst uns". Gleiches trifft auf die folgenden Sätze zu, die im Kontext als Prädikationen zu verstehen sind: „*Du berührst uns. Du bist uns nahe.*"

Durch Situation und Kontext wird das zu einem Bekenntnispräsens, das den Zustand beschwört, indem es ihn beschreibt. Die Betende hat Gott mit der Frage „*Und Du?*" angefragt und beantwortet diese Frage zugleich öffentlich im Modus des Bekenntnisses: Du, Gott, bist der, der uns sieht, der uns berührt, der uns nahe ist.

Das Risiko der „Wir"- Formulierung beim Beten wird immer mitgeführt, wie bei standardsprachlichen Gebeten auch. Wer innerlich die Finger kreuzt und sagt: „Ich bin nicht wir", fühlt sich durch eine „Wir-Formulierung" ausgeschlossener als durch eine offenere Formulierung. Eine solche gehörte dann eher in die zentrale Bitte als in die Prädikation, z.B.: Bitte sieh uns. Bitte berühr uns. Bitte sei uns nahe.

Der folgende Satz „*Hier in Berlin und auf dem Weg*" ist in seiner Anspielung nur im Kontext der Kirchentage „auf dem Weg" verständlich. Im Kontext dieses Eröffnungsgottesdienstes 2017, der zugleich die dezentralen Gottesdienste in den Luthergedenkstätten und anderen Städten Sachsens und Mitteldeutschlands miteröffnet[73], ergibt die Formulierung „auf dem Weg" eigenen Sinn. Das ist unter dem Gesichtspunkt Leichter Sprache ungünstig, da „auf dem Weg" ja auch bedeuten könnte, dass Leute noch unterwegs sind oder schon gehen. Der Satz ist unvollständig und impliziert: All das tust Du, Gott, hier in Berlin, und Du tust es auch an den anderen Orten, an denen jetzt Kirchentag gefeiert wird. Diese Deutung setzt allerdings kirchentagsorganisatorisches Vorwissen voraus.

Die sehr kurzen folgenden Sätze „*Jetzt. Heute. Und an jedem Tag.*" sind als drei Sätze aufgeteilt, die aber je allein semantisch leer sind. Als Ergänzung zu den Ortsangaben im Satz zuvor bestimmen sie zusätzlich zu den Ortsangaben nun die Zeit.

Gleichzeitig ist im Kontext des Gebets die semantische Klammer weiter und gibt den Zeitangaben den Charakter der Conclusio: All das, was wir vorher gebetet und bekannt haben, gilt „jetzt/heute/und an jedem Tag". Agendarische Formulierungen – „der Du lebst und regierst mit dem Heiligen Geist von Ewigkeit zu Ewigkeit" – klingen mit, setzen aber liturgische Kenntnis voraus. Die vorletzte Zeile „*In Ewigkeit*" fällt aus der Leichten Lexik der vorhergehenden Zeilen heraus. Wie das folgende „*Amen*" wird es als Wort der religiösen Sprache übernommen und nicht übersetzt. Es bleibt unerklärt, semantisch verstärkt es das „jetzt, heute, an jedem Tag" – als Wort signalisiert es „religiöse Sprache" und „Heiligkeit". Es hebt das Gebet aus der Alltagssemantik und leitet über zum folgenden „Amen".

---

73 Die sogenannten „Kirchentage auf dem Weg" boten an den dann folgenden drei Tagen eigenes Programm an, die Eröffnungsgottesdienste und der Schlussgottesdienst fanden nicht „auf dem Weg" statt, sondern nur in Berlin bzw. Wittenberg.

5.4.8 DEKT Dortmund 2019

Beim Kirchentag in Dortmund werden die gleichen Kategorien für die Eröffnungsgottesdienste verwendet wie bereits in Berlin[74]. Beim Eröffnungsgottesdienst in ökumenischer Weite (in Leichter Sprache) betet einer der Liturgen, der Oldenburger Pfarrer Nico Szameitat:

> *Gott, wir kommen gerade an.*
> *Von vielen verschiedenen Orten.*
> *Aus aller Welt.*
> *Jetzt sind wir hier in Dortmund.*
> *Wir kommen an beim Kirchentag.*
> *Wir feiern zusammen.*
> *Wir reden miteinander. Und wir suchen.*
> *Wir möchten vertrauen.*
> *Anderen Menschen.*
> *Uns selber. Dir, Gott.*
> *Wie geht das? Wie üben wir „Vertrauen"?*
> *Lass uns spüren: Du bist uns nah.*
> *Lass uns mutig sein und neugierig bleiben.*
> *Auf diesen Kirchentag.*
> *Auf das Leben.*
> *Auf Dich, Gott.*
> *Amen.*

Das Gebet beginnt mit der schlichten Gottesanrufung. Auf eine Prädikation wird verzichtet. Wie in 5.4.6 und 5.4.7 erfolgen statt Erinnerungen an „Gottes Heilswirken" (EGb 618) eher gemeindekonstituierende Bemerkungen: *„wir kommen gerade an. / Von vielen verschiedenen Orten. / Aus aller Welt."* Mit Satzfetzen werden verschiedene Informationen zusammengetragen, deren Subjekt das „wir" aus dem ersten Satz bleibt. In den folgenden Sätzen wird das „wir" jedes Mal neu aufgeführt, was den Regelwerken Leichter Sprache entspricht. Wie in den vorherigen Gebeten auch, haben die in den folgenden Zeilen verwendeten Verben verschiedene Bedeutungsebenen. *„Jetzt sind wir hier in Dortmund."* – die so Angesprochenen befinden sich auf dem Hansaplatz mitten in Dortmund und bekommen das noch einmal bestätigt. *„Wir kommen an beim Kirchentag."* Diese Formulierung verwendet das Verb „ankommen" im metaphorischen Sinne. Wer beim Gottesdienst mitfeiert, ist bereits in Dortmund angekommen. Aber der Kirchentag ist der Beginn, der hilft, sich auf den Kirchentag einzustimmen, ggf. an das Kirchentagsgefühl vergangener Besuche anzuknüpfen, sich an die Gesellungsform Massenevent zu gewöhnen, die die folgenden Tage bestimmen wird. In diesem Sinne sind auch die folgenden Formulierungen zu verstehen: *„Wir feiern zusammen."* Das beschreibt den Jetzt-Zustand des Gottesdienstes, aber er kündigt auch etliche Gelegenheiten zum Feiern in den kommenden Tagen an.

---

[74] Eröffnungsgottesdienste „in ökumenischer Weite (in Leichter Sprache)", „für Groß und Klein" und „vor großer Kulisse" (Deutscher Evangelischer Kirchentag: Dortmund 2019. Programm, 16, und Deutscher Evangelischer Kirchentag: Berlin-Wittenberg 2017. Programm, 16).

„*Wir reden miteinander.*" Das findet bei gottesdienstkonformem Verhalten gerade nicht statt, sondern einer redet und die anderen hören zu. Im Anschluss an den Gottesdienst beim Abend der Begegnung und an den folgenden Tagen ist allerdings Kommunikation Programm. „*Und wir suchen.*" Wie „ankommen" ist auch das „suchen" hier metaphorisch gemeint. Die folgenden Satzfetzen explizieren das und nutzen das kollektive Gebets-Wir:

„*Wir möchten vertrauen.*" Das Verb vertrauen benötigt korrekterweise ein Objekt oder ein Adverb. Es folgen drei mögliche Objekte in den Folgesatzfetzen: „*Anderen Menschen.*

Uns selber. Dir, Gott.", die durch den Kontext zusammengehalten werden. Die folgende Frage problematisiert das Vertrauen – was zugleich über die Kirchentagslosung „Was für ein Vertrauen" präsent ist. Sie konstituiert das Thema „Vertrauen" als für den Kirchentag relevant, das Wort wird in den folgenden Tagen vielfach zu hören, zu lesen und zu singen sein. Der Beter fragt eine weit über den Moment des Gebets hinaus relevante Frage:

„*Wie geht das? Wie üben wir ‚Vertrauen'?*" Die Fragen problematisieren, was Vertrauen überhaupt ist. Angeredet ist weiterhin Gott – in der öffentlichen Situation des stellvertretenden Betens sind indirekt alle Anwesenden mit angeredet. Die Fragen leiten zugleich über zu den zentralen Bitten, die zwar leicht verständliche Worte verwenden, aber metaphorische Zusatzbedeutung haben: „*Lass uns spüren: Du bist uns nah.*" Dies verweist auf eine religiöse Kernproblematik: Wie spüren Menschen Gott? In der Situation eines vollen Open-Air-Gottesdienstes sind vordringlich andere Menschen nah – dies auch Gott zuzuschreiben, ist ggf. missverständlich, wenn die Anrede „Gott" nicht wiederholt wird. Die zweite Bitte eröffnet wieder konkrete und metaphorische Dimensionen:

„*Lass uns mutig sein und neugierig bleiben.*" Das sind zwei Bitten in einem Satz. Die zweite unterstellt, dass jemand bereits neugierig ist und das „Neugierig-sein" positiv konnotiert ist. Ggf. ist das für jemanden, der als Kind oder Erwachsener den Hinweis „Sei nicht so neugierig!" gehört hat, nicht intuitiv verständlich. Die folgenden drei Satzfetzen wiederholen in der Form den Dreischritt, der auch auf das Wort „*Vertrauen*" gefolgt ist. Der Beter bittet stellvertretend darum, dass die Mitbetenden neugierig sind „*Auf diesen Kirchentag. Auf das Leben. Auf Dich, Gott.*" Der Dreischritt weist in die Zukunft – sowohl in die unmittelbar vorausliegende Zukunft der kommenden Tage auf dem Kirchentag, als auch auf das ganze Leben und auf die damit noch einmal angeredeten Adressaten des Gebets. Pragmatisch hat die Formulierung die Funktion der Conclusio – vgl. „hier und heute und von Ewigkeit zu Ewigkeit". Der Kontext hält die gedanklich sehr weiten und nicht allgemeinverständlichen Schritte zusammen. Auch dies Gebet schließt mit: Amen.

Bis auf den Gebrauch von Metaphern folgt das Gebet im Wesentlichen den Regelwerken Leichter Sprache.

5.5 Erkenntnisse aus dem Erprobungsfeld Kirchentag

Vom DEKT Bremen 2009 bis zum DEKT Dortmund 2019 ist in zehn Jahren eine Entwicklung zu verzeichnen. Die Tagesgebete wenden im Laufe der Jahre die gängigen Regeln für Leichte Sprache immer routinierter an. Für die Tagesgebete bedeutet dabei die Verwendung von Leichter Sprache auf pragmatischer Ebene keine Einschränkung. Die zentralen Funktionen (Scharnier) und Bestandteile (Anrufung, Prädikation, zentrale Bitte, Conclusio) sind sichtbar, der Bezug auf den Kasus (Kirchentagseröffnung) und der Charakter des „gebeteten" Dogmas wird durch den jeweiligen Bezug auf die Kirchentagslosung realisiert, der als Proprium das Dogma bestimmt. Die Prädikation wird schwächer und der Wir-Bezug stärker (vgl. 7.5, These 5).

Kritische Hinweise zur konsequenten Umsetzung der Regelwerke ändern nichts an der generellen Einschätzung, dass bei der Verwendung von Leichter Sprache im Tagesgebet keine offenkundigen Sinnverluste auf der Produktionsseite zu beobachten sind.

Als Spezifika vor allem der späteren Eröffnungsgottesdienste (Stuttgart, Berlin, Dortmund) ist eine souveräne Kürze zu verzeichnen, die durch Wiederholungen von sinntragenden Lied- oder Psalmversen den Gebeten poetische Struktur verleiht. Die Gebete liefern Beispiele für die konzeptionelle Mündlichkeit (vgl. Kap. 7.4), wie sie durch das Formulieren in Leichter Sprache im Idealfall erreicht werden kann. Die Texte bleiben zugleich anschlussfähig für den Formelcharakter des Tagesgebetes im Gottesdienst nach Grundform 1. Auf den erklärenden dogmatisch aufgeladenen Modus wird allerdings weitgehend verzichtet, stattdessen wird versucht, zwischen „Vermeidung und Zumutung"[75] einen sprachlichen Weg zu gehen, der auch metaphorische Konnotationen zulässt bzw. mit ihnen experimentiert. Der Fokus der Bitte wandelt sich hin zu Sollens-Sätzen, der Charakter des Tagesgebets entwickelt sich hin zum Eingangsgebet, das die Gemeinde auf die kommenden Tage als Gesamtereignis vorbereitet.

Das Verwenden von Leichter Sprache in der Liturgie schreibt damit Impulse fort, die den Kirchentag als liturgisches Labor und Ort des Experiments auszeichnen. In der „Lebendigen Liturgie", die den Kirchentag seit den frühen 70er Jahren begleitet hat[76], hat dies ebenso Ausdruck gefunden wie in den oben geschilderten Bibelübersetzungen in Gerechter Sprache (vgl. Kapitel 5.2.1).

---

75 Bock, Bettina M.: Zwischen Vermeiden und Zumuten. Ein Blick auf die „Leichte Sprache" in religiöser Kommunikation, in: Zeitzeichen 22.1 (2021), 33f.
76 Vgl. Schröer, Henning: Lebendige Liturgie – was ist das? Ein Steckbrief mit 22 Erläuterungen, in: Fritsch-Oppermann/ders., Lebendige Liturgie. Texte, Experimente, Perspektiven, Gütersloh 1990, 9–17. Im speziellen Sound des Autors heißt es dort: „Vielen ist Liturgie deshalb fragwürdig, weil sie zu ihrem Verständnis so viel historische Kenntnisse brauchen. Liturgie wird zum Antiquariat. Sie suchen aber Hoffnung. Wer der biblischen Hoffnung lebendiger Liturgie folgt, wird gerade aus alten Erfahrungen kühne Erwartungen ablesen. (...) Die Verheißung macht kühne Erwartung möglich, eine Hoffnung gegen die üblichen Erwartungen. Auch dies ist ein Kennzeichen: Lebendige Liturgie wagt Vertrauen, ist (...) ein Zeichen für eine ‚Gott-lebt!-Theologie'" (14).

Es gilt nun im folgenden herauszufinden, wie die Regelwerke (die dem „Lebendigen" in der Liturgie zunächst erst einmal entgegenstehen), die von ihnen angestrebte Verständlichkeit einerseits mit der Leichtigkeit und Lebendigkeit liturgischer Sprache andererseits zueinander in Beziehung gesetzt werden können.

In Kapitel 7 wird unter liturgiedidaktischer Rücksicht ausgeführt, wie dies ggf. noch experimenteller und zugleich regel-konsequenter ausgeführt werden kann, als es die hier untersuchten Tagesgebete in (oder besser: mit) Leichter Sprache bislang zeigen.

6. Leichte Sprache und das Spezifikum des Gebets als sprachlich-rituelles Geschehen

6.1 Sprache – Generalmedium der Kommunikation des Evangeliums

In den vorangegangenen Kapiteln standen zunächst die Ausgangsbedingung für die Regelwerke und dann die Regelwerke für Leichte Sprache selbst im Zentrum – immer unter der besonderen Berücksichtigung ihrer Auswirkungen auf den Sonderfall der Liturgischen Sprache. Das Tagesgebet als Gottesdienst im Kleinen und sein Vorkommen im Liturgischen Erprobungsfeld Kirchentag haben das Thema weiter entfaltet. In Vorbereitung der abschließenden liturgiedidaktischen Fragen geht es im nun folgenden Kapitel noch einmal grundsätzlich um die Bedingungen der Verwendung von Sprache im Gottesdienst.

Die Erwägungen dazu beziehen auch Autoren mit ein, die ihre Überlegungen wesentlich am Genus Predigt entfaltet haben (Ernst Lange, Wilfried Engemann). Aber was Lange und nach ihm andere zur „Kommunikation des Evangeliums" unter den Bedingungen der jeweils aktuellen Situation zu bedenken geben, gilt insgesamt auch für die Frage nach gottesdienstlicher Sprache unter dem Primat der Verständlichkeit und dem Rechtsanspruch auf barrierefreie Kommunikation.

6.1.1 Sprache des Alltags

Die Suche nach einer alltagstauglichen Verkündigungssprache ist im praktisch-theologischen Diskurs nicht auf die Kommunikation mit Menschen mit Einschränkungen begrenzt, sondern sie ist für ihn in vielerlei Hinsicht konstitutiv. Denn Predigen (und jede Rede im Gottesdienst) geschieht stets „zu den Bedingungen der Sprache"[1]. Auf der Kanzel als dem prominentesten evangelischen Sprachort wie auch am Altar ist das Generalmedium Sprache „darauf angewiesen, dass ein *Interpretations- und Aneignungsprozess* durch die Adressaten in Gang gesetzt wird"[2]. Wird Sprache dagegen „nicht wirklich als Medium begriffen", besteht die Gefahr zu vernachlässigen, „dass Predigen ein Vermittlungsprozess ist, der – auch wenn richtig ist, was gesagt wird – scheitern kann"[3]. Gleiches gilt mutatis mutandis auch für die liturgische Gebetssprache. Auch in ihr kommt es darauf an, von den Anwesenden zunächst ganz elementar verstanden zu werden. Sprachlich verfasste Sinnzusammenhänge sollen sinnentsprechend decodiert

---

[1] Engemann, Wilfried: Einführung in die Homiletik, Tübingen ³2020, 270.
[2] Ebd., 271 (Herv. im Original).
[3] Ebd.

werden können, bevor eine religiöse Vergewisserung einsetzt, bevor Zustimmen und Einstimmen möglich werden.

Prominenter Vertreter einer Verkündigungssprache, die die Hörenden und ihre gesellschaftlich und kulturell geformten Verstehensmöglichkeiten programmatisch in den Blick nimmt, ist Ernst Lange. Bleibend aktuell ist seine schon 1965 formulierte These: „Die Verheißung kommt zum Durchbruch in menschlicher Kommunikation."[4] Die Kommunikation des Evangeliums weiß sich an „alltägliche Gestaltungsformen gebunden"; das „Werk der Verkündigung" geschieht, so Langes hermeneutische Grundüberzeugung, „in einem menschlichen Zusammenkommen, Zusammensein und Zusammenspiel"[5]. Ernst Lange bezeichnet diese sprachliche Umcodierung als „Bleiben in der Kommunikation" und nennt es mit Bezug auf Röm 12,1 den „liturgisch einzig vernünftigen Gottesdienst". Denn eine „Kirche, die die Glaubenden nicht in Kommunikation bringt, eine Kirche, deren Sprache nicht der Verständigung dient, eine Kirche, deren Ämter das Wort als Monopol verwalten, eine Kirche, deren Ordnungen die Gruppen in ihrer ‚natürlichen' Isolierung voneinander und Abwehr gegeneinander belassen (…), bleibt ihren Gottesdienst schuldig, mögen ihre Liturgien noch so reich sein."[6] In diesem Zitat wird deutlich, dass Lange die homiletisch gebotene Arbeit an der eigenen Sprache in einen kybernetischen Kontext einzeichnet, der weit über ein Elementarisierungsbemühen hinausgeht. Das Amt und die es gewährleistende Institution darf das gesprochene und auf unmittelbares Verstehen zielende Wort nicht korrumpieren. Der Transparenz der Kommunikation muss eine für alle nachvollziehbare Transparenz der Organisations- und Legitimationsstrukturen entsprechen.

Ernst Langes Programmschrift von 1965 steht im Kontext einer von ihm initiierten „kleine(n) Versuchsgemeinde"[7], der „Evangelische Gemeinde am Brunsbütteler Damm" in Berlin-Spandau. Diese 1960 in einem einfachen Ladengeschäft an einer Verkehrsachse am Brunsbütteler Damm 17 gegründete Gemeinde[8] suchte das Gespräch mit Menschen aus allen sozialen Milieus. Diese Praxis kam programmatisch in der Formel „Kommunikation des Evangeliums" zum Ausdruck. Es war damals der Versuch, den „‚Vorhang', der Kirche und Wirklichkeit voneinander scheidet"[9], zu beseitigen. Ernst Lange war von 1960 bis 1964 Pastor in Spandau und verband die praktische Gemeindearbeit vor Ort mit diesem theologischen Entwurf. Der Rezeptionshorizont seiner Gemeinde wurde gleichsam zur Grundlage des Postulats nach Verständlichkeit.

---

4 Lange, Ernst: Chancen des Alltags. Überlegungen zur Funktion des christlichen Gottesdienstes in der Gegenwart [HCiW 8], Gelnhausen 1965, 110.
5 Ebd., 109.
6 Ebd., 113.
7 Ebd., 9.
8 Seit 2004 gibt es die Ladenkirche am Brunsbütteler Damm nicht mehr, jedenfalls nicht in den ursprünglichen Räumen. Vgl. https://nikolai-spandau.de/page/5231/ladenkirche (vom 27.7.2020). Vgl. auch Deml-Groth, Barbara/Dirks, Karsten (Hrsg.): Ernst Lange weiterdenken. Impulse für die Kirche des 21.Jahrhunderts, Berlin 2007.
9 Lange: Chancen, 8.

Ernst Langes Beitrag zur homiletischen Theoriebildung ist vielfältig diskutiert und rezipiert worden und kann hier nur noch einmal grob umrissen werden. Besonders präsent sind bis heute die dialogisch aufgebauten „Predigtstudien"[10]. Ihrem Selbstverständnis nach sollen die Predigtstudien zu einer Predigt verhelfen, „die auf die Lebenserfahrungen der Hörenden eingeht und zu einer sie religiös ansprechenden Auslegung des biblischen Textes führt. Die Predigtstudien wollen dem Verstehen des biblischen Textes das Verstehen der Hörenden mit gleichem Gewicht zur Seite treten lassen. Die Hörenden sollen merken, dass sie als souveräne Subjekte ihrer religiösen Selbstdeutung angesprochen werden. Das könnte gelingen, wenn Predigende versuchen, sich an die Stelle der Hörenden zu versetzen und dabei gerade diejenigen im Blick haben, denen die Semantik kirchlicher Rede unverständlich geworden ist."[11] Auf verständliche Sprache angewiesene Rezipientinnen und Rezipienten gehören im weiteren Sinn auch zu solchen, denen die Semantik kirchlicher Rede von vorneherein unverständlich ist – auch wenn Lange sie nicht explizit im Fokus hatte.

Ernst Lange stellt „Überlegungen zur Funktion des christlichen Gottesdienstes in der Gegenwart" an, die in Zusammenhang mit dem stehen, was in der Spandauer Ladenkirche von ihm gemeinsam mit anderen erprobt worden ist. Zugleich gehen seine Ausführungen über die konkreten Erfahrungen dieses kirchlichen Experimentes in Berlin hinaus und betreffen Gottesdienst und Predigt in grundsätzlicher Weise.

Lange siedelt die religiöse Kommunikation radikal im Alltag der Menschen an. Dies schließt die Verwendung religiöser Sondersemantiken in Gestalt tradierter Formelsprache von vornherein aus. Seiner Überzeugung nach sind „Grund, Inhalt und Verheißung des christlichen Gottesdienstes (...) nicht die Sicherung eines sakralen Bereiches in der Profanität unseres Lebens (...). Grund, Inhalt und Verheißung des Gottesdienstes ist vielmehr, daß uns die Profanität um Jesus willen als voller Verheißung, voll der Gegenwart Gottes immer aufs Neue eröffnet, offengehalten und aufgetragen wird. Und dies müßte sich dann freilich auf Raum, Zeit, Vollzug, Sprache und Stimmung der christlichen Gemeindeversammlung ganz erheblich auswirken."[12]

Langes Ansatz bei dem verstehenden Mitvollzug des Gottesdienstes, v.a. der Predigt, wirkt bei den „Predigtstudien" bis in die unmittelbare Gegenwart hinein fort. Sein Augenmerk in der Zeit seiner Programmschrift „Chancen des All-

---

10 Hrsg. Weyel, Birgit/Claussen, Johann Hinrich/Engemann, Wilfried u.a., im Verlag Kreuz in der Verlag Herder GmbH, Freiburg (Stand November 2020) mit dem prägnanten Darstellungsschema A-Teil: Texthermeneutik und B-Teil: Situationshermeneutik. Elke Rutzenhöfer im Editorial PrSt 2020/21, Reihe III, 1. Halbband zum Wechsel von Wilhelm Gräb zu Birgit Weyel als geschäftsführender Herausgeberin: „Nur wer sich in die situative Lebenswelt der Hörenden einfühlt und den biblischen Text dazu in Beziehung setzt, kann Relevanz der religiösen Rede erlangen." (9).
11 Aus dem Leitfaden zum homiletischen Verfahren der Predigtstudien (aktualisierte Fassung vom 19.9.2015), der jedem Autor/jeder Autorin bei der Anfrage um Mitwirkung zugesandt wird.
12 Lange: Chancen, 25 (Hier und bei den folgenden Zitaten des Autors Rechtschreibung wie im Original).

tags" lag zwar nicht auf der Verständigung mit Menschen mit Behinderungen, doch der durch die UN-BRK verschärfte Inklusionsdiskurs (vgl. Kapitel 2 und 3) radikalisiert und aktualisiert Langes Forderung nach Verständlichkeit. Die Frage nach der „Kommunikation des Evangeliums" stellt sich unter dieser Rücksicht noch einmal neu. Auch die folgenden Überlegungen aus dem Feld der Homiletik führen die Fragen nach der Funktion Leichter Sprache mit ins Feld: Partizipations-, Lern- und Brückenfunktion (vgl. Kapitel 3.4.1, 3.4.2 und 3.4.3) sind gedanklich mitzuführen bei der Rezeption von Debatten aus der ersten Hälfte des 20. Jahrhunderts.

6.1.2 Zum Streit um den „Anknüpfungspunkt"

Die Diskussion um die Teilhabe bzw. die Ermöglichung von Beteiligung am Gottesdienst unter den Bedingungen von Sprache sollen hier in Beziehung gesetzt werden zu einem Streit, der unter ganz anderen gesellschaftlichen und politischen Bedingungen ausgetragen wurde[13].

Etwa zeitgleich mit Lange führt der Münsteraner Praktische Theologe Karl-Wilhelm Dahm[14] aus, wie sehr die Herausforderungen von Theologie und Lebenswirklichkeit in der Predigt gerade zum Beginn der eigenen Predigtpraxis im homiletischen Seminar aufeinandertreffen. Beide sind geprägt durch die Auseinandersetzungen mit der Dialektischen Theologie und deren Relevanz für eine zeitgemäße Predigt. Besonders umstritten war dabei die Frage nach dem sogenannten „Anknüpfungspunkt"[15]. Emil Brunner machte bekanntlich in den 1930er Jahren diese theologische Kategorie populär. Brunner bringt dafür ein schöpfungstheologisches Argument in die Debatte und beschreibt den Menschen als „in seinem geschöpflichen Menschsein grundsätzlich *ansprechbar*" [16]. Diese Ansprechbarkeit macht es nötig, auf „seine (z.B. sprachlichen) Bedingungen und konkreten Situationen" einzugehen.[17] Rezipientinnen und Rezipienten homiletischer und liturgischer Sprache sind „Geschöpf(e) in Raum

---

13 Alexander Deeg und David Plüss weisen darauf hin, dass Lange keineswegs als der „Überwinder einer durch die Wort-Gottes-Theologie geprägten Phase der Praktischen und Systematischen Theologie" zu sehen sei. Seine liturgischen Konzeptionen würden „bis in die Begrifflichkeit hinein Karl Barths Akzentuierungen aus der Kirchlichen Dogmatik" aufnehmen. „Es wäre in vieler Hinsicht wohl angemessener, Ernst Lange als Praktischen Theologen des Dialektischen Aufbruchs zu würdigen, der Ernst macht mit der Einsicht in die Bedeutung des Wortes Gottes inmitten der Wirklichkeiten dieser Welt und daher Praktische Theologie als umfassende Theorie der Kommunikation des Evangeliums konzipiert" (Deeg, Alexander/Plüss, David: Liturgik [Lehrbuch Praktische Theologie 5], Gütersloh 2021).
14 Dahm, Karl-Wilhelm: Beruf: Pfarrer. Empirische Aspekte zur Funktion von Kirche und Religion in unserer Gesellschaft, München 1971.
15 Eingeführt wurde der Begriff von Friedrich D. E. Schleiermacher in: ders., Der christliche Glaube nach den Grundsätzen der evangelischen Kirche im Zusammenhang dargestellt (1821), Berlin 71960. § 108, 5f.
16 Vgl. Brunner, Emil: Die Frage nach dem „Anknüpfungspunkt" als Problem der Theologie, in: Zeichen der Zeit 10.6 (1932), 505–532, 510f.
17 Engemann: Einführung, 349.

und Zeit"[18]. Karl Barth hingegen interpretiert Predigteinleitungen als „Anknüpfungsversuche", die er grundsätzlich ablehnt. Anknüpfung geschieht für Barth lediglich als „Anknüpfung von oben her durch das Wunder Gottes"[19]. In seiner Analyse der Debatte um den Anknüpfungspunkt weist Engemann mit Recht darauf hin, dass diese Frage „keine den Predigtanfang betreffende Formalie, keine verzweifelte pragmatische Notlösung (ist)". Vielmehr gehe es in der Frage der Anknüpfung „um die Erkundung relevanter Ausgangspunkte für einen zu eröffnenden Dialog". Dieser mache erst möglich, dass Predigtgeschehen und sprachliches Geschehen im Gottesdienst überhaupt kein „fatale(r) Einbahnverkehr" sind, „bei dem zwar einer spricht, aber niemand hört"[20].

Im Kontext dieser Untersuchung ist die Frage nach dem „Anknüpfungspunkt" vor allem im Blick auf die Bedingungen der Möglichkeit relevant, unter denen die Verstehensbedingungen eines Großteils der potentiellen Gottesdienstbesucherinnen und -besucher zur Voraussetzung für eine angemessene gottesdienstliche Sprache werden können.

Leichte Sprache ist dabei nicht im Langeschen Sinne Alltagssprache, an die unmittelbar „angeknüpft" werden kann. Sie ist vielmehr – wie dargestellt – eine Kunstform, eine Varietät des Deutschen, die die Reflexions- und Rezeptionsperspektiven von Menschen mit spezifischen Verstehensschwierigkeiten zum Maßstab für die sprachliche Kommunikation nimmt. In diesem auf allgemeine Verständlichkeit ausgerichteten Sinn ist auch Leichte Sprache als die Form eines Anknüpfungspunktes zu verstehen. Sie knüpft an Erkenntnisse der Sprach- und Verständlichkeitsforschung an und antizipiert – wie ausgeführt – den Bedarf von primären und sekundären Adressatinnen und Adressaten.

In diesem Sinne im Gottesdienst sprachlich Anknüpfungspunkte zu bieten, könnte heißen, den Menschen – ein gelingendes Sprachgeschehen vorausgesetzt – damit zugleich „Anknüpfungspunkte" für ihr Leben als „Ort der Erfahrung der Wirklichkeit Gottes"[21] zu bieten. Dies fordert Engemann auch unter Bezug auf Tillich[22] vehement ein.

Tillich und Lange beziehen sich beide auf die „Situation" (Tillich) bzw. die „Lebenswirklichkeit" (Lange) der Hörenden und setzen diese als den Ausgangspunkt jeder Rede von Gott. Im Kontext dieser Untersuchung gilt es zu ergänzen, dass diese Lebenswirklichkeit auch am Beginn jeder Rede an Gott steht. Gebetssprache geht zwar wesentlich von einem anderen Gegenüber aus, als es die Predigt tut. Liturgiepraktisch sollen aber gerade die Gebete noch viel mehr an die Sprache der potentiell Anwesenden „anknüpfen", da diese zum Einstimmen aufgefordert werden und in ihrem Namen stellvertretend gesprochen werden soll.

Wie aber, wenn Situation und Lebenswirklichkeit wesentlich vom eingeschränkten Verstehen geprägt sind, wenn also die Teilnahme am Gottesdienst

---

18 Ebd.
19 Barth, Karl: Homiletik. Wesen und Vorbereitung der Predigt, Zürich (1966) 31986, 104f.
20 Engemann: Einführung, 351.
21 Ebd., 353.
22 Hier besonders unter Verweis auf Tillich, Paul: Systematische Theologie 2, Stuttgart 31958, 19–22.

mit der Erfahrung einhergeht, der dort verwendeten Sprache nur bedingt folgen, geschweige denn diese als die eigene empfinden zu können?

Ein in diesem Sinne verstandener „Anknüpfungspunkt", der die sprachliche Situiertheit der Hörenden und die Wirklichkeit ihrer Sozialbezüge ernst nimmt, bestünde dann primär darin, eine Sprache und Metaphorik zu verwenden, die an das Verstehensniveau der Adressatinnen und Adressaten Leichter Sprache anknüpft. Erst so können die biblischen Narrative und homiletischen Ausführungen im Gottesdienst einerseits und die zur Partizipation auffordernden liturgischen Stücke andererseits zugänglich gemacht werden.

Gebete fordern zur verbalen oder schweigenden Beteiligung auf. In Abwandlung der Langeschen Formulierung der „homiletischen Situation" ließe sich im Blick auf die rituellen Vollzüge des Sonntagsgottesdienstes von der „liturgischen Situation" sprechen. Langes homiletisches Konzept sieht vor, die Predigt dergestalt zu konzipieren, dass der (oder die) Predigende „mit dem Hörer über sein Leben redet"[23] und die Wahrnehmung der je spezifischen Situation der Hörenden zentral stellt. Also verlangte auch die liturgische Situation, insofern sie sprachlich verfasst ist und diesbezüglich auf Verstehen aus ist, den Konnex zu denen, die mitbeten.

Nach Engemann geht es – unter Bezug auf Lange – ebenfalls um den Situationsbezug der Predigt, „um die *Spannung zwischen Verheißung und Erfahrung*, eine Spannung, die nicht nur allgemein die Grundsituation des Glaubens mitbestimmt, sondern sich auch in konkreten Einzelerfahrungen niederschlägt. An dieses Spannungspotential muss eine Predigt anknüpfen, um Kommunikation des Evangeliums im konkreten Bezug auf Situationen sein zu können. (...) Dabei geht es um Widerstände und Erfahrungen, die die konkrete Predigt ebenso *notwendig* machen wie *relevant* werden lassen. In der Terminologie Paul Tillichs formuliert: Es kommt darauf an, dass die prinzipiell zu unterstellende Korrelation zwischen den Fragen und den Antworten des Lebens – die natürlich wiederum Fragen sein oder zu Fragen führen können – Predigt für Predigt konkretisiert wird."[24]

Für die Gebetssprache ließe sich analog formulieren: Im Gebet geht es um die Spannung zwischen Verheißung und Erfahrung, die sich in konkreten Einzelerfahrungen niederschlägt und gemeinsam (prosphonetisch) vor Gott zum Ausdruck gebracht wird. An dieses Spannungspotential müssen glaubwürdige Gebete anknüpfen, die beides sprachlich performieren. Die fundamentalliturgisch angenommene Korrelation zwischen den Gebetsanliegen und deren Adressierung muss immer wieder im konkreten Fall realisiert werden.

Was Lange als homiletisches Globalziel programmatisch einfordert und was bis heute unter der Formel „Kommunikation des Evangeliums"[25] verhandelt

---

23 Lange, Ernst: Predigen als Beruf. Aufsätze zu Homiletik, Liturgie und Pfarramt, München 1982, 58.
24 Engemann: Einführung, 365–367, Herv. im Original.
25 Diesen Begründungszusammenhang macht auch Christian Grethlein stark, wenn er seine „Praktische Theologie" (Berlin/Boston, 22016) unter diesen Leitbegriff stellt. „Kommunikation des Evangeliums" als Leitbegriff und Gegenstand der Praktischen Theologie bewahre diese vor diversen Engführungen, so der „pastoraltheologischen" (4) und der

wird, formuliert also einen komplexen Anspruch an sämtliche Vermittlungsfiguren kirchlicher Religionskultur. Welche Sprachform der „Profanität um Jesu willen" am deutlichsten entspricht und semantisch zugänglich macht, lässt sich nicht einfach durch ein abgeschlossenes Regelsystem erreichen. Die „Kommunikation des Evangeliums" hat „unmittelbaren Einfluss auf das Lebens- und Selbstverständnis des Einzelnen, auf einen entsprechenden Umgang mit sich selbst und auf die Beziehungen, in denen er steht. (...) Die ‚Kommunikation des Evangeliums' ist also sowohl in der kirchlich organisierten Praxis des Christentums als auch in den individuellen Ausdrucksformen der alltäglichen Glaubenskultur anzutreffen und somit eine brauchbare Kursformel für eine gelingende, das Menschsein des Menschen fördernde religiöse Praxis des Christentums"[26].

Die kategoriale Bestimmung „Kommunikation des Evangeliums" bezieht sich bei Lange (wie auch bei Engemann und Grethlein) nicht nur auf die Wortverkündigung, sondern auf „die gesamte Gemeindekultur als Ereignisraum", auf den „radikalen Situationsbezug", auf die „Befähigung der Gemeindeglieder, selbst zwischen Tradition und je eigener Situation vermitteln zu können". Damit dies möglich ist, braucht es sowohl „Information" als auch „Partizipation und Motivation".

Diese werden wesentlich durch „Verständlichkeit und Relevanz"[27] erzeugt. Für die Sprache des Gebets, die grundsätzlich keinen anderen Verstehensbedingungen unterliegt als die Kanzelsprache, gilt ebenfalls der radikale Anspruch der Dialogizität. Das Gebet beruht „auf *der Bedürftigkeit jedes Menschen, die sich in Wünschen und Bitten äußert. Zum anderen drückt sich in ihm die Gemeinschaft des Menschen mit einem Gegenüber aus, dem er sich selbst verdankt, von dem er sich Geleit erhofft und mit dem er in Kontakt zu treten versucht*[28]".

Leichte Sprache wäre also in einer liturgischen Situation unter sprachlichen Gesichtspunkten die radikalste Option. Mit dem Anspruch barrierefreier Kommunikation als hermeneutischem Zugang zu den Sondersemantiken kirchlicher Kommunikationen lässt sich Engemanns Deutung der „Kommunikation des

---

„kirchlichen bzw. christentumstheoretischen" (5f). In der Situation der rückläufigen Kirchenmitgliedschaft und der wachsenden Reichweite elektronischer Medien stehen neue Kommunikationsformen verstärkt im Fokus, die durch den Begriff „Kommunikation des Evangeliums" besser erfasst werden können als durch die Begriffe „Christentum" oder „Kirche" (8f). Der Begriff macht auf das grundsätzlich „Dialogische des Vorgangs aufmerksam, der im Zuge der Wort-Gottes-Theologie als 'Verkündigung' bezeichnet wurde" (8). Grethlein weist zu Recht darauf hin: Seit Ernst Langes durch seine Erfahrungen in der Jugendarbeit und seine Eindrücke in den USA inspirierten Reformimpuls hat sich die Situation verändert. Kommunikation ist ein Schlüsselthema in den unterschiedlichsten Wissenschaften geworden, „Differenzierungs- und Pluralisierungsprozesse" (142) und die durch die Corona-Pandemie signifikant beschleunigte fortschreitende Digitalisierung haben dies noch verstärkt.

26   Engemann, Wilfried: Kommunikation des Evangeliums. Anmerkungen zum Stellenwert einer Formel im Diskurs der Praktischen Theologie, in: Domsgen, Michael/Schröder, Bernd (Hrsg.), Kommunikation des Evangeliums. Leitbegriff der Praktischen Theologie [APrTh 57], Leipzig 2014, 15–32, 16.
27   Ebd., 19.
28   Grethlein: Praktische Theologie, 545 (Herv. im Original).

Evangeliums" programmatisch applizieren: Die Verwendung Leichter Sprache ist indiziert, weil in der gottesdienstlichen Situation das Verstehen die basale Möglichkeitsbedingung darstellt. Das hieße in der liturgischen Praxis, Menschen, denen die gängigen Semantiken des evangelischen Gottesdienstes nicht vertraut sind, als zu Adressierende grundsätzlich zu priorisieren. Durch einen verständlichen Zugang zur Liturgie werden die Gemeindemitglieder selbst befähigt, zwischen Tradition und je eigener Situation zu vermitteln (Partizipationsfunktion, vgl. Kap 3.4.1). Dafür brauchen sie in verständlicher Sprache Informationen über die biblische Tradition und Liturgie (Lernfunktion, vgl. 3.4.2). Die Motivation dafür ist das genuin evangelische Programm liturgischer Partizipation. Die Verständlichkeit des Zugangs zur biblischen Tradition und Gebetspraxis erhöht für alle Beteiligten die Relevanz und ermöglicht, die mentalen Räume hinter den Worten zu betreten. Leichte Sprache hat das Ziel, diesen Zugang durch hohe Verständlichkeit zu erzeugen (Brückenfunktion, vgl. 3.4.3).

Die Frage nach der pneumatologischen Wirkung im Gottesdienst gesprochener Worte jenseits verschiedener Sprachformen bleibt hier zunächst unbeantwortet und wird mitgeführt.

6.1.3 Kooperation mit den Hörenden

Das Postulat, religiöse Rede als zeitgenössische Rede zu begreifen, wird auch in aktuellen Homiletiken thematisch. Auch wenn weder Lange noch Engemann bei ihrem Ringen um eine Optimierung der Kommunikationsbedingungen im Gottesdienst Menschen mit Behinderungen explizit im Blick haben, legen sie wie gezeigt das Augenmerk auf die Diskrepanz zwischen kirchlichen Sondersemantiken einerseits und dem umfassenden (ergänze: barrierefreien) Anspruch des Evangeliums für alle andererseits.

Engemann betont, dass „jegliche Kriterien zur Gestaltung von Predigt" sich daran messen lassen müssen, ob sie „die unaufhebbaren Gegebenheiten von Verstehen und Verständigung (...) angemessen berücksichtigen"[29]. Er nennt dies „sprachliche Kooperation mit dem Hörer" bzw. spricht in semiotischer Diktion von der Notwendigkeit eines „gemeinsamen Konversationscodes"[30]. Er weist detailliert nach, wie die „Überwindung der Zweiteilung der Predigtwirklichkeit"[31], also der Trennung zwischen der Wirklichkeit der biblischen Texte und der Situation der Hörenden erst eine Anknüpfung an die Lebenswirklichkeit der Menschen im Gottesdienst möglich macht[32].

---

29 Engemann: Einführung, 18.
30 Ebd., 318.
31 Ebd., 358.
32 Unter Bezug auf Mezger, Manfred: Die Sprache der Predigt, in: SThU 29 (1959), 106–121, Hermelink, Jan: Die homiletische Situation. Zur jüngeren Geschichte eines Predigtproblems [APhT 24], Göttingen 1992, und Zahrnt, Heinz: Glauben unter leerem Himmel. Ein Lebensbuch, München/Zürich 2000, zeigt Engemann auf, dass die „Hörer mit ihrem Wissen und Glauben nicht ernst genommen (werden), wenn die Predigt eines verständlichen

In der Predigt kann ein Gedanke oder ein Argument auch ausführlicher erklärt werden. Gebetssprache ist hingegen auf der Suche nach einem gemeinsamen Code mit den Anwesenden zusätzlich herausgefordert. Es besteht die Gefahr einer latenten Didaktisierung des Gottesdienstes (vgl. Kap. 2.5), die jeden liturgischen Schritt zunächst zu vermitteln sucht. Diese Fehlentwicklung ist auch und gerade für die gottesdienstlichen Gebete und deren Verlautbarungskontext von Bedeutung. Das Dilemma bleibt: Ein Gebet, dem erst eine umfassende Erklärung vorausgestellt wird, funktioniert auf pragmatischer Ebene nicht mehr als Gebet – ein Gebet, dessen Semantik nicht verstanden wird, allerdings auch nicht.

Der Schriftsteller und Theologe Christian Lehnert plädiert für eine Gebetssprache, die „schöpferisch" bleibt und sich „einem gängigen Verständnis von Sprache" entzieht. Nach Lehnert betritt „das Gebet (...) einen offenen Raum, wo die Wörter noch fehlen und die Betenden gar nicht sicher wissen, was ihnen begegnen wird – es nährt sich dem Unsagbaren, das wir in die Chiffre ‚Gott' zu fassen gewohnt sind. Wer öffentlich und anderen vernehmlich betet, ist schöpferisch und bringt etwas hervor: Räume, in denen sich Gott ereignen kann. Er öffnet oder verschließt sie."[33]

Der katholische Theologe Anton Rotzetter nennt diese Offenheit Sprache „an der Grenze zum Unsagbaren", oder den „Atem der Hoffnung", er fordert: „Auf jeden Fall müssen die Gottesdienste, auch die Gebetstexte, den Charakter des Poetischen unserer Zeit haben. (...) das Ganze sollte eine ästhetische Gestalt haben, die bewegt und in die Zukunft weist."[34] Betende können Räume öffnen oder verschließen, in die Zukunft weisen oder in der Gegenwart verharren.

In rezeptionsästhetischer Perspektive kann neben einem verfehlten Gebetsanlass und einer Homiletisierung ein solches Verschließen allerdings auch durch eine idiosynkratisch-poetische Sprachgestalt der Gebete entstehen. Engemann spricht in homiletischer Perspektive vom Phänomen einer Obturation[35]. Er entlehnt den Begriff „Obturation" den Fachsprachen von Medizin und Chemie, wo er für das „Abdichten von Funktionssystemen" steht.[36] Im sprachlichen Kontext bedeutet Obturation eine Verstopfung des Hörens und Verstehens, im Sinne von Lehnert verstopft oder verschließt das die Räume des Betens.

Verstopft Eindeutigkeit und das Bemühen um Verständlichkeit also – oder öffnet sie und ermöglicht Zugänge?

Sachbezugs entbehrt und damit situationsbezogene Anhaltspunkte verweigert" (Engemann: Einführung, 359).

33 Lehnert, Christian: Der Wächter. Zur Sprache der Fürbitten im Gottesdienst, in: Ebach, Jürgen, Gott nicht allein lassen. Zwei alttestamentliche Fürbitten und die gegenwärtige liturgische Praxis [Impulse für Liturgie und Gottesdienst 3], Leipzig 2020, 99–117, 100.

34 Rotzetter, Anton: An der Grenze zum Unsagbaren. Für eine zeitgemäße Gebetssprache in der Liturgie, Ostfildern 2002, 86.

35 Engemann, Wilfried: Semiotische Homiletik. Prämissen, Analysen, Konsequenzen [Textwissenschaft, Theologie, Hermeneutik, Linguistik, Literaturanalyse Informatik 5], Tübingen/Basel 1993, 105 ff.; vgl. ders.: Wider den redundanten Exzeß. Semiotisches Prinzip für eine ergänzungsbedürftige Predigt, in: ThLZ 115 (1990), 785 – 800.

36 Als „obturiert" werden Predigten bezeichnet, die keine produktiven Einträge zulassen, die also im schlechten Sinne „verstopft" bzw. „eindeutig" sind.

Im Idealfall gilt es, für Gebete eine Sprache zu finden, die nicht durch Eindeutigkeiten „verstopft" und die zugleich leicht und poetisch genug ist, um solche Räume für das „Sich-Ereignen-Können" von Gott zu öffnen. Lehnert bezieht sich in seinen Ausführungen zur Fürbitte auf den Königsberger Philosophen Johann Georg Hamann[37] und seine Vorstellung von Sprache als „Geburt". Indem Menschen sprechen, erschaffen und konstruieren sie eine Wirklichkeit. Das Gebet bildet ein „sprechendes Ich", das immer zugleich auch seinen Stil und seine Herkunft zeigt. Das gottesdienstliche Gebet konstituiert ein „Wir", eine betende Gemeinschaft, die am Ende in das „Amen" einstimmen soll. Dieses „Wir" frage sich, so Lehnert: „Gehöre ich dazu? Will ich dazugehören? Bin ich hier aufgenommen oder ausgegrenzt?"[38]

Dies „Wir" wird formal allerdings konstruiert durch „sprachliche Konventionen, Anspielungen auf Wissensbestände, durch Tonfälle und Sprechweisen"[39], bzw. durch „Weltwissen" und gemeinsame „mentale Räume"[40]. Für Menschen mit Verstehensschwierigkeiten, die an den liturgischen Konventionen teilhaben wollen, wirkt – so die These – bereits die liturgische Standardsprache ausschließend. Weder Wortschatz, weder traditionell-agendarische Formeln noch theopoetische Sprachschöpfungen können semantisch mitvollzogen und angeeignet werden. Und so kann gerade an der sensiblen Nahtstelle einer Inklusion in ein „betendes Wir" ein Gefühl von Exklusion und Nichtbeteiligung entstehen.

Am Beispiel: So poetisch ansprechend ein biblisch inspiriertes und treffend zum Kasus formuliertes Gebet auch ist, so voraussetzungsreich sind die verwendeten Sprachbilder, bzw. so hoch sind die Stufen[41] (Cornelia Jager).

Exemplarisch eine „Fürbitte als Schriftauslegung", die Lehnert unter Bezug auf Gen 4, den Brudermord von Kain an Abel, formuliert:

„Woher kam der erste Schlag, Herr? Der Totschlag?
Wir haben Angst vor der dunklen Gewalt
in uns und um uns,
vor dem Schrei,
wenn ein Mensch des Menschen Feind wird.
So bitten wir dich,
die wir unstet und flüchtig auf Erden sind,
Schatten unserer selbst,
sterbliche und todbringende Geschöpfe,
um Erlösung,
um unsere Verwandlung im Namen Jesu Christi
zu solchen, die Frieden stiften.

---

37 Lehnert: Wächter, 99.
38 Ebd., 101.
39 Ebd., 100.
40 Bredel Ursula/Maaß, Christiane: Leichte Sprache. Theoretische Grundlagen, Orientierung für die Praxis [Sprache im Blick], Berlin 2016., 431ff.
41 Vgl. Jager, Cornelia: Gottesdienst ohne Stufen. Ort der Begegnung für Menschen mit und ohne geistige Behinderung [Behinderung – Theologie – Kirche 11], Stuttgart 2018.

Wir rufen:
Herr, erbarme dich. (...)"[42]

Das Gebet ist poetisch formuliert und mit biblischen Versatzstücken durchsetzt. Dadurch regt es zum Hinhören an, die Formulierungen sind unkonventionell und spannen den Bogen zur biblischen Lesung und (vermutlich) zur Predigt. Das Gebet setzt allerdings starke kognitive Fähigkeiten und entsprechendes Vorwissen voraus, um genau diesen Bogen spannen zu können oder gar eigene Anliegen in diesen Raum einzutragen. Für barrierefreie liturgische Kommunikation bzw. einen Gottesdienst „ohne Stufen" sind Formulierungen wie „So bitten wir dich, die wir unstet und flüchtig auf Erden sind, / Schatten unserer selbst, / sterbliche und todbringende Geschöpfe, / um Erlösung ..." in Syntax und Semantik deutlich zu komplex.

Die versteckten biblischen, der Luther-Übersetzung entlehnten Syntagmen „unstet und flüchtig" (Gen 4,12b) erwarten biblisches Vorwissen, so auch die Abstrakta „Erlösung" und „Veränderung". Auch die Genetivkonstruktion „ein Mensch des Menschen Feind"[43] setzt gebildete Lesende voraus und stellt das poetische Sprachspiel vor die Verstehbarkeit.

Was Ernst Lange für die Predigtsprache fordert, gilt mutatis mutandis auch für die Gebetssprache: Ihr „Zeugnis" oder aktueller ihr „Bezug" zu denen, die mitsprechen und mitbeten sollen, bleibt in der Verantwortung derer, die im Gottesdienst das Wort ergreifen. Auch lautes Beten ist ein „Verhalten durch Sprache", eine Form des „Handelns durch Worte"[44]. Auch die beim Beten verwendeten Sätze, Wendungen und Metaphern stehen unter der Prüfung, ob sie grundsätzlich bewirken können, was sie sagen.

Im Zentrum steht also genau diese Spannung: Das Zustandekommen der religiösen Kommunikation bleibt methodisch uneinholbar, dies entbindet die liturgisch Agierenden jedoch nicht von einer zeitgenössisch angemessenen Sprachgestaltung. Noch einmal Lange: „Nur dann sagen wir ‚dasselbe' wie unsere Väter, wenn wir es in unserer Sprache, aus der Mitte unserer Existenz heraus sagen. (...) Da genügt nicht eine behutsame Modernisierung der klassischen Formen und Formel."[45]

Nach Lange verfügt „das Zeugnis der Predigt" im Modus der Predigt, dass „Gott zum Glauben und der Glaube zur Gewißheit Gottes kommt": „Daß der Mensch glaubt, steht bei Gott. Daß er versteht, *was* er glaubte, *wenn* er glaubte, und *wie* das Glauben ihn in Bewegung brächte, das ist die Verantwortung der Kirche."[46]

---

42 Hier am Beispiel des VELKD-Wochengebets zum 13. Sonntag nach Trinitatis 2018, www.velkd.de (vom 12.2.2022), vgl. Lehnert: Wächter, 107.
43 „Homo homini lupus" – ein Ausspruch ursprünglich aus der Komödie „Asinaria" von Titus Maccius Plautus. Bekannt allerdings aus der Widmung des Werkes ‚De Cive' von Thomas Hobbes an William Cavendish, den Grafen von Devonshire. Hobbes verwendet den Ausdruck Homo homini lupus für das Verhältnis zwischen menschengeschaffenen Staaten. Elementa philosophica de cive. Amsterdam 1657, 10.
44 Vgl. Austin, John L.: How to do things with words, Oxford 1962.
45 Lange: Chancen, 54 (Herv. im Original, Bezug auf ausschließlich die Väter und nicht auch die Mütter des Glaubens ist zeitbedingt).
46 Ebd., 214.

Eine solche Verantwortung der kirchlich Handelnden besteht auch darin, Menschen mit eingeschränktem sprachlichen Verstehenshorizont in einer Sprache zu begegnen, die für sie decodierbar ist (auch wenn unverfügbar ist und bleibt, ob aus dieser Dekodierung Glauben entsteht[47]).

Zusammenfassend: Lange spricht von „Kommunikation des Evangeliums" und beharrt dabei auf Verständlichkeit und Relevanz. Sein Referenzrahmen ist dabei wesentlich auch eine Interpretation der biblischen Überlieferung, die dem Leben dient. Details der Sprache sind für ihn weniger relevant. Seine Überlegungen haben im Kontext dieser Untersuchung dennoch einen so großen Raum eingenommen, weil seine Motivation und die große Betonung, die er auf Situationsbezug und Verständlichkeit legt, der Frage nach Leichter Sprache wesentlich ihre praktisch-theologische Dimension gibt.

Aus theologischen Gründen sind Leichte Sprache und damit die größtmögliche Barrierefreiheit gottesdienstlicher Sprache geboten – auch weil es gerade in Zeiten der nicht mehr selbstverständlichen Tradierung religiöser Semantiken und Sprachgestalten inklusive Zugänge zur biblischen Tradition braucht. Die Gattung des Tagesgebets, zum Einstimmen in den Kasus und zum inneren Mitbeten stellvertretend gesprochen, benötigt erst recht eine Sprachgestalt und darin eine Ästhetik, die möglichst voraussetzungsfrei eben diese Beteiligung ermöglicht. Die Radikalität und Engagiertheit von Langes Situationsbezug im Dienst der Menschen, die sich „in der Wirklichkeit ihres Lebens als religiös wahrnehmen"[48], findet auch ein halbes Jahrhundert später in der Suche nach situationsgerechter Sprache im Gottesdienst ihren Widerhall.

6.2 Gottesdienst als Ort ästhetischer Erfahrung

Seit der ästhetischen Wende in der Praktischen Theologie liegt das Augenmerk verstärkt auf den Rezeptionsbedingungen religiöser Rede. Zugespitzt formuliert, verschiebt sich der Akzent von den theologischen Möglichkeitsbedingungen von Verkündigung auf die rhetorischen Möglichkeitsbedingungen des Verstehens, vom Dicendum auf das Auredit[49]. Inspiriert von den Literaturwissenschaften bringt der „Ansatz der Rezeptionsästhetik (...) um das Jahr 1970 (...) zum Ausdruck, was allgemeiner Fragehorizont" dieser Zeit ist: Rezipierende sind nicht nur passive Konsumenten, sondern aktive „Leser" der Texte, die ihnen begeg-

---

47 Hermelink weist zurecht darauf hin, dass die Anknüpfung nicht automatisch gewährleistet, dass Menschen sich auch angesprochen fühlen oder das Gehörte als für sich relevant und glaubensbegründend erleben (Hermelink: Homiletische Situation, 99).
48 Engemann: Kommunikation, 20.
49 Engemann: Einführung, 313, unter Bezugnahme auf Nisslmüller, Thomas: Homo audiens. Der Hör-Akt des Glaubens und die akustische Rezeption im Predigtgeschehen, Göttingen 2008.

nen⁵⁰. In den Diskurs der Praktischen Theologie als „Handlungswissenschaft"⁵¹ tritt seit Mitte der 80er Jahre der phänomenologische Diskurs in Gestalt einer Theorie der Wahrnehmung, auch „ästhetische Erfahrung"⁵² genannt, hinzu. Bernd Schröder deklariert mit dem ausgehenden 20. Jahrhundert in seiner Habilitationsvorlesung die Praktische Theologie unter anderem als „Wahrnehmungswissenschaft"⁵³. Unter Bezugnahme auf Paul Drews und dessen „Evangelische Kirchenkunde"⁵⁴ legt er dar, wie „überkommen" der „Kerngegenstand ‚Kirche'" für die Praktische Theologie sei. Vor jeder Steuerung der Kirche als Sozialgestalt trete erst einmal die „Wahrnehmung des faktischen schon bestehenden religiösen Lebens"⁵⁵. Notwendig sei, so habe schon Paul Drews erkannt, die „Entwicklung eines einschlägigen *Methoden*repertoires, um diese Wahrnehmung auf wissenschaftlichem Niveau kontrolliert üben zu können". Durch Konflikte und Konkurrenzen mit der Dialektischen Theologie einerseits und durch den „Druck der nationalsozialistischen Ära" ⁵⁶ setzte sich diese Konzeption nicht durch. Schröder würdigt Albrecht Grözingers Beitrag zu einer Sicht der Praktischen Theologie als „ästhetischer Hermeneutik"⁵⁷.

Grözinger seinerseits begründet sein Verständnis von Praktischer Theologie als Wahrnehmungswissenschaft in seiner Habilitationsschrift „Praktische Theologie und Ästhetik" aus einem zentralen *theologischen* Sachverhalt der Struktur biblischer Offenbarung. Diese verbietet zunächst Bilder von göttlicher Offenbarung. Eine theologische Ästhetik sei dennoch, bzw. gerade deshalb möglich und

---

50 Ausführlich bei Gehring, Hans-Ulrich: Schriftprinzip und Rezeptionsästhetik. Rezeption in Martin Luthers Predigt und bei Hans Robert Jauß, Neukirchen-Vluyn 1999.
51 Vgl. u.a. Daiber, Karl-Fritz: Grundriß der Praktischen Theologie als Handlungswissenschaft. Kritik und Erneuerung der Kirche als Aufgabe, München 1977, und Lämmermann, Godwin: Praktische Theologie als kritische oder als empirisch-funktionale Handlungstheorie. Zur theologiegeschichtlichen Ortung und Weiterführung einer aktuellen Kontroverse, München 1981. Ausführlicher bei Engemann: Einführung, 283, zu den „pragmatischen Dimensionen der Predigtsprache" und zur Problematik des Auseinanderfallens von „Illokution und Perlokution" (287f).
52 Grundlegend Grözinger, Albrecht: Praktische Theologie und Ästhetik. Ein Beitrag zur Grundlegung der Praktischen Theologie. München ²1991 (1987).
53 In (der überarbeiteten Fassung) seiner Vorlesung im Habilitationsverfahren fragt Bernd Schröder, in welcher Absicht die Praktische Theologie auf Praxis Bezug nehme. Er dekliniert die Disziplin der Praktischen Theologie durch verschiedene Zuschreibungen: als „Anwendungswissenschaft" (103ff, (systematische oder normative) „Orientierungswissenschaft" (109ff), (empirisch-kritische oder kommunikative) „Handlungswissenschaft" (114f) und schließlich als (empirische oder hermeneutische) „Wahrnehmungswissenschaft" (119ff). Schröder spielt die verschiedenen Aspekte durch, aber nicht gegeneinander aus, wissenschaftstheoretisch geht es ihm um eine „Synthese dieser Typen" (126). Ders.: In welcher Absicht nimmt die Praktische Theologie auf Praxis Bezug? Überlegungen zur Aufgabenbestimmung einer theologischen Disziplin, in: ZThK 98 (2001), 101–130.
54 Evangelische Kirchenkunde, 7 Bde, Tübingen 1902–1919, davon Bd 1. von Paul Drews verfasst (Das kirchliche Leben im Königreich Sachsen, 1902).
55 Schröder: Absicht, 120.
56 Ebd. (Herv. im Original).
57 Ebd., 121 unter Verweis auf Grözinger, Albrecht: Praktische Theologie als Kunst der Wahrnehmung, Gütersloh 1995.

nötig. „Das Bilderverbot ist leitend für den Gottesgedanken des Alten *und* des Neuen Testaments. Allerdings (...) nicht in der Weise, daß es eine theologische Ästhetik verunmöglicht, sondern geradezu nach einer theologischen Ästhetik ruft. Das Bilder*verbot* ist so immer auch ein Bilder*gebot*."[58]

Grözinger denkt Wort-Gottes-Theologie und Ästhetik zusammen[59]: „Am Anfang jeder theologischen Ästhetik steht das souveräne Handeln Gottes in seiner Offenbarung."[60] Daraus leitet er die Aufgabe menschlicher Ästhetik ab, Bilder für Gotteserfahrungen zu finden und zu benennen und darin Gott zu einer Darstellung zu bringen. In dieser Darstellung bleibt Gott zugleich unverfügbar und geht in ihr nicht auf. In seiner späteren Untersuchung „Praktische Theologie als Kunst der Wahrnehmung" (1995) fügt Grözinger im Kontext postmoderner Diskurse den „Verlust der großen Erzählungen" (Lyotard) und die steigende Komplexität der multikulturellen Gesellschaft hinzu[61]. Er argumentiert wesentlich mit Phänomenen außerhalb der Erscheinungsformen von Kirche.

Eine praktische Theologie als Ästhetik, bzw. Wahrnehmungswissenschaft wendet sich, so Grözinger, wesentlich hin „zur kulturellen Lebenswelt und Religion"[62], sie bildet von den Phänomenen her Theorie. Von diesen wendet sich die Praktische Theologie – als Ästhetik verstanden – den Phänomenen dann wieder zu. Denn auch die verbalen Darstellungshandlungen im Gottesdienst lassen sich nur im Modus einer ästhetischen Erfahrung vermitteln. Dem gilt es hinsichtlich der möglichen Rezeption Rechnung zu tragen. Mit Grözinger genügt es nicht, die Ebene der Rezeption „allein sich theoretisch als eine notwendige bewußt zu machen", sondern es ist nötig, sie „auf der Ebene des Handelns selbst darzustellen". Dies fordere ein „in sich reflexives Handeln", das nichts anderes als „ästhetische Praxis" sei; in „*ästhetischer Erfahrung ist die Inhaltsfrage als Formfrage präsent*"[63].

Beim ästhetischen Zugang zum Gottesdienst geht es nicht um ein Konzept, sondern „um eine theoretische Grundlage, aufgrund derer eine umfassende Wahrnehmung der gefeierten Gottesdienste mit Fragen der Gestaltung und beides mit theologischen Überlegungen verbunden werden können"[64].

---

58 Grözinger: Praktische Theologie, 103: Am Beispiel der Gottesbegegnung, die Mose im brennenden Dornbusch (Ex 3,1-14) erlebt, und der Begegnung der Jünger mit dem auferstandenen Jesus auf dem Weg nach Emmaus (Lk 24, 13-35) zeigt Grözinger, wie erst im Bild (Dornbusch) bzw. in der sinnlichen Wahrnehmung (Brotbrechen) Gotteserfahrung geschieht. Hervorhebungen und Schreibweise wie im Text.
59 Grözingers theologische Ästhetik stellt „in mehrfacher Hinsicht eine Synthese dar." Er versucht, „den ethisch motivierten Funktionalismus" und den „theologisch motivierten Methodenskeptizismus der (frühen) dialektischen Theologie miteinander zu versöhnen". So mit Klie, Thomas: Zeichen und Spiel. Semiotische und spieltheoretische Rekonstruktion der Pastoraltheologie [Praktische Theologie und Kultur 11], München 2003, 42.
60 Grözinger: Ästhetik, 104.
61 Grözinger: Praktische Theologie, 9. In seiner Habilitationsschrift von 1987 (s. Anm. 52) argumentiert er wesentlich von den Deutungen biblischer Texte her, im späteren Buch von 1995 (s. Anm. 57) Zeichennimmt Grözinger zunehmend auf Phänomene außerhalb der Kirche und der biblischen Tradition Bezug.
62 Schröder: Absicht, 125.
63 Grözinger: Ästhetik, 124, Herv. im Original.
64 Deeg/Plüss: Liturgik, 205.

Diese Form-Inhalts-Problematik stellt sich hinsichtlich gottesdienstlicher Rede in Leichter Sprache in spezifischer Weise. Die Einführung spieltheoretischer und semiotischer Kategorien in die Praktische Theologie präzisiert in den folgenden Jahren den rezeptionsästhetischen Ansatz. Die Kategorie des Spiels überwindet zugleich den Gegensatz von Wahrnehmungstheorie und Handlungstheorie – „Vollzug und Deutung bilden im Spiel eine ästhetische Einheit"[65]. Eine semiotisch rekonstruierte Liturgie zeigt diese als „Vollzugsgestalt kirchlich gelebter Religion", in der „das Christliche ästhetisch in Erscheinung tritt"[66]. All dieses fußt auf der schon seit Schleiermacher diskutierten Überzeugung, dass das Christliche nicht unabhängig von seiner Darstellung existiert. So hebt der ästhetische Ansatz in vielfältigen Facetten immer wieder ins Bewusstsein: Die christliche Botschaft ist daran gebunden, dass sie dargestellt wird.[67]

6.2.1 Gebetssprache und Beten – Produktion und Darstellung

Die 2021 erschienene umfängliche „Liturgik" von Alexander Deeg und David Plüss[68] verbindet lutherische und reformierte Perspektiven in eigener evangelischer Ökumene.

Sie führt die in Michael Meyer-Blancks „Gottesdienstlehre" von 2011 begonnene konsequente Verbindung von Liturgik und Homiletik weiter. Die Predigt bezeichnen Deeg/Plüss als „Rede im Ritual", darin ist sie aber nicht die einzige Redeform: Das „Wechselspiel von Predigt und Liturgie" lässt sich „nicht zu schnell auf einfache Formeln verkürzen – etwa so, dass die Predigt für die Diskursivität, die Liturgie für das Ritual stünde"[69]. Vielmehr ist „die Grundspannung von Wort und Kult im evangelischen Gottesdienst von Anfang an eingeschrieben. (...) Wo immer sich Menschen regelmäßig versammeln, bilden sich rituelle Vollzüge des gemeinschaftlichen Handelns"[70]. Auch Gottesdienste, die nicht explizit der Agende folgen, sind nicht frei von Kultus und Ritus (ausführlicher in Kapitel 6.3).

Aus der Fülle des Lehrbuchs hier zunächst nur ein kurzer Blick auf das Kapitel 10.4 über das „Beten"[71].

Die Autoren vollziehen zunächst die liturgischen Vollzüge des Betens nach. Die betenden Gesten in der jeweiligen konfessionellen Ausprägungen – gefaltete Hände und gesenkte Köpfe der Protestanten, die orante Haltung der Katholiken, kniendes Beten in der Gemeinschaft von Taizé – sind von einem „Körperwis-

---

65 Klie: Zeichen und Spiel, 18.
66 Ebd, 235.
67 In Schleiermachers Praktischer Theologie ist schließlich der gesamte Gottesdienst als „darstellende Mitteilung" beschrieben, vgl. Schleiermacher, Friedrich Daniel Ernst, Die praktische Theologie nach den Grundsätzen der evangelischen Kirche, Berlin 1850.
68 s. Anm. 13
69 Deeg/Plüss: Liturgik, 19.
70 Ebd., 235.
71 Ebd., 453.

sen" bestimmt, das nach innen und außen gerichtete „impressive und expressive Wirkkräfte" zur Darstellung bringt[72]. Zum Beten gehören auch Worte, jedenfalls dann, wenn es nicht rein gestisches Beten ist.

Beim Beten sind „körperliche(r) Vollzug, mentale(...) Ausrichtung, Affektivität und verbalisierte Aussagen" zu berücksichtigen. Beten ist „durchgängig *responsive Praktik*", die voraussetzt, dass die Betenden vorher durch Gott angesprochen worden sind. Überhaupt zu beten, setzt die Vorstellung eines hörenden Gottes voraus. Zugleich zielt die Geste des Betens „auf das *Hören der Betenden*" (459, Herv. im Original), die in eine Haltung der „Rezeptivität und der Achtsamkeit" (ebd.) verwandelt werden.

Um eine solche Rezeptivität und Achtsamkeit bei den Betenden erreichen zu können, ist wiederum nach der Gestaltung zu fragen. Das Beten soll innerlich versammeln und fokussieren, es soll dabei helfen, „Abstand zu gewinnen zum Vielerlei des Alltags, um dieses neu wahrnehmen und in befreiter Weise damit umgehen zu können" (ebd.). Worte und Gesten haben Rechnung zu tragen dafür, dass die Gebete für sehr verschiedene Menschen mit unterschiedlichen Erfahrungen zu gestalten sind. Durchaus in Nähe zu den Regelwerken Leichter Sprache empfehlen Deeg/Plüss eine Gebetssprachen, die „*verbal* verfasst ist, mit Nominalisierungen geizt und Abstraktionen vermeidet" (459, Herv. im Text). Diese Sprache ruft Gott an, statt zu belehren und zu moralisieren, sie tut dies in „*authentischer Weise*, (...) die Geste soll nicht gemimt und die Worte nicht zitiert, sondern vollzogen werden. Nur wer körperlich und stimmlich, mental und emotional das Beten tatsächlich vollzieht, (...) eröffnet Räume der Beteiligung und lässt andere mitbeten" (460, Herv. im Text).

6.2.2 „Auredit"

Der geschilderte Zusammenhang lässt „nach den Produktions- und Rezeptionsbedingungen fragen, unter denen die Gottesfeier Gestalt annimmt"[73], also dargestellt wird. Was Ernst Lange als Sprache „hart an der Situation"[74] bezeichnete, lässt sich semiotisch als Sprache im Modus von Rezeption unter Anwesenden reformulieren. Die Produktion misst sich an der projektierten Wahrnehmung der Gottesdienstbesuchenden. Der Gottesdienst einer Gemeinde ist zugleich das Öffentlichwerden von dem, was in einer Gemeinde üblich ist. Er ist eine „bewusst vollzogene und theologisch bestimmte Handlung. Seine Darstellung ist (...) rückgebunden an die Inszenierungs- und Wahrnehmungsüblichkeiten einer kirchlichen Öffentlichkeit: Der Gottesdienst stellt (...) den Exemplarfall religiöser Kommunikation dar."[75]

---

72 Ebd., 455.
73 Klie: Zeichen und Spiel, 235.
74 Lange: Chancen, 168: „Alles – auch die Lieder und die Gebete, die Bekenntnisse und die Handlungen bis zur Form und zum Stil des Zusammenseins- hat sich dem eigentlichen Sinn des Geschehens zu fügen, daß die alte Geschichte neu und hart an der Situation zur Sprache kommt. Die alte Geschichte – zu neuer Sprache" (Herv. im Original).
75 Klie: Zeichen und Spiel, 235.

Gottesdienst als Ort ästhetischer Erfahrung

Begreift man die gottesdienstliche Kommunikation also als eine Verständigungsbemühung, dann ist mit Verstehbarkeit mehr als nur ein „rauscharmes Dekodieren"[76] des Gesagten gemeint. Es geht vielmehr im umfassenden Sinn um die dienliche „Lesbarkeit" des Gottesdienstes[77]. Die ästhetisch wahrnehmbare Gestalt der gottesdienstlichen Sprache steht unter dem Anspruch maximaler Lesbarkeit für die mitfeiernde Gemeinde. Mit dem Begriff der „Lesbarkeit" ist nicht ein ausschließlich kognitives Verstehen sachlicher Erklärungen gemeint, sondern ein „parallel zur Darstellung verlaufende(r) kursorische(r) Dekodierungsvorgang", ein fortlaufender „Lektüreprozeß"[78].

All das, was im Gottesdienst stattfindet, ob absichtlich oder unabsichtlich, das ganze „Universum liturgisch produzierter und rezipierter Zeichen" ist der „Kommunikationsumstand des Evangeliums"[79].

Der Gehalt des Evangeliums, das in dieser Gesamtheit kommuniziert werden soll und wird, kommt in der Form tradierter Symbolisierungen zur Darstellung. Das Beten ist dabei die besonders dialogische Form – die verschiedenen Sprechakte des Betens verbindet ihre kollektive Grundstruktur, die entweder stellvertretend von der Liturgin vorgetragen (wie beim Tagesgebet und den einzelnen Bitten der Fürbitte), gemeinsam gesprochen (wie beim Vater Unser oder Responsorien der Fürbitten) oder im kollektiven stillen Gebet. Dabei hat das „‚affektive Regime' des liturgischen Betens (...) einen bestimmten Richtungssinn", es soll der „*Sammlung* dienen", die „innere Fokussierung unterstützen"[80]; es soll helfen, Abstand vom Alltag zu gewinnen und zu einem neuen Verhältnis zu den alltäglichen Dingen zu kommen. Es soll außerdem die „*Empfänglichkeit* fördern", auf Gott hin ausrichten und als „kollektives und öffentliches Beten (...) zugänglich sein für verschiedene Menschen mit ihren Erfahrungen"[81].

Darin unterscheidet sich das kollektive vom privaten und vom stillen Beten. Diese Zugänglichkeit wird nicht durch das Aufzählen „von Gemeinplätzen, sondern durch Verdichtung, Bildhaftigkeit und Präzision"[82] erreicht, eine verbalisierende, nicht moralisierende Gebetssprache hilft dazu. Analog zu Engemanns Überlegungen hinsichtlich der Predigtsprache gilt es auch beim stellvertretenden öffentlichen Beten, eine „Phantasie für die Wirklichkeit zur entwickeln".

Methodisch hat Engemann den Diskurs um die angemessene Sprache (im Gottesdienst und) in der Predigt vorangetrieben durch den Neologismus des *Auredit*. Er hat dem von ihm in seiner Habilitationsschrift[83] vehement geforderten Umcodierungsprozess einen Namen gegeben und ihn dadurch auch in gewisser Weise operationalisiert. Um einen bedeutungsoffenen Lektüreprozess („offenes

---

76 Ebd., 240.
77 Ebd., 244 unter Bezug auf den Eco'schen „Codebegriff", vgl. Eco, Umberto: semiotusche-Zeichen (Segno). Einführung in einen Begriff und seine Geschichte. Aus dem Ital. übers. von Günter Memmert, Franfurt/M. 172016 (1977), 85 und 184ff.
78 Klie: Zeichen und Spiel, 244.
79 Ebd.
80 Deeg/Plüss: Liturgik, 459 (Herv. im Original).
81 Ebd. (Herv. im Original).
82 Ebd.
83 Engemann: Semiotische Homiletik (s. Anm. 35).

Kunstwerk") erfolgreich gestalten zu können, ist die zur Darstellung bringende Sprache der zentrale Faktor[84]. Damit etwas „verbindlich aus der Tiefe ansprechen" kann, braucht es den Zugang zu dem „Veränderliche(n) auf der Oberfläche", wie Engemann mit Noam Chomsky[85] postuliert. Auf der Produktionsseite werden im Gebet in der Regel tradierte Signifikate vorausgesetzt, die nach Maßgabe aktuellen Verstehens die Signifikanten verändern. Ein „regelkonformes" Agieren im Gottesdienst bezieht sich immer auf „unterliegende theologische Strukturen"[86], unabhängig von der bewussten Anwendung dieser Strukturen und damit verbundenen Regeln. So wird z.B. ein Kyrie in seinem tradierten Sinngehalt nicht erkannt, wenn es in Lobpreissemantiken zum Ausdruck gebracht wird. Die gewählten Zeichenfolgen erlangen im Kontext der Liturgie syntaktisch Bedeutung. Die Liturgie ist insofern eine „Form kirchlich-kommunikativen *Handelns*"[87] (vgl. Kapitel 3.6, Übersetzen als Handeln), als dabei Produktion und Rezeption von Zeichen permanent simultan verlaufen. Die Gestalt verbaler Sprechhandlungen wird zur Möglichkeitsbedingung für das Sich-Ereignen des Evangeliums. Die biblischen Wortlaute geben dem verkündigten Wort seinen formalen Bezugsrahmen, mit Gerhard Ebeling „situieren" sie das Wort[88] im liturgischen Kontext.

Was Engemann für die Predigtsprache konstatiert, gilt für die Gebetssprache ebenfalls: „Das Korrespondenzverhältnis von Inhalt und Form (...) ist für einzelne Wörter, Metaphern, Bilder und Sätze ebenso relevant wie für die Predigt (auch für das Gebet, Ergänzung AG) als Ganzes"[89]. Das Mitzuteilende ist an traditionale „(Zeichen-)Gestalten"[90] gebunden.

Zugleich setzen „liturgische Formäußerungen (...) voraus, daß ihnen jemand dazu hilft, zu funktionieren"[91]. Die am Gottesdienst Teilnehmenden, die Mithörenden und Mitbetenden, sind insofern zentrale Bestandteile des gottesdienstlichen Skripts. Denn sie sind es, die den vernommenen Wortlauten Bedeutung zuschreiben. Engemann spricht in diesem Zusammenhang von „Auredit"[92]: „Ein

---

84 Wohlbemerkt: Nur ein Faktor neben dem Raum und seiner Ästhetik und Akustik, der Musik, den zwischenmenschlichen Faktoren, die möglicherweise für die Motivation zum Kirchgang wichtiger sind als das phonetisch Gesagte. Eine Sprache, die den Zugang zum Gesagten erschwert, ist aber ein wesentlicher Faktor der Rezeption bzw. ihres Scheiterns.
85 Vgl. Chomsky, Noam, Aspekte der Syntax-Theorie (Aspects of the theory of syntax, 1965), übers. von Ewald Lang, Frankfurt/M. 1969.
86 Klie: Zeichen und Spiel, 250.
87 Ebd., 261, (Herv. wie im Original).
88 Ebeling, Gerhard: Wort Gottes und Tradition. Studien zu einer Hermeneutik der Konfessionen [KiKonf 7], Göttingen 1964, 218.
89 Engemann: Einführung, 223.
90 Ebd.
91 Klie: Zeichen und Spiel, 283, unter Bezugnahme auf Eco, Umberto: Lector in fabula. Die Mitarbeit der Interpretation in erzählenden Texten. Aus dem Ital. von Heinz-Georg Held, München 1987, 64.
92 Engemann: Einführung, 27ff: Das Verstehen des Gesprochenen hat einen eigenen „Textcharakter", dieser ist das eigentliche Kommunikationsziel der Predigt. Beim „Aure-dit" handelt es sich in Analogie zum „Manu-skript" (mit der Hand geschrieben) um eine Wortbildung aus dem Ablativ zu „auris" (lat. Ohr) und dem Partizip Passiv von „audire" (mit

Gottesdienst setzt seine ihn aktualisierenden Akteure in hohem Maße voraus."[93] Das „Auredit" konstituiert sich am Ort und im Vollzug der Hörenden jeweils aktuell und individuell.

Das Beten als performativer Akt lässt jedoch danach fragen, unter welchen Bedingungen welche Sprache auf Verstehen hoffen kann. Basal gilt es, mit den Anwesenden einen gemeinsamen „Konversationscode" anzustreben, um mit den Hörenden zu kooperieren.[94]

Wie dabei jedoch das Gesagte im intendierten Sinne aktualisiert wird, ändert sich mit den Sprachgewohnheiten und Fähigkeiten der jeweiligen Gemeinde bzw. mit den sprachlich-hermeneutischen Kompetenzen der liturgisch handelnden Personen. Dies gilt, auch wenn jede religiöse Rede Anteil hat an der „Dialektik von Gestaltungsauftrag und Unverfügbarkeit"[95].

Eine Gemeinde oder kirchliche Einrichtung, die mit der Zuschreibung „Gottesdienste in Leichter Sprache" wirbt, offeriert einerseits Gottesdienste für eine Zielgruppe, die auf Leichte Sprache angewiesen ist. Verbindet sie aber ihre zentrale religiöse Lebensäußerung, den Sonntagsgottesdienst, mit der Verlautbarungsform „Leichte Sprache" und kündigt dies auch entsprechend an, signalisiert sie zugleich einen inklusiven Anspruch der Gemeinde bzw. der Einrichtung als sozialem Gefüge im Gemeinwesen. Die Verwendung Leichter Sprache zielt darauf, die Möglichkeiten aller zur Teilhabe und zu Mitbestimmung im Gemeinwesen zu stärken.

Eine in dieser Weise ambitionierte Gemeinde wird in der Praxis immer wieder neu überprüfen müssen, ob sie wirklich einen großen Kreis primärer Adressatinnen und Adressaten Leichter Sprache erreicht und Angebote der Gemeinde zugänglich macht, und ob sie Gemeindeglieder, die auf Leichte Sprache kognitiv nicht angewiesen sind, im Gegenzug abstößt.

Bei Verwendung der Leichten Sprache wird jenseits der intendierten Nachricht noch eine weitere Nachricht übermittelt: Die Sprecherin intendiert, dass das Gegenüber *so genau wie möglich* versteht, im Sinne einer engen Korrespondenz zwischen Gesagtem und Gemeintem. Diese Intention prägt den Subtext[96], der zum Gesagten hinzukommt und sich mit ihm verbindet. Der „illokutionäre Akt"[97] läuft mit: Religiöse Akteure in kirchlichem Haupt- und Ehrenamt, die im Normalfall über Standardsprache kommunizieren, sind um der Verstehbarkeit

---

dem Ohr gehört). „Wie das Manuskript aus der Beschäftigung eines Predigers mit dem Text hervorgeht, entsteht das auredit als Resultat der Auseinandersetzung des Hörers mit der vernommenen Predigt" (34).

93 Klie: Zeichen und Spiel, 284.
94 Vgl. zu den Codes der „homiletischen Konversation", die in ihrer Weise für jeden Sprechakt im Gottesdienst gelten, Engemann: Einführung, 316. Zu den Codes dieser Konversation gehört es z.B., „sich um des anderen willen um größte Klarheit zu bemühen und das „Mitkommen" des Gegenübers im Blick zu haben" (Herv. im Original).
95 Klie: Zeichen und Spiel, 265.
96 Der Subtext ist etwa eine Aussage wie: „Ich möchte, dass Du möglichst genau verstehst, auch wenn ich dafür in Kauf nehme gegen Hörgewohnheiten der Standardsprache zu verstoßen".
97 Engemann: Einführung, 289 u.ö.

für primäre Adressatinnen und Adressaten Leichter Sprache willen bereit, die gottesdienstlichen Äußerungen anhand der Regelwerke für Leichte Sprache zu modifizieren. Schon diese Bereitschaft adressiert vor jeder verbalen Äußerung die Nachricht an eben diese Zielgruppe: „Ihr seid angesprochen!"

6.3 Die liturgische Sprache des Gebets

6.3.1 Poesie und Verständlichkeit

In unterschiedlichen Facetten fragte diese Untersuchung: Welche Auswirkungen hat die Verwendung Leichter Sprache auf die Sprache des Betens im Gottesdienst? Was trägt dazu bei, dass die Gebetssprache auf Verstehen trifft und zum Mitbeten einlädt, „also den versammelten Menschen zum eigenen Beten"[98] hilft? In seinem 2019 erschienen Lehrbuch „Das Gebet" geht Michael Meyer-Blanck im Kapitel §31 („Die Sprache des Gebets") bereits auf die Leichte Sprache und ihre Auswirkungen auf die Gebetssprache ein. Er führt zunächst die „Kunstregeln gelingender Sprache" aus – nicht ohne den zentralen Hinweis, dass „die Kunst des liturgischen Sprechens gerade nicht aus (...) Regeln abgeleitet werden kann"[99].

Unter Bezug auf Schleiermacher zeigt Meyer-Blanck, dass Kunstregeln „durchaus nicht productiv"[100] sind, wenn sie rein mechanisch angewendet werden. Sie leiten nur denjenigen, „für den die Idee als solche lebendig ist" (Meyer-Blanck). So wie Kompositionskenntnisse noch keinen Komponisten machen, kann „die Regel (...) nicht die Erfindung hervorbringen; nur wenn diese entstanden ist in der Seele, sind es die Regeln, welche die Ausführung leiten"[101]. Und so führt auch die Anwendung der Regeln von Leichter Sprache nach Meyer-Blanck allein weder zum Verstehen noch zum eigenen Beten.

Die Sprache liturgischer Gebete soll dabei „poetisch, inszenatorisch und rezeptionsfreundlich sein"[102].

Zwischen diesen drei programmatischen Zielvorgaben besteht eine gewisse Spannung. Nicht alles, was poetisch formuliert ist, kann auch von allen verstanden werden. Inszenierung und Poesie korrelieren nicht unbedingt, und rezeptionsfreundliche Formulierungen sind oft von prosaischer Schlichtheit.

---

98 Meyer-Blanck, Michael: Das Gebet, Tübingen 2019, 315.
99 Ebd.
100 Gottesdienstliche Sprache fällt für Schleiermacher unter den Begriff der „Kunst", weil sie das Ziel hat, „ein Empfinden des Gegenstandes zur vermitteln, als Sehen, und nicht als Wiedererkennen". Mit großer Lyrik hat sie gemein, „elementar" zu sein und nicht „kompliziert". Denn „wahre Poesie ist einfach. (...) Es geht (...) um das neue Sehen der Welt im Lichte des Gottvertrauens." Schleiermacher, Friedrich: Die praktische Theologie nach den Grundsätzen der evangelischen Kirche, aus Schleiermachers handschr. Nachlasse u. nachgeschr. Vorlesungen hrsg. von Jacob Frerichs, Berlin (1850) 1983, 31.
101 Ebd.
102 Meyer-Blanck: Gebet, 316.

Appliziert noch einmal auf die Tagesgebete des EGb (wie in 4.5 ausgeführt): Gerade die verdichtende Sprache der *Anaklese* und *Prädikation* (Anrede Gottes und Erinnerung an sein Tun) in den Tagesgebeten des Evangelischen Gottesdienstbuchs sind wenig rezeptionsfreundlich, sie erschweren das hörende Nachvollziehen und Einstimmen und Mitbeten. Am Beispiel einer Formulierung aus einem Gebet für den 1.Advent:

> „... *Lass' alle Menschen die Ankunft deines Heilandes wahrnehmen, damit unsere Nacht erhellt werde durch dein Licht*"[103].

Der Ausdruck „Heiland" ist außerhalb des Gottesdienstes ungebräuchlich. Die Satzstruktur ist kompliziert, die Verbindung der Satzhälften durch die Konjunktion „damit" nicht schlüssig. Die Halbsätze allein sind jeweils schon voraussetzungsreich. Wie sollen alle Menschen die Ankunft des Heilands wahrnehmen? Woran würde man diese merken? Und wieso ist es „dein Heiland"? Und zur zweiten Satzhälfte: Die Konjunktion „damit" suggeriert ein „um-zu", das wiederum ein Verständnis der Metapher erfordert. Der Gottesdienst zum ersten Advent findet vermutlich vormittags statt, es ist also nicht Nacht. Und ob und wodurch die als Heiland von Gott angekündigte Person Licht bringen kann und wohin, bleibt im wörtlichen Verständnis ebenfalls unklar.

Verstehendes und nachvollziehendes Hören und Einstimmen wird so für Unkundige nicht möglich. Nötig wäre eine liturgische Metakommunikation (vgl. 7.4) mit dem sprachlichen Mittel der Addition, z.B:

> *Jesus ist der Sohn von Gott.*
> *Manche nennen ihn auch Heiland.*
> *Er gehört zu Gott.*
> *Wenn er kommt, ist Weihnachten.*
> *Weihnachten zündet man Kerzen an ...* (Übertragung AG). –

Man merkt: Das Verfahren der Addition als liturgischer Metakommunikation birgt stets die Gefahr der Ausführlichkeit, die verdichtete Sprache lässt sich nicht auflösen, wenn der semantische Gehalt einerseits und die pragmatische Funktion des Tagesgebets andererseits vollständig erhalten werden soll. Wie am Beispiel der Tagesgebete des Kirchentages dargelegt, braucht es Veränderungen auf syntaktischer und semantischer Ebene, um in pragmatischer Hinsicht nicht den Rahmen zu sprengen.

Noch einmal am Beispiel eines Tagesgebets zum 1.Advent unter Einbeziehung der Regelwerke Leichter Sprache:

> „*Jesus,*
> *Du bist König im Himmel.*
> *Von dort kommst du in unsere Welt.*
> *Bitte komm auch in unser Leben.*
> *Wir öffnen dir unser Herz.*
> *Wenn du da bist,*

---

103 EGb 2020, 245, Tagesgebet zum 1.Advent.

dann wohnt Gott bei uns.
Amen."[104]

Poesie (vgl. 6.1.3) basiert auf einer Ästhetik erschwerter Wahrnehmung, gängige Kohärenzen werden unterlaufen und Wahrnehmungsgewohnheiten aufgebrochen.

Angesprochen durch das Poetische[105], sollen die Menschen aber ihre eigene Lesarten des Gebets entwickeln, wie es etwa Ecos Konzept des „offenen Kunstwerks" vorsieht (vgl. 6.1.2). Das inszenatorische Moment berücksichtigt den Kontext liturgischen Sprechens und das rezeptionsästhetische die „Pluralität der versammelten Gemeinde".

Zugleich soll das gottesdienstliche Gebet „authentisch, milieuübergreifend, nicht banal und leicht zugänglich sein"[106]. Liturginnen und Liturgen beten im Gottesdienst vor, und sie tun das im Beisein von sehr unterschiedlichen Menschen. Dabei ist nach Meyer-Blanck darauf zu achten, dass das liturgische Beten „persönlich" ist, aber nicht „privat"[107], denn die Sprache der Liturgie „bedeutet das persönliche Sprechen des Überpersönlichen, in das viele verschiedene Individuen einstimmen können". Für eine „milieuübergreifende Plausibilität" braucht die Gebetssprache eine „Konzentration auf das existentiell Wesentliche, auf die menschlichen Grundsituationen von Bitte und Dank, Erinnerung und Hoffnung". Dies braucht eine „gut überlegte einfache Sprache" und nicht das „floskelhaft Simple"[108].

Meyer-Blanck kritisiert hier v.a. den unreflektierten Gebrauch religiös übercodierter Versatzstücke. Einige seiner Kritikpunkte finden sich im Regelwerk Leichter Sprache wieder, so z.B. die Verwendung von Fremdworten, Relativsätzen, Nominalstil. Die aufgeführten Beispiele wie in den Gebeten beim Kirchentag oder aus dem Band „Leicht gesagt!" versuchen dem zu entsprechen. Sie verschreiben sich genau dieser „Kunst der Verständlichkeit ohne Banalität" (317). Dabei zielt die Verständlichkeit eines Gebets vor allem auf eine „rezeptionsästhetische Kategorie", denn es kommt darauf an, „ob und was der Zuhörer mit einem Sprachbild, mit einem Satz oder einem Argument anfangen kann"[109].

---

104 Gidion, Anne/Arnold, Jochen/Martinsen, Raute (Hrsg.): Leicht gesagt! Biblische Lesungen und Gebete zum Kirchenjahr in leichter Sprache [gemeinsam gottesdienst gestalten 22], Hannover 2013, 22 (Textbeispiel von Jochen Arnold).

105 Am Beispiel der Kinderpoesie wird das Verhältnis von Leichter bzw. Einfacher Sprache und Lyrik ebenfalls diskutiert – unter der Rücksicht der leichten Lesbarkeit von Texten und der Förderung von Kindern mit Verstehensschwierigkeiten. Lyrik steht wie Gebetssprache auch vor der Herausforderung, gezielt decodiert werden zu müssen. „Die Kürze zwingt zur gezielten Aufmerksamkeit von auch schwierigeren Textteilen", vgl. Becker, Maria: „So was kurzes...!?" – Poesie und Einfachheit in der Kinderlyrik, www.leseforum.ch, online-Plattform für Literalität, 1/2019 (vom 18.1.2022).

106 Meyer-Blanck: Gebet, 314. Inwieweit die in dieser Untersuchung immer wieder eingeführten Gebete mit oder in Leichter Sprache diesem Anspruch genügen, ist schwer zu objektivieren.

107 Ebd., 317.

108 Ebd.

109 Ebd.

Was dort wer tatsächlich versteht, ist durch die Einbeziehung von Prüfpersonen „in partizipativer Forschung" immer neu festzustellen[110]. Die Möglichkeitsbedingungen der Verständlichkeit stehen auf dem Prüfstand bei der Sprache von Gebeten. Meyer-Blank versteht diese Norm keineswegs nur kognitiv, vielmehr gibt es auch ein „emotionales Verstehen" jenseits der Worte, das emotionale Einverständnis der „Sprache der Liebe", „der Geborgenheit", von „elementarem Verstandensein, und die in diesem Gefühl Ausdruck gebenden Worte sind der Ursprung aller sprachlichen Möglichkeiten des Menschen. (..) Emotionales und semantisches Verstehen sind mit dem glaubenden Verstehen eng verbunden, aber mit diesem nicht notwendig identisch"[111].

Meyer-Blanck benennt im Zusammenhang der Bemühungen um semantische Verständlichkeit Elemente der Diskussion um Leichte Sprache im Gottesdienst. Er deutet an, was die die hier vorliegende Untersuchung unter Einbeziehung der sprachwissenschaftlichen Fortentwicklung seit 2008 auszuführen versucht: Leichte Sprache sei „mehr als eine Vereinfachung im Dienste der leichteren gedanklichen Erfassbarkeit"[112]. Wie in verschiedenen Passagen dieser Untersuchung entfaltet, kann Leichte Sprache durchaus „eine neue und überraschende Erfahrung und einen höheren Grad an poetischer Kraft bedeuten"[113]. So bestätigt Meyer-Blanck, was auch die ersten Übertragungen von biblischen Texten und Gebeten in Leichter Sprache an den Anfang stellen:

„In den allermeisten Fällen bewirkt der ‚Zwischenfilter' Leichte Sprache (...), dass die Texte an Einfachheit, an Hörbarkeit, an Klarheit und gelegentlich an Demut gewinnen"[114].

Für Beten in Leichter Sprache ist es wichtig, die Möglichkeiten von Sprache im Wissen um die Regeln, aber diesseits einer rein schematischen Regelobservanz auszuloten, so wie dies die Rezeptionsstudien hinsichtlich der Amts- und Verwaltungssprache bereits unternehmen[115]. Poetische und Leichte Sprache können im Widerspruch zueinander stehen, was die Verwendung von Metaphern – „damit unsere Nacht erhellt werde durch dein Licht" (EGb 245) – oder biblische Anspielungen betrifft – „die wir unstet und flüchtig auf Erden sind, Schatten unserer selbst" (s.o. VELKD Wochengebet zum 13.Sonntag nach Trinitatis).

---

110 Dies findet im Kontext der Verständlichkeitsforschung zunehmend statt, vgl. Bock, Bettina M.: „Leichte Sprache" – Kein Regelwerk. Sprachwissenschaftliche Ergebnisse und Praxisempfehlungen aus dem LeiSa-Projekt [Kommunikation – Partizipation – Inklusion 5], Berlin 2019, 31ff., bzw. Gutermuth, Silke: Leichte Sprache für alle? Eine zielgruppenorientierte Rezeptionsstudie zu Leichter und Einfacher Sprache [Easy – plain – accessible 5], Berlin 2020. Weitere Bände der von den Linguistinnen Christiane Maaß und Silvia Hansen-Schirra herausgegebenen Reihe „Easy-Plain-Accessible" sind in Arbeit und beschäftigen sich genau mit dem konkreten Verstehen von Texten in Leichter und Einfacher Sprache durch primäre Adressatinnen und Adressaten. Ein empirischer Band zu den Besonderheiten religiöser Sprache steht allerdings noch aus.
111 Meyer-Blanck: Gebet, 318.
112 Ebd., 320.
113 Ebd.
114 Gidion/Arnold/Martinsen: Leicht gesagt!, 17.
115 Gutermuth: Leichte Sprache, 266.

Andere poetische Stilmittel wie Alliteration („Kind und Kegel"), Assonanz und Brevitas („Ottos Mops"[116]) funktionieren durchaus auch in Leichter Sprache. Auch Gebete können in kurzer poetischer Form mit Repetitio und Brevitas formulieren, da die Regelwerke grammatikalisch unvollständige Sätze unterstützen:

„Es gibt so viele Wege.
Manche Wege sind dunkel. Ich sehe: nichts.
Andere Wege sind hell erleuchtet. In der Sonne. Oder mit Straßenlaternen.
Du gehst mit.
Alle Wege. Die hellen und die dunklen.
Wir gehen los! Jetzt!
Bitte komm mit, Gott.
Heute und immer.
Amen."[117]

Das Gebet ist inspiriert von einem bekannten baltischen Hausspruch (auch als Kanon vertont):

„Wechselnde Pfade,
Schatten und Licht,
Alles ist Gnade;
fürchte Dich nicht!"[118]

Die Übertragung nutzt das konkrete Bild des Weges als Metapher für das Leben eines Menschen. Die Bedeutung des hellen Lichtes als Metapher für gutes Leben und der Dunkelheit als Metapher für die unklare, hilflose Seite des Lebens wird unerklärt vorausgesetzt. Die Formulierungen knüpfen an allgemein menschlichen Erfahrungen an.

Gott wird direkt angeredet im Gestus der Prädikation („Du gehst mit. Alle Wege.") und der Supplikation („Bitte komm mit, Gott."). Wesentliche Aspekte eines Tagesgebets (Anrufung, Bekenntnis, Lob, Bitte) sind aufgenommen, der Wortlaut ist als Gebet erkennbar, auf dogmatisch floskelhafte Sprache wird verzichtet. Die Übertragung priorisiert pragmatisch den Gebetsgestus vor dem Informationsgehalt und verzichtet auf additive Metakommunikation. Die Hörenden können direkt mitgehen – auch ohne in der Metaphorologie gottesdienstlicher Sprache kundig zu sein.

---

116 Becker: „So was kurzes …", bezieht sich auf das bekannte Gedicht von Ernst Jandl: „Obwohl die hohe Vokalrekurrenz zunächst irritiert und das sinnentnehmende Lesen erschwert, entspricht ‚ottos mops' den üblichen Regelkatalogen für leichte Sprache, die sich an Menschen mit kognitiven Beeinträchtigungen wenden. Der Text ist einfach zu lesen, weil nur wenige und kurze Lexeme gebraucht werden, diese klar und verständlich sind (keine Fremdwörter), es sich um kurze Zeilen und Sätze handelt."
117 Gidion, Anne, in: EKD-Fachforum „Inklusive Kirche gestalten" – Leicht verständliche Sprache und barrierefreie Kommunikation – Eine Herausforderung und Chance für den inklusiven Wandel in der Kirche (21.-22.September 2020 (digital), 5.Oktober 2021 [= epd-Dokumentation 40-41 (2022)], 68.
118 Text:EG Gerhard Kronberg, in: Evangelische Studentengemeinde In Deutschland (Hrsg): Durch Hohes und Tiefes. Supplement zum Evangelischen Gesangbuch. 444 neue geistliche Lieder, hrsg. von Eugen Eckert u.a., München 2008, Nr. 301.

6.3.2 Gebete zwischen Rede und Ritus – Wort und Kult

Meyer-Blanck unterscheidet fundamentalliturgisch zwischen „Rede" und „Ritus" im Gottesdienst. Deeg hingegen spricht in seiner Fundamentalliturgik vom Gottesdienst als „WortKult"[119]. Rede und Ritus sind für Deeg nicht getrennt, vielmehr benennt er in der Schreibweise seines Neologismus „die beiden unaufgebbaren Aspekte (...), die das Spannungsfeld (...) jedes evangelischen Gottesdienstes bestimmen und konturieren"[120]. Es geht ihm dabei „*nicht* um einzelne Bestandteile des Gottesdienstes, sondern um die *beiden Dimensionen,* die jeden Gottesdienst prägen."[121]

Beide Dimensionen des Gottesdienstes interagieren permanent. „Wort und Kult (...) verhalten sich wie die zwei Brennpunkte, die *gemeinsam* die Ellipse aufspannen, die Gottesdienst genannt werden kann". Deeg rezipiert dabei Hans Ulrich Gumbrechts Thesen aus dessen Werk „Diesseits der Hermeneutik". Er verweist auf Gumbrechts Unterscheidung zweier Kulturtypen, den der Präsenz- und den der Sinnkultur[122].

Gumbrecht beschreibt religiöse Phänomene aus der Perspektive der Kulturwissenschaft, er setzt der Sinnkultur seiner Zeit einen neuen Wert, den der Präsenzkultur, entgegen. Der *sinnkulturelle* Zugang zur Welt ist bei Gumbrecht wesentlich durch Begriffe, Weltinterpretation und ein exzentrisches Verhältnis zur Welt geprägt mit dem Ziel, sie zu verändern[123]. Ort der Wahrnehmung ist das Bewusstsein.

Der *präsenzkulturelle* Zugang hingegen geschieht über den Körper, der „in-der-Welt" ist[124]. Magie und Wunder sind Teil der Weltdeutung. Ist für den sinnkulturellen Zugang zur Welt die Parlamentsdebatte das Paradigma, so sind es für den präsenzkulturellen Weltzugang vielmehr das Fest und das Mahl.

Gumbrecht spricht zwar von einer „Konvergenz von Sinnproduktion und Präsenzproduktion"[125], bleibt aber im binären Entweder-Oder.

Diese Opposition einerseits zu nutzen und sie andererseits produktiv aufzulösen, ist der Impuls von Deegs „WortKult"-Begriff. Deeg setzt sich dabei auseinander mit Walter Benjamins kulturkritisch geführtem Begriff des „Auratischen"[126], Erika Fischer-Lichtes Ausführungen zur „Ästhetik des Performati-

---

119 Deeg, Alexander: Das äußere Wort und seine liturgische Gestalt. Überlegungen zu einer evangelischen Fundamentalliturgik [Arbeiten zur Pastoraltheologie, Liturgik und Hymnologie 68], Göttingen 2012, 227. Siehe auch Deeg/Plüss: Liturgik, 235ff.
120 Ebd.
121 Deeg: Das äußere Wort, 438 (Herv. im Text).
122 Gumbrecht, Hans Ulrich: Diesseits der Hermeneutik. Die Produktion von Präsenz (Production of presence. What meaning cannot convey), übersetzt von Joachim Schulte, Frankfurt/M. 2004, 100f.
123 Ebd., 100–106.
124 Unter Bezugnahme auf Heideggers Begriff des „in-der-Welt-Seins", vgl. ebd., 101.
125 Ebd., 71.
126 Benjamin, Walter: Das Kunstwerk im Zeitalter seiner technischen Reproduzierbarkeit, in: ders., Das Kunstwerk im Zeitalter seiner technischen Reproduzierbarkeit. Drei Studien zur Kunstsoziologie, Frankfurt/M., 312008, 42 u.ö.

ven"[127], Bernhard Waldenfels' „Topographie des Fremden"[128] und Dieter Merschs „ästhetischer Fundamentalunterscheidung"[129] zwischen Werk- und Ereignisästhetik. Angesichts dieser „zugespielten philosophisch-kulturwissenschaftlichen Bälle" sieht er Anschlussmöglichkeiten für die Verhältnisbestimmung von „Wort" und „Kult". Grundlage ist für ihn die lutherische Bestimmung des Gottesdienstes „als Gott-menschlichen Wort-Wechsel und damit als Geschehen des äußeren Wortes"[130].

Im Hintergrund dieser Überlegungen steht Luthers Verständnis von „äußerlich" und „innerlich"[131]. Die Auseinandersetzungen mit den Schwärmern und Spiritualisten um Andreas Karlstadt können hier nur angedeutet werden. Wesentlich ist Luthers Überzeugung, dass die „Eindeutigkeit des Heils in Christus" als einziger „Bezugspunkt christlicher Existenz" (Deeg, 75) festgehalten werden soll. Diese Eindeutigkeit kommt weder nur aus der inneren Vergewisserung des Menschen (wie die Schwärmer mit Bezug zur Mystik es forderten) noch durch die äußere kirchliche Instanz (wie das Papsttum seiner Zeit). Luther sieht sich dazwischen, im „Spannungsfeld von Außen und Innen" (Deeg 75): das äußere Wort des Evangeliums, das durch den Geist an den einzelnen Menschen kommt, lässt Glaube entstehen. Dieser ist aber eine Bestimmung des inneren Menschen.

Rezeptionsästhetisch reformuliert hieße dies: Die Rezeption ist im Verstehen enthalten. Der „Kommunikationsumstand (...) entscheidet, welche (religiöse) Bedeutung dem Rezipierten zuzumessen ist" (Klie, 321). Der Geist „bindet sich gerade an das ‚äußerliche Wort', an die performativ dargestellte Verheißung" (Klie, 322). Das „Menschenwort ist analogiefähig zum Gotteswort, jedoch nur unter pneumatologischem Vorbehalt" (Klie, 326).

Dies alles führt Luther hinsichtlich der Predigt aus. Deegs Fundamentalliturgik bezieht in Titel und Programm – „Das äußere Wort und seine liturgische Gestalt" – genau diese Spannung auf den ganzen Gottesdienst aus Wort und Kult. Noch einmal der entscheidende Passus von Luther:

> „Aber das alles, der Maßen und Ordnung, daß die *äußerlichen* Stücke sollen und müssen vorgehen. Und die innerlichen hernach und *durch die äußerlichen kommen*, also daß er's beschlossen hat, keinem Menschen die innerlichen Stücke zu geben *ohne durch die äußerlichen Stücke*."[132]

---

127 Fischer-Lichte, Erika: Ästhetik des Performativen, Frankfurt/M. 2004.
128 Waldenfels, Bernhard: Topographie des Fremden [Studien zur Phänomenologie des Fremden 1], Frankfurt/M. 21999.
129 Mersch, Dieter: Performativität und Ereignis. Überlegungen zur Revision des Performanz-Konzeptes der Sprache, in: Fohrmann, Jürgen (Hrsg.), Rhetorik. Figuration und Performanz [Germanistische Symposien-Berichtsbände 25], Stuttgart/Weimar 2004, 502–535.
130 Deeg: Das äußere Wort, 435.
131 WA 18, 136, 9–18: Wider die himmlischen Propheten, von den Bildern und Sakrament (1525).
132 Das wesentliche Zitat aus „Wider die himmlischen Propheten" im Zusammenhang: „Äußerlich handelt er (Gott) mit uns durchs mündliche Wort des Evangelii und durch leibliche Zeichen, als da ist Taufe und Sakrament. Innerlich handelt er mit uns durch den heiligen Geist und Glauben samt anderen Gaben. Aber das alles, der Maßen und Ordnung, daß die äußerlichen Stücke sollen und müssen vorgehen. Und die innerlichen hernach und durch die äußerlichen kommen, also daß er's beschlossen hat, keinem Menschen die

Unter Bezug auf Luthers Anliegen einerseits und kulturwissenschaftliche Erkenntnisse andererseits[133] reformuliert Deeg: „Gottesdienst bedeutet das Sich-Ereignen des radikal Fremden (...) als Ereignis einer – sich der Erfahrung zugleich entziehenden – Gegenwart Gottes (...) in seinem bleibend externen Wort; er geschieht im leiblich ko-präsenten Miteinander verschiedener Menschen, die in unterschiedlichen Rollen interagieren und in denen das göttliche Wort konkrete Leibgestalt gewinnt als Leib Christi."[134]

Das äußere Wort, die äußere Form der Darstellung bekommt damit auch evangelisch ein zentrales Eigenrecht.

Auf der Produktionsseite des Gottesdienstes bedeutet das eine Relativierung der rein sinnkulturellen Paradigmen (Deutung, Ethik, Handlungsaufforderungen, Dominanz des Verbalen) durch die präsenzkulturellen Paradigmen (Körper, Überraschung, Unterbrechung, Sinnlichkeit). Deeg nennt dies das „In- und Miteinander von Wort und Kult", *Wort* steht dabei für den sinnkulturellen, *Kult* für den präsenzkulturellen Pol.[135]

Das „WORT" statt dem „Wort" ist nach Deeg dann die Überwindung der Differenz von Sinn- und Präsenzkultur. Das WORT ist das „unbegreifbare, niemals vollständig verstehbare, aber dennoch wirksame, das ‚heilige' göttliche Wort, das Menschen trifft und verändert, herausholt aus ihrem Kreisauf des Um-Sich-Selbst-Kreisens"[136].

Auch ein Gebet hat die Dimension WORT (also Sprache, Logik, Diskurs, Semantik), und es hat die Dimension von Kult (also Performanz innerhalb einer kultischen Darstellung).

Auf die Überlegungen zur Verwendung von Leichter Sprache im Gottesdienst angewendet, stellt sich die Frage, wie Deutung und Unterbrechung, Sinn und Präsenz, Ethik und Ästhetik miteinander in ein Verhältnis gesetzt werden können. Das von Deeg insinuierte WORT hinter den Wörtern hängt nicht am Wortlaut der Liturgie, aber ohne die Wörter gibt es auch kein WORT. Das WORT bindet sich an die Wörter, das WORT beschreibt eine Rezeptions- und nicht eine Produktionsqualität. Wort und Kult können als WORT erlebt werden – unabhängig von der Frage, welche Wörter verwendet werden.

Ohne Wörter gibt es aber auch kein Wort, mit Luther: ohne äußerliche Stücke keinen Glauben, denn ohne diese kann kein Wortereignis zustande kommen. In der Sprache der Confessio Augustana: *Nam per verbum (=Wörter) et sacramenta tamquam per instrumenta (=die äußerlichen Instrumente) donatur Spiritus sanctus, qui fidem efficit, ubi et quandum visum est Deo.* Der Geist kann also erst dann WORT werden, wenn er sich zuvor der fehlbaren Wörter bedient hat.

---

innerlichen Stücke zu geben ohne durch die äußerlichen Stücke. Denn er will niemandem den Geist noch Glauben geben ohne das äußerliche Wort und Zeichen, so er eingesetzt hat..." (WA, ebd.).

133 S.o., vor allem: Brook, Peter: Der leere Raum (The empty space, 1968), übers. von Walter Hasenclever, Berlin 92007.
134 Deeg: Das äußere Wort, 435f.
135 Ebd., 440.
136 Ebd., 437.

Zugespitzt ließe sich in diesem Kontext formulieren: Die Wörter müssen über den Ermöglichungsweg der barrierefreien Sprache erst „*instrumenta*" werden, damit auch Menschen mit Verstehensschwierigkeiten (oder andere auf Verständnishilfe Angewiesene) Zugang zum Glauben haben. Pneumatologisch-dogmatisch steht das gewiss der Vorstellung eines Geistes entgegen, der „weht, wo er will" (Joh 3,8).

Mit Meyer-Blanck gilt es zu fragen: Wird eine Sprachgestalt im Gottesdienst für die Hörenden als relevant erlebt und verhilft sie zum „eigenen Beten"? Diese an der intendierten Wirkung verbalsprachlicher Äußerungen bzw. an der religiösen Rezeption dieser Äußerungen orientierte Frage wirkt der normierenden Vorstellung entgegen, es gebe *die* eine Sprachgestalt für gültiges Beten.

Deeg spricht in diesem Zusammenhang von einem „doppelten Verfremdungseffekt"[137] (V-Effekt), der bei der Gestaltung von Gottesdiensten zu beobachten sei: „Es geht um den V-Effekt des Wortes durch den Kult und umgekehrt um den V-Effekt des Kultes durch das Wort – beides mit dem Ziel, den Wort- oder Kult-haften Selbstabschluss der Feiergestalt gegenüber dem WORT zu vermeiden und die Feier zu öffnen für das WORT, das bleibend jenseits der Möglichkeiten ihrer eigenen Verwirklichung liegt."[138]

Als WORT bezeichnet er dabei das Ereignis des Evangeliums, das in der jeweiligen Sprach- und Darstellungsform von den Rezipientinnen und Rezipienten erlebt wird (oder eben nicht)[139].

Wie sollen dann aber angesichts dieser Überlegungen und unter den Bedingungen von Barrierefreiheit die äußeren Wörter gestaltet werden?

---

137 Ebd.
138 Ebd. Deeg beschreibt damit den Gottesdienst als eine elliptische Figur, in der die beiden Aspekte des gesprochenen Wortes und des damit intendierten Kultus umeinanderkreisen. Auf den Gottesdienst als WortKult angewendet: Der Kult-Kreis kreist schlüssig um sein eigenes Zentrum und lässt das Wort um sein Zentrum mitkreisen. Am Beispiel eines Gottesdienstes: Es wird gesprochen, die liturgischen Texte und Responsorien haben einen Sinngehalt. Im Zentrum steht aber die Sprachgestalt in ihrer (je nach Perspektive) Schönheit bzw. Abständigkeit. Der Sinngehalt der Worte tritt in den Dienst der liturgischen Gestalt und kreist mit um ihre Mitte. Bei einem auf Inhalt und Verstehen gepolten Gottesdienst mit Texten in modernen Bibelübersetzungen und selbstgeschriebenen liturgischen Stücken gibt es natürlich auch einen Formaspekt, der der Alltagssprache und Alltagskommunikation näher ist. Selbst eine formlose Form hat eine Form, und diese kreist um den Kern der Wort-Ellipse mit.
139 Ein Beispiel: EG 184 (Wir glauben Gott im höchsten Thron) wird im evangelischen Gottesdienst oft nach der Lesung des Evangeliums anstelle des gesprochenen apostolischen Glaubensbekenntnisses verwendet. Dies verändert den liturgischen Akt „Credo" auf mehreren Ebenen. Einerseits geht es um die Ebene, was in der jeweiligen Gemeinde usus ist. Wird in der Regel das Credo nach dem Evangelium in der (im EG abgedruckten) Form des Apostolischen Glaubensbekenntnisses gesprochen, ist die gesungene Form zunächst einmal Abwechslung und darin Verfremdung des Sprech- bzw. Sing-Aktes „Glaubensbekenntnis". Ob das gesprochene oder in einer bekannten oder weniger bekannten Form gesungene Credo (Wort) als Teil der Liturgie (Kult) dann tatsächlich Ausdruck des Glaubens der Sprechenden ist oder im Vollzug wird, hat die handelnde Liturgin nicht in der Hand, es bleibt jenseits der Möglichkeiten der eigenen Verwirklichung.

6.4 Beten in Leichter Sprache zwischen „Vermeiden" und „Zumuten"

6.4.1 Leichte Sprache und die „großen Transzendenzen"

Im sprachwissenschaftlichen Diskurs um Leichte Sprache hat auch die Debatte um die Übersetzbarkeit religiöser Texte von Standardsprache in Leichte Sprache Einzug gehalten. Die Forderung nach der Verwendung von Leichter Sprache tritt grundsätzlich an jede Form öffentlicher Kommunikation heran. Die jeweiligen Kommunikationssituationen unterscheiden sich allerdings erheblich. Durch das „Prinzip der Kontinuität"[140] (Kapitel 3), also lexikalischer Einfachheit, der größtmöglichen Vermeidung mehrdeutiger Ausdrücke und der Vermeidung von Synonymen wird in die ästhetische Dimension von Texten umfassend eingegriffen. Besteht diese Dimension vornehmlich „durch das bewusste Herbeiführen von Mehrdeutigkeit, durch Variantenreichtum, durch das Aufbrechen von Logik und Chronologie" oder „durch selbstbezügliche Sprachspiele", wird sie durch die Übertragung in Leichte Sprache klar „gekappt" bzw. sind ihr „enge Grenzen gesetzt".[141] Nimmt man diese Grenzen auch für performative Texte in der Liturgie ernst, könnte auch ein explizit ästhetisches Sprachspiel und Übungsfeld verstanden werden, mit Grenzen auf lexikalischer und textlicher Ebene auszukommen[142] (vgl. Kap. 7.3.1 Beten üben).

Bettina M. Bock[143] hat in diversen Veröffentlichungen herausgearbeitet, dass das Verstehen von Texten immer ein „Prozess der Sinnkonstruktion" ist. Auch die Übersetzung in Leichte Sprache hat eine solche Sinnkonstruktion zum Ziel. Leichte Sprache zielt auf verstehende Teilhabe; Bock problematisiert aber in „Leichte Sprache – kein Regelwerk"[144] und in weiteren Veröffentlichungen[145] (vgl. Kapitel 4) die enge Assoziation von Leichter Sprache mit Regelwerken, wie

---

140 Auf der Ebene der Lexik bedeutet das Prinzip der Kontinuität eine Verwendung „prototypischer Ausdrucksmittel", die stets konstant zu verwenden sind. Synonyme sollen vermieden werden, eine „Wiederholungsgenauigkeit" wird strategisch angestrebt (Bredel, Ursula/Maaß, Christiane: Leichte Sprache. Theoretische Grundlagen, Orientierung für die Praxis [Sprache im Blick], Berlin 2016, 518).
141 Ebd., 519.
142 Vgl. Becker: „So was Kurzes"
143 Juniorprofessorin am Institut für Deutsche Sprache und Literatur II an der Universität Köln.
144 Bock, Bettina M.: „Leichte Sprache" – Kein Regelwerk. Sprachwissenschaftliche Ergebnisse und Praxisempfehlungen aus dem LeiSA-Projekt [Kommunikation – Partizipation – Inklusion 5], Berlin 2019. Online (Fassung 2018): http://ul.qucosa.de/api/qucosa%3A31959/attachment/ATT-0/ Bei dem LeiSA-Projekt handelt es sich um das sog. Projekt für „Leichte Sprache" im Arbeitsleben (LeiSA) an der Universität Leipzig, gefördert vom Bundesministerium für Arbeit und Soziales (vgl. Kap. 4).
145 Bock, Bettina M./Fix, Ulla/Lange, Daisy (Hrsg.): „Leichte Sprache" im Spiegel theoretischer und angewandter Forschung [Kommunikation – Partizipation – Inklusion 1], Berlin 2017.

es in der deutschen Debatte prägend ist. Sie geht davon aus, dass „Regellisten nicht ausreichen, um Textqualität zu sichern." Stattdessen definiert sie Leichte Sprache „wesentlich über ihre Intention bzw. ihre Funktion. ‚Leichte Sprache' dient dazu, Kommunikation für Personenkreise verständlich zu machen und barrierefrei aufzubereiten, die sonst von dieser Kommunikation ausgeschlossen wären. Das ist es, was ‚Leichte Sprache' ausmacht."[146] Die Regelwerke sind aus ihrer Sicht zu relativieren – aber dennoch für die Praxis nützlich. „Wir plädieren jedoch dafür, sie eher als Faustregeln zu verstehen und nicht als strikte Normen, die in jedem Fall und möglichst vollständig einzuhalten wären." (ebd) Aus ihrer Sicht ist das Phänomen Leichte Sprache weiter im Fluss, vieles ist noch nicht abschließend erforscht, gerade hinsichtlich der Hauptzielgruppe von Menschen mit Lernschwierigkeiten.[147]

Ein besonderes Augenmerk legen Bock und ihre Lehrerin Ulla Fix auf die verschiedenen Textgattungen, auf die Leichte Sprache trifft. Fix untersucht „‚schwere' Texte in ‚Leichter Sprache'" und fragt, ob „maximale Einfachheit als Prinzip für das Herstellen von Texten in Leichter Sprache genügen kann"[148]. Zum Prinzip der Vermeidung, also dem Aussparen bestimmter, für schwer verständlich gehaltener Ausdrücke, sollte ergänzend das Prinzip des Zumutens treten. Gerade „ein vom Alltäglichen ‚abweichender' Wortgebrauch oder ein spezifischer Sprachgestus können dies in religiösen Texten signalisieren und daher Teilhabe ermöglichen"[149].

Texte in Leichter Sprache sollten eine „andersartige" bzw. „überraschende" Form haben. Was für eine Form das sein soll, gilt es jeweils neu zu ermitteln. Neben literarisch-poetischen betrifft dies vor allem auch religiöse Texte. „Textsortenzugehörigkeit" spielt dabei eine entscheidende Rolle. Fix stellt infrage, ob „inhaltlich schwierige Texte – wie z.B. wissenschaftliche – ebenfalls in den

---

146 Bock: „Leichte Sprache" – kein Regelwerk, 13.
147 Im Kontext der Linguistik wird parallel zur Abfassung dieser Arbeit fortlaufend geforscht und mit differenzierten Prüfgruppen getestet, inwieweit die Regelsysteme tatsächlich zur Verständlichkeit beitragen. Der früher in Kiel und mittlerweile in Dresden tätige Linguist Alexander Lasch bringt es auf den Punkt. Es findet ein permanenter Transferprozess in zwei Richtungen statt. „Die Praxis versorgt die Wissenschaft mit notwendigen Informationen über Rahmenbedingungen der Produktion und Rezeption von Texten in ‚Varietäten der Verständlichkeit' und vor allem Gewährspersonengruppen für umfassend empirische Studien, die Linguistik bringt die Expertise aus dem Bereich der Verständlichkeitsforschung, Stilistik, Medienlinguistik, Grammatik und Textlinguistik ein." So kann aus deinem „Teilhabeprojekt von und für Menschen mit kognitiver Beeinträchtigung (...) ein gesamtgesellschaftliches Teilhabeprojekt werden." Lasch, Alexander, Zum Verständnis morphosyntaktischer Merkmale in der funktionalen Varietät „Leichte Sprache", in: Bock, Bettina M./Fix, Ulla/Lange, Daisy (Hrsg.), „Leichte Sprache" im Spiegel theoretischer und angewandter Forschung, 275–299.
148 Fix, Ulla: „Schwere" Texte in „Leichter Sprache". Voraussetzungen, Möglichkeiten und Grenzen (?) aus textlinguistischer Sicht, in: Bock/Fix/Lange: „Leichte Sprache", 163–188, 163.
149 So argumentiert auch Bock auf dem EKD-Fachforum „Inklusive Kirche gestalten", Leicht verständliche Sprache und barrierefreie Kommunikation – Eine Herausforderung und Chance für den inklusiven Wandel in der Kirche, 21.-22.September 2020 (digital) s. in: epd-Dokumentation 40-41(2021), 13–17.

Bereich ‚Leichte Sprache' gehören können" (Fix, 164). Für den Kontext dieser Untersuchung ist vor allem von Interesse, dass religiöse Texte in dieser Perspektive eine durchaus besondere Funktion haben, weil sie auf etwas Größeres und Anderes verweisen. Fix bezieht sich auf den skalierten Transzendenzbegriff von Thomas Luckmann[150] und betont, dass religiöse Texte sich auf „eine andere als unsere Welt, nämlich auf die des Übernatürlichen (beziehen). Sie stellen den Bezug zu ‚großen Transzendenzen' her"[151]. Diese Zuordnung ist insofern hilfreich, als hier zum einen zu starre Regelobservanz relativiert und zum anderen dem Eigensinn religiöser Kommunikation Rechnung getragen wird. Die Zumutung großer Transzendenzen widerspreche per se der Logik von Regelwerken. Und schließlich wird das Besondere dem Allgemeinen bzw. Allgemeinverständlichen vorgeordnet. Die kleineren und mittleren Transzendenzen entsprechen dabei dem, was als „Weltansicht" bezeichnet wird und wären damit in Leichte Sprache übertragbar; die großen Transzendenzen hingegen „überschreiten diesen Bereich. Sie zeichnen sich dadurch aus, dass das, was erfahren wird, in der Alltagswelt nicht mehr zugänglich ist"[152], Religionslinguisten sprechen auch von einer „außerweltlichen Innerweltlichkeit"[153], „in der Wahrnehmung vorgängig Sinnhorizonte in der Welt eröffnet (...), in einem Deutungshorizont intersubjektiv behauptet (...), verortet und benannt werden kann. (...) Sprache kommt hier als Instrument zur Bewahrung, zum Transfer sowie zur Konstitution von Wissen und Wirklichkeit zu ihrem Recht."[154]

Fix beschreibt die Fülle kirchlicher Textsorten von institutionellen Verlautbarungen über kommunikativ-pragmatische Nachrichten und metakommunikative theologisch-wissenschaftliche Texten bis hin zu aus ihrer Sicht „tatsächlich religiösen Äußerungen"[155].

Diese tatsächlich religiösen Äußerungen unterscheidet sie wiederum in zwei Typen: Einerseits „narrativ mythische" (Sage, Märchen, Prophetie), die der Weltdeutung dienen und häufig erzählenden Charakter haben, und andererseits „rituell-performative" Texte, also Gebete, Glaubensbekenntnis und Segen. Letz-

---

150 Luckmann, Thomas: Die unsichtbare Religion, Frankfurt/M. 1991.
151 Fix: „Schwere Texte", 173.
152 Knoblauch, Hubert: Religionssoziologie, Berlin u.a. 1999, 125.
153 Alexander Lasch definiert diesen Ausdruck sprachwissenschaftlicher Perspektive, „um einen Transzendenzbegriff zu operationalisieren, der für die linguistische Auseinandersetzung mit dem Thema „Sprache und Religion" fruchtbar werden kann. Lasch, Alexander: Transzendenz, in: ders./Liebert, Wolf-Andreas (Hrsg.), Handbuch Sprache und Religion [Handbücher Sprachwissen 18], Berlin/Boston 2017, 241–265, 241 u.ö., Lasch bezieht sich dabei auf: Plessner, Helmuth: Die Stufen des Organischen und der Mensch. Einleitung in die philosophische Anthropologie, Berlin/New York 31975, Luckmann, Thomas [s. Anm. 146], Knoblauch, Hubert: Populäre Religion. Auf dem Weg in eine spirituelle Gesellschaft, Frankfurt/M. u.a. 2009 und ergänzt Dupré, Louis: Symbole des Heiligen. Die Botschaft der Transzendenz in Sprache, Bild und Ritus (Symbols of the sacred), übers. und hrsg. von Heinz Grosch, Freiburg i.Br. 2007.
154 Lasch: Transzendenz, 262.
155 Fix: „Schwere" Texte, 173.

tere dienen der „Bestätigung und Mitteilung eines religiösen Weltbildes im Rahmen von Ritualvollzügen"[156].

Bei dem, was Fix „Bestätigung und Mitteilung religiöser Weltbilder" nennt und was im theologischen Sprachspiel unter liturgischer Kommunikation firmiert, steht in erster Linie kein lebenspraktischer sprachlicher Verstehensvollzug im Vordergrund. Wichtiger sei (auf Seiten der Gläubigen) „allein ein religiös-rituelles Erleben", dessen Sprachstil ebenfalls ein „Bedeutungsträger" ist, der „die Textrezeption wesentlich steuert"[157]. Entscheidend ist also weniger der Informationsgehalt, sondern die erwartbare rituelle Funktion der Texte. Auch für Menschen mit Lernschwierigkeiten muss „ästhetische Freude an literarischen Texten und spirituelles Erleben beim Lesen religiöser Texte" möglich sein. Diese Maxime weitet die ethische Vorgabe des Verstehens hin zu einer ästhetischen Vorgabe des rituellen Erlebens.

Bei den Übertragungen in Leichte Sprache solle man den Ausgangstexten „einen Teil ihrer Form lassen, (...) es muss also gar nicht immer alles verstanden werden."[158] Infrage kommen vor allem kurze Erzähltexte, Märchen, Fabeln, Kalendergeschichten, Auszüge aus den Evangelien. Deren Handlung muss im Wesentlichen wiedergeben werden – zu wenig beachtet sei bei Fragen der Übertragungen in Leichte Sprache allerdings der „Sprachgestus" und die „Sprachgebärde", die die Gattung signalisieren. Sie müssen bei der Übertragung im Blick bleiben[159]. Wird dieser vernachlässigt, verliere der Text seinen spezifischen Ton.

Fix vollzieht ihre Argumentation anhand der Sprachgattungen Märchen für die poetische Sprache und anhand der Weihnachtsgeschichte aus Lk 2[160].

Anhand von Lk 2 beschreibt sie die „Signale sakraler Rede", die mitteilen, dass es sich um „einen religiösen Text (handelt), einen Text also, der andere Aufgaben zu erfüllen hat als die Texte der übrigen Textwelt und der mit einer

---

156 Ebd.
157 Ebd., 174, unter Bezugnahme auf Diskussionen um die Revision der Lutherübersetzung – vgl. hier Schrader, Hans-Jürgen: Zwischen verbaler Aura und Umgangsdeutsch. Zur Sprachgestalt der Luther-Bibel und zur Problematik ihrer Revision, in: Dahlgrün, Corinna /Haustein, Jens (Hrsg.), Anmut und Sprachgewalt. Zur Zukunft der Lutherbibel. Beiträge der Jenaer Tagung 2012, Stuttgart 2013, 145–180. Wie ausgeführt steht allerdings in dieser Untersuchung die Frage nach Bibeltexten in Leichter Sprache nicht im Fokus. Zentral sind liturgische prophonetische Texte am Beispiel des Tagesgebets.
158 Fix: „Schwere" Texte, 174.
159 Ebd., 175.
160 Vgl. auch Fuchs, Monika E./Neumann, Nils: Bibeltexte in leichter Sprache zwischen Unterkomplexität und Exklusivität, in: Zeitschrift für Pädagogik und Theologie 71 (2019), 272–286. Dort geht es nicht, wie bei Fix, um das Formelhafte und Rhythmisierte eines bekannten Textes, sondern um die theologischen und ethischen Implikationen einer Übersetzung bzw. Übertragung, hier am Beispiel verschiedener Varianten des lukanischen Gleichnisses vom „Barmherzigen Samariter" (Lk 10, 25–37). Auch hier wird deutlich, dass es nicht die eine korrekte Übertragung gibt, sondern je nach theologischer und didaktischer Pointe zusätzlich zu den Regeln auf lexikalischer, syntaktischer und textlicher Ebene mit den Prinzipien Reduktion, Addition und Metakommunikation verfahren wird. Vgl. zu den Spezifika von Bibelübersetzungen in Leichter Sprache auch Lauenstein, Britta, Bibeltexte in Leichter Sprache – Arbeitsweisen, Intentionen und Problemlagen (in Vorbereitung).

eigenen Lesehaltung aufgenommen werden will"[161]. Ein Signal dafür sei die makrosyntaktische Eingangsformel „es begab sich aber", sowie die Einleitungsformel „siehe". Außerdem gliedern Parallelismen den Aufbau und bewirken eine Rhythmisierung des Textes. Es gilt zu ergänzen, dass bei dem Text in Lk 2 zur eigenen Lesehaltung die Hörhaltung hinzukommt, da der Text als Evangelium wesentlich bei den Gottesdiensten am Heiligabend gelesen bzw. gehört wird.

In der Summe bieten die Thesen von Bock und Fix ein hilfreiches kritisches Korrektiv zur Bewertung der Produktionsbedingungen einer leichten Gebetssprache: Die *Vermeidungen* und Verbote sprachlicher Komplikationen gilt es durch Hinweise auf die Funktionalität zu unterbrechen und ihnen das Prinzip der *Zumutungen* an die Seite zu stellen (Bock).

Zwar gilt es, das „Besondere" der sakralen Sprache zu berücksichtigen (Fix) und eben den Spielraum auszuloten, der im Feld von Zumutung und Vermeidung entsteht. Der Gestus und die Funktionalität der Ausgangstexte ist allerdings dazu zusätzlich zur Anwendung der Regelwerke zu beachten.

Zugleich bleibt der Anspruch der barrierefreien Kommunikation von Rezipientinnen und Rezipienten mit Verstehensschwierigkeiten aber erhalten – im Sinne einer liturgischen Sprache, die Zugang zum Wort hinter den Wörtern ermöglichen will. Im 7. Kapitel gilt es dann zu zeigen, inwiefern das „Üben" (7.3) des öffentlichen Betens im Evangelischen Gottesdienst von Erkenntnissen und Praktiken der Leichten Sprache profitiert (vgl. 7.5, These 7).

Hinsichtlich der Deegschen Unterscheidung von Wort und Kult ließe sich die Verbindung ziehen, dass zu den Formulierungen des Gesagten (den „Wörtern") auch der Kultus (durch den Raum, den Sprachgestus, die Inszenierung) hinzutritt, der das einstimmende Beten möglich macht.

Leichte Sprache ist dann – mit Fix und Bock – das adressatengerechte Bemühen um eine Verständigung im Wirkungsbereich religiöser, in diesem Fall: liturgischer Verbesonderung, das sich von Fall zu Fall reformulieren muss. Nach Bredel/Maaß wäre es in dem Fall stimmiger, von „Einfacher Sprache"[162] (vgl. Kap. 2.4) zu reden, die (von der Perspektive Leichter Sprache aus betrachtet) einen Rückbau hin zu Standardsprache betreibt.

Es ist folglich zu konstatieren, dass das Proprium rituell-liturgischer Kommunikation nicht einfach nach dem Kriterium allgemeinen Verstehens einzuebnen ist, sondern dass die Ermöglichung einer religiösen Kommunikation im Modus Leichter Sprache durchaus auch den anspruchsvollen Weg einer barrieresensiblen Verbesonderung gehen kann und muss, will sie dem Eigensinn liturgischer Rubriken gerecht werden.

---

161 Fix: „Schwere" Texte, 178, bezogen auf die Lutherübersetzung von 1984.
162 Bredel/Maaß: Leichte Sprache, 541.

6.5 Beten in Leichter Sprache als ästhetische Form

Beten in Leichter Sprache zwischen Zumutung und Vermeidung, mit Worten und im Kult – wie könnte es gehen?

Das Gebet ist die „basale Handlungsform des Glaubens an das Evangelium"[163], es ist *eine* Ausdrucksform, in der der christliche Glaube Gestalt gewinnt. Und es ist eine besondere Ausdrucksform, die versucht, die großen Transzendenzen sprachlich zu repräsentieren und damit im verstehenden Glauben anzubahnen. Als individuelles Gebet ist es weder an kultische Kontexte noch an sprachliche Konventionen gebunden. Hier ist der Varianz der Sprachformen keine Grenze gesetzt. Wenn allerdings Pfarrpersonen bzw. andere im Gottesdienst Handelnde[164] öffentlich beten, agieren sie jenseits individueller Anliegen und persönlicher Gebetssprache als Vorbetende. Qua Profession bzw. qua Beauftragung üben sie das Beten aus und vermitteln damit sowohl eine „*Handlungsform pastoraler Praxis*" wie eine „*Form persönlicher Repräsentanz* des Glaubens"[165]. Die Handlungsform pastoraler Praxis, also das professionelle Rollenverhalten als Geistliche, und die persönliche Repräsentanz, also das eigene Gebetsleben, hängen eng miteinander zusammen, ohne jedoch zusammenzufallen. Sie unterliegen zugleich dem Dilemma, dass Geistliche zwar „als Beter erkennbar sein (sollen), aber dabei nicht vorgeschriebenen Mustern, sondern ihrem Gewissen folgen (sollen)"[166]. Man kann dies öffentlich persönliche Beten aber „üben"[167], ein katholisch selbstverständlicher Gedanke, der auch im Protestantismus in der Aus- und Fortbildung zunehmend Raum gewinnt[168]. Wie Leichte Sprache dafür eine Methode sein kann, soll im folgenden Kapitel dargelegt werden (vgl. 7.5, Thesen 1 und 7).

---

163 Meyer-Blanck: Das Gebet, XV.
164 Ebd., 50f beschreibt das Gebet als „Alleinstellungsmerkmal des religiösen Berufs". Das Gebet sei „die Handlungsform, die exklusiv dem Pfarramt" zukomme und die „Beziehung zur Transzendenz" repräsentiere, „wie sie den Angehörigen dieses Berufstands vertraut sein soll". Er fügt hinzu, dass die Angehörigen des Berufstands diese Beziehung zur Transzendenz anderen eröffnen sollen. Pastorinnen und Pastoren seien auch diejenigen, die „beim Gebet beobachtet werden", ob im Gottesdienst, bei Kasualien oder bei Eröffnungen von Sitzungen. Zu ergänzen wäre hier aus eigener Sicht und beruflicher Praxis in der Arbeit mit kirchlichen Leitungsgremien gemischt aus Haupt- und Ehrenamt, dass selbstverständlich auch Ehrenamtliche öffentlich und für andere beten können – in der Synode, als Mitglieder des Kirchengemeinderates oder als Lektoren und Prädikantinnen im Gottesdienst. Dieser Hinweis tut allerdings den Beobachtungen zum öffentlichen Gebet wie Meyer-Black sie vornimmt, keinen Abbruch.
165 Ebd., 51 (Herv. im Original).
166 Ebd., 52.
167 Seitz, Manfred, Beten lernen, lehren üben, in: ders.: Erneuerung der Gemeinde. Gemeindeaufbau und Spiritualität, Göttingen 1985, 83–94.
168 Vgl. Die Übungsbücher von Kabel, Thomas, zur „Liturgischen Präsenz", ausführlich Kapitel 7.2. Vgl. auch Meyer-Blanck, Michael, Ritus und Rede, in: Deeg, Alexander u.a., Gottesdienst und Predigt – evangelisch und katholisch, Neukirchen-Vluyn/Würzburg 2014, 11–39 und Meyer-Blanck, Michael: Gebildete Routine und gelerntes Ritual, in: ders., Agenda. Zur Theorie liturgischen Handelns, Tübingen 2013, 284–295.

Will man die Kriterien für Leichte Sprache liturgisch geltend machen, dann sind die Stilformen der Gebete im Gottesdienst zu erhalten und die Sprachmuster den Grundprinzipien Leichter Sprache anzupassen.[169] An den Tagesgebeten in Leichter Sprache der Kirchentage seit 2009 ließ sich zeigen, dass dies Lernprozesse voraussetzt. Inspirierend im Blick auf die Hervorbringung einer angemessenen Gebetssprache können die Impulse aus der Performativen Religionspädagogik[170] sein, die u.a. für „einen der Heiligkeit des Gotteswort angemessenen unterrichtlichen Gebrauch der Heiligen Schrift"[171] plädieren.

Die Begründung dafür liegt dann nicht formal in der Anwendung der UN-Konvention für die Rechte von Menschen mit Behinderungen, sondern im Tenor der biblischen Schriften selbst. Diese setzen auf eine „Offenbarung (…) in Gestalt des menschlichen Hören-Sagens" in der „Ambivalenz konventionellen Zeichengebrauchs"[172], die im Blick auf den Gebrauch Leichter Sprache einem Regelwerk folgt und sich zugleich nicht darin erschöpft. Ein gemeinsame Nenner zwischen Leichter Sprache und dem Anliegen reformatorischer Theologie und gottesdienstlicher Rede liegt in einer Gestaltung, die den Adressierten und dem religiösen Eigensinn der Gebetsform angemessen ist. Was aber bedeutet Angemessenheit angesichts einer „inhaltlich angemessene(n) Darstellungskomplexität" bzw. passender „Textästhetik"[173]? Rituell-performative Texte stellen aus Sicht der Linguistik vor ganz andere Herausforderungen als narrative Texte, auch wenn es in beiden Textsorten darum geht, die Hörenden für eine Transzendenzerfahrung zu öffnen und die Spannungsfelder zwischen starker sprachlicher Umformung und Beibehaltung des konventionellen Gebetsgestus′ auszuloten. „Dass (z.B. bei einer Narration in einem Märchen, erg. AG) die Handlung im Wesentlichen wiedergeben werden kann und muss, wird wohl bei keiner Übertragung in ‚Leichte Sprache' infrage gestellt. Dass Texte einen *Sprachgestus* (…) haben, der die Gattung signalisiert, ist dagegen wenig im Blick"[174] (Herv. AG), ist aber für den Vollzug des Betens wesentlich.

Bei Gebeten im Gottesdienst, die von den Anwesenden mitgesprochen und verinnerlicht werden sollen, bleibt die Frage, was im Sinne der Linguistik ein Gebetsgestus ist, der für die Mitbetenden als Gebet erkannt werden kann. Die Tagesgebete aus den Kirchentagsgottesdiensten zwischen 2009–2019 (vgl. Kapitel 5.4) stellen unter Anwendung von Kriterien Leichter Sprache und einiger Bauprinzipien agendarischer Tagesgebete Versuche zwischen Zumutung und Ver-

---

169 Die Kategorie der Ästhetik im performativen Turn der Praktischen Theologie in den 90er Jahren des vergangenen Jahrhunderts ist prägnant zusammengefasst in: Klie, Thomas: „Daß Religion schön werde". Die performative Wende in der Religionspädagogik, in: Schlag, Thomas/ Klie, Thomas/ Ralph Kunz (Hrsg.), Ästhetik und Ethik. Die öffentliche Bedeutung der Praktischen Theologie, Zürich 2007, 49–63.
170 Vgl. Bizer, Christoph: Kirchgänge im Unterricht und anderswo. Zur Gestaltungwerdung von Religion, Göttingen 1995.
171 Klie: Religion, 57.
172 Ebd., 60.
173 Bock, Bettina M.: Zwischen Vermeiden und Zumuten. Ein Blick auf die „Leichte Sprache" in religiöser Kommunikation, in: Zeitzeichen 22.1 (2021), 33–36, 33f.
174 Fix: „Schwere" Texte, 175.

meidung dar. Ob und wie sie zum Mitbeten der jeweils Anwesenden eingeladen haben, lässt sich ohne empirisch-qualitative Methoden nicht ermitteln.

Der ethische Impuls ist die Erzeugung einer leicht verstehbaren Darstellungsform, die auf Wahrnehmung (Aisthesis) setzt und angewiesen bleibt. Die Ko-Produktionen von Zeichen in der Rezeption von Leichter Sprache im Kontext der Liturgie reichen von einer Haltung der Distanz bis zu einer Empathie; die ethische Frage nach der Teilhabe wird zu einer ästhetischen der Darstellungsform. Wie können „Sprechhandlungen" (Deeg/Plüss[175]) als Gebete erkannt und verstanden werden, auch wenn einzelne Lexeme oder Syntagmen nicht im Sinne einer schlichten Abwesenheit von Barrieren decodiert sind? Wie können Rezipierende, die mit gottesdienstlichen Ausdrucksformen in Standardsprache vertraut sind, zu Koproduzenten liturgischer Kommunikation in Leichter Sprache werden?

Im folgenden Kapitel wird ausgeführt, wie im Blick auf die Produktionsseite Leichter Sprache dazu beigetragen werden kann, nach Maßgabe Leichter Sprache „poetisch, inszenatorisch und rezeptionsfreundlich"[176] im öffentlichen Raum des Gottesdienstes zu beten. Zum „Beten lernen" (Meyer-Blanck) gehört dazu, dass man dabei keine „angenehm temperierte Routine, sondern allenfalls Sicherheit im Umgang mit der eigenen Unsicherheit lernen kann"[177]. Dabei gilt es der Gefahr zu wehren, den „sakralen" Ton, den bezeichnenderweise die Sprachwissenschaftlerinnen fordern, mit einem „pastoralen" zu verwechseln. Denn damit das gemeinsame Gebet „kräftig" werden kann, gilt es, „allen Anwesenden das Mitbeten" zu ermöglichen, „also in Gestus, Wortwahl und Sprachduktus das angemessene ‚Miteinander' zu finden"[178]. So ein Miteinander kommt nicht von allein, aber es kann eingeübt werden.

---

[175] Deeg/Plüss: Liturgik, 455, unter Bezug auf Bieritz, Karl-Heinrich: Liturgik, Berlin/New York, 2004, 252–258.
[176] Meyer-Blanck: Gebet.
[177] Ebd., 323.
[178] Klie, Thomas/Langer, Markus J.: Evangelische Liturgie. Ein Leitfaden für Singen und Sprechen im Gottesdienst, Leipzig 2015. Vgl. auch Pyka, Holger: Versteht man, was du liest? Praxisbuch für den Gottesdienst, Bielefeld 2016, und Hirsch-Hüffell, Thomas: Die Zukunft des Gottesdienstes beginnt jetzt. Ein Handbuch für die Praxis, Göttingen 2021.

7. Liturgiedidaktische Konsequenzen

7.1 Liturgiedidaktische Labore mit Leichter Sprache

7.1.1 Vorbemerkung

Im abschließenden Kapitel geht es um die Implementierungsoptionen von Leichter Sprache im Gottesdienst unter Berücksichtigung konkreter Rahmenbedingungen. Die Anwendung Leichter Sprache als Methode wird dabei eingezeichnet in didaktische Konzeptionen zum liturgischen Lernen, speziell in der Vikariatsausbildung, den ersten Amtsjahren im Pfarramt und im ehrenamtlichen liturgischen Dienst (Dienst der Prädikantinnen und Prädikanten). Dies ist als Beitrag zum Lehren und Lernen des Gottesdienstes in der zweiten Ausbildungsphase und in der berufsbegleitenden Fortbildung und Praxisreflexion zu verstehen – ohne dass an dieser Stelle konkrete Veränderungsvorschläge zu bestehenden Curricula diskutiert werden sollen. Die Phasen der Aus- und Fortbildung sollen hier eher den Rahmen des liturgischen Übens markieren.

Das Übertragen agendarischer Vorgaben in Leichte Sprache bzw. das eigene Formulieren von Gebeten mithilfe der Regelwerke Leichter Sprache wird im Rahmen dieser Übungen als ein Lernweg zur prosphonetischen Gebetssprache im Gottesdienst verstanden. „Methoden und Praxisanleitungen, die (…) erfahrungsgesättigt sind", werden „rückgebunden" an Überlegungen zur Qualitätsentwicklung im Gottesdienst und zum liturgischen Lernen und Üben. Diese didaktischen Überlegungen tragen dazu bei, „Erfahrungswissen in Reflexionswissen zu überführen".[1]

In solchen praxisbegleitenden liturgischen Seminaren[2] handelt es sich um „Laborsituation(en)", in denen „unter methodisch gesicherten Bedingungen simuliert, erprobt und qualifiziert"[3] wird. Diese Laborsimulationen gilt es in der jeweiligen Durchführung dann mit der liturgischen Theorie zu verknüpfen. Bereits erprobte Formate sind z.B. Seminartage in Kurswochen (im Rahmen von Predigerseminaren und Pastoralkollegs), in denen die einzelnen liturgischen Stücke des Gottesdienstes eingehend liturgisch, sprachlich und inszenatorisch thematisch werden, eintägige Kurse mit Haupt- und Ehrenamtlichen im Verkün-

---

1 Klie, Thomas: Gottesdienst lehren und lernen. Liturgie- und predigtdidaktische Schneisen, in: Bauer, Daniel u.a., Von semiotischen Bühnen und religiöser Vergewisserung. Religiöse Kommunikation und ihre Wahrheitsbedingungen, FS M. Meyer-Blanck, Berlin/Boston 2020, 205–216, 208.
2 Von Verf. in den Jahren 2010–2017 im Gottesdienstinstitut der Nordkirche und ab 2017 fortlaufend auch in Pastoralkollegs durchgeführt, vgl. Vorbemerkung und Kap.1, Einleitung.
3 Klie: Gottesdienst, 214.

digungsdienst, Workshops für Pastorinnen und Pastoren im Kontext von Pfarrkonventen zur Sprache im Gottesdienst (vgl. 7.6 Übungen).

7.1.2 Liturgisches Lernen in der Aus- und Fortbildung

Zur kontextuellen Orientierung soll an dieser Stelle exemplarisch und knapp die Entwicklung der Liturgiedidaktik seit den 1990er Jahren skizziert werden[4]. In der pastoralen Fortbildung sind die Lehr-Lern-Szenarien andere als im universitären Lernen der ersten Ausbildungsphase; die Phase des Vikariats mit ihrem konsequenten Praxisbezug liegt gewissermaßen dazwischen. Dabei ist grundlegend, dass auch bei ausgebildeten Pastorinnen und Pastoren „Beten (...) eine Arbeit (ist), die ihre Form sucht. Das öffentliche Gebet (...) will schriftlich vorbereitet sein."[5] Was Bizer für den schulischen Religionsunterricht formuliert, gilt auch für den Kompetenzerwerb im Vikariat und für die liturgische Fortbildung im Pfarramt: Öffentliches Beten einzuüben ist ein Lernen „by doing", weil nur dies „in leibhafter Sprache zu elementaren gestalteten religiösen Handlungen (und natürlich zu deren methodisch durchgehaltener Reflexion) führt. (...) Explizites religiöses Handeln ist liturgisch darstellendes, leibhaftes Handeln"[6].

Ein solches Handeln vollzieht sich immer auch im Horizont „liturgischer Bildung". Auf katholischer Seite ist dieser Begriff vor allem mit Romano Guardini als Vordenker liturgischer Bildung verbunden, evangelisch mit Guardinis Zeit-

---

4   Vgl. ausführlich bei Neijenhuis, Jörg: Die Lage der evangelischen liturgischen Aus- und Fortbildung im deutschsprachigen Raum – das Ergebnis einer Umfrage, in: ders. (Hrsg.), Liturgie lernen und lehren. Aufsätze zur Liturgiedidaktik [Beiträge zu Liturgie und Spiritualität 6], Leipzig 2001, 13–25. Die Situation der liturgischen Aus- und Fortbildung ist seit den in dem genannten Band dokumentierten Memoranden und Konzepten im evangelischen Bereich (237ff) sichtbar verändert – die Desiderate von Aus- und Fortbildungsinstituten liturgischer Bildung sind zumindest auf organisatorischer Seite eingelöst. Die Generalsynode der Vereinigten Evangelisch-Lutherischen Kirche Deutschlands (VELKD) hatte am 18. November 1993 gemeinsam mit der Bischofskonferenz der VELKD die Einrichtung eines Liturgiewissenschaftlichen Institutes beschlossen, nur einen halben Monat später wurde das Institut bei der Theologischen Fakultät der Universität Leipzig gegründet. Das Institut besteht bis heute fort, aktuell heißt es dort: „Gottesdienste sind das Herz kirchlichen Lebens. Hier versammelt sich die Gemeinde, um dem lebendigen Geheimnis Gottes zu begegnen." Das Institut fördert „die Forschung in liturgischen Fragen", bildet „Studierende der Theologie in Theorie und Praxis von Gottesdiensten aus", bietet „Fortbildungen für Pfarrerinnen und Pfarrer an" und arbeitet nicht zuletzt „im Spannungsfeld zwischen Kirche, Universität und kulturellem Leben an der Entwicklung liturgischer Formen." Liturgiewissenschaftliches Institut der VELKD – Das Institut – VELKD (vom 17.2.2022). In den folgenden Jahren richteten etliche Landeskirchen Gottesdienstinstitute/Arbeitsstellen für Gottesdienst ein, liturgische Bildung wurde damit in den verschiedenen Phasen der Aus-, Fort- und Weiterbildung institutionell verankert. Hier ein Überblick, gesammelt auf der website der ev. Kirche in Württemberg: Gottesdienstinstitute in der EKD und im deutschsprachigen Ausland (fachstelle-gottesdienst.de) (vom 17.2.2022).
5   Bizer, Christoph: „Liturgie" als religionsdidaktische Kategorie, in: Neijenhuis, Jörg (Hrsg.), Liturgie lernen und lehren. Aufsätze zur Liturgiedidaktik, Leipzig 2001, 95–118, 113.
6   Ebd., 115.

genossen Wilhelm Stählin[7]. Beide waren stark geprägt durch die Jugendbewegung der 1920er Jahre, beide suchten nach zeitgemäßen Wegen, besonders junge Menschen liturgisch zu bilden und zu erneuern. Der Gottesdienst wird – von beiden – als „Ort religiöser Bildung"[8], die Liturgie als „das geeignete Medium"[9] dafür verstanden. Die „Bildung durch Liturgie" und die „Bildung zur Liturgie"[10] standen dabei in einem engen Zusammenhang – das mystagogisch unmittelbare Erleben des Gottesdienstes und das propädeutische Üben und Lernen sind nicht im Vollzug, sondern erst in der Metareflexion zu trennen. Auf diese hin sind Gottesdienste in der Ausbildung und Fortbildung ausgerichtet – zugleich hat jeder in actu gefeierte Gottesdienst natürlich auch mystagogische und propädeutische Aspekte[11].

Die hier aufgeführten Überlegungen sind wesentlich propädeutisch, das Üben von Gebetssprache ist gedacht als Teil der Vorbereitung des liturgischen Handelns im Gottesdienst. Es geht um Praxiserwerb und ggf. Praxisveränderung liturgisch Agierender, nicht primär um die liturgische Bildung der Gemeinde oder Weitergabe liturgischer Traditionen im Kontext von Schule, Familie und kirchlicher Jugendarbeit – ohne auszublenden, dass gerade auch in diesen Kontexten liturgische Übungen im hier verstandenen Sinne zu liturgischer Bildung beitragen.

Michael Meyer-Blanck benennt in diesem Zusammenhang die latente Gefahr der Didaktisierung des gottesdienstlichen Feierns – obschon „die pädagogische Dimension des liturgischen Geschehens unabweisbar"[12] ist. Der zu gestaltende Gegenstand gibt eben immer auch zu lernen. Die „liturgische Theoriebildung kommt gerade nicht an der pädagogischen Reflexion vorbei, wenn sie einer Funktionalisierung (...) entgegentreten will", auch das „Bemühen um (mit Schleiermacher) ungehinderte ‚Zirkulation' religiöser Erfahrung verlangt besondere pädagogische Sorgfalt"[13].

In diesem Zusammenhang rücken v.a.a. die Übungen zur „Liturgischen Präsenz" ins Zentrum, eine Methodik, die die zu optimierenden liturgischen Handlungsvollzüge der Protagonisten anhand von Kategorien aus dem Schauspiel und der Dramaturgie ableitet (7.2). Das von Thomas Kabel entwickelte Konzept

---

7 Dazu ausführlich Richter, Olaf: Anamnesis – Mimesis – Epiklesis. Der Gottesdienst als Ort religiöser Bildung [APrTh 28], Leipzig 2005. Zu Romano Guardinis Verständnis der „Liturgiefähigkeit des modernen Menschen" bes. 73–105. Zu Wilhelm Stählin „als Förderer liturgischer Bildung in der Evangelischen Kirche" (106) bes. 106–133.
8 Ebd., 69.
9 Ebd., 70.
10 Ebd., 71.
11 Im Seminarkontext stößt die Differenz zwischen Mystagogik und Propädeutik immer wieder auf kritische Nachfrage. Beim Üben konkreter gottesdienstlicher Vollzüge wie Beten oder Segnen ist der Übergang zwischen Zeigen/Ausprobieren und „richtigem" Beten oder Segnen sowohl für die Produzierenden wie für die Rezipierenden fließend. Rückmeldungen wie „Das fühlte sich richtig wie Beten an!" sind Teil der liturgiedidaktischen Praxis außerhalb des öffentlichen Gottesdienstes.
12 Meyer-Blanck: Liturgie und Liturgik, 2., aktual. Aufl. 2009, 325.
13 Ebd.

der Liturgischen Präsenz ist hier insofern von Bedeutung, als es auch hier darum geht, didaktische Leitbilder aus anderen außerliturgischen Zusammenhängen (Selbsthilfebewegung von Menschen mit Verstehensschwierigkeiten) im Gottesdienst zu implementieren und den Protagonistinnen und Protagonisten als Werkzeug für liturgisches Handeln zur Verfügung zu stellen. Obwohl Leichte Sprache nicht das Körperhandeln im Raum zum Thema hat, wird auch sie im Kontext dieser Untersuchung als Werkzeug zum Handeln im Gottesdienst verstanden.

Die Kriterien der „Liturgischen Präsenz" sind aus der dramaturgischen Arbeit mit Schauspielerinnen und Schauspielern entwickelt worden, die ein gegebenes Rollenskript zur Darstellung bringen sollen. Dies hat zwar eine große Nähe zur liturgischen Darstellung agendarischer Inhalte, aber die christliche Gottesfeier ist im Gegensatz zum Theater durch den Widerspruch gekennzeichnet, etwas verfügbar zu operationalisieren, das sich dem menschlichen Zugriff grundsätzlich entzieht. Es bietet sich also an, den Begriff der Präsenz zu präzisieren und ihm den der *Absenz* an die Seite zu stellen. Das Wirken der Worte und Gesten beinhaltet grundsätzlich ein Moment der Unverfügbarkeit – Liturginnen und Liturgen sind zur bestmöglichen Darstellung in Wort und Geste genötigt, wohl wissend, dass das Eigentliche sich der Darstellbarkeit grundsätzlich entziehen wird. Wie also ist unter diesen Bedingungen das Verhältnis von Präsenz und Absenz im Gottesdienst zu denken? (7.2.2)

Da das gottesdienstliche Feiern zur Darstellung genötigt ist, braucht es die Arbeit an der *Qualität* des Gottesdienstes. Eine solche Arbeit zur Steigerung der gottesdienstlichen Kompetenz des liturgischen Personals geschieht seit den 90er Jahren des vergangenen Jahrhunderts in den Gottesdienstarbeitsstellen und -instituten vieler evangelischer Landeskirchen[14] (7.2.3). 2002 wurde am Theologischen Zentrum in Braunschweig das „Atelier Sprache"[15] gegründet, 2010 kamen die sogenannten „Qualitätszentren" für Gottesdienst- bzw. Predigtkultur in Hildesheim und Wittenberg hinzu[16].

Die konkrete Arbeit mit den liturgisch Handelnden und die Übungen zur Liturgischen Präsenz ist implizit motiviert durch die Frage nach der Qualität liturgischer Darstellung. Zentral wird mit Gruppen-Feedback gearbeitet (Beobachtung erster Ordnung) – sowohl in der Laborsituation im Seminar als auch in vor Ort gefeierten Gottesdiensten, die hinterher im Gespräch oder mit standardisierten Fragebögen ausgewertet werden. Ein wichtiges Ziel ist dabei, den

---

14 Die Arbeitsstellen Gottesdienst sind in einer von der EKD koordinierten Konferenz zusammengefasst, die zweimal im Jahr zusammenkommt, Standards und Programme abgleicht und sich über Inhalte und Methoden der Arbeit in den Landeskirchen austauscht. Adressen: www.gottesdienste.de (vom 31.1.2022). Die Institute haben gemeinsam Standards für die Ausbildung zum/zur „Gottesdienstberater/Gottesdienstberatung" entwickelt.
15 Atelier Sprache e.V.: Home (thzbs.de), dessen Seminarprogramm vor allem die Arbeit an der Predigtsprache, aber auch Kurse zur Gebetssprache umfasst (vom 31.1.2022).
16 Seit August 2018 sind die beiden Zentren in Wittenberg zusammengeführt zum Zentrum für evangelische Gottesdienst- und Predigtkultur (predigtzentrum.de) (vom 10.4.2022).

Gottesdienst „ins Gespräch zu bringen"[17], die auswertende kollegiale Rede darüber also zu enttabuisieren und mit operationalisierbaren Kriterien zu versehen. Diese Annäherungen geschehen in einem liturgiedidaktischen Interesse. Professionell öffentlich im Raum des Gottesdienstes Handelnde sollen neu bzw. immer wieder überprüfen, wie sich die eigene gestalterische Ausdrucksfähigkeit hin auf das Skript (Agende), die Mitfeiernden (Gemeinde) und hinsichtlich des unverfügbaren Nichtdarstellbaren (der im Evangelium geglaubte Gott/die Absenz) entwickeln kann. Liturgiedidaktik hat hier also nicht primär die Vermittlung gottesdienstlicher Formen und Inhalte in religions- und gemeindepädagogischer Hinsicht im Blick. Vielmehr geht es um die Optimierung liturgischer Gestaltqualität (7.2.4).

Leichte Sprache als Mittel der Liturgiedidaktik wird hier verstanden als eine Form für die Einübung einer eigenen öffentlichen Gebetssprache. In diesen Diskurs ist die vorliegende Untersuchung einzuzeichnen: Exemplarisch sollen die verschiedenen Dimensionen liturgischer Darstellung (v.a. Theologie, Gestaltqualität, Liturgiegeschichte, Kommunikation) am Beispiel des Tagesgebetes und seiner sprachlichen Qualität erprobt werden. Im Üben mit Kolleginnen und Kollegen in der Aus- und Fortbildung (das ist hier der Fokus) dient das Übertragen von Tagesgebeten aus dem EGb in Leichte Sprache dem Finden einer verständlichen Gebetssprache, die nicht auf Kosten theologischer Aussagen geht (7.3).

Ziel dieser Überlegungen ist das Modell einer „Konzeptionellen Mündlichkeit" (7.4, vgl. 3.6), wie Bredel/Maaß sie beschreiben. Texte in konzeptioneller Mündlichkeit sind wesentlich im Präsens oder Präsens Perfekt und im Indikativ aktiv gehalten. Sie verweisen auf „den unmittelbaren Wahrnehmungsraum", sie „lassen einen Abgleich mit der gegebenen Wirklichkeit zu" und verzichten auf hypothetische Räume. Durch aktive, verbale Formulierungen entsteht eine „agensnahe, handlungsorientierte Ereignisdarstellung"[18]. Formulierungen mit einer so beschriebenen Qualität – unmittelbar, agensnah, handlungsorientiert – entstehen auch, so die These, wenn Gebete in Leichter Sprache gestaltet werden.

In einer abschließenden Thesenreihe (7.5) sollen die Überlegungen zur Leichten Sprache als Werkzeug der Liturgiedidaktik zusammengefasst werden, um danach einen exemplarischen Blick in die vermittelnde Praxis zu werfen (7.6).

---

17 Fendler, Folkert: Feedback. Hilfreich Rückmeldung geben zum Gottesdienst, Feedback-zum-Gottesdienst-fec40e3cb6e47a19d0abb6eff5e4b17e.pdf (landeskirche-hannovers.de) (vom 17.2.2022).

18 Leichte Sprache weist – wie im 3. Kapitel ausführlich dargelegt – ein „reduziertes flexionsmorphologisches System" auf, das zu einem „Drei-Kasus-System" von Nominativ, Akkusativ und Dativ führt. Im verbalen Bereich liegt eine Konzentration auf ein „Zwei-Tempus-System" (Präsens und Präsens Perfekt) vor, außerdem wird nur der Modus Indikativ verwendet. Dies führt zu einer Nähe der Leichten Sprache zur „konzeptionellen Mündlichkeit": Aussagen im Präsens und Perfekt verweisen auf den „unmittelbaren Wahrnehmungsraum, das Hier-und-Jetzt des Lesers", Tempusformen, die sich auf „ferne Referenzräume" beziehen, werden vermieden (alle Zitate aus: Bredel, Ursula/Maaß, Christiane: Leichte Sprache. Theoretische Grundlagen, Orientierung für die Praxis [Sprache im Blick], Berlin 2016, 327).

7.2 Liturgische Präsenz – liturgische Qualität

7.2.1 „Liturgische Präsenz" nach Thomas Kabel

„,Präsenz' meint das Dasein in der liturgischen Rolle, welches mit dem eigenen Glauben ebenso viel zu tun hat wie mit darstellerischer Sorgfalt. Es geht in Liturgie wie Theater insgesamt nicht darum, eine ,Show' abzuziehen, sondern sich mit den anderen in eine andere Wirklichkeit hineinzuspielen. (...) Theologen sind keine Schauspieler. Aber die letzteren können Theologen helfen, sich selbst in der Öffentlichkeit auszudrücken."[19]

Erfahrene Liturgisierende reagieren bei der Vorstellung, gottesdienstliche Handlungen zu üben, gelegentlich mit Widerstand. Sie verweisen pastoraltheologisch auf das Wirken des Heiligen Geistes oder antworten berufsspezifisch mit dem Hinweis, dass sie ja keine Schauspielerinnen oder Schauspieler seien.

Der Vorbehalt einer Geistwirkung entbindet allerdings keineswegs von einer liturgischen Darstellung, die nach den Regeln der Kunst und nach bestem (theologischen) Wissen vorab reflektiert wurde. Übertrüge man diesen durchaus nicht selten geäußerten Vorbehalt gegenüber möglichen Reflexions- und Gestaltungsgewinnen auf die Predigtpraxis, würde dies eine wissenschaftliche Homiletik obsolet machen. Auch die Homiletik setzt das übende Vermitteln von Sprachformen, biblisch-theologischen Topoi und lebensweltlichen Themen voraus, das sich im Probieren, in Vorwegnahmen, Reflexionen und dem Herstellen von Relationen materialisiert. Ein vergleichbar umfänglicher Diskurs für Gebetssprache findet sich nicht in der Literatur, auch deshalb rezipiert diese Untersuchung so ausführlich Michael Meyer-Blancks Werk „Das Gebet", in dem er von einer typisch „evangelische(n) Zurückhaltung bei der Theologie des Gebets" spricht.[20]

Lernpsychologisch ist beim liturgischen Lernen auch insofern mit Widerständen zu rechnen, als das Neu- und Verlernen einer bereits habitualisierten Praxis diese in Frage stellt und damit immer auch implizit die eigene pastorale Rolle im Gottesdienst. Aber durch Gruppenfeedback und kriteriengeleitete Übungen können unreflektierte rhetorische Präferenzen als Floskeln identifiziert und sprachliche Idiosynkrasien ins Bewusstsein gehoben werden. Der sich in, mit und unter der liturgisch-homiletischen Darstellung gnädig einstellende *Gegenstand* der Darstellung, das Evangelium, verlangt nach einer denkbar optimalen Darstellungsweise. Meyer-Blanck spitzt zu: „Die neue Realität der Menschenfreundlichkeit Gottes muss so vorgestellt werden, dass sie als neu realisiert werden kann. Praktische Theologie studieren heißt dann, gute und schlechte Inszenierungen des Evangeliums unterscheiden lernen, und vor allem: akzeptieren, dass das Evangelium einer guten Inszenierung bedarf wie ein gutes Theaterstück. Je besser ein Schauspiel ist, desto verheerender wirkt sich eine

---

19 So Meyer-Blanck, Michael: Geleitwort, in: Kabel, Thomas, Handbuch Liturgische Präsenz 2. Zur praktischen Inszenierung der Kasualien, Gütersloh 2007, 9–10, 9.
20 Meyer-Blanck, Michael: Das Gebet, Tübingen 2019, 198.

schlechte Inszenierung aus. Die Sache allein genügt nicht, weil es die Sache nur in bestimmten Formen gibt."²¹

Thomas Kabel, Schauspieler und Dozent zahlreicher Seminare²² im Bereich der Aus-, Fort- und Weiterbildung mit Liturginnen, Predigern, Lektoren und in Vikariatskursen, betont, der Gottesdienst sei eine Inszenierung: „Er ist wie ein Film, der entweder gut oder schlecht gedreht sein kann. Er besteht aus unzählig vielen Einstellungen, aus Beats and Moments. Er besteht aus Sequenzen, die in ihrem Aufbau theologischen Grundprämissen entsprechen" (11). Kabel betont, es gehe im Vorfeld der Performanz um Entscheidungen, welchen Inhalt Liturginnen und Liturgen „theologisch ausdrücken" wollen und welche Form dieser Inhalt bekommen solle. Denn es „ist Aufgabe des Liturgen, diese Dinge so zu gestalten, dass die Gemeinde weiß, worum es geht, und dass der Liturg, dass die Liturgin selbst weiß, worum es geht, damit Stimmigkeit (...) entsteht, die es uns erlaubt, uns wirklich auf das Wesentliche zu konzentrieren" (12). Dabei gilt es immer zu betonen: „Die Kirche ist kein Platz des Schauspiels, sie ist aber ein Ort der rituellen Inszenierung" (12).

Kabel hat den Ausdruck der „Liturgischen Präsenz" zur Marke gemacht. Seine Handbücher „Zur praktischen Inszenierung des Gottesdienstes (Band 1)", „Zur praktischen Inszenierung der Kasualien (Band 2)"²³ und das „Übungsbuch Liturgische Präsenz" bündeln seine liturgiedidaktische Kursarbeit, seine Lernprogramme und Übungen. Er legt Wert darauf, dass es im Blick auf die grundlegenden Darstellungsoptionen „nicht wirklich einen Unterschied zwischen Zuschauern vor der Bühne und einer Gemeinde im Gottesdienst (gibt). Beide Gruppen machen sich auf den Weg, um Erfahrungen zu machen. (...) Das Handwerkszeug, dessen sich der Schauspieler hauptsächlich bedient, ist sein Körper. Durch Mimik, Gestik und vor allem durch die Stimme vermittelt er seelische Zustände und bringt diese auf dem Resonanzkörper Zuschauer zum Spielen."²⁴

Kabel redet allerdings von Körper und von Stimme, aber nicht von Semantik und Syntax, von Metaphern und der Verständlichkeit von Sätzen. Der Vergleich wird hier gezogen, weil hinsichtlich der Liturgie sowohl Körperhandeln wie sprachliches Handeln nicht nur formales Können zum Ziel haben. Perfekt ausgeführte Gesten allein schaffen keine gottesdienstliche Kommunikation, das bloße Einhalten von Körperregeln wirkt zudem auch eher künstlich, denn „Körpergesten haben ihren Ursprung immer in geistigen Einstellungen." Es braucht „Übung und Zeit", bis Gesten „zur zweiten Natur werden"²⁵. Das gilt auch für die

---

21 Meyer-Blanck, Michael: Inszenierung und Präsenz. Zwei Kategorien des Studiums Praktischer Theologie, in: WzM 49 (1997), 2–16, 6.
22 Kabel, Thomas: Handbuch Liturgische Präsenz 1. Zur praktischen Inszenierung des Gottesdienstes, Gütersloh ²2003, und ders.: Handbuch Liturgische Präsenz 2. Zur praktischen Inszenierung der Kasualien, Gütersloh 2007; ders.: Übungsbuch Liturgische Präsenz mit DVD, Gütersloh 2011.
23 S. Anm. 22.
24 Kabel: Handbuch 2, 8.
25 Ebd.

erste Ausbildungsphase, betont Kabel, denn gerade zu Beginn der Rollenbildung sei „Liturgie (...) ein ganz persönliches Wagnis"[26].

Seit den 1990er Jahren ist in der evangelischen Kirche, die traditionsgemäß ihre gottesdienstlichen Bemühungen auf das Predigtgeschehen und weniger auf die kultische Kommunikation zentriert, zum einen ein Bewusstsein für die Formgebundenheit der darzustellenden Inhalte und zum anderen ein wachsendes Interesse am Gesamtkunstwerk Gottesdienst wahrzunehmen. Die Beachtung feierlicher Gestaltungen ist mittlerweile nicht mehr nur das Proprium von liturgischen Bewegungen. In der Ausbildung zu Pastor und Pastorin, Prädikantin und Lektor sind die liturgische Kompetenz und das Üben im Äußeren längst Bestandteil des Curriculums geworden. Allerdings gilt für den Gottesdienst: Die Formen sollen durch äußere Sorgfalt und praktisches Können so gestaltet werden, dass sie gegenüber den zu performierenden Inhalten kein ästhetisches Eigenleben führen. Hinsichtlich der Kasualien betont Meyer-Blanck, in den Übungen zur Liturgischen Präsenz gehe es darum, „das Spannungsverhältnis von pastoraler Wiederholung und Einmaligkeit auf Seiten der Gemeindeglieder" wahr- und ernst zu nehmen. Gemeindliche Rezipienten sollen spüren können, dass der Liturg zwar „nicht persönlich betroffen" ist, ihm aber die biographischen Resonanzen vertraut sind und er sich im liturgischen „Vollzug erneut erinnert und sich davon anrühren lässt." Das „Großartige und Einmalige des pastoralen Berufs" gilt es dabei immer wieder mit „noch größerer Gewissheit anzunehmen, nämlich die Möglichkeit und die Anforderung, mit anderen und für andere öffentlich zu beten und Segen zuzusprechen"[27]. Dazu verhilft nicht zuletzt die klare und selbstbewusste zeremoniale Handschrift, die es immer wieder den Darstellungsbedingungen anzupassen gilt. Diese Handschrift überspielt aber nicht, dass das „Liturgie (...) uns ins Unaussprechliche (führt)". Kabel stellt in Rechnung, dass dies „Unaussprechliche" immer mit dem je aktuellen Sprechen und Inszenieren verwoben ist: „Es geht nicht darum, technisch alles richtig zu machen, sondern im Detail zu erforschen, was hinter den Symbolen und den Worten steht, was diese bedeuten. (...) Liturgie ist ein Wegweisen. Und bekanntlich steht ein Wegweiser nicht am Ziel."[28]

Der Begriff der Präsenz ist also sowohl theologisch wie auch inszenatorisch von der Darstellungsform her gefüllt. Auch und gerade evangelisch gilt es, sich als religiöse Protagonistin so im Gottesdienst-Raum zu verhalten, dass die Wortlaute wirksam zum Ausdruck kommen können. Das betrifft sowohl das sprachliche als auch das gestische und körperliche Agieren. Eine Kathedralkirche braucht selbst bei hochwertiger Mikrophonierung eine artikuliertere Sprechweise und gemessenere Schritte, was wiederum nicht künstlich wirken darf. Ein moderner Gemeindehausbau verträgt schnellere und alltagsnähere Sprache und Bewegung – all dies gilt es vor dem Ernstfall Gottesdienst zu erproben und sich kritischer Rückmeldungen zu versichern. Die technisch-performativen Aspekte

---

26 Neijenhuis, Jörg: Impressionen von der Übung in liturgischem Handeln: sprechen, singen, gehen, verbeugen..., in: ders. (Hrsg.), Liturgie lernen und lehren, 85–91, 87.
27 Meyer-Blanck: Geleitwort, 10.
28 Kabel: Handbuch 2, 17.

des Gottesdienstes sind nicht einfach gegeben, sondern gezielt auszubilden, zu meditieren und zu üben.

Unter Berufung durch den von Thomas Kabel etablierten Begriff der Liturgischen Präsenz gibt es in den Gottesdienstinstituten der evangelischen Landeskirchen seit den 1990er Jahren Fortbildungen[29] für Personen, die über ein liturgiewissenschaftliches Vorwissen verfügen und mehr oder weniger intensive Vorerfahrungen im Liturgisieren haben. Wie bei Kabel geht es auch in den Seminaren der Gottesdienstinstitute um ein didaktisch angeleitetes Wechselspiel von eigenem Ausprobieren, Fremdwahrnehmung und Selbstreflexion. Es galt und gilt: „*Erst* gemeinsam etwas mit Gottesdienst *erleben* und *dann darüber reden*. Aus Erlebnis und Reflexion erst entsteht nachhaltige Erfahrung. Das drehte das ortsübliche Verfahren auf den Kopf. Aber man *spricht* vor einem Festessen nicht nur über die Zutaten und Garungsprozesse, sondern man *probiert* kochend *aus*, wie es schmeckt. Dann weiß man mehr. Klar braucht es eine Idee, ein vorläufiges Konzept. Aber man konferiert auch nicht über Tanzschritte und Chorsätze – man übt sie. So entsteht in einer Gruppe ein lebendiges Verhältnis von Liturgie."[30]

Mittlerweile zählen Methoden wie raumbezogenes liturgisches Handeln[31], lautes Lesen[32], liturgisches Singen[33] und „Liturgische Präsenz" in der pastoralen Praxisausbildung (Vikariat) zu den methodischen Standards.

---

29 „Mehr als Worte" (gottesdienstinstitut.org) kündigt z.B. einen Kurs im Gottesdienstinstitut Bayern an: „Gottesdienst feiern, das ist viel mehr als Wort und Inhalt. Intensiv und stimmig erleben wir Gottesdienste besonders dann, wenn es gelingt, präsent zu sein. Doch was bedeutet das? Wie nehme ich meine Rolle wahr, wenn ich Gottesdienste leite und gestalte? Und wie gelingt es mir, Kontakt aufzunehmen zu denen, die zuhören und mitfeiern? Mit Methoden der Liturgischen Präsenz werden die Teilnehmenden angeleitet, ihr Auftreten, Sprechen und Handeln im Gottesdienst wahrzunehmen und zu bearbeiten. Praktische Übungen zu wesentlichen Stationen des Gottesdienstes wie Begrüßung, Predigt oder Segen stehen dabei im Mittelpunkt." Leitung: Konrad Müller, Gabriele Lübke, Trainer und Trainerin für Liturgische Präsenz (vom 17.02.2022). Vgl. auch Angebote im Frankfurter „Zentrum Verkündigung der Ev. Kirche in Hessen und Nassau", Körper & Sprache im Gottesdienst | Zentrum Verkündigung der EKHN (zentrum-verkuendigung.de), (vom 17.2.2022).
30 Hirsch-Hüffell, Thomas: Die Zukunft des Gottesdienstes beginnt jetzt. Ein Handbuch für die Praxis, Göttingen 2021, 12f. Der Autor hat dort seine Erfahrungen und Überlegungen aus über 20 Jahren Arbeit am Gottesdienst zusammengestellt (1997–2018). Hirsch-Hüffell ist kein Schüler von Kabel, sein Impuls zur Arbeit am Gottesdienst ist aus dem Erproben im Gemeindepfarramt und aus Experimenten mit Nachbardisziplinen wie Schauspiel, Gestalttherapie, Rhetorik, Tanz- und Theaterpädagogik parallel zur Entwicklung der Liturgischen Präsenz bei Thomas Kabel entstanden. Diese Erprobungen führten dann 1997 in die Gründung des „gottesdienst instituts nordelbien", seit 2012 „Gottesdienstinstitut Nordkirche" im Hauptbereich „Gottesdienst und Gemeinde", vgl. Gottesdienstinstitut – Gottesdienstkultur Nordkirche (gottesdienstkultur-nordkirche.de, vom 17.2.2022).
31 Thomas Klie, Gottesdienst im Raum, in: Christian Grethlein/Günter Ruddat (Hrsg.), Liturgisches Kompendium. Göttingen 2003, 260–281.
32 Pyka, Holger: Versteht man, was du liest? Praxisbuch für den Gottesdienst, Bielefeld 2016.
33 Klie, Thomas/Langer, Markus J.: Evangelische Liturgie. Ein Leitfaden für Singen und Sprechen im Gottesdienst, Leipzig 2015.

7.2.2 Präsenz unter den Bedingungen der Absenz – fundamentalliturgische Ausdifferenzierungen

Fundamentalliturgisch gibt es hinsichtlich des auf die Person des Liturgen bzw. der Liturgin zugespitzten Präsenzbegriffs durchaus Kritik. In dieser Untersuchung werden Übersetzungen von Tagesgebeten in Leichte Sprache als Vorbereitung für das öffentliche Beten und damit als ein Beitrag zur Steigerung professioneller Präsenz im Gottesdienst akzentuiert (vgl. 7.5, These 7). Deshalb gilt es den Begriff „Präsenz" zunächst zu differenzieren, bevor im Weiteren Übungen in Präsenz als Beitrag zur Qualitätsentwicklung im Gottesdienst benannt werden (vgl. 7.2.3).

Alexander Deeg beispielsweise kritisiert Kabels Präsenzkonzept unter Bezugnahme auf Erika Fischer-Lichtes „Ästhetik des Performativen"[34]. Fischer-Lichte unterscheidet dort zwischen drei Formen von Präsenz: zunächst die „schwache" und „starke" Präsenz – erstere ist bloße leibliche Anwesenheit im Raum, letztere geht über bloße Anwesenheit hinaus und vermag die Aufmerksamkeit der Anwesenden zu „bannen"[35]. Fischer-Lichtes drittes Präsenzkonzept ist ein „radikales" – die Zuschauenden werden „in die Präsenz hineingezogen", so dass „der Zuschauer den Darsteller und zugleich sich selbst als *embodied mind*, als dauernd Werdenden"[36] erlebt. Die Dichotomie von Körper und Geist wird bei diesem Verständnis von Präsenz aufgehoben. Dieses radikale Präsenzkonzept „zielt auf eine transformative Erfahrung in der *Rezeption* des durch den Darsteller Gezeigten, die die Unterscheidung von betrachtendem Subjekt und dargestelltem Objekt hinter sich lässt"[37].

Alexander Deeg interpretiert den von Thomas Kabel (und im Vorwort von Helmut Wöllenstein[38]) verwendeten „Präsenz"-Begriff analytisch als *„professionelle Kompetenz"*[39], als eine personal gebundene Beschlagenheit, die dazu beiträgt, die professionell liturgisch Agierenden von einer „schwachen" zu einer „starken" Präsenz hin zu führen. Über Kabels Methoden zur Liturgischen Präsenz gelangt aber – so Deegs These – implizit die Perspektive des Schauspielers

---

34 Fischer-Lichte, Erika: Ästhetik des Performativen, Frankfurt/M. 2004.
35 Deeg, Alexander: Das äußere Wort und seine liturgische Gestalt, Göttingen 2012, 397; Fischer-Lichte: Ästhetik, 166.
36 Deeg: Das äußere Wort, 171.
37 Ebd., 397.
38 Wöllenstein, Helmut, im Vorwort zu Kabel, Handbuch 1, hinsichtlich der Arbeit des Schauspielers Kabel mit Liturginnen und Liturgen: „Es soll eine harmonische Stimmigkeit oder die größtmögliche Kongruenz zwischen der eigenen Intention und der Außenwirkung im Liturgischen Handeln erreicht werden. Das bedeutet zunächst eine grundsätzliche Distanz zur Norm. Es geht nicht zuerst um das Reproduzieren und Aneignen von liturgisch korrekten Verhaltensmustern, sondern um eine persönlich beseelte Adaptation, um eine lebendige, emotional gefüllte Ausformung liturgischer Handlungen – unter Anerkennung der Form! (...) ‚Präsenz' (...) meint einfach: Gegenwart. Das Anwesendsein in Raum und Zeit. In diesem Raum, wo sich zu dieser Stunde, zu diesem Tag oder Anlass der Gottesdienst mit der hier versammelten Gemeinde ereignet" (12f).
39 Deeg: Das äußere Wort, 393 (hier und im Folgenden: Herv. im Text).

in den Gottesdienst. In dieser Lesart setzt „Präsenz" Stimmigkeit und situative Angemessenheit voraus. Das „Ensemble der vorgegebenen liturgischen Codes" und die „ausführende Person" sollen im liturgischen Handeln als kongruent erlebt werden. Diese Kongruenz gilt dann als „unglaublich präsent"[40]. Mit Deegs Lesart von Fischer-Lichte wäre dies eine „starke Präsenz"[41].

Übertragen auf das öffentliche Beten gilt es (mit Deeg) ebenfalls drei Formen von Präsenz zu unterscheiden: Der „schwachen Präsenz" vergleichbar ist das bloße „Gegenwärtigsein in der Situation" – das meint vor allem ein „Drin"-Sein in dem gerade zu vollziehenden Sprechakt und den dazugehörigen Gesten, also tatsächlich zu begrüßen und nicht eine Begrüßung aus dem schwarzen Ringbuch abzulesen. Das situative Gegenwärtigsein fordert unweigerlich, auch innerlich zu beten, wenn man öffentlich betet. Präsenz ist in diesem Sinne eine Fähigkeit zur Nicht-Intentionalität, des „Sich-Hingeben(s) an den Fluss des Geschehens"[42], zugespitzt: nicht Religion pastoral – gekonnt – vorzuzeigen, sondern in der liturgischen Feier religiös zu agieren.

Einen anderen Akzent als dieser religiös bzw. performativ ausgelegte Präsenzbegriff setzt ein stärker intentional verfasster Präsenzbegriff: Präsenz steht so verstanden für eine *„liturgische Haltung und Bewusstheit im Blick auf die eigene Absicht"*. Die Liturgin will gezielt etwas zum Ausdruck bringen und handelt in der Situation entsprechend. Im Unterschied zur religiös-performativen Präsenz ist dieser Aspekt erlernbar und qualifizierbar; Kabel spricht in diesem Sinne von „optimaler Präsenz"[43].

Schließlich kann Präsenz nach Deeg auch eng mit dem Moment der *„Natürlichkeit bzw. Authentizität"* korrelieren. In dieser Hinsicht geht es Kabel vor allem um das „Wechselspiel von eigener Person und liturgischer Rolle"[44]. Weder das Pastorale noch das Persönlich-Intime dürfen dabei die Oberhand gewinnen, wenn die notwendige „Echtheit" zur Darstellung kommt.[45]

Den oben genannten Differenzierungen des theatralen Begriffs der Präsenz als Rollenkompetenz gilt es – mit Deeg – für den Kontext der Liturgie das Verständnis von „Präsenz als Ereignis der Rezeption"[46] an die Seite zu stellen, das für die hier angeregte Verwendung von Leichter Sprache beim öffentlichen Beten relevant ist. In diesem Verständnis von Präsenz geht es um „die Gegenwart von Personen und Dingen, die im Blick auf den Vorgang der Rezeption als Geschehen oder Ereignis wahrgenommen wird, auf das Rezipienten reagieren"[47]. Es geht dabei weniger um das stimmige Handeln der Personen im Raum, son-

---

40 Ebd., 397.
41 Ebd.
42 Wöllenstein: Vorwort, 12.
43 Kabel: Handbuch 1, 50.
44 Deeg: Das äußere Wort, 395.
45 Eine These, die – da ist Deeg unbedingt zuzustimmen – in der Theaterwissenschaft durchaus umstritten ist, sie entspricht am ehesten den Ausführungen von Konstantin Stanislawski, vgl. Roth, Ursula: Die Theatralik des Gottesdienstes [Praktische Theologie und Kultur 18], Gütersloh 2006.
46 Deeg: Das äußere Wort, 401.
47 Ebd.

dern es ist „die Frage aufgerufen, wie sich im Gottesdienst etwas ereignen kann, was als diese ‚Präsenz' erfahren wird", was durch menschliches Handeln hervorgerufen, aber dem göttlichen Handeln zugeschrieben wird.

Diese Form der Präsenz kann durch eine von dogmatischen Formeln erleichterte Sprache ermöglicht werden (vgl. These 4), die jeweils neu um Formulierungen ringt und nicht die Gewohnheit bzw. Unvertrautheit der agendarischen Formeln bietet.

Im Kontext der Suche nach verständlicher Sprache und den damit verbundenen Folgen für die kommunikative Rolle der Liturginnen und Liturgen soll hier vor allem der Aspekt des tentativen „Übens" aufgenommen werden. Diese methodische Grundentscheidung schließt das Wissen um die sich je und je kontingent einstellende Ko-Präsenz des Gottes ein, zu dem in der Liturgie gebetet wird. Es ist also immer die „unmögliche Möglichkeit des Glaubens in der Präsenz"[48] mitzuführen. So ist für Deeg Präsenz immer auch mit Absenz verbunden: Das „Ereignis ist flüchtig, vergänglich, nicht einfach wiederholbar" (Deeg, 401). Es geht in theologischer Perspektive um „erheblich mehr (...) als die Frage, wie die liturgisch Agierenden sich im Kontext des Gottesdienstes so verhalten, dass es möglichst ‚stimmig' zu ihnen selbst und zum Inhalt des Gottesdienstes passt. Es ist vielmehr die Frage aufgerufen, wie sich im Gottesdienst etwas ereignen kann, was als diese ‚Präsenz' erfahren wird, die theologisch als die Gegenwart des dreieinigen Gottes, in, mit und unter den Worten und Handlungen der Liturgie"[49] bezeichnet werden kann. Zwar läuft die „Bildung eines liturgischen Gestus und Habitus nicht primär über Begriffe, sondern über Aisthesis und Einstimmung. Deuten und Verstehen ist nicht alles. Aber ohne das ist doch alles nichts."[50]

Im Kontext von Übungen zur Leichten Sprache ist also zu fragen, inwieweit die Verwendung von Sprache mit dem Primat des Verstehens mit „Aisthesis und Einstimmung" korrelieren und trotzdem konsequent vom verstehenden Subjekt her inszeniert werden kann. Eine radikale Präsenz, in Deegs Formulierung „das WORT hinter den Wörtern" (vgl. Kap. 6.3), ist von der Subjektivität des Erlebens nicht zu trennen; diese Erfahrung lässt sich durch Feedback im liturgischen Labor antizipieren, aber nicht final erreichen.

Ein Üben, das sprachlich und körperlich-gestisch zur Ausbildung einer *starken Präsenz* beiträgt, zielt auf einen Gottesdienst als religiöses Gesamtkunstwerk und trägt zu seiner Qualität bei.

7.2.3 Qualitätsentwicklung im Gottesdienst

Das Ausbilden von starker Präsenz durch entsprechende Methoden steht ganz im Dienste eines transparenteren Handelns im Gottesdienst. Was hinreichend – in Geste, Haltung, Bewegung und Sprache – stimmig gemacht werden konnte,

---

48 Meyer-Blanck, Michael: Rezension von Deeg, Das äußere Wort, in: ThLZ 137.6 (2012), 731–733, 733.
49 Deeg: Das äußere Wort, 402.
50 Meyer-Blanck: Rezension, 733.

überzeugt in der Wahrnehmung des Dargestellten. Die Gottesdienstbesuchenden können „folgen" – und zwar im doppelten Wortsinn: Sie wissen sich mitgenommen und können kommunizieren. Darstellungskompetenz und Partizipationskompetenz verhalten sich nach Maßgabe der Beschaffenheit der liturgischen Dramaturgie wie kommunizierende Röhren.

Der Begriff der Qualität hat „zu Beginn des neuen Jahrtausends die Praktische Theologie, ja sogar die Liturgik und damit auch den Gottesdienst erreicht"[51]. Programmatisch hat die EKD im Impulspapier „Kirche der Freiheit"[52] von 2006 den Gottesdienst zu den „Kernkompetenzen" der evangelischen Kirche im 21.Jahrhundert gezählt und unterstützend auf Investitionen der Landeskirchen in diesem Feld verwiesen. Zusätzlich werden in Folge der Programmschrift „Kirche der Freiheit" u.a. Zentren für „Qualitätsentwicklung im Gottesdienst" am Michaeliskloster Hildesheim und „Evangelische Predigtkultur" in Wittenberg gegründet[53]. Der damalige Leiter des Zentrums für Qualitätsentwicklung im Gottesdienst, Folkert Fendler, verwendet in der (zunächst durchaus kritischen) Debatte den Begriff Qualität weniger als eine normativ-wertende Kategorie. Entgegen der alltagssprachlichen Semantik profiliert er vielmehr ‚Qualität' im philosophischen Sinne als eine *Wesensbestimmung* im Verständnis der lateinischen „qualitas". Qualität meint so verstanden die Gesamtheit der charakteristischen Eigenschaften eines Gegenstands, seine Beschaffenheit. In liturgischen Zusammenhängen gibt Qualität also „eine beschreibende und keine wertende Größe" ab. Die Qualitätsfrage stellt „zuerst die Frage nach dem Wesen des Gottesdienstes. Was ist ein Gottesdienst? Was geschieht in ihm? Was macht seinen Kern aus?"[54] Mit Hilfe des „Kano-Modells" aus der Kundenforschung[55] fragt Fendler

---

51 Fendler, Folkert: Einleitung, in: ders. (Hrsg.), Qualität im Gottesdienst. Was stimmen muss, was wesentlich ist, was begeistern kann. Gütersloh 2015, 11. Ausführliche Reaktionen auf die durch das Impulspapier geforderte „Qualität" in: Lasogga, Mareile/Jahn, Christine/Hahn, Udo (Hrsg.): Zur Qualität pastoraler Arbeit. Eine Konsultation der Vereinigten Evangelisch-Lutherischen Kirche Deutschlands, Hannover 2010. Darin besonders: Latzel, Thorsten: Qualität von Gottesdiensten (95–110) und Hermelink, Jan: Der pastorale Zweifel und seine Darstellung. Zu einer Kriteriologie der Qualitätsbeschreibung pastoraler Arbeit (73–93).

52 Impulspapier "Kirche der Freiheit" – Kirche im Aufbruch (ekd.de) (vom 25.1.2022): Unter der Überschrift „Aufbrüche in der Evangelischen Kirche" findet sich unter dem Leitwort „Kernkompetenzen definieren": Die wichtigsten Bereiche, „in denen Landeskirchen in jüngster Zeit behutsam und wohlüberlegt neu investieren", sind „das gottesdienstliche Handeln und die Förderung des geistlichen Lebens (...). Darin drückt sich eine deutliche Antwort auf die Frage nach Kernkompetenzen aus" (40).

53 Seit August 2018 zusammengeführt im „Zentrum für Gottesdienst- und Predigtkultur" in Wittenberg, vgl. Zentrum für evangelische Gottesdienst- und Predigtkultur (predigtzentrum.de) (vom 25.1.2022).

54 Fendler: Einleitung, 11.

55 Vgl. auch Fendler, Folkert: Kundenhabitus und Gottesdienst. Zur Logik protestantischen Kirchgangs [Arbeiten zu Pastoraltheologie, Liturgik und Hymnologie 94], Göttingen 2019. Das Kano-Modell – benannt nach dem japanischen Ökonomen Noriaki Kano – kann systematisch die Kundenzufriedenheit im Zusammenhang mit einer komplexen Dienstleistung erfassen, um sie bei der Produktentwicklung zu berücksichtigen. Kano entdeckte „unterschiedliche Erwartungsebenen, denen unterschiedliche Grade der Zufriedenheit entsprachen" (Fendler: Einleitung, 13). Vgl. grundlegend Marx, Dominic: Das Kano-Modell der

in einem im Auftrag der Liturgischen Konferenz der EKD 2015 herausgegebenen Band in den zentralen Feldern und verschiedener Formen des Gottesdienstes: „Was muss stimmen? Was ist wesentlich? Was begeistert?"

Das Kano-Modell wird hinsichtlich einer Theateraufführung und den damit verbundenen Erwartungen und Graden der Zufriedenheit vorgestellt, die Kategorien des Kano-Modells werden für den Gottesdienst allerdings modifiziert. Denkt das Kano-Modell „ausschließlich von den Erwartungen der Kunden her", so sprechen die Beiträge der Autorinnen und Autoren in dem Sammelband „in gleicher Weise vom ‚Auftrag'" des Gottesdienstes her. Welche Semantiken transportieren die einzelnen liturgischen Rubriken und welche Systemstellen besetzen sie in der Syntax eines Gottesdienstes? Gefragt wird also danach, was „von der Sache her" notwendig und angemessen ist für die Inszenierung des Evangeliums.[56] Ausführlich werden verschiedene Gottesdienstformate vorgestellt, die mit unterschiedlichen Erwartungen und entsprechend unterschiedlichen Graden der Zufriedenheit behaftet sind. Qualität zielt auf eine zeremoniale Umsicht und Sorgfalt in der liturgischen Performanz. Diese ist bei einem Kindergottesdienst (Schliephake, 36f) anders als z.B. bei einem Tauffest (Sommer, 85f), bei einem Gottesdienst im Altenpflegeheim (Goldschmidt, 65f) anders als bei einem Lobpreisgottesdienst (Seidel, 182f).

Entsprechend der unterschiedlichen Erwartungen ist qualitätvolle Vorbereitung, Durchführung und Gestaltung zu differenzieren. Fendler resümiert: Die „Frage nach Qualität in der Kirche (war) zu jeder Zeit Teil der Kirche (...). In Zeiten von Krise und Relevanzverlust wird sie deutlicher zur Sprache gebracht."[57] Wer nach Qualität fragt, sucht nach Optimierung, und diese braucht zuallererst Übung außerhalb des Ernstfalls Gottesdienst.

Auch schwache bzw. starke Präsenz ist in den wenigsten Fällen einfach gegeben. Sie ergibt sich durch Erfahrung, Wissen um die Relevanz des Dargestellten und angstfreies Zeigeverhalten. Auf allen drei Ebenen – dies zeigt sich im Studium und im Vikariat bei den Liturgischen Übungen – erweisen sich Wiederholungen auf der Basis von Fremd- und Selbstwahrnehmungen (Video, Spiegel) und Unterweisungen zu Geschichte, Semantik und Syntax (Lehre, Selbststudium) einzelner Rubriken als zentrale Präsenzgeneratoren. Der Schlüssel zur Liturgischen Präsenz ist die angeleitete Übung.

7.2.4 „Üben" im Kontext des evangelischen Gottesdienstes

Das Wort „üben" bezeichnet im Deutschen zweierlei: Einerseits „übt" man, um Fertigkeiten zu erlangen (Lesen, Schreiben, Instrumente, Sport). Dafür gibt es

---

Kundenzufriedenheit. Ein Modell zur Analyse von Kundenwünschen in der Praxis, Hamburg 2014.
56 Fendler: Einleitung, 14f.
57 Fallbrügg, Renate: Wie die Qualität in die Kirche kam, in: Fendler, Folker/Binder, Christian/Gattwinkel, Hilmar (Hrsg.), Handbuch Gottesdienstqualität, Leipzig 2017, 26–31, 31.

Übungen, die etwas „einüben" – so wird der Begriff auch z.B. im militärischen Kontext verwendet. Es gibt aber zweitens auch eine andere Form der „Übung", die das „allgemeine Sichbetätigen" meint (wie in der Verszeile „Üb immer Treu und Redlichkeit, / bis an das kühle Grab ..."[58]).

Etwas zu „üben", ist in der evangelischen Liturgik eher ungewohnt. Üben wird eher mit unauthentisch und technizistisch konnotiert als mit Professionalität und leiblichem Ausdruck. Im Katholizismus ist die Tradition eine andere: Katholiken kennen die Praxis der Exerzitien und sind durch ihre signifikant höhere und frühere Gottesdienstpartizipation an liturgische Vollzüge gewöhnt. Dienst am Altar ist ab der Erstkommunion möglich; diese wird in der Regel im neunten oder zehnten Lebensjahr gefeiert. Schon im Erstkommunionsunterricht wird der Gottesdienstraum erschlossen, die liturgischen Stücke, die Bedeutung der Messe. Ministrantinnen und Ministranten erfahren *in usu* eine elementare liturgische Bildung.

In den evangelischen Kirchen wird zwar mittlerweile ebenfalls größerer Wert auf „geistliche" Übungen, Exerzitien im Alltag, geistliche Begleitung gelegt. Silke Harms verweist in ihrer Studie „Glauben üben"[59] auf einen notwendigen Wandel im Selbstverständnis des Pfarramtes. Sie schildert neue Konzepte von Katechese auch für die evangelische Kirche, um Kinder, Jugendliche und Erwachsene bei der Einübung des Glaubens zu begleiten. Die Vermittlung von biblisch-theologischem Wissen müsse um „die Einübung von Gebet, Meditation und Schweigen" ergänzt werden. Hierfür müsse die „spirituell-asketische Kompetenz evangelischer Pfarrerinnen und Pfarrer"[60] gefördert werden. Aus pastoraltheologischer Sicht gab es allerdings auch Anfragen an das Konzept und die theologische Basis geistlicher Begleitung[61].

Geübt wird auch im Modus der Fortbildung: Im Wittenberger Zentrum für Gottesdienst- und Predigtkultur wird nach Jahren der „cura homiletica" auch eine Form der „Pflege, Sorge und Zuwendung" für die Liturgie angeboten, die „cura liturgica"[62], ein „liturgisches Coaching" für Pfarrerinnen, Vikare, Lekto-

---

58 „Üb immer Treu und Redlichkeit" ist ein Lied nach dem 1775 geschriebenen Gedicht „Der alte Landmann an seinen Sohn" von Ludwig Heinrich Christoph Hölty. Üb immer Treu und Redlichkeit ★ Liederlexikon im Volksliedarchiv (volksliedarchiv.de) (vom 4.2.2022).

59 Harms, Silke: Glauben üben. Grundlinien einer evangelischen Theologie der geistlichen Übung und ihre praktische Entfaltung am Beispiel der „Exerzitien im Alltag" [Arbeiten zur Pastoraltheologie, Liturgik und Hymnologie 67], Göttingen, 2011. Dort findet sich auch eine Zusammenstellung der evangelischen, katholischen und ökumenischen „Exerzitien im Alltag"-Kurse zum Zeitpunkt der Abfassung ihrer Arbeit (286f).

60 Bobert, Sabine: Predigten hören reicht nicht. Ein evangelisches Plädoyer für geistliche Übungen im Alltag, in: Reformierte Presse 32/33 (10. August 2012), 13; vgl. rezension_sabine_bobert_zu_silke_harms_glauben_ueben (uni-kiel.de) (vom 5.2.2022).

61 Durch einen „kritischen Zwischenruf" aus pastoraltheologischer Perspektive (Stollberg, Dietrich: Was ist die theologische *Basis* geistlicher Begleitung? Ein kritischer Zwischenruf, in: PTh 99 (2010), 39–57) entstand eine Diskussion über die „Grundlage geistlichen Übens innerhalb der evangelischen Theologie und Praxis" (Harms, 10). Geistliche Übung „dürfe nicht dazu dienen, auf dem Weg der Vollkommenheit voranzuschreiten" (Stollberg, 47).

62 Zentrum für evangelische Gottesdienst- und Predigtkultur (predigtzentrum.de), (vom 17.2.2022, die folgenden Zitate von der Ankündigung auf der website).

rinnen, Prädikanten, Diakoninnen, Superintendenten, Dekaninnen und andere kirchenleitende Personen „auf dem Weg zu ihrer eigenen, glaubwürdigen und wirksamen liturgischen Sprache und einem authentischen und überzeugenden Auftritt im Gottesdienst". Diese „cura liturgica" wird als „Prozess" verstanden, die „Stärken der einzelnen Liturgin / des einzelnen Liturgen" zu stärken. Die liturgische Sprache ist, so die Problemanzeige aus über zehn Jahren Arbeit mit hauptamtlich Liturgisierenden, „in ihrer notwendigen Verdichtung häufig noch anfälliger für Erstarrung und Phrasenhaftigkeit als Predigtsprache". Wie die Kurse mit Thomas Kabel arbeitet die Wittenberger „cura liturgica" mit Regisseuren und Schauspielerinnen auch am liturgischen Auftritt. Ziel ist „die Aneignung und Neuformulierung von herkömmlichen Gottesdienstelementen". Zur Cura gehört auch das wiederholte Üben und Ausprobieren, die Arbeit mit Feedback in der Gruppe und Stimm- und Sprechtraining.

7.2.5 Beten üben

Wenn im Kontext dieser Untersuchung von „Beten üben" die Rede ist, dann ist der Teil im Blick, den die mittelalterliche Kirche mit „oratio" beschreibt (in der viergliedrigen Stufenfolge von „lectio – meditatio – oratio – contemplatio"). „Oratio" ist zu verstehen als die Hinwendung zu und Ausrichtung auf Gott mit der Bitte um Heil (vgl. Kapitel 4). Das „Lasst uns beten" („oremus") des Tagesgebets aus Grundform I (Messform) des Evangelischen Gottesdienstbuchs (EGb 2020) enthält noch diese Anmutung. In der Folge von Anrede, Prädikation, Bitte mit Folgesatz, Konklusion und abschließendem Amen „kommt die Eigenart des christlichen Betens zum Ausdruck". Diese Form des Betens „ist auf das immer schon vorausgegangene Heilshandeln Gottes gegründet" (EGb 2020, 619); sie ist, so führt das Ev. Gottesdienstbuch weiter aus, „kein ‚natürliches', sondern ein zu lernendes Beten". Um dieses Lernen bzw. Einüben geht es hier, wenn im Folgenden von „Beten üben" die Rede ist[63].

Jede Sprachform des Betens ist zugleich an eine innere sprachlose Form gebunden, und „Beten kann nicht nur von der Sprache her – als Dialog oder als das Finden von Worten – definiert werden. Beten ist wesentlich jene Haltung, in der auf eine Antwort gewartet wird, die sich im eigenen Fragen und Denken erschließt, dieses aber qualitativ verändert." Das Gebet selbst ist dann die „nachträgliche ‚Ratifizierung' des antwortoptimistischen Suchvorgangs. Suchen nach dem Ganzen, Suchen nach Gott ist Beten, und jedes sprachlich geformte Gebet muss diesen ihm eigentlich zugrunde liegenden Suchvorgang reaktivieren."[64] Meyer-Blancks programmatisches Plädoyer für eine Praxis des Einübens und Wiederholens ist kompromisslos. Die Gotteskommunikation, das Gebet, muss „als eine stets neue Suche gestaltet werden, sonst wird es leer. Es verhält sich

---

63 Zum Üben des lauten Lesens als einer der „ältesten Kulturtechniken der Menschheit" und als im Gottesdienst zu Unrecht vernachlässigter Kunst, vgl. Sagert, Dietrich: Lautlesen. Eine unterschätzte Praxis [Kirche im Aufbruch 28], Leipzig 2020, 11.
64 Meyer-Blanck: Gebet, 234f.

wie bei den lebenswichtigen Beziehungen: Sie können nicht einfach fortgesetzt, sondern müssen immer wieder neu begonnen werden." (238) Der Vergleich mit Beziehungen zwischen Menschen zeigt es: Auch die Gottesbeziehung braucht Momente des je Neuen und zugleich des Repetierens, Einübens und Experimentierens[65]. Das wesentliche Moment ist dabei eben jene „Haltung, in der auf eine Antwort gewartet wird"[66]. Beten rechnet mit einem Adressaten, der reagiert.

Einen weiten, auch auf die nichtsprachlichen Formen von Meditation, Tanz und Körpergebet hin erweiterten Gebetsbegriff vertritt Julia Koll in ihrer Marburger Dissertation „Körper beten". „Körpergebet" definiert sie hier als „eine Methode für eine individuelle religiöse Praxis (...), die im Selbststudium oder im Rahmen eines Kurses erlernt werden kann und anschließend in zeitlich begrenzten, aber regelmäßigen Praxiseinheiten einzuüben und zu üben ist" (150–151). Ihrem Verständnis nach ist dann „von Körpergebet zu sprechen, wo das körperliche Gestalten und Erleben des Gebets im Zentrum stehen, und zwar über die körperliche Bereitung zum Gebet hinaus" (151). Das Körpergebet ist ein „im Wesentlichen nichtsprachliches Geschehen"; am Beginn stehen die „elementaren Prozesse des Gegenwärtig- und Stillwerdens" (151).

Koll geht es in ihrer Untersuchung darum, verschiedene, auch außerchristliche Formen von Meditation und Körpergebet mit Hilfe phänomenologischer Kriterien[67] als Orte religiöser Erkenntnis zu beschreiben. Ihre Untersuchung erweitert den Blick auf das Element des „Einübens" an den Grenzen christlicher Praxis.

Das Übersetzen ist ein wesentlich sprachliches Geschehen, das Regeln und Kriterien folgt. In der Verbindung mit dem prosphonetischen Beten im Gottesdienst hat diese Arbeit immer wieder nach den Wirkungen der Übersetzung in Leichte Sprache auf die Sprache des Gebets gefragt. Hier nun wird am Ende der Untersuchung der Bogen geschlagen zum Übersetzen als einer Form der „praxis pietatis", die als Vorbereitung des gottesdienstlichen öffentlichen Betens eingesetzt werden kann[68].

Das Übertragen agendarischer Gebete in Leichte Sprache bzw. mit Leichter Sprache reduziert und führt sprachlich auch zu einer Art des Stillwerdens, zu einer Gebets-Haltung, die nicht Antworten gibt, sondern „antwortoptimistisch" auf Weisung wartet und Lücken lässt.[69]

---

65 Koll, Julia: Körper beten. Religiöse Praxis und Körpererleben [PThe 85], Stuttgart 2007.

66 Meyer-Blanck: Gebet, 234. Unter Bezug auf Hartmut Rosa führt Meyer-Blanck das Gebet als Ausdruck der „spätmoderne(n) Sehnsucht nach Resonanz" (24) auf. Rosa bezeichnet das Gebet als „Tiefenresonanz in Form eines hörenden und antwortenden Redens" (Rosa, Hartmut: Resonanz. Eine Soziologie der Weltbeziehung, Berlin 2016, 441.)

67 Koll bezieht sich dabei vor allem auf den leibphänomenologischen Ansatz von Hermann Schmitz, der in den 60er-70er Jahren des 20.Jahrhunderts eine „Phänomenologie des eigenleiblichen Spürens" (Koll: Körper, 19) vorgelegt hat. Ihre Untersuchung belegt und bearbeitet die Körperlichkeit als wesentlichen Ort religiöser Erkenntnis.

68 S. Kap. 7.6, Übungen im Kontext von Seminaren mit Gottesdienstgestaltenden im Haupt- und Ehrenamt.

69 Vgl. Rosa: Resonanz, 438–441 unter Bezug auf Martin Buber: „Erst in einem antwortenden Du (...) kommt das Subjekt zu sich selbst" (Buber, Martin: Das dialogische Prinzip, Gerlingen 1964, 440); vgl. auch Deeg/Plüss: Liturgik, 261ff.

Eine Antwort im Verständnis „liturgischer Präsenz" wäre ein (schwer zu definierender) „heiliger Moment", eine „Station"[70], ein Innehalten, das gerade nicht durch Worte bestimmt ist. So etwas ist nur sehr bedingt verfügbar. Mit Mitteln der Inszenierung können aber Bedingungen für dessen Möglichkeit geschaffen werden. Eine Leichte Sprache des Gebets am Übergang zwischen Anrufungs- und Verkündigungsteil einzuüben, trägt als Inszenierungsfaktor dazu bei (7.5).

7.2.6 Beten als „in Schwingung Kommen"

Das Kollekten- oder Tagesgebet steht an einer Übergangssituation. Es ist dramaturgisch eine „kleine Station", „eine Atempause", „ein Zwischenplateau"[71]. Nach der Aufforderung der Liturgin: „Lasst uns beten" kann auch zunächst ein Moment der Stille gehalten werden.[72] Anliegen verschmelzen mit der Botschaft des Tages und münden in eine formalisierte Schlusswendung. Die Gemeinde antwortet mit „Amen". Der „erste Akt", der Gebets- und Anrufungsteil des evangelischen Gottesdienstes, ist abgeschlossen. In dramaturgischer Perspektive (pragmatische Funktion; s. Kapitel 4.4 und 4.5) lässt sich diese Rubrikenfolge auch als „Reinigung", als Einbindung „in die Welt Gottes" vorstellen; auf „Dynamik und Jubel, (…) Wachheit und Konzentration" folgt nun eine „Gebetspause"[73].

Theologisch wird im Tagesgebet eine Summa formuliert, die es auch atmosphärisch zu erreichen gilt. Die Erfahrungen aus Fortbildungskursen zeigen: Die besten Ergebnisse entstehen im Prozess, nicht in der Reproduktion vorformulierter Gebetsvorlagen. Das Desiderat eines gesamten Gottesdienstbuches in Leichter Sprache muss hier entsprechend relativiert werden. Die Lernprozesse sind in die Performanz des Einübens und vertiefenden Übens eingelagert. Es braucht die eigene Erfahrung des „Leichten Formulierens", die dann jeweils auch immer hingedacht ist auf den konkreten Ort, den jeweils zu bespielenden Altarraum und die jeweilige „liturgische" Situation mit ihren konkreten Anknüpfungspunkten. Die Kurserfahrung belegt aber auch, dass das Formulieren von Gebeten in Leichter Sprache eine durchaus anspruchsvolle Aufgabe darstellt, die nicht einfach ad hoc leistbar ist. Was als „einfach" erscheint, ist durchaus „schwer" in der Umsetzung – es erfordert die volle Konzentration der liturgisch Agierenden (vgl. 7.6 Übungen im Anhang).

Gebetsdidaktik ist wie Predigtdidaktik und Liturgiedidaktik ein Randthema der Praktischen Theologie. Entsprechende Aneignungsszenarien werden eher im Vikariat oder in der Fortbildung verortet; in der akademischen Erstausbildung sucht man entsprechende seminaristische Angebote oft vergebens. Begründet wird dies in der Regel mit dem Übergewicht methodischer Anteile in

---
70 Kabel: Handbuch 1, 196f.
71 Ebd., 207.
72 EGb 2020, 618: „Wie bei jedem gottesdienstlichen Gebet geht die zum Mitbeten einladende Aufforderung voraus: ‚Lasst uns beten'. (…) Der Aufforderung zum Gebet kann zunächst eine Gebetsstille für das persönliche Gebet folgen."
73 Kabel: Handbuch 1, 207.

den entsprechenden Lehrlernprozessen bzw. des Kompetenzerwerbs[74]. Aktuelle empirische Gebetspraxis und individuelles Erleben im Gottesdienst stehen wenig im Fokus – überrepräsentiert in der empirischen Landschaft ist vielmehr die Suche nach „sinnbildende(r) Biographie"[75]. Das Subjekt und seine individuelle Gebetspraxis sind gefragt, nicht seine gottesdienstlichen Erfahrungen. Auch im Blick auf die Gebetserfahrungen steckt die Gottesdienstwirkungsforschung noch in den Kinderschuhen. Exemplarisch können die Shell-Jugend-Studien herangezogen werden: von 1985/1992/1999 ist dort zum Thema Gebet jeweils die identische Frage formuliert: „Möchtest du mir sagen, ob du für dich selbst manchmal oder sogar regelmäßig betest oder willst du darüber lieber nicht sprechen?"[76] Quantitativ zeigten die Antworten in den Befragungszeiträumen einen rückläufigen Trend, gezogen wurde das „griffig formulierte Fazit": „‚Religion light' im Westen, ungläubiger Osten und die ‚echte' Religion der Migranten" (Deutsche Shell 2006, 221). Für die weitere Entwicklung gibt es kein Raster, die Frage wird nicht mehr gestellt. Es geht nur noch um den Glauben an Gott, aber nicht mehr um das Beten als individuelle, gruppenspezifische bzw. kirchliche Praxis. Die fünfte EKD-Mitgliedschaftsstudie erhebt, dass 35,6% der Kirchenmitglieder wöchentlich oder öfter beten, 57,9% beten gelegentlich ein Morgen- oder Abendgebet[77]. Die Tübinger Jugendstudie von 2018 ermittelt: Beten ist eine Praxis auch

---

74 Ein Beispiel für den Versuch, derartige Aneignungsszenarien auch formal zu definieren: Das seit 2020 veränderte Ausbildungsbildungskonzept im Prediger- und Studienseminar der Evangelisch-Lutherischen Landeskirche in Norddeutschland (Nordkirche) stellt den Kompetenzerwerb in den Mittelpunkt. Neu hinzugekommen ist die sog. „Spirituelle Kompetenz". In einer Matrix werden fünf Kompetenzen („Theologische Deutungskompetenz", „Kontextuelle Wahrnehmungskompetenz", „Kommunikative Kompetenz", „Selbstkompetenz" und „Handlungskompetenz") zu fünf Handlungsfeldern („Verkündigung", „Bildung", „Seelsorge", „Kybernetik" und „Spiritualität") in Verbindung gesetzt. Das Handlungsfeld „Spiritualität" hat dabei sowohl die eigene spirituelle Kompetenz im Blick („das eigene Leben vom Evangelium her verstehen können") als auch die kommunikative und handlungsorientierte Kompetenz („die eigene Frömmigkeit in angemessener Weise mit anderen Menschen teilen können" bzw. „Formen geistlichen Lebens mit einer Gemeinschaft entwickeln können"). In der Verknüpfung von „Verkündigung" und „Handlungskompetenz" wird als Ausbildungsziel gesetzt, dass die Absolventinnen und Absolventen „das Verkündigungsgeschehen so gestalten können, dass Wort, Ritual, Musik, Raum und Kontext in ein stimmiges und nachvollziehbares Verhältnis kommen". Der Erwerb der Kompetenzen ist Ausdruck der „vier zentralen Ausbildungsziele": „Hermeneutische Fähigkeit", „Sprachfähigkeit", „Ambiguitätstoleranz" und „Beziehungsfähigkeit". Das Betenüben fürs öffentliche Beten ist bei der Kompetenz „Sprachfähigkeit" zu verorten als Folge spiritueller, verkündigender und kommunikativer Kompetenzen. Ausführlicher: PPT_Vikariat_210109 (vikariat-nordkirche.de). Wie dieser Kompetenzerwerb erfolgreich gemessen werden kann, ist eine bleibende Frage.
75 Meyer-Blanck: Gebet, 305.
76 Fischer, Arthur u.a. (Hrsg.): Jugend 2000 [Shell-Jugendstudie 13] Bd. 1, Opladen 2000, 453. Und Hurrelmann, Klaus/Albert, Mathias (Hrsg.): Jugend 2006. Eine pragmatische Generation unter Druck [Shell-Jugendstudie 15], Frankfurt/M. 2006.
77 Bedford-Strohm, Heinrich/Jung, Volker (Hrsg.): Vernetzte Vielfalt. Kirche angesichts von Individualisierung und Säkularisierung. Die 5. EKD-Erhebung über Kirchenmitgliedschaft, Gütersloh 2015, 496.

bei denen, die selten oder nie den Gottesdienst besuchen.[78] Und auch hier wird das öffentliche Beten de facto weder ermittelt noch thematisiert. Das gottesdienstliche Beten ist empirisch nahezu eine terra incognita. Vielmehr ist das Bittgebet in der Not die häufigste Form; Krankheit und Belastung sind häufig Auslöser für das individuelle Beten, aber die Grundthematik greift weiter aus. Büssing vertritt die These, dass es um „die Hinwendung zu Gott (geht), die sich im Laufe der Jahre vertraut gemacht hat"[79]. In diesem Zusammenhang kommen dann „Worte, Geschichten, Zeichen als Coping-Strategien"[80] zum Ausdruck.

Diese Untersuchungen betreffen wesentlich das individuelle Gebet in der je eigenen sprachlichen oder nicht-sprachlichen Form. Dies ist allerdings als Anknüpfung für das prosphonetische Gebet zu sehen, in dem stellvertretend für andere und vor anderen gebetet wird.

In ihrer Untersuchung „Gottesdienst erleben" systematisiert Uta Pohl-Patalong u.a. empirische Befunde zum Beten. Das Gottesdienst-Element „Gebet" wurde offenbar von den Probanden wenig von sich aus benannt. In den Nachfragen wurde nicht zwischen Eingangsgebet, Vaterunser und Tagesgebet differenziert. Die Interviewpartnerinnen und -partner sollten die für sie zentrale Gebetsform benennen; die Auswertung zeigt, dass „dies genutzt und sowohl auf das Fürbittengebet als auch auf das Vaterunser, seltener auf das Kollekten- bzw. Eingangsgebet Bezug genommen"[81] wird. Lediglich ein Proband nennt das Eingangsgebet. Es sei für ihn „wichtig", weil „es das erste ‚Produkt' ist, was die Pastorin oder der Pastor abliefert". Er äußert den Wunsch, dass das Eingangsgebet „wirklich nach Möglichkeit maßgeschneidert (wird) auf diesen Tag" und „keine Konserve geöffnet wird". Ein „gutes Eingangsgebet weckt (...) Vorfreude", bei einem nicht so guten „kann die Predigt gar nichts mehr werden"[82].

Für mehrere Interviewte hat das Vaterunser einen hohen Stellenwert, andere betonen die Fürbitten. Die meisten Monita beziehen sich allerdings auf zu lange Fürbitten. In der Auswertung der bayrischen Gottdienststudie arbeitet Johanna Lunk heraus, dass in der Liturgie bei den Gottesdienstbesuchenden nicht von einer auf rationalem Verstehen basierenden Gebetsauffassung auszugehen sei. „Die Sinnhaftigkeit entsteht im Erleben und Leben von Gebet. (...) Es ist (...) eine dringende Aufgabe von Theologie und Kirche, den Menschen Gebetsauffassungen und -metaphern anzubieten und vor allem vorzuleben, die für Menschen

---

78 Ausführlicher bei Meyer-Blanck: Gebet, 305–313.
79 Büssing, Arndt: Empirische Zugänge zum Beten im Horizont von Krankheit und Gesundheit, in: Peng-Keller, Simon (Hrsg.), Gebet als Resonanzereignis. Annäherungen im Horizont von Spiritual Care [Theologische Anstöße 7], Göttingen u.a. 2017, 111–128, 127.
80 Meyer-Blanck: Gebet, 309.
81 Pohl-Patalong, Uta: Gottesdienst erleben. Empirische Einsichten zum evangelischen Gottesdienst, Stuttgart 2011, 145. Die Studie des Gottesdienstinstituts der Bayrischen Landeskirche in Nürnberg (2007) ermittelt ebenfalls, dass Gebete eher in Not gesprochen werden, wichtig sei die Unterscheidung von „maligner und benigner Regression", das Ideal des erwachsenen Gebets geht an der Realität vorbei (309).
82 Ebd.,146.

in einfacher Weise nachvollziehbar sind."[83] Gebete folgen offenkundig „nicht primär Informationen und Argumentationen; sie erzählen vielmehr produktive Fiktionen auf Hoffnung hin"[84]. In Uta Pohl-Patalongs Studie spielt im Blick auf das gemeinschaftliche Gebet auch noch der Gedanke einer „Schwingung" eine Rolle. Die „gemeinsame Dimension des gottesdienstlichen Betens" wird gegenüber dem privaten Beten als „Mehrwert" erlebt. Sie zitiert eine befragte Person: „In dem gemeinschaftlichen Gebet im Gottesdienst erzeugt man eine Schwingung (...), und dieses gemeinsame Singen oder Beten gibt so ein starkes Schwingungsbild."[85] Luthers Beschreibung des „noch einmal so stark gehenden gemeinschaftlichen Gebets"[86] und Schleiermachers Begriff der „Circulation des religiösen Bewusstseins" bieten hier einen bemerkenswerten Deutungshintergrund.[87] Und um „in Schwingung" zu kommen, braucht es eben entweder einen formelhaft durch Einübung vertrauten oder – für Ungeübte – einen sprachlich unmittelbar eingängigen Text mit einfachen Sätzen und ggf. sinnhaften Wiederholungen. Gebetssprache ist eine elementare religiöse Lebensäußerung, jede verbale Verkomplizierung ist liturgisch dysfunktional. Meyer-Blanck formuliert es so: Die sprachliche Gebetskunst verweist „auf das Staunenswerte der Welt", die „wahre Poesie ist einfach". Liturgische Poesie „hat auf alles zu verzichten, was das Können des Verfassers hervorhebt". Stattdessen geht es um das „neue Sehen der Welt im Licht des Gottvertrauens."[88] Die zu diesem Zweck einzuübende Sprache soll (vgl. Kap. 4.2) dabei „poetisch, inszenatorisch und rezeptionsästhetisch"[89] sein – dabei hilft das Poetische, wenn es klar genug ist, eigenes Verstehen und eigene Phantasie zu entwickeln. Das Inszenatorische ist der liturgischen Darstellungsnotwendigkeit (Präsenz) geschuldet und die Option auf Rezeptionsästhetik der öffentlichen Situation.

Liturginnen und Liturgen beten sonntags für, vor und mit einem corpus permixtum. Dabei ist der eingeübte und öffentlich aufgeführte Text des öffentlichen Gebets *das* Spezifikum des pastoralen Berufs – öffentlich zu reden und Menschen unterstützend beizustehen, obliegt auch anderen Berufsgruppen. Die liturgische Sprache als öffentliche Sprache soll dabei persönlich sein, aber nicht privat, gebunden an „die Sache der Mitteilung und Darstellung des Evangeliums im rituellen kirchlichen Kontext"[90].

---

83 Lunk, Johanna: Das persönliche Gebet. Ergebnisse einer empirischen Studie im Vergleich mit praktisch-theologischen Gebetsauffassungen, Leipzig 2014, 306.
84 Meyer-Blanck: Gebet, 311.
85 Pohl-Patalong: Gottesdienst, 148.
86 Im Kontext: „Da ist der Vorteil dabei, wenn die Christen so zusammenkommen, dass das Gebet noch einmal so stark gehet wie sonst. Man kann und soll zwar überall an allen Orten und zu allen Stunden beten. Aber das Gebet ist nirgendwann so kräftig und stark, als wenn die ganze Gemeinde einträchtig miteinander betet", Torgauer Kirchweihpredigt am 5.Oktober 1544, in: WA 49, 593,23–26.
87 Vgl. Meyer-Blanck: Gebet, 311.
88 Ebd., 316.
89 Ebd.
90 Ebd., 317.

Nicht alles, was gebetsförmig zum Ausdruck kommt, muss unmittelbar mit der eigenen Lebensgeschichte und dem eigenen Empfinden abgeglichen werden können, vielmehr ist das liturgische Gebet „das persönliche Sprechen des Überpersönlichen, in das viele verschiedene Individuen einstimmen können". Um „milieuübergreifend plausibel zu sein, verlangt die Gebetssprache [...] die Konzentration auf das existenziell Wesentliche, auf die menschlichen Grundsituationen von Bitte und Dank, Erinnerung und Hoffnung. An die Stelle des diskursiv Abwägenden und des dialektisch Zuspitzenden hat die gut überlegte einfache Sprache (nicht identisch mit der ‚Leichten Sprache', ...) und nicht das floskelhaft Simple zu treten."[91] Semantische Verständlichkeit, so Meyer-Blanck, ist dabei nicht das alleinige Kriterium. Sie kann u.U. den Zugang auch verstellen (vgl. die Hinweise zu „Provokation und Stigma" im Kapitel 2.5).

Religionspsychologisch ist mit Meyer-Blanck festzuhalten, dass Religion „als solche nicht nur unmittelbar plausibel, sondern auch verstörend" wirken können muss (318).

Dem ist aus der Perspektive des hier argumentativ stark gemachten Plädoyers für barrierefreie Kommunikation allerdings entgegenzuhalten, dass, um Religion als produktiv „verstörend" empfinden zu können, es zuallererst einer elementare Wahrnehmung des Verstörungspotentials bedarf. Eine Provokation kann nur dann entsprechende Reaktionen hervorrufen, wenn sie auch als lebensweltliches Skandalon wahrgenommen wird. „Wahres Verstehen ist dagegen immer auch die Offenheit für alles nicht Verständliche" (318). Auch hier ist kritisch einzuwenden, dass eine solche These die intellektuelle Perspektive eines wissenschaftlich arbeitenden Theologen markiert, der sich im Normalfall verschiedener kultureller Codes bedienen und sie deshalb auch disambiguieren kann.

Diese Erwägungen zu Poesie, Wahrnehmungsgebundenheit und möglichen Verstörungswirkungen betreffen vor allem die formelhaften Texte im Gottesdienst (Gebete oder Bekenntnisse, Lesungen oder Lieder), die erfahrungsgemäß immer dann ein emotionales Verstehen auslösen, wenn sie an Vertrautes anknüpfen, das für bestimmte Rezipienten u.U. auch nur ein atmosphärisch Vertrautes sein kann. Meyer-Blanck wendet diese Erfahrung ins Normative: Es gelte „Leichte Sprache im Sinne einer zugänglichen und poetischen, einer zu Herzen gehenden Sprache des öffentlichen (...) Gebets weiterzuentwickeln. Der Mensch ist kompliziert, möchte aber beim Beten einfach empfinden. Die grundlegende Fragestellung des öffentlichen Betens ist mehr spirituell als intellektuell (321)".

So eine Form des Betens wirkt auch auf die Liturgisierenden zurück. Wer seine Gebete an den Regeln zur Leichten Sprache ausrichtet, ohne dabei den Anspruch religiöser Sprache aufzugeben, vergewissert sich noch einmal neu seiner Rolle beim öffentlichen Beten im Gottesdienst. Dies belegen auch die Rückmeldungen aus den entsprechenden Workshops zur Leichten Sprache (vgl. 7.6 Übungen im Anhang, siehe auch These 7) „Beten ist die stets erneute performative Realisation dessen, wovon man zutiefst überzeugt ist, das immer erneute

---

91 Ebd.

Werden dessen, was man auf Hoffnung hin ist: *gläubig*" (324). Gottesdienstliches Beten ist vor allem anderen eine „spirituelle Ausdrucksform", diese „sind (...) nur so lange hilfreich, wie die von ihnen fixierte Stimmung oder Haltung spürbar lebendig bleibt." Ein „leerer Formalismus" (325) ist weniger auf Verstehen als auf liturgische Observanz ausgerichtet. Ein „bloße(r) Mitvollzug" formaler Floskeln kann auch das Gegenteil einer religiösen Erfahrung hervorrufen: Abschweifen, Abschalten und nicht zuletzt auch Ärger über das Nicht-ernst-genommen-Werden.

Im Fokus dieser Untersuchung stehen weniger die sozialisatorischen Erscheinungsformen einer persönlichen Gebetspraxis. Vielmehr geht es um das öffentliche, stellvertretende Beten durch pastorale Akteurinnen und Akteure, für die diese Praxis einen wesentlichen Bestandteil ihrer Profession ausmacht. Das Tagesgebet ist dabei das Stück Liturgie, in dem sich diese spezifische Berufsrolle exemplarisch verdichtet.

7.3 Tagesgebet in Leichter Sprache üben

Das Tagesgebet steht zwischen freiem und formelaffinem Beten exemplarisch für das öffentliche liturgische Sprechen überhaupt (Kap. 4.4–4.5). Als liturgisches Gebet unterscheidet es sich in der Form vom persönlichen Beten, bringt es doch weder individuelle Anliegen zum Ausdruck noch ist es thematisch autonom. Und doch ist es vom individuellen Beten einer Einzelperson gespeist, denn die Liturgin spielt ihre Gebetsrolle im Medium der eigenen Person, die sozialisatorische, theologische und biographische Eigenanteile in Inhalt und Performanz einträgt. Das Tagesgebet ist keine Predigt und redet doch vom Glauben. Es rezitiert keine biblischen Verse und schöpft doch seine Sprache aus dem Reservoir biblischer Figuren und Bilder. Es wendet sich nicht wie die Fürbitten in Bitte und Dank an den dreieinigen Gott und enthält doch mit der Gewährungsbitte (Supplikation) ein abschließendes Verlangen. Das Tagesgebet ist nicht explizit persönlich ausformuliert wie die freien Redeteile im Gottesdienst (Begrüßung, Predigt, Abkündigungen, z.T. auch Fürbitten), aber es kann entlang der traditionalen Syntax frei formuliert sein und darüber mit Motiven aus anderen gottesdienstlichen Stücken und dem Kasus verbunden werden. Es erinnert die Gemeinde an ihre religiöse Grundbefindlichkeit, an den bislang beschrittenen liturgischen Weg und an das Sonntagsproprium. Es zieht gewissermaßen den Summenstrich unter dem Anrufungsteil des Gottesdienstes; es bündelt, was zuvor in Gesang, Begrüßung, Psalm, Kyrie, Gloria geschehen ist und richtet die Betenden aus auf das nun folgende Hören, Singen und Bekennen. Dies alles ist sowohl in rezeptions- wie auch in produktionsästhetischer Hinsicht von Bedeutung (Kap. 6).

Im Blick auf die Gottesdienstbesucher haben sich prosphonetische Gebete im Gottesdienst an den vermuteten Rezeptionsmöglichkeiten derer zu messen, die potentiell anwesend sein können. Mit Engemann wäre also zu fragen, welche

Formulierung zu welchem „Auredit" (6.2.2) führen kann. In Ermangelung direkter liturgischer Rückmeldeschleifen ist der Zusammenhang zwischen Text und Auredit nur spekulativ zu bestimmen, doch ist er nicht willkürlich. Eine wichtige semiotische Grundeinsicht besagt, dass in jedem Text bereits bestimmte Lektürestrategien angelegt sind, Offenheit also keineswegs Beliebigkeit induziert. Mögliches Abdriften ist durch die implizite Textstrategie des Modell-Lesers begrenzt. Die intentio lectoris korreliert eng mit dem Idiolekt des verlautenden Gebetstextes; das „Auredit" ist also nicht unabhängig vom Gesagten zu denken.

Um sich den sprachlichen Möglichkeiten des Gesagten zu nähern, erfolgt hier ein Blick in den säkularen Bereich. Für die alltagsweltliche Kommunikation hat die „Leipziger Studie zur Verwendung von *Leichter Sprache im Alltagsleben*" (LeiSA-Projekt)[92] (vgl. Kap. 2.5 u.ö.) die zentralen Regeln auf den Prüfstand gestellt und exemplarisch gefragt, welche davon zum besseren Verstehen am Arbeitsplatz beitragen. Die Studie und die damit verbundenen Teilprojekte postulieren dabei eine adressaten- und situationsgerechte Adaptation der Regelwerke. Dies ist wenig verwunderlich – gehört es doch zum Wesen von allgemeinen Regeln, nicht jeden Einzelfall abbilden zu können. Analog dazu haben zwar auch das Gottesdienstbuch sowie die Perikopenordnung eine wohlorganisierte Sprachgestalt und einen verbindlichen Status, die aber Stimmigkeit und Situationsangemessenheit nicht garantieren können. Eine Kathedralkirche z.B. erfordert eine andere Tonalität als ein Gemeindehaus, eine digitale Andacht wird auf ausführliche Responsorien verzichten und stattdessen Beteiligung bei Fürbitten ermöglichen, was wiederum in einer Kathedralkirche aufwändig und unstimmig wirkt.

Selbst eine solide Expertise im Umgang mit den Sprachformen Leichter Sprache geht stets mit einem immer wieder neu zu adaptierenden Experimentierverhalten einher. Die Spuren, die die Sprachwissenschaft mit dem DUDEN für Leichte Sprache gelegt hat, geben nur den normativen Rahmen ab, der in Abhängigkeit vom Verlautbarungskontext neu zu adaptieren ist.

Die vorliegende Arbeit verwebt die von Bredel/Maaß bzw. von Fix formulierten Leitlinien immer wieder mit Überlegungen zur Verständlichkeit liturgischer Sprache.[93] Wie gezeigt, stellen sich ganz besondere Anforderungen jedoch bei den spezifischen Formen liturgisch-poetischer Sprache.

---

92 Bock, Bettina M.: „Leichte Sprache" – Kein Regelwerk. Sprachwissenschaftliche Ergebnisse und Praxisempfehlungen aus dem LeiSA-Projekt [Kommunikation – Partizipation -Inklusion 5], Berlin 2019; Online (Fassung 2018): https://nbn-resolving.org/urn:nbn:de:bsz:15-qucosa2-319592 (vom 1.2.2022).
93 Bredel, Ursula/Maaß, Christiane: Leichte Sprache. Theoretische Grundlagen, Orientierung für die Praxis [Sprache im Blick], Berlin 2016, 513: „Bei Textsorten, die das sprachliche Inventar in besonderer Weise ausschöpfen, etwa poetischen oder fachlichen Texten, gelangt die Darstellbarkeit in Leichter Sprache an ihre Grenzen. Das reduziert die Akzeptabilität von Texten in leichter Sprache, insbesondere für Personengruppen, die nicht zu den primären Adressat(inn)en gehören. Allerdings darf dabei nicht vergessen werden, dass die primären Adressat(inn)en ohne Leichte Sprache von der Teilnahme am Diskurs ausgeschlossen blieben..." (513). Fix, Ulla, „Schwere Texte" in „Leichter Sprache" – Voraussetzungen, Möglichkeiten und Grenzen (?) aus textlinguistischer Sicht, in: Bock, Bettina M./ Fix, Ulla/ Lange, Daisy (Hrsg.), „Leichte Sprache" im Spiegel theoretischer und

Die Forderung nach barrierefreier Kommunikation macht vor den Kirchentüren nicht halt (4.3, vgl. auch 7.5, These 1). Dies geht weit über den Aufruf zur Partizipation einer gesellschaftlichen Großinstitution an den allgemeinen Standards formalisierter Interaktion hinaus, denn die barrierefreie Kommunikation des Evangeliums und eine adressatengemäße Gottesdienstsprache sind genuin reformatorische Anliegen. Dabei ist der Impuls, das Evangelium weder nur den Gebildeten, noch nur denen vorzubehalten, die üblicherweise die Schwelle zum Gotteshaus übertreten, ein gesamtchristlicher Impetus, der in den verschiedenen Konfessionen verschiedene Ausprägungen erfahren hat[94] und weiter erfährt.

Das Übersetzen liturgischer Texte in Leichte Sprache trägt in der kirchlichen Situation des frühen 21. Jahrhunderts Methoden ein, die sich der Suche nach einer rezeptionsfreundlichen Kommunikation verdanken. Die liturgisch Verantwortlichen müssen sich dann jeweils fragen, ob und inwieweit die linguistischen Anwendungen mit der aufgegebenen Inszenierung des Evangeliums und den „großen Transzendenzen" kompatibel sind (vgl. 7.5, These 3).

7.3.1 Beten mit „metaliturgischer Kommentierung"

Bei schriftlichen Texten hängt die erfolgreiche Rezeption zentral davon ab, ob die Textfunktion wahrnehmbar ist. Kundige und geübte Lesende „können Erkenntnisse über die Funktionen von Texten bereits auf den ersten Blick über die Zuordnung zu einer Textsorte gewinnen"[95]. Leichte-Sprache-Lesende haben weniger Erfahrung mit unterschiedlichen Textsorten, die „Sprachfunktion muss für diese Leserschaft deutlich herausgearbeitet werden"[96] (509).

---

angewandter Forschung, Berlin 2017, 163–188: Im Rahmen der Bemühungen um Leichte Sprache gilt es, „das Vermeidungsprinzip ein wenig zu lockern und das Zumuten als eine – auch mögliche – Haltung zur Debatte zu stellen. (...) Wo die Grenzen (der Zumutung) liegen, (...) sollten wir ausprobieren." Das „Besondere – ästhetisch oder sakral – (sollte) dabei einen Stellenwert" (180) haben.

94 Vgl. z.B. auf katholischer Seite das Projekt „Evangelium in Leichter Sprache" des katholischen Bibelwerks Stuttgart: Bauer, Dieter/Ettl, Claudio/Mels, M. Paulis: Bibel in Leichter Sprache. Evangelien der Sonn- und Festtage im Lesejahr A, Stuttgart 2016; Lesejahr B, 2017; Lesejahr C, 2018. Das Projekt begann 2013 mit einer Internetseite, abrufbar unter www.evangelium-in-leichter-sprache.de (31.1.2022), außerdem hat die katholische Deutsche Bischofskonferenz ein Gotteslob mit einer Auswahl von 200 Liedern in Leichter Sprache herausgegeben (das sog. „LeiGoLo", vgl. „Gotteslob in leichter Sprache leistet einen wichtigen Beitrag, Inklusion in unserer Kirche zu stärken": Deutsche Bischofskonferenz (dbk.de) (vom 1.2.2022), die Seite der Caritas hat ebenfalls umfängliche Angebote in Leichter Sprache: Der Internet-Auftritt von der Caritas (vom 1.2.2022). Die Ev. Kirche in Baden hat über ihren Inklusionsbeauftragten André Paul Stöbener unter www.ekiba.de/leichte-sprache (vom 1.2.2022) ein umfassendes Angebot von Tagungen, Schulungen, geistlichen Angeboten in Leichter Sprache. Auch auf der website der EKD findet sich mittlerweile ein größeres Angebot (EKD Texte in leichter Sprache – EKD, vom 1.2.2022) u.v.a.m.
95 Bredel/Maaß: Leichte Sprache, 509.
96 Auch Bilder und Piktogramme sind für Texte in Leichter Sprache ein probates Mittel, z.B. CBM Blindenmission, Leichte Sprache. „Was willst du von mir?" Gottesdienst zum blinden Bartimäus, Berlin 2017, 15.

Ein Beispiel: Beim Eröffnungsgottesdienst in Leichter Sprache auf dem Stuttgarter Kirchentag (3.Juni 2015) stand auf der ersten Seite des Gottesdienstblattes: „... Im Gottesdienst sind viele Lieder. / Manche haben Alltags-Sprache. / Die Lied-Texte stehen auch im Heft. / Die Lied-Texte haben die Farbe *Grün*. / Und die Sätze, die wir mitsprechen, haben die Farbe *Grün*./ Manche Sätze haben einen grünen Hintergrund. / Diese Sätze sagen, was getan wird. / Es sind Überschriften. / Und es sind Erklärungen."

Das Kursive „*Grün*" ist im Original in Grün gedruckt[97]. Für Menschen, die nicht lesen können, sind diese Hinweise nutzlos, für Menschen mit Lesekompetenz und leichten kognitiven Einschränkungen ist die metaliturgische Kommentierung dagegen hilfreich.

Für das reine Verstehen durchs Hören braucht es jedoch Phantasie für andere Formen metaliturgischer Kommentierung. Eine Möglichkeit liegt z.B. in den „Präfamina" zu den einzelnen liturgischen Stücken – mit der Gefahr der homiletischen und pädagogischen Überfrachtung und der Nähe zu kindergottesdienstlichen Formaten.

Will man einer mechanischen Übersetzungslogik entgehen, bedarf es einer intensiven Auseinandersetzung sowohl mit der morphologischen Struktur als auch mit der jeweils aktualisierenden Funktion dieser Struktur (s. 3.9 Semantik, Kategorie der „Spacebuilder"). Eine linguistisch starke Reduktion der Leichten Sprache muss, wie gezeigt, nicht mit einer Reduktion der Verstehensweise einhergehen. Vielmehr gilt es, „Kompensationsmöglichkeiten in Leichter Sprache für die Eröffnung ferner und/oder hypothetischer Verweisräume zur Verfügung zu stellen"[98], um Themenrahmen für das Verstehen zu konstruieren.

Diese Untersuchung verwendet deshalb in Anlehnung an die Sprachwissenschaft den Ausdruck „metaliturgische Kommentierung". Beim Vaterunser, dem Apostolischen Glaubensbekenntnis, den Psalmen oder Formen von Kyrie und Gloria kann die Partizipation gerade darin bestehen, diese Stücke als zu tradierende zu vermitteln („explizite Benennung der Textfunktion"[99]). Sie werden dann nicht übersetzt und auf die Textebene übertragen, sondern durch metaliturgische Kommunikation als zum Gottesdienst gehörig gekennzeichnet.[100]

Eine Alternative liegt darin, den formelhaften Text zu erhalten und mit einem Präfamen zu beginnen, z.B.:

> „*Menschen beten zu Gott. Das hat Jesus auch schon gemacht.*
> *Es gibt ein Gebet von Jesus. Das steht in der Bibel. Das wird in jedem*
> *Gottesdienst gebetet. Alle beten zusammen:*
> *Vater unser im Himmel ...*"[101]

---

97 Original-Flyer des Eröffnungsgottesdienstes in Leichter Sprache, hrsg. vom 35.Deutschen Evangelischen Kirchentag Stuttgart 2015 e.V.
98 Bredel/Maaß: Leichte Sprache, 327.
99 Ebd.
100 Gidion, Anne: Er ist mein Hirte. Über Psalmen und Leichte Sprache im Gottesdienst, in: Joachim-Storch, Doris (Hrsg.): Du, höre! Psalmen entdecken – singen, beten, predigen [Materialbücher des Zentrums Verkündigung der EKHN 117], Frankfurt/M. 2012, 27ff.
101 Hinführungstext Verf. (unveröffentlicht).

Eine Variante besteht auch darin, sich der bestehenden Formel anzunähern und zentrale Worte zu erhalten, aber lexikalisch zu erweitern und grammatisch zu vereinfachen. Als Beispiel eine Version des Vaterunsers mit Leichter Sprache[102]:

> Unser Vater! Du bist im Himmel.
> Dein Name soll groß sein. Bekannt bei allen Menschen.
> Dein Reich soll kommen. Dann bist du König über alles.
> Im Himmel. Und auf der Erde.
> Was du willst, ist wichtig. Wichtiger als alles andere.
> Bitte mach, dass es passiert.
> Gib uns genug zum Essen und Trinken für jeden Tag.
> Uns und allen Menschen.
> Verzeih uns. Wir haben Böses getan. Andere haben auch uns Böses getan. Wir wollen ihnen verzeihen.
> Halt uns fest in deiner Nähe. Rette uns von dem Bösen.
> Vor bösen Menschen und bösen Gedanken. Wir brauchen dich.
> Du allein bist mächtig. Du allein hast große Kraft.
> Du allein bist wunderbar. Für immer. Amen.

Das Gebet behält mit den Lexemen „Vater" „Unser", „Himmel", „Name", „Reich", „Himmel", „Erde", „Böses" Schlüsselworte der gebräuchlichen Vaterunser-Version. Zugleich kommentiert und ergänzt es diese innerhalb des Textes und verlässt damit die von vielen auswendig gekannte Formel.

Gerade bei den besonders bekannten Gebeten und Syntagmen braucht es eine – situationsflexible – Kombination von beidem: den als solche bezeichneten Formeln und den verstehbaren, das Einstimmen ermöglichenden Formulierungen. Die sich im evangelischen Gottesdienst performierenden Wortlaute lassen sich (in graduellen Abstufungen) auf die Funktion von Informationsträgern reduzieren. Neben Lesungstexten (die Spanne reicht hier von den Epistel-Lesungen, die den wenigsten im Wortlaut vertraut sind, bis hin zu den klassischen Evangeliumslesungen von großem Bekanntheitsgrad) kommen auch sprachliche Einheiten vor, die eher von ihrer Ritualität leben. So funktionieren Apostolikum und Vaterunser primär über ihre wortgleiche Performanz. Erst die Wiedererkennbarkeit der immer gleichen Wortfolgen gibt den Gottesdienstbesuchern die Möglichkeit, auswendig mitzusprechen. Eine Übertragung in Leichte Sprache hätte darum zur Folge, das ehedem selbstverständliche Miteinstimmen zugunsten eines – möglicherweise in diesen Fällen dysfunktionalen – niederschwelligen metaliturgischen Modus zu opfern.

Ein weiteres Beispiel[103] einer Übertragung der hochvertrauten Makarismen aus dem Matthäusevangelium im liturgischen Kontext (in einem Gottesdienst als Psalm verwendet):

> Mt 5, 2–10
> Jesus stand auf einem Berg. Er redete zu den Leuten. Ein Wort benutzt er immer wieder: „selig".

---

102 Gebete in Leichter Sprache (ekiba.de)
103 Mehrfach erprobt in Seminaren, hier eine Fassung von mehreren Workshop-Teilnehmenden (mit Erlaubnis verwendet, verantwortet von Verf.). Der Text ist hier explizit als liturgisch zu verwendender gedacht.

> „Selig" bedeutet viel auf einmal:
> Gesegnet. Besonders. Ausgezeichnet. In besonderer Weise geschützt. Von Gott gesehen und geliebt. Vielleicht auch: Glückselig. In jedem Fall: von Gott ganz besonders gesehen.
> Und das sagte er: „Manche sind arm. Ihnen fehlt Geld. Ihnen fehlt Glück. Ihnen fehlt Gott. Genau die werden im Himmel bei Gott sein. Selig sind sie.
> Traurige Menschen werden getröstet. Selig sind sie.
> Manche verzichten auf Gewalt. Sie wollen den Frieden. Sie werden bei Gott sein. Selig sind sie.
> Menschen sind hungrig und durstig. Sie brauchen Essen und Trinken. Sie sind auch hungrig und durstig auf Gerechtigkeit. Sie werden satt werden.
> Selig sind sie.
> Menschen kümmern sich um andere. Sie machen ihre Herzen weit. Genau für die werden auch andere ihr Herz weit machen. Selig sind sie.
> Manche Menschen sind sehr ehrlich. Sie zeigen sich. Und sie werden Gott sehen, wenn es so weit ist. Selig sind sie.
> Manche sorgen für Frieden. Wenn Streit ist, gehen sie dazwischen. Die werden einen besonderen Namen haben: Gotteskinder.
> Selig sind sie.
> Manche werden verfolgt. Sie glauben an Gott. Sie kämpfen für andere. Genau die werden zu Gott gehören. Selig sind sie."

Wie oben beim Vaterunser sind auch hier die einleitenden Zeilen jeweils ein Beispiel metaliturgischer Kommentierung. Sie führen als „Frame"[104] mit einem Präfamen in den biblischen Kontext ein; der Frame soll „motivieren", indem er die Bedeutung eines (von den Autorinnen als relevant erachteten) Teils des folgenden Textes „interpretiert"[105]. Frames sind kulturell geprägt; im verwendeten Beispiel gestatten kundigen Gottesdienstbesuchenden die Lexeme „selig" bzw. „Seligpreisungen" eine sprachliche Einordnung und ein damit verbundenes Verstehen. Die Unterschiede der Fähigkeiten zum Verstehen hängen mit der Fähigkeit des Einordnens in Frames zusammen; diese Unterschiede „liegen auf der Ebene des Welt-, aber auch des Sprachwissens"[106]. Durch vorgeschaltete Erläuterung des Wortes „selig" wird es im folgenden Text möglich, das in Leichter Sprache nicht repräsentierte Wort zu verwenden. Der liturgische Gestus des Textes wird durch die Wiederholung der Formulierung „Selig sind sie" erzeugt.

Eine weitere Option, einen Text verständlicher zu machen, ist die sog. Konzeptionelle Mündlichkeit.

7.4 Konzeptionelle Mündlichkeit

Texte in „konzeptioneller Mündlichkeit" verweisen auf „den unmittelbaren Wahrnehmungsraum", sie „lassen einen Abgleich mit der gegebenen Wirklichkeit zu" und verzichten auf hypothetische Räume. Durch aktive, verbale Formu-

---

104 Vgl. 3.10.1. Im Folgenden wird das englische „Frame" eingedeutscht und ohne Anführungszeichen verwendet.
105 Bredel/Maaß: Leichte Sprache, 426.
106 Ebd., 427, vgl. Kap. 3.10.1.

Konzeptionelle Mündlichkeit 195

lierungen entsteht eine „agensnahe, handlungsorientierte Ereignisdarstellung"[107]. Gottesdienstvorbereitung hingegen geschieht häufig am Schreibtisch; das Manuskript für das „Aurecit" wird gedanklich entwickelt, schriftlich fixiert, und erst im Gottesdienst kommen die vorformulierten Texte dann zur Ausführung. Ob aus der Perspektive einer emphatischen „Präsenz" (Kabel) oder eines je aktualisierten „Ritus" (Meyer-Blanck), ob als „radikale Präsenz" (Fischer-Lichte) oder um dem „WORT hinter den Wörtern" zum Durchbruch zu verhelfen (Deeg) - es braucht eine Sprache, die möglichst viele je neu anspricht. Beim Beten kommt sogar eine doppelte Anredesituation zum Ausdruck – angeredet ist Gott, mit im Raum sind aber die Menschen, die in diese nicht ihnen geltende Anrede innerlich einstimmen sollen. Dafür müssen die Worte entweder formelhaft vertraut oder aktuell vertrauenswürdig und plausibel sein. Der liturgiedidaktische Impuls dieser Untersuchung bleibt im je eigenen liturgischen Handeln zu erproben. Leichte Sprache als Methode zu beherrschen, erhöht aber die liturgische Mehrsprachigkeit, denn „Beten geht in Hauptsätzen. (...) Gebetssprache ist nicht Kanzelsprache und nicht Abkündigungssprache. Sie erklärt nicht und relativiert auch nicht".[108]

Die Sprache des Gebets „ist mündliche Rede und wird hörend (nicht lesend!) rezipiert; sie ist andererseits aber in aller Regel und aus gutem Grund nicht spontan mündlich extemporiert, sondern bereits vor Beginn des Gottesdienstes schriftlich fixiert. Das Problem dieser schriftlichen Ausfertigung liegt (...) darin, dass die Texte in ihrer Dichte Sinn ergeben, aber kaum einen Raum eröffnen. Sie geben dann bestenfalls zu denken, lassen aber nicht ein in eine durch Worte konstituierte Atmosphäre."[109]

Die Tagesgebete des EGb, die in dieser Untersuchung im Fokus stehen, sind – darin ist Deeg zuzustimmen – das Exempel einer äußerst verdichteten Liturgiesprache, da die theologische Verdichtung nach wie vor ihr traditionelles Gestaltungsprinzip abgibt. Ihre Kompaktheit und Scharnierposition erschwert das innere Einstimmen – ihre ursprüngliche Funktion des innerlich einstimmenden Sammelns („colligere") steht also immer in der Gefahr, von dogmatischen Voraussetzungen und gewichtigen biblischen Bezügen erdrückt zu werden (4.5, vgl. auch 7.5, These 4) Deeg zieht die liturgische Position in der katholischen Messfeier heran, die dem evangelischen Kollekten- bzw. Tagesgebet analog ist. Das kurze, die Eröffnung der Messfeier beschließende Gebet besteht aus drei Teilen: Gottesanrede mit einer Apposition oder einer Prädikation, die das „Tagesgeheimnis"[110] aufnimmt, der Supplicatio und dem Abschluss. Bereits in den gallikanischen Liturgien (im 5./6. Jahrhundert) wurde dieses Gebet als „zu

---

107 Ebd., 327.
108 Gidion, Anne: Gebet, in: Fendler, Folkert (Hrsg.), Qualität im Gottesdienst, was stimmen muss, was wesentlich ist, was begeistern kann, Gütersloh 2015, 216–223, 218.
109 Deeg: Das äußere Wort, 516.
110 Berger, Rupert: Pastoralliturgisches Handlexikon. Das Nachschlagewerk für alle Fragen zum Gottesdienst, Freiburg/Basel/Wien ³2005, 501. Das „Tagesgeheimnis" ist dem Proprium der Gebete aus dem EGb vergleichbar.

knapp empfunden"¹¹¹ und um bis zu sieben weitere Orationen angereichert. In der Liturgiereform des Zweiten Vatikanischen Konzils von 1970 wird das Missale Romanum wieder auf eine einzige Bitte reduziert. In den Grundformen I und II im EGb wird das Tagesgebet in der genannten Form vorgeschlagen, Grundform II wählt die Form des „Eingangsgebets"¹¹², die ausführlicher gestaltet werden kann. Das Tagesgebet nach Grundform I schließt „den dort reicher ausgeformten Eingangsteil (mit Kyrie und Gloria) ab" und fasst ihn zusammen, während „das Eingangsgebet in Grundform II als Kernstück des Eingangsteils selbst stärker entfaltet und freier gestaltet"¹¹³ wird. Wichtig ist nur der erkennbare Gebetsabschluss, auf den die Gemeinde mit dem bekräftigenden „Amen" antworten kann. Deeg wägt den formelhaft verdichteten Charakter der Gebetsvorschläge von Grundform I gegen die ausführlicheren freieren Formulierungen von Grundform II ab. Das Tagesgebet werde¹¹⁴ vielfach als zu kurz empfunden, um ein Einstimmen und „Verweilen"¹¹⁵ zu ermöglichen – auch die im EGb vorgeschlagene Gebetsstille könne dies nicht auffangen. Deeg plädiert hier (mit der katholischen Philosophin Catherine Pickstock¹¹⁶, die ihrerseits Mangel an „Redundanzen" in der katholischen Messliturgie nach dem Zweiten Vatikanischen Konzil kritisiert) für eine ausführlichere Form des Kollektengebets, die „Redundanzen (und) Wiederholungen" zulässt. Pickstock aufnehmend, beklagt Deeg, es sei in den Tagesgebeten eine Sprache geschaffen worden, die eher „*über* Liturgie redet denn eine genuine Liturgiesprache." Besonders die Dichte „großer Worte" führe zum Eindruck einer weitgehend abstrakten Gebetssprache.¹¹⁷ Mit Pickstock gelte es so-

---

111 Ebd.
112 EGb 2020, 636f.
113 Ebd.
114 In nicht empirisch validierter Befragung bei Studierenden und bei „liturgisch Verantwortlichen", vgl. Deeg: Das äußere Wort, 517.
115 Ebd.
116 Pickstock, Catherine: After writing. On the liturgical consummation of philosophy [Challenges in Contemporary Theology], Oxford/Malden MA, 1998, 176.
117 Vgl. Deeg: Das äußere Wort, 517f: „Es fällt schon bei einer ersten Durchsicht (der Tagesgebete des EGb, Erg. AG) auf, wie viele der ‚großen' Worte der Tradition des Glaubens die Sprache (...) prägen und wie wenige Bilder demgegenüber versucht werden." Große Worte sind z.B.: Angst, Ehre, Erbarmen, Fülle, Gaben, Gerechtigkeit, Glanz deiner Wahrheit, Gnade, Güte, Heil, Herz etc. Von einem Predigen „Ohne große Worte" sprach auch die „Fastenaktion" 2014 des Zentrums für Evangelische Predigtkultur: Sieben Wochen ohne große Worte (ohne-grosse-worte.de) (vom 3.2.2022). Die Aktion geht auf eine Anregung des französischen Soziologen und Wissenschaftstheoretikers Bruno Latour zurück. Latour hat in seinem Buch „Jubilieren. Über religiöse Rede" (Berlin 2011) von dem Punkt der religiösen Rede gesprochen, „an dem sich im Umgang mit den versteinerten kirchlichen Sprachspielen die Chance auftut, das evangelische Plasma anders zu formen". Diesen Impuls nahm das Predigtzentrum auf, um – verbunden mit der Fastenaktion der EKD von 2014 „7 Wochen ohne falsche Gewissheiten" – einen „homiletischen Fastenaufruf" zu initiieren. Die Aktion ermutige zu „Fastenpredigten", in denen „automatisch aufkommende Formulierungen, die schnell zu Hülsen werden, nicht zur Verfügung" stehen. Stattdessen sollten die Predigenden „Ersatz suchen, Umschreibungen finden, provisorische Formulierungen". Das Ziel der Aktion formulierten die Akteure in der Einladung so: „Über den Trick des Verzichtes großer Worte könnte sich die Sprache Ihrer Predigt verflüssigen,

gar, ein „liturgische(s) Stammeln"[118] wiederzugewinnen, das die „Spontaneität und das Durcheinander des Mündlichen" abbilde (vgl. 7.5, These 6).

Es gehe um eine Sprache, die „selbst auf der Suche bleibt, in Anläufen und Annäherungen versucht, im ‚Stammeln' zeigt, dass sie *nicht* am Ziel, sondern unterwegs ist"[119].

Aus der Perspektive Leichter Sprache ist der Bewertung zuzustimmen, dass die „großen Worte" und die verdichtete Kürze der Tagesgebete in Grundform I eine besonders schwer verständliche Sprachform darstellen. Redundanzen, die z.B. Anreden an Gott wiederholen oder im A-Teil schon genannte Formulierungen aus Psalmen wieder aufnehmen, führen zu leichterer Rezipierbarkeit. „Stammeln" heißt auch bei Deeg nicht, „auf sorgfältige Vorbereitung von gottesdienstlichen Gebeten zu verzichten". Er schlägt allerdings vor, „sich inspirieren zu lassen von Dichtern und Philosophen" und eine Sprache zu wählen, die weniger „unterwegs zur Sache" als „unterwegs zur Sprache" sei[120].

Die Metapherndichte poetischer Sprache ist in dieser Untersuchung schon problematisiert worden (6.3.1 Poesie und Verständlichkeit). Die Verwendung von Sprachspielen und Metaphern, die nicht agensnah, indikativisch, präsentisch und auf zeitlich dichte semantische Räume verweist, erschwert die Rezeption und birgt die Gefahr überredundanter Exklusivität. Zuzustimmen ist aber der „Suche nach einer Gewinnung von Mündlichkeit[121]", die metaphorische Rede möglich macht und Verstehen zulässt. Eine solche Form der Mündlichkeit gilt es mit Hilfe der dem öffentlichen Beten vorausgehenden Übersetzungen zu finden (vgl. 7.5, These 4).

Betend in Leichter Sprache zu formulieren, trägt zu einem betenden Sprachgestus bei, der nicht erklärt, sondern an die göttliche Instanz im Lichte des je aktuellen Kasus appelliert und eine genuine Bitte hinhält. Vom „unmittelbaren Wahrnehmungsraum"[122] (als Teil der konzeptionellen Mündlichkeit) auf eine andere Instanz hin zu verweisen, ist auch mit reduzierter Lexik und Syntax möglich – die Tagesgebete des Kirchentages und die Beispiele aus 4.5 und 6.3 zeigen es.

Unter liturgiedidaktischen Gesichtspunkten weist das propädeutische Verfahren der Übersetzung zugleich über die Tagesgebete hinaus. Auch zur Predigt gehört die Exegese, idealiter mit eigener Übersetzung des griechischen oder hebräischen Urtextes – wie „stammelnd" diese auch immer sein mag. Hier bietet es sich pragmatisch an, als Vorbereitung auf den je aktualen Gottesdienst im Hinblick auf die erwarteten Rezipientinnen und Rezipienten die agendarischen Texte erst einmal in Leichte Sprache zu übersetzen und von dieser maximalen Re-

---

und Stück für Stück würde sich in Ihren Predigten eine neue Sprechweise einfinden" (alle Zitate aus www.predigtzentrum.de vom 3.2.2022). Etwas Vergleichbares meint die Übung „Beten ohne große Worte" (vgl. 7.6, Übungen).
118 Bei Pickstock [s. Anm. 116] „apophatic liturgical ‚stammer'", 176.
119 Deeg: Das äußere Wort, 518. Deeg verweist auch auf die vielen „großen Worte" der Tradition, die in den Tagesgebeten konzentriert auftreten, vgl. Übung „Ohne Große Worte", s.o.
120 Ebd.
121 Ebd., Herv. im Text.
122 Bredel/Maaß: Leichte Sprache, 327.

duktion aus mit jeweils passenden Sprachbildern die „mentalen Räume" (3.10.2) des zu feiernden Gottesdienstes auszustatten (vgl. 7.5, These 8). Diese Präparation ließe sich zugleich als eine geistliche Übung verstehen, die das *Ersetzen* von richtigen (dogmatischen) Worten durch bessere (allgemeinverständliche) Worte *übt*[123]. Eine Übersetzung von Gebeten in Leichte Sprache als geistliche Vorbereitung des Gottesdienstes entspräche im mehrfachen Sinne einer Exerzitienpraxis[124]: Die Übung dient der „zu feiernden Kulthandlung", sie „bearbeitet den Acker" der zu findenden Worte und ist, wenn man sie als Präparation habitualisiert, „eine Handlung, die durch Wiederholung und Dauer" gekennzeichnet ist[125].

Eine solche Haltung zum gottesdienstlichen Proprium erfordert eine verstehende Rekonstruktion – ein solches Laboratorium bewegt sich auf dem schmalen Grad von Tradition und Aktualisierung (vgl. 7.5, These 7). Diese Haltung nötigt zu der liturgiekonstitutiven Frage, was im jeweiligen gottesdienstlichen Kontext von selbst verständlich ist und was eine Metakommunikation benötigt. Der Weg über eine möglichst barrierefreie Gebetssprache ist dabei nur ein Aspekt unter vielen – vom Umgang mit Musik, dem Verlesen der Bibel, den Räumen und Zeiten ist hier nur am Rande die Rede gewesen.

Als liturgiedidaktisches Fazit kann formuliert werden: Die Regeln für die Übersetzung in Leichte Sprache bieten eine methodische Ressource für ein propädeutisches Exerzitium öffentlichen Betens (vgl. 7.5, These 10). Zugleich ist neben der Öffentlichkeit der Anwesenden ein anderes „Externum", die geglaubte Wirklichkeit Gottes für die Situation des gottesdienstlichen Feierns konstitutiv. Auf dieses Externum zielen die liturgischen Worte und Gesten; ohne diese Grundannahme, dass „Gott zuerst geredet hat" (Torgauer Formel[126]), verliert die Vorstellung von Gottesdienst als „Antwort" ihre Basis (vgl. 7.5, These 7).

Es gilt also ebenso, die Bedürfnisse der Anwesenden (bzw. prospektiv Anwesenden) gedanklich zu antizipieren wie das Geheimnis zu feiern. Um diese Feier partizipativ zur Darstellung zu bringen, können die Regelwerke für Leichte Sprache in der hier vorgestellten sprachwissenschaftlich fundierten Form Orientierung geben. Es ist der unbestreitbare Vorzug der für die vorliegende Arbeit rezipierten sprachwissenschaftlichen Publikationen (Kap. 3), das Thema aus dem rein ethisch-rechtlichen Diskurs in den ästhetischen Metadiskurs zu holen. Eben dies strebt diese Arbeit an, die Leichte Sprache im liturgischen Feld weniger normativ als experimentell versteht (vgl. 7.5, These 2).

Es gilt, durch „Blending" für den Raum der liturgischen Darstellung durch den kreativen Umgang mit Metaphern und durch liturgisches Einüben immer

---

123 Harms: Glauben, 17.
124 Das Wort „Übersetzen" bekommt eine weitere Bedeutung durch einen Hinweis bei Karl Kraus. Im Zusammenhang der Unübersetzbarkeit eines literarischen Werks merkt er in Klammern an: „üb' Ersetzen!", vgl. Kraus, Karl, Die Fackel, Nr. 890, Ende Juli 1934, 77. Dieser Hinweis verdankt sich dem gleichnamigen Text von Jürgen Ebach: „Übersetzen – üb' Ersetzen!" Von der Last und Lust des Übersetzens, in: BiKi 69.1 (2014), 2–7.
125 Harms: Glauben, 16f.
126 WA 49, 588, 16–18.

wieder neu das Evangelium kommunikabel zu halten und im Licht des Evangeliums Gottesdienst zu feiern – zwischen Rede und Ritus, Zeichen und Spiel, Wort und Kult das Undarstellbare in Szene zu setzen. Denn auch unter den Bedingungen Leichter Sprache ist einzulösen: Die Sprache des Glaubens ist „durchweg metaphorisch" (Eberhard Jüngel, 121).

7.5 Zehn Thesen zur Verwendung von Leichter Sprache in der Liturgie

In den folgenden Thesen werden einige Gedanken der vorliegenden Überlegungen weitergeführt, andere treten zurück. Sie sind ebenso als Summe wie als Gesprächsauftakt über von Leichter Sprache (LS) inspirierte Methoden der Liturgiedidaktik zu verstehen.

1. Der agendarische Gottesdienst ist im „Normalfall"[127] ein Feld für kundige Gottesdienstbesuchende. Die Verwendung von LS bietet dagegen auch Unkundigen ein unmittelbares Verstehen der verbalen Vollzüge.
2. LS ist im liturgischen Feld weniger normativ als experimentell zu verstehen.
3. Die von der Sprachwissenschaft beschriebenen Funktionen von LS (Partizipationsfunktion, Lernfunktion, Brückenfunktion) sind direkt anschlussfähig für liturgische Texte.
4. Am Beispiel des Tagesgebets: Auf Mündlichkeit ausgerichtete Formulierungen (agensnah, aktiv, indikativ, Präsens oder Partizip Perfekt) entschlacken und verschlanken das Tagesgebet, ohne dass es seine liturgische Funktion des einstimmenden „colligere" einbüßt.
5. Der Gestus des Tagesgebets kann sich insofern verändern, als aus der Prädikation eine Vergewisserung der Gemeinde wird (das zeigen die Veränderungen an den Tagesgebeten beim DEKT – an die Stelle von „Gott, der Du..." tritt „wir hier...").
6. LS führt zu einem Beten „ohne große Worte" – für ein Gebet an dieser Scharnierposition im Gottesdienst ist das zielführend. Zugleich gilt es, der Ritualität liturgischer Sprache Rechnung zu tragen und eine Balance zwischen „Vermeiden" und „Zumuten" zu finden, die formelhafte traditierter Gebete neben leichtere Formulierungen stellt.
7. Übersetzen in LS als eine Sprach-Übung ist auch eine exemplarische Vorbereitung für öffentliches Beten im Gottesdienst. Ein agendarischer Vorschlag wird in Eigenarbeit übersetzt. Das durch Übersetzung entstandene Gebet ist die Basiserfahrung für die eigene auf mündliches öffentliches Beten hin orientierte Gebetspraxis.

---

127 Fechtner, Kristian/Friedrichs, Lutz (Hrsg.): Normalfall Sonntagsgottesdienst? Gottesdienst und Sonntagskultur im Umbruch [PTHe 87], Stuttgart 2008.

8. Mentale Räume und Metaphern funktionieren durchaus auch in LS – es braucht entweder den Bezug auf „universals" (traditionelle Codes) oder auf im Gottesdienst bereits präsente Verweise und Frames (Kasus, Raum, im A-Teil bereits genannte Formulierungen).
9. Analog zur Rolle von Prüfpersonen in der LS gilt es auch mögliche Prüfpersonen für den jeweiligen GD zu finden – vgl. z.B. das Werk „Kirche im Dialog" der Nordkirche[128]. Als „Deeper" funktionieren dabei z.B. Personen, die als imaginierte oder tatsächliche TN vorher befragt oder in den GD eingeladen werden.
10. LS ist kursdidaktisch eine Lernform, um die prognostizierte Rezeption stärker in die eigenen Gebetsformulierungen einfließen und von daher positiv beeinflussen zu lassen

7.6 Anhang – Übungen

Das folgende Material wurde für liturgiedidaktische Workshops[129] mit Haupt- und Ehrenamtlichen in Gruppen verwendet. Es vermittelt einen Einblick in die kursdidaktische Lehr-Lern-Situation. Die Regeln sind eine von der Verfasserin auf das liturgisch-propädeutische Seminar hin verkürzte Version der gängigen Regelwerke in Leichter Sprache (vgl. 3.3[130]). Die Auswahl der Regeln ist begründet durch das Genus öffentlich gesprochenen Gebetes, Regeln zu Typographie wurden ausgelassen. Die Regeln sind außerdem alltagssprachlich formuliert, auf sprachwissenschaftlich exakte Begriffe wurde aus methodischen Gründen verzichtet.

---

128 Www.kircheimdialog.de: „Kirche im Dialog ist eine gemeinsame Haltung, ein Prinzip - gerade im Kontext wachsender Konfessionslosigkeit. – Kirche im Dialog". Das Werk hat als Symbol einen „Deeper", eine Art Sensor, der die grundsätzlich hörende, ausprobierende, suchende Haltung der Projekte von „Kirche im Dialog" verdeutlicht. Zur Grundhaltung und zur Verwendung des Symbols heißt es dort: „Schiffe brauchen Deeper – das sind Resonanzkörper, um zu orten, in welchem Kontext sich das fahrende Schiff gerade befindet. Wenn die Schallwellen auf Fischschwärme, versunkene Schätze oder verrosteten Schrott treffen, dann werden sie zurück an die Oberfläche reflektiert. Deeper zeichnen also Karten der Umgebung des Schiffes auf und markieren die Hotspots. Unsere Kirche braucht unterschiedliche Deeper – stationäre in den Kirchengemeinden und mobile in den übergemeindlichen Bereichen. Aufgabe der mobilen Deeper ist es, die gesellschaftlichen Strömungen sowie die religiöse Resonanz der Nordkirchenflotte in der Breite zu erkunden." (vom 25.1.2022).
129 Umfassendes Übungsmaterial findet sich auch bei Hirsch-Hüffell, Thomas: Die Zukunft des Gottesdienstes beginnt jetzt. Ein Handbuch für die Praxis, Göttingen 2021, 291ff: Teil E mit link zum Download-Material, Übungen und Methoden zum Lernen und Vertiefen. Dort finden sich „geordnete und erprobte Methoden, wie man Gottesdienst lernen und üben kann" (291).
130 Zusammengefasst in Maaß, Christiane: Leichte Sprache. Das Regelbuch [Barrierefreie Kommunikation 1], Berlin 2015, 179ff.

Anhang – Übungen   201

Das LehrLern-Setting sind Gruppen von 8–80 Personen[131] – je nach Gruppengröße werden Untergruppen zu verschiedenen Ausgangstexten gebildet. Je nach methodischem Gesamtrahmen stehen 60–120 Minuten zur Verfügung[132].

1. *Handout*[133]
Regeln für „Leichte Sprache" beim Sprechen im Gottesdienst
1. *Ein Gedanke pro Satz!* Ein Satz hat höchstens 15 Wörter. Längere Sätze werden aufgeteilt. Relativsätze und Nebensätze vermeiden.
2. *Verbalisieren!* Substantive in Verben auflösen.
3. *Indikativ* formulieren – keine Konjunktive und Hilfsverben (lieber: Fragen stellen).
4. Keine *Abstrakta*, keine „großen Worte" oder Fremdwörter.
5. *Keine Verneinungen!* Positiv formulieren.
6. Vorsicht bei Bildern, Namen und Metaphern – *Rampen bauen!*

Leichte Sprache – was ist das?[134]
Seit 2008 gilt auch in Deutschland, was die Vereinten Nationen beschlossen haben: Die Situation von Menschen mit Behinderungen soll in so vielen Ländern wie möglich besser werden. Das bedeutet z.B.: barrierefreie U-Bahnen und Treppenhäuser … Und: verständlichere Texte im öffentlichen Leben.

„Leichte Sprache" ist ein Beitrag dazu. Das Netzwerk „Mensch zuerst" hat dafür die Regeln formuliert. Leichte Sprache ist keine Kindersprache, obwohl sie manchmal damit verwechselt wird. Für Menschen mit Behinderungen ist es wichtig, dass es um Themen des *öffentlichen erwachsenen* Lebens geht, an dem sie beteiligt sein und das sie gut verstehen möchten.

„Leichte Sprache" hat genaue Regeln und ist ein geschützter Begriff – anders als „einfache Sprache", die ist unbestimmter und verzichtet einfach nur auf Fremdwörter und komplizierten Satzbau.

Leichte Sprache anzuwenden, kann durchaus schwer sein. Bei Gebrauchsanweisungen und Verkehrsregeln geht das gut, bei biblischen Texten und religiösen Worten wird es komplizierter. Wie drückt man „Gnade", „Barmherzigkeit", „Güte" mit Verben aus?

---

131 Kontexte waren in den Jahren 2010–2020 Pfarrkonvente, liturgiedidaktische Kurse im Predigerseminar für Vikarinnen und Vikare bzw. Regionalmentorinnen und -mentoren, Kurse mit Rundfunkpastorinnen und -pastoren, Workshops in Gottesdienstzentren beim Kirchentag, Fortbildungen für Prädikantinnen und Prädikanten, Gottesdienst-Teams aus Haupt- und Ehrenamtlichen in Gemeinden, Studierende in höheren Semestern.
132 Auf vergleichbarer Grundlage bietet auch das Gottesdienstinstitut der bayerischen Landeskirche Seminare an: Leicht-ist-echt-schwer.pdf Predigtwerkstatt mit Leichter Sprache (vom 17.2.2022).
133 In ca. 100 Workshops in den Jahren 2010–2022 erprobt.
134 Der folgende knappe Informationsblock zu Leichter Sprache wird hier mitabgedruckt – er wird in Seminaren mit Haupt- und Ehrenamtlichen im Gottesdienst Mitwirkenden verwendet, wenn die Veranstaltung keinen einführenden Vortrag zu Leichter Sprache vorsah oder wenn die Teilnehmenden Multiplikatorinnen und Multiplikatoren sind, die selbst in ihrem Kontext mit dem Thema weiterarbeiten wollen.

Denn die Herausforderung macht vor den Türen der Kirchen, vor der Bibel und vor evangelischen Kerntexten nicht halt. Auch für Menschen ohne Verstehensschwierigkeiten ist es eine Chance, vertraute Texte noch einmal neu zu sehen. Leichte Sprache befreit von Worthülsen und lichtet Sprachnebel. Auch im Kontakt mit Kirchenfernen oder Menschen mit Deutsch als Fremdsprache kann sie Kommunikation erleichtern.

Grundlagen:
Netzwerk Leichte Sprache e.V.
http://www.leicht-gesagt.de/
www.leicht-lesbar.eu
https://www.evangelium-in-leichter-sprache.de/

(bearbeitet für den Gebrauch im Gottesdienst von Anne Gidion, Stand Juli 2018)

2. Übungen mit diesen Regeln
1. Übertragen Sie eines der Tagesgebete aus dem EGb mit Hilfe der Regeln Leichter Sprache[135].
2. Formulieren Sie in freier Rede ein Tagesgebet mit Leichter Sprache zum gleichen Kasus ohne Nutzung einer Vorlage.

Beispiel: Dritter Sonntag nach Epiphanias, Reihe IV, Textraum: Hauptmann von Kapernaum (Mt 8, 5–13, Predigttext), Wochenspruch: Es werden kommen von Osten und von Westen, von Norden und von Süden, die zu Tisch sitzen werden im Reich Gottes (Lk 13,29)

> Ausgangstext (EGb, 296):
> *Barmherziger Gott, du bist die Kraft der Schwachen:*
> *Nimm dich unser an*
> *und schütze uns unter deiner bergenden Hand.*
> *Darum bitten wir*
> *durch unseren Herrn Jesus Christus, deinen Sohn,*
> *der mit dir und dem Heiligen Geist lebt und Leben bewahrt*
> *in Ewigkeit.*

Entscheidungspunkte:
– Umgang mit der Metapher „bergende Hand" und Anthropomorphismen für Gott.
– Umgang mit der Conclusio, kritisch ist vor allem die Präposition „durch", die nicht der standardsprachlichen Verwendung entspricht, sondern eine liturgische Sonderformulierung ist.
– Übersetzung der Anreden. Übersetzung von theologischen „großen Worten": barmherzig. Ewigkeit.

---

135 Siehe 1., für Workshops durch Verf. entwickelte Kurzversion der Regelwerke. Die Workshop-Situation verzichtet auf Prüfpersonen und ermutigt zu pragmatischer Abwägung von Addition und Reduktion; auf eine ausführliche Einführung der sprachwissenschaftlichen Hintergründe wird verzichtet.

Anhang – Übungen

Für diese Übersetzungsfragen gibt es keine eindeutige Antwort. Sie fordern Entscheidungen. Entweder gilt es den Skopus des Gebets im Kontext des Gottesdienstes zu priorisieren (Schutz der Schwachen, Gott sieht alle, alle sind willkommen), oder es gilt, religiöse Metaphern narrativ einzuüben, dann braucht es Erklärungen und Wiederholungen (Z.B.: Gott, Du kümmerst Dich. Du siehst Menschen. Du machst Dein Herz für sie weit. So stellen wir uns das vor. Besonders für schwache Menschen. Die allein sind. Die krank sind. Die müde sind. Etc ...)

Vorschlag:

> Gott, du siehst uns. Du fühlst mit uns.
> *Manche sind erschöpft. Oder krank. Besonders denen gibst Du Kraft.*
> Sieh uns auch, bitte.
> Beschütze uns.
> Dein Sohn Jesus hilft uns.
> Dein Geist stärkt uns.
> So leben wir. Heute und immer.
> Amen.

2. Übung: Eine große Bitte, ein großer Dank

1. Bilden Sie Gruppen zu zweit.
2. Suchen Sie jeweils als Zweier-Gruppe akustisch voneinander getrennte Teile eines Raumes oder andere Räume auf.
3. Teilen Sie miteinander eine große Bitte und einen großen Dank – erst teilt die eine Person beides, dann die andere. Nicht länger als jeweils 10 Minuten für beides. „Große Bitte" bzw. „großer Dank" bedeutet: Etwas Relevantes aus Ihrem Leben, was gerade jetzt für Sie wichtig ist. Entscheiden Sie selbst, wie persönlich Sie werden. Vereinbaren Sie mit Ihrem Partner/Ihrer Partnerin Vertraulichkeit. Führen Sie kein Gespräch darüber – teilen Sie einander nur mit, was Sie mitteilen möchten, die andere Person fragt nur nach, wenn sie Verständnisfragen hat.
4. Schreiben Sie aus Gedächtnis einen Für-Dank und eine Für-Bitte. Nehmen Sie den Kasus auf, den die andere angesprochen hat, aber generalisieren Sie das Thema so, dass die Erzählung der anderen Person diskret geschützt bleibt. Verwenden Sie dabei möglichst die Regeln in Leichter Sprache (vgl. Handout Übung 1).
Beispiel: Person A erzählt von der Sorge um ihren pubertierenden Sohn, verbunden mit Problemen in der Schule, Alkoholmissbrauch, Gesprächsabbruch zwischen ihr und dem Kind.
Person B betet: Gott, ich bitte Dich für Eltern und Jugendliche.
Jugendliche suchen neue Wege. Probieren sich aus. Eltern wollen sie weiter beschützen etc.
5. Person A und B zeigen einander die jeweils füreinander geschriebenen Fürbitten, bevor sie sie in der Gruppe zeigen. Sie stellen sicher, dass Diskretion wo nötig gewahrt bleibt.
6. Die entstandenen Gebete werden z.B. beim Abendgebet verwendet. A und B treten jeweils zu zweit an den Altar oder sprechen aus dem Kreis – je nach

liturgischem Setting. Zwischen den Paaren aus Bitten und Dank wird als Ektenie z.B. ein Kyrie gesungen.

3. Übung: Fürbitten umwandeln
Auftrag: Verwenden Sie Fürbitten aus Vorlagen (z.B. Werkstatt Gottesdienst oder Lesepredigten oder VELKD-Wochengebete).
Übertragen Sie die Vorlagen so genau wie möglich in Leichte Sprache anhand der verkürzten Regelwerke (vgl. Handout Übung 1).

4. Übung: Ohne große Worte[136]
1. Sammeln Sie „große Worte" der christlichen Verkündigung, wie z.B. „Barmherzigkeit", „Gnade", „Dankbarkeit", „Friedensbotschaft Jesu Christi", „Seligkeit", „Ewigkeit" u.v.a.m.
   Die Worte werden auf Moderationskarten (oder digital im Padlet oder ähnlichem Tool) gesammelt und sind für alle sichtbar.
2. Wählen Sie zwei der „großen Worte" aus, ohne den anderen zu sagen, um welche es sich handelt. Suchen Sie für diese Worte Ersatz, Umschreibungen oder auch provisorische Formulierungen und schreiben aus diesen ein Gebet.
3. Tragen Sie Ihr Gebet in der Gruppe vor. Die Gruppe rät, um welche „großen Worte" es sich handelt.

7.6.1 Erträge und Beobachtungen

Diese Übungen wurden im Kontext der aufgeführten Lehr-Lern-Szenarien von Haupt- und Ehrenamtlichen, Gottesdienstverantwortlichen, und Vikarinnen und Vikaren in der Ausbildung bzw. Pastorinnen und Pastoren in der Fort- und Weiterbildung von Pastoralkollegs zu Gebetssprache, Schulungen von Gottesdienst-Teams angewendet. Je nach Kontext und Gruppengröße wurden die Zeitvorgaben angepasst. Die liturgische Verwendung der entstandenen Texte hängen ebenfalls vom Kontext ab – je nachdem ob das sprachliche oder das liturgische Lernen oder Erproben im Vordergrund stehen.

Im Feedback der jeweiligen Gruppen wird in den meisten Fällen rückgemeldet, dass durch den Verzicht auf große Worte und die Verwendung von Verben und konkreten Sprachbildern die Gebetssprache flüssiger wird. Die Vermeidung theologischer Fachbegriffe macht die Gebete offenbar persönlicher. Bei der Übertragung von Gebetsvorlagen entstehen in der Regel deutliche längere Texte, die durch Addition (wie auch in Kap. 4 und 6 dieser Untersuchung gezeigt) mehr erklärend und weniger betend sind. Durch Reduktion entstehen dann Texte, die etliche der Teilnehmenden für den liturgischen Gebrauch als stimmig und tauglich empfanden und in ihren Kontexten eingesetzt haben.

---

136 Vgl. FN 117: Fastenaktion 2014 „Ohne große Worte" des Zentrums für Evangelische Predigtkultur: Sieben Wochen ohne große Worte (ohne-grosse-worte.de) (vom 3.2.2022).

Für den propädeutischen Zweck sind diese Übungen ebenfalls geeignet, sie führen an Gebetssprache als variantenreiche Sprache heran, die je nach liturgischem Kontext hin auf vermutete Rezeptionsfähigkeit unterschiedlich gehandhabt werden kann. Zwischen „Vermeiden" und „Zumuten" gilt es jeweils auszuloten, wie traditierte und für Kundige wiedererkennbare Formeln neben auf Verstehen ausgerichtete leichtere Formulierungen treffen. Übertragungen in Leichte Sprache, Verzicht auf „große Worte" und Umwandlung persönlicher Gebetsanliegen in distanzierende aber persönlich grundierte Formulierungen sind dabei Möglichkeiten, leichter Beten zu üben.

8. Literatur- und Internetverzeichnis

8.1 Verzeichnis der zitierten, verwendeten und weiterführenden Literatur
(Die Abkürzungen folgen der TRE.)

Arnold, Jochen: Was geschieht im Gottesdienst? Zur theologischen Bedeutung des Gottesdienstes und seiner Formen, Göttingen 2010.
Austin, John L.: How to do things with words, Oxford 1962.
Barth, Karl: Homiletik. Wesen und Vorbereitung der Predigt, Zürich (1966) ²1985.
Bauer, Daniel u.a. (Hrsg.): Von semiotischen Bühnen und religiöser Vergewisserung. Religiöse Kommunikation und ihre Wahrheitsfindung. FS M. Meyer-Blanck [Praktische Theologie im Wissenschaftsdiskurs 24], Berlin/Boston 2020.
Bauer, Dieter/ETTL, Claudio/MELS, M. Paulis: Bibel in Leichter Sprache. Evangelien der Sonn- und Festtage. Lesejahr A-C, Stuttgart 2016–2018.
Bedford-Strohm, Heinrich/Jung, Volker (Hrsg.): Vernetzte Vielfalt. Kirche angesichts von Individualisierung und Säkularisierung. Die 5. EKD-Erhebung über Kirchenmitgliedschaft, Gütersloh 2015.
Berger, Rupert: Pastoralliturgisches Handlexikon. Das Nachschlagewerk für alle Fragen zum Gottesdienst, Freiburg/Br. u.a. ³2005.
Bibel in gerechter Sprache, hrsg. von Ulrike Bail u.a., 4., erw. u. verb. Aufl., Gütersloh 2011.
Bieritz, Karl-Heinrich: Liturgik, Berlin/New York 2004.
Bizer, Christoph: Kirchgänge im Unterricht und anderswo. Zur Gestaltungwerdung von Religion, Göttingen 1995.
Bizer, Christoph: „Liturgie" als religionsdidaktische Kategorie, in: Neijenhuis, Jörg (Hrsg.), Liturgie lernen und lehren. Aufsätze zur Liturgiedidaktik [Beiträge zu Liturgie und Spiritualität 6], Leipzig 2001, 95–118.
Bobert, Sabine, Predigten hören reicht nicht Ein evangelisches Plädoyer für geistliche Übungen im Alltag, in: Reformierte Presse 32/33 (10. August 2012), 13.
Bock, Bettina M.: Anschluss ermöglichen und die Vermittlungsaufgabe ernstnehmen, in: Didaktik Deutsch 20.38 (2015), 9–17.
Bock, Bettina M.: Im Spannungsfeld zwischen Vermeiden und Zumuten. „Leichte Sprache" in religiöser Kommunikation, in: epd-Dokumentation 40–41 (2021), 13–17.
Bock, Bettina M.: „Leichte Sprache" – kein Regelwerk. Sprachwissenschaftliche Ergebnisse und Praxisempfehlungen aus dem LeiSa-Projekt [Kommunikation – Partizipation – Inklusion 5], Berlin 2019.
Bock, Bettina M.: „Leichte Sprache". Abgrenzung, Beschreibung und Problemstellung aus Sicht der Linguistik, in: Jekat, Susanne u.a. (Hrsg.), Sprache bar-

rierefrei gestalten. Perspektiven aus der angewandten Linguistik [TransÜD 69], Berlin 2014, 17–52.
Bock, Bettina M./Fix, Ulla/Lange, Daisy (Hrsg.): „Leichte Sprache" im Spiegel theoretischer und angewandter Forschung [Kommunikation – Partizipation – Inklusion 1], Berlin 2017.
Bock, Bettina M.: Zwischen Vermeiden und Zumuten. Ein Blick auf die „Leichte Sprache" in religiöser Kommunikation, in: Zeitzeichen 22.1 (2021), 33–36.
Böhlemann, Peter u.a. (Hrsg.): Lieder zwischen Himmel und Erde. Das Liederbuch, Düsseldorf ³2008.
Bredel, Ursula/Maaß, Christiane: Arbeitsbuch Leichte Sprache. Übungen für die Praxis mit Lösungen [Sprache im Blick], Berlin 2016.
Bredel, Ursula/Maaß, Christiane: Leichte Sprache. Theoretische Grundlagen, Orientierung für die Praxis [Sprache im Blick], Berlin 2016.
Bredel, Ursula/Maaß, Christiane: Ratgeber Leichte Sprache. Die wichtigsten Regeln und Empfehlungen für die Praxis [Sprache im Blick], Berlin 2016.
Brinker, Klaus: Linguistische Textanalyse. Eine Einführung in Grundbegriffe und Methoden [Grundlagen der Germanistik 29], Berlin ⁵2001.
Brinker, Klaus/Cölfen, Hermann/Pappert, Steffen: Linguistische Textanalyse. Eine Einführung in Grundbegriffe und Methoden [Grundlagen der Germanistik 29], Berlin ⁸2014.
Brook, Peter: Der leere Raum (The empty space, 1968), übers. von Walter Hasenclever, Berlin ⁹2007.
Brower, Reuben Arthur (Hrsg.): On translation, Cambridge MA 1959.
Brunn, Frank Martin/Keller, Sonja (Hrsg.): Teilhabe und Zusammenhalt. Potentiale von Religion im öffentlichen Raum, Leipzig 2020.
Brunner, Emil: Die Frage nach dem „Anknüpfungspunkt" als Problem der Theologie, in: Zeichen der Zeit 10.6 (1932), 505–532.
Bubmann, Peter/Deeg, Alexander (Hrsg.): Der Sonntagsgottesdienst. Ein Gang durch die Liturgie, Göttingen 2018.
Büssing, Arndt: Empirische Zugänge zum Beten im Horizont von Krankheit und Gesundheit, in: Peng-Keller, Simon (Hrsg.), Gebet als Resonanzereignis. Annährungen im Horizont von Spiritual Care. Der Beitrag von Seelsorge zum Gesundheitswesen, Göttingen 2017, 111–128.
Bundesministerium für Arbeit und Soziales (Hrsg.): Teilhabebericht der Bundesregierung über die Lebenslagen von Menschen mit Beeinträchtigungen. Teilhabe – Beeinträchtigung – Behinderung, Bonn 2013.
Candussi, Klaus/Fröhlich, Walburga (Hrsg.): Leicht lesen. Der Schlüssel zur Welt [Leicht Lesen B1], Wien u.a. 2015.
Chomsky, Noam: Aspekte der Syntax-Theorie (Aspects of the theory of syntax, 1965), übers. von Ewald Lang, Frankfurt/M. 1969.
Dahlgrün, Corinna/Haustein, Jens (Hrsg.): Anmut und Sprachgewalt. Zur Zukunft der Lutherbibel. Beiträge der Jenaer Tagung 2012, Stuttgart 2013.
Dahm, Karl-Wilhelm: Beruf: Pfarrer. Empirische Aspekte zur Funktion von Kirche und Religion in unserer Gesellschaft, München 1971.

Daiber, Karl-Fritz: Grundriß der Praktischen Theologie als Handlungswissenschaft. Kritik und Erneuerung der Kirche als Aufgabe, München 1977.
Deeg, Alexander: Das äußere Wort und seine liturgische Gestalt. Überlegungen zu einer evangelischen Fundamentalliturgik [Arbeiten zur Pastoraltheologie, Liturgik und Hymnologie 68], Göttingen 2012.
Deeg, Alexander u.a.: Gottesdienst und Predigt – evangelisch und katholisch, Neukirchen-Vluyn/Würzburg 2014.
Deeg, Alexander: Das Kollektengebet. Ein Plädoyer, in: Lehnert, Christian (Hrsg.), „Denn wir wissen nicht, was wir beten sollen ..." Über die Kunst des öffentlichen Gebets [Impulse für Liturgie und Gottesdienst 1], Leipzig 2014, 38–48.
Deeg, Alexander/Plüss, David: Liturgik [Lehrbuch Praktische Theologie 5], Gütersloh 2021.
Deeg, Alexander: Art. „Skopus", in: Wischmeyer, Oda (Hrsg.), Lexikon der Bibelhermeneutik. Begriffe – Methoden – Theorien – Konzepte, München 2013, 555f.
Deml-Groth, Barbara/Dirks, Karsten (Hrsg.): Ernst Lange weiterdenken. Impulse für die Kirche des 21.Jahrhunderts, Berlin 2007.
Deutscher Evangelischer Kirchentag (Hrsg.): Berlin – Wittenberg 24.–28. Mai 2017. Programm, Fulda 2017.
Deutscher Evangelischer Kirchentag (Hrsg.): Bremen 20.–24.Mai 2009. Programm, o.O. 2009.
Deutscher Evangelischer Kirchentag (Hrsg.): Dortmund 19.–23. Juni 2019. Programm, Fulda 2019.
Deutscher Evangelischer Kirchentag (Hrsg.): freiTöne. Liederbuch zum Reformationssommer 2017, Kassel 2017.
Deutscher Evangelischer Kirchentag (Hrsg.): KlangFülle. Liederbuch zum 34. Deutschen Evangelischen Kirchentag Hamburg 2013, München 2013.
Domsgen, Michael/Schröder, Bernd (Hrsg.): Kommunikation des Evangeliums. Leitbegriff der Praktischen Theologie [APrTh 57], Leipzig 2014.
Drews, Paul: Das kirchliche Leben im Königreich Sachsen [Evangelische Kirchenkunde 1], Tübingen 1902.
Dupré, Louis: Symbole des Heiligen. Die Botschaft der Transzendenz in Sprache, Bild und Ritus (Symbols of the sacred), übers. und hrsg von Heinz Grosch, Freiburg/Br. 2007.
Ebach, Jürgen: Gott nicht allein lassen. Zwei alttestamentliche Fürbitten und die gegenwärtige liturgische Praxis. [Impulse für Liturgie und Gottesdienst 3], Leipzig 2020.
Ebach, Jürgen: „Übersetzen – üb' Ersetzen!" Von der Last und Lust des Übersetzens, in: BiKi 69.1 (2014), 2–7.
Ebeling, Gerhard: Wort Gottes und Tradition. Studien zu einer Hermeneutik der Konfessionen [KiKonf 7], Göttingen 1964.
Eco, Umberto: Lector in fabula. Die Mitarbeit der Interpretation in erzählenden Texten. Aus dem Ital. von Heinz-Georg Held, München 1987.
Eco, Umberto: Opera aperta. Forma e indeterminazione nelle poetiche contemporanee, Mailand ⁶2004 (= Das offene Kunstwerk, Frankfurt/M. ⁶1993).

Eco, Umberto: Eco, Umberto: Zeichen. Einführung in einen Begriff und seine Geschichte (Segno). Aus dem Ital. übers. von Günter Memmert, Frankfurt/M. (1977) ^{17}2016.

EGb 2020 = Evangelisches Gesangbuch. Agende für die Union Evangelischer Kirchen in der Evangelischen Kirche in Deutschland (UEK) und für die Vereinigte Evangelisch-Lutherische Kirche Deutschlands VELKD), überarb. Fassung, Leipzig/Bielefeld 2020.

Ehrich, Veronika: Das modale Satzadverb vielleicht. Epistemische (und andere?) Lesarten, in: Katny, Andrzej/Socka, Anna (Hrsg.): Modalität, Temporalität in kontrastiver und typologischer Sicht [Danziger Beiträge zur Germanistik 30], Frankfurt/M. 2010, 183–202.

Eisenberg, Peter: Grundriss der deutschen Grammatik 2: Der Satz, Stuttgart/Weimar ^{3}2006.

Engemann, Wilfried: Einführung in die Homiletik, 3. neu bearb. u. erw. Aufl., Tübingen 2020.

Engemann, Wilfried: Kommunikation des Evangeliums. Anmerkungen zum Stellenwert einer Formel im Diskurs der Praktischen Theologie, in: Domsgen, Michael/Schröder, Bernd (Hrsg.): Kommunikation des Evangeliums. Leitbegriff der Praktischen Theologie [APrTh 57], Leipzig 2014, 15–32.

Engemann, Wilfried: Semiotische Homiletik. Prämissen, Analysen, Konsequenzen [Textwissenschaft, Theologie, Hermeneutik, Linguistik, Literaturanalyse, Informatik 5], Tübingen/Basel 1993.

Engemann, Wilfried: Wider den redundanten Exzeß. Semiotisches Prinzip für eine ergänzungsbedürftige Predigt, in: ThLZ 115 (1990), 785–800.

Evangelische Kirchenkunde: Das kirchliche Leben der deutschen evangelischen Landeskirchen, 7 Bde, Tübingen 1902–1919.

Evangelische Studentengemeinde in Deutschland (Hrsg): Durch Hohes und Tiefes. Supplement zum Evangelischen Gesangbuch. 444 neue geistliche Lieder, hrsg. von Eugen Eckert u.a., München 2008.

Fallbrügg, Renate: Wie die Qualität in die Kirche kam, in: Fendler, Folker/Binder, Christian/Gattwinkel, Hilmar (Hrsg.), Handbuch Gottesdienstqualität, Leipzig 2017, 26–31.

Fauconnier, Gilles: Mappings in thought and language, Cambridge u.a. 1997.

Fauconnier, Gilles/Turner, Mark: The way we think. Conceptual blending and the mind's hidden complexities, New York NY 2002.

Fechtner, Kristian/Friedrichs, Lutz (Hrsg.): Normalfall Sonntagsgottesdienst? Gottesdienst und Sonntagskultur im Umbruch [PTHe 87], Stuttgart 2008.

Fendler, Folkert: Einleitung, in: Ders. (Hrsg.), Qualität im Gottesdienst. Was stimmen muss, was wesentlich ist, was begeistern kann. Gütersloh 2015, 11–18.

Fendler, Folkert/Binder, Christian/Gattwinkel, Hilmar (Hrsg.): Handbuch Gottesdienstqualität, Leipzig 2017.

Fendler, Folkert: Kundenhabitus und Gottesdienst. Zur Logik protestantischen Kirchgangs [Arbeiten zu Pastoraltheologie, Liturgik und Hymnologie 94], Göttingen 2019.

Fendler, Folkert (Hrsg.): Qualität im Gottesdienst. Was stimmen muss, was wesentlich ist, was begeistern kann. Gütersloh 2015.

Fischer, Arthur u.a. (Hrsg.): Jugend 2000. 2 Bde [Shell-Jugendstudie 13], Opladen 2000.

Fischer-Lichte, Erika: Ästhetik des Performativen, Frankfurt/M. 2004.

Fix, Ulla: „Schwere" Texte in „Leichter Sprache". Voraussetzungen, Möglichkeiten und Grenzen (?) aus textlinguistischer Sicht, in: Bock, Bettina M./Fix, Ulla/Lange, Daisy (Hrsg.), „Leichte Sprache" im Spiegel theoretischer und angewandter Forschung [Kommunikation – Partizipation -Inklusion 1], Berlin 2017, 163–188.

Fohrmann, Jürgen (Hrsg.): Rhetorik. Figuration und Performanz [Germanistische Symposien-Berichtsbände 25], Stuttgart/Weimar 2004.

Friedrich, Martin/Luibl, Hans Jürgen (Hrsg.): Glaubensbildung. Die Weitergabe des Glaubens im europäischen Protestantismus = Formation of faith. Handing on the faith in European protestantism. Im Auftrag des Rates der Gemeinschaft Evangelischer Kirchen in Europa, Leipzig 2012.

Fritsch-Oppermann, Sybille/Schröer, Henning (Hrsg.): Lebendige Liturgie. Texte, Experimente, Perspektiven, Gütersloh 1990.

Fritsch-Oppermann, Sybille/Schröer, Henning (Hrsg.): Lebendige Liturgie 2. Vom Kirchentag zum Kirchenalltag, Gütersloh 1992.

Fuchs, Monika E./Neumann, Nils: Bibeltexte in leichter Sprache zwischen Unterkomplexität und Exklusivität, in: Zeitschrift für Pädagogik und Theologie 71 (2019), 272–286.

Garhammer, Erich/Schöttler, Heinz-Günther (Hrsg.): Predigt als offenes Kunstwerk, Homiletik und Rezeptionsästhetik, München 1998.

Gaventa, Bill: Disability and spirituality. Recovering wholeness, Waco TX 2018.

Gehring, Hans-Ulrich: Schriftprinzip und Rezeptionsästhetik. Rezeption in Martin Luthers Predigt und bei Hans Robert Jauß, Neukirchen-Vluyn 1999.

Geiger, Michaela/Stracke-Bartholmai, Matthias (Hrsg.): Inklusion denken. Theologisch, biblisch, ökumenisch, praktisch [Behinderung – Theologie – Kirche 10], Stuttgart 2018.

Gidion, Anne: Er ist mein Hirte. Über Psalmen und Leichte Sprache im Gottesdienst, in: Joachim-Storch, Doris (Hrsg.), Du, höre! Psalmen entdecken – singen, beten, predigen [Materialbücher des Zentrums Verkündigung der EKHN 117], Frankfurt/M. 2012, 23–31.

Gidion, Anne: Gebet, in: Fendler, Folkert (Hrsg.), Qualität im Gottesdienst. Was stimmen muss, was wesentlich ist, was begeistern kann. Gütersloh 2015, 216–223.

Gidion, Anne/Arnold, Jochen/Martinsen, Raute (Hrsg.): Leicht gesagt! Biblische Lesungen und Gebete zum Kirchenjahr in leichter Sprache [gemeinsam gottesdienst gestalten 22], Hannover 2013.

Gidion, Anne/Hirsch-Hüffell, Thomas: Wenn wir stockender sprächen, in: Lehnert, Christian (Hrsg.), „Denn wir wissen nicht, was wir beten sollen" [Impulse für Liturgie und Gottesdienst 1], Leipzig, 2014, 54–67.

Glück, Alois u.a. (Hrsg.): Damit ihr Hoffnung habt. 2. Ökumenischer Kirchentag, 12.–16. Mai 2010 in München. Dokumentation, Gütersloh/Kevelaer 2011.
Gojny, Tanja: Kollektengebet. Artenschutz für eine bedrohte liturgische Spezies?, in: Bubmann, Peter/DEEG, Alexander (Hrsg.), Der Sonntagsgottesdienst. Ein Gang durch die Liturgie, Göttingen 2018, 129–134.
Gräb, Wilhelm u.a. (Hrsg.): Predigtstudien für das Kirchenjahr ..., Stuttgart u.a. 1968/69 ff.
Grethlein, Christian: Praktische Theologie, Berlin/Boston ²2016.
Grethlein, Christian/Ruddat, Günter (Hrsg.): Liturgisches Kompendium, Göttingen 2003.
Grice, Paul: Logic and Conversation, in: Cole, Peter/Morgan, Jerry L. (Hrsg.), Syntax and Semantics 3, San Diego u.a. 1975, 41–58.
Grözinger, Albrecht: Praktische Theologie als Kunst der Wahrnehmung, Gütersloh 1995.
Grözinger, Albrecht: Praktische Theologie und Ästhetik. Ein Beitrag zur Grundlegung der Praktischen Theologie. München ²1991 (1987).
Grözinger, Albrecht: Die Sprache des Menschen. Ein Handbuch. Grundwissen für Theologinnen und Theologen, München 1991.
Gumbrecht, Hans Ulrich: Diesseits der Hermeneutik. Die Produktion von Präsenz (Production of presence. What meaning cannot convey), übers. von Joachim Schulte, Frankfurt/M. 2004.
Gutermuth, Silke: Leichte Sprache für alle? Eine zielgruppenorientierte Rezeptionsstudie zu Leichter und Einfacher Sprache [Easy – plain – accessible 5], Berlin 2020.
Hafner, Johann/Enxing, Julia/Munzinger, André (Hrsg.): Gebetslogik. Reflexionen aus interkonfessioneller Perspektive [Beihefte zur Ökumenischen Rundschau 103], Leipzig 2016.
Harms, Silke: Glauben üben. Grundlinien einer evangelischen Theologie der geistlichen Übung und ihre praktische Entfaltung am Beispiel der „Exerzitien im Alltag" [Arbeiten zur Pastoraltheologie, Liturgik und Hymnologie 67], Göttingen 2011.
Hellinger, Marlis/Bierbach, Christine: Eine Sprache für beide Geschlechter. Richtlinien für einen nicht-sexistischen Sprachgebrauch, hrsg. von der Deutschen UNESCO-Kommission, Bonn 1993.
Hermelink, Jan: Die homiletische Situation. Zur jüngeren Geschichte eines Predigtproblems [APhT 24], Göttingen 1992.
Hermelink, Jan: Kirchliche Organisation und das Jenseits des Glaubens. Eine praktisch-theologische Theorie der evangelischen Kirche, Gütersloh 2011.
Hermelink, Jan: Der pastorale Zweifel und seine Darstellung. Zu einer Kriteriologie der Qualitätsbeschreibung pastoraler Arbeit, in: Lasogga, Mareile/Jahn, Christine/Hahn, Udo (Hrsg.): Zur Qualität pastoraler Arbeit. Eine Konsultation der Vereinigten Evangelisch-Lutherischen Kirche Deutschlands, Hannover 2010, 73–93.
Hirsch-Hüffell, Thomas: Die Zukunft des Gottesdienstes beginnt jetzt. Ein Handbuch für die Praxis, Göttingen 2021.

Hobbes, Thomas: Elementa philosophica de cive. Amsterdam 1657, 10.
Hurrelmann, Klaus/Albert, Mathias (Hrsg.): Jugend 2006. Eine pragmatische Generation unter Druck [Shell-Jugendstudie 15], Frankfurt/M. 2006.
Jakobson, Roman: On linguistic aspects of translation, in: Brower, Reuben Arthur (Hrsg.), On translation, Cambridge MA 1959, 232–239.
Jager, Cornelia: Gottesdienst ohne Stufen. Ort der Begegnung für Menschen mit und ohne geistige Behinderung [Behinderung – Theologie – Kirche 11], Stuttgart 2018.
Jekat, Susanne u.a. (Hrsg.): Sprache barrierefrei gestalten. Perspektiven aus der angewandten Linguistik [TransÜD 69], Berlin 2014.
Joachim-Storch, Doris (Hrsg.): Du, höre! Psalmen entdecken – singen, beten, predigen [Materialbücher des Zentrums Verkündigung der EKHN 117], Frankfurt/M. 2012.
Josuttis, Manfred: Der Weg in das Leben. Eine Einführung in den Gottesdienst auf verhaltenswissenschaftlicher Grundlage, Gütersloh ³2000.
Jüngel, Eberhard: Metaphorische Wahrheit. Erwägungen zur theologischen Relevanz der Metapher als Beitrag zur Hermeneutik einer narrativen Theologie, in: EvTh Sonderheft(1974), 71–122.
Kabel, Thomas: Handbuch Liturgische Präsenz 1. Zur praktischen Inszenierung des Gottesdienstes, Gütersloh ²2003.
Kabel, Thomas: Handbuch Liturgische Präsenz 2. Zur praktischen Inszenierung der Kasualien, Gütersloh 2007.
Kabel, Thomas: Übungsbuch Liturgische Präsenz, Gütersloh 2011.
Kellermann, Gudrun: Leichte und Einfache Sprache – Versuch einer Definition, in: APuZ 64.9–11 (2014), 7–10.
Klie, Thomas: „Daß Religion schön werde". Die performative Wende in der Religionspädagogik, in: Schlag, Thomas/Klie, Thomas/Kunz, Ralph (Hrsg.), Ästhetik und Ethik. Die öffentliche Bedeutung der Praktischen Theologie, Zürich 2007, 49–63.
Klie, Thomas/Langer, Markus J.: Evangelische Liturgie. Ein Leitfaden für Singen und Sprechen im Gottesdienst, Leipzig 2015.
Klie, Thomas: Fremde Heimat Liturgie. Ästhetik gottesdienstlicher Stücke [PTHe 104], Stuttgart 2010.
Klie, Thomas: Gottesdienst im Raum, in: Grethlein, Christian/Ruddat, Günter (Hrsg.): Liturgisches Kompendium, Göttingen 2003, 260–281.
Klie, Thomas: Gottesdienst lehren und lernen. Liturgie- und predigtdidaktische Schneisen, in: Bauer, Daniel u.a.: Von semiotischen Bühnen und religiöser Vergewisserung. Religiöse Kommunikation und ihre Wahrheitsbedingungen, FS M. Meyer-Blanck [Praktische Theologie im Wissenschaftsdiskurs 24], Berlin/Boston 2020, 205–216.
Klie, Thomas/Leonhard, Silke (Hrsg.): Performative Religionsdidaktik. Religionsästhetik – Lernorte – Unterrichtspraxis (PTHe 97), Stuttgart 2008.
Klie, Thomas: Zeichen und Spiel. Semiotische und spieltheoretische Rekonstruktion der Pastoraltheologie [Praktische Theologie und Kultur 11], Gütersloh 2003.

Knoblauch, Hubert: Populäre Religion. Auf dem Weg in eine spirituelle Gesellschaft, Frankfurt/M. u.a. 2009.
Knoblauch, Hubert: Religionssoziologie, Berlin u.a. 1999.
Köhler, Hanne: Gerechte Sprache als Kriterium von Bibelübersetzungen. Von der Entstehung des Begriffes bis zur gegenwärtigen Praxis, Gütersloh 2012.
Koll, Julia: Körper beten. Religiöse Praxis und Körpererleben [PTHe 85], Stuttgart 2007.
Kunz, Ralph: „Nichts ist ohne Sprache" (1.Kor 14,10). Kommunikation des Evangeliums einfach verständlich, in: epd-Dokumentation 40–41 (2021), 18–24, 23.
Lämmermann, Godwin: Praktische Theologie als kritische oder als empirisch-funktionale Handlungstheorie. Zur theologiegeschichtlichen Ortung und Weiterführung einer aktuellen Kontroverse [TEH NF 211], München 1981.
Lang, Katrin: Die rechtliche Lage zu Barrierefreier Kommunikation in Deutschland, in: Maaß, Christiane/Rink, Isabel (Hrsg.), Handbuch Barrierefreie Kommunikation [Kommunikation – Partizipation – Inklusion 3], Berlin 2019, 67–93.
Lange, Daisy: Der Genitiv in der „Leichten Sprache" – das Für und Wider aus theoretischer und empirischer Sicht, in: Zeitschrift für Angewandte Linguistik 70 (2019), 37–72.
Lange, Ernst: Chancen des Alltags. Überlegungen zur Funktion des christlichen Gottesdienstes in der Gegenwart [HCiW 8], Stuttgart/Gelnhausen 1965.
Lange, Ernst: Die verbesserliche Welt. Möglichkeiten christlicher Rede erprobt an der Geschichte vom Propheten Jona, Stuttgart 1968.
Lasch, Alexander/Liebert, Wolf-Andreas (Hrsg.): Handbuch Sprache und Religion [Handbücher Sprachwissen 18], Berlin/Boston 2017.
Lasch, Alexander: Transzendenz, in: Ders./Liebert, Wolf-Andreas (Hrsg.), Handbuch Sprache und Religion [Handbücher Sprachwissen 18], Berlin/Boston 2017, 241–265.
Lasch, Alexander: Zum Verständnis morphosyntaktischer Merkmale in der funktionalen Varietät „Leichte Sprache", in: Bock, Bettina M./Fix, Ulla/Lange, Daisy (Hrsg.), „Leichte Sprache" im Spiegel angewandter Forschung [Kommunikation – Partizipation -Inklusion 1], Berlin 2017, 275–299.
Lasogga, Mareile/Jahn, Christine/Hahn, Udo (Hrsg.): Zur Qualität pastoraler Arbeit. Eine Konsultation der Vereinigten Evangelisch-Lutherischen Kirche Deutschlands, Hannover 2010.
Latzel, Thorsten: Qualität von Gottesdiensten, in: Lasogga, Mareile/Jahn, Christine/Hahn, Udo (Hrsg.), Zur Qualität pastoraler Arbeit. Eine Konsultation der Vereinigten Evangelisch-Lutherischen Kirche Deutschlands, Hannover 2010, 95–110.
Lebenshilfe Bremen (Hrsg.): Leichte Sprache. Die Bilder, Bremen 2013.
Lechner, Silke (Hrsg.): Deutscher Evangelischer Kirchentag Bremen 2009. Dokumente, Gütersloh 2010.
Lechner, Silke/Düring, Friedemann (Hrsg.): Deutscher Evangelischer Kirchentag Dresden 2011. Dokumente, Gütersloh 2012.

Lechner, Silke/Stauff, Heide (Hrsg.): Deutscher Evangelischer Kirchentag Hamburg 2013. Dokumente, Gütersloh 2014.
Lechner, Silke/Urban, Christoph (Hrsg.): Deutscher Evangelischer Kirchentag Köln 2007, Dokumente, Gütersloh 2007.
Lechner, Silke/Stauff, Heide/Zeissig, Mario (Hrsg.): Deutscher Evangelischer Kirchentag Stuttgart 2015. Dokumente, Gütersloh 2016.
Lehnert, Christian (Hrsg.): „Denn wir wissen nicht, was wir beten sollen ..." Über die Kunst des öffentlichen Gebets [Impulse für Liturgie und Gottesdienst 1], Leipzig 2014.
Lehnert, Christian: Der Wächter. Zur Sprache der Fürbitten im Gottesdienst, in: Ebach, Jürgen, Gott nicht allein lassen. Zwei alttestamentliche Fürbitten und die gegenwärtige liturgische Praxis [Impulse für Liturgie und Gottesdienst 3], Leipzig 2020, 99–117.
Luckmann, Thomas: Die unsichtbare Religion, Frankfurt/M. 1991.
Lunk, Johanna: Das persönliche Gebet. Ergebnisse einer empirischen Studie im Vergleich mit praktisch-theologischen Gebetsauffassungen, Leipzig 2014.
Luther, Martin: Werke. Kritische Gesamtausgabe, Weimar 1883 ff. (= WA)
Marx, Dominic: Das Kano-Modell der Kundenzufriedenheit. Ein Modell zur Analyse von Kundenwünschen in der Praxis, Hamburg 2014.
Maaß, Christiane: Easy language – plain language – easy language plus. Balancing comprehensibility and acceptability [Easy – plain – accessible 3], Berlin 2020.
Maaß, Christiane/Rink, Isabel (Hrsg.): Handbuch barrierefreie Kommunikation [Kommunikation – Partizipation – Inklusion 3], Berlin 2019.
Maaß, Christiane: Leichte Sprache. Das Regelbuch [Barrierefreie Kommunikation 1], Berlin 2015.
Maaß, Christiane: Übersetzen in Leichte Sprache, in: Dies./Rink, Isabel (Hrsg.), Handbuch Barrierefreie Kommunikation [Kommunikation – Partizipation – Inklusion 3], Berlin 2019, 273–300.
Martin, Gerhard Marcel: Predigt als „offenes Kunstwerk"? Zum Dialog zwischen Homiletik und Rezeptionsästhetik, in: EvTH 44 (1984), 46–58.
Marx, Dominic: Das Kano-Modell der Kundenzufriedenheit. Ein Modell zur Analyse von Kundenwünschen in der Praxis, Hamburg 2014.
Meggle, Georg (Hrsg.): Handlung, Kommunikation, Bedeutung, Frankfurt/M. 1993.
Mersch, Dieter: Performativität und Ereignis. Überlegungen zur Revision des Performanz-Konzeptes der Sprache, in: Fohrmann, Jürgen (Hrsg.), Rhetorik. Figuration und Performanz [Germanistische Symposien-Berichtsbände 25], Stuttgart/Weimar 2004, 502–535.
Meyer, Peter: Predigt als Sprachgeschehen gelebt-religiöser Praxis. Empirisch-theologische Beiträge zur Sprach- und Religionsanalyse auf der Basis komparativer Feldforschung in Deutschland und in den USA [Praktische Theologie in Geschichte und Gegenwart 15], Tübingen 2014.
Meyer-Blanck, Michael: Agenda. Zur Theorie liturgischen Handelns [Praktische Theologie in Geschichte und Gegenwart 13], Tübingen 2013.

Meyer-Blanck, Michael: Das Gebet, Tübingen 2019.
Meyer-Blanck, Michael: Gebildete Routine und gelerntes Ritual, in: Ders., Agenda. Zur Theorie liturgischen Handelns [Praktische Theologie in Geschichte und Gegenwart 13], Tübingen 2013, 284–295.
Meyer-Blanck, Michael: Geleitwort, in: Kabel, Thomas, Handbuch Liturgische Präsenz 2. Zur praktischen Inszenierung der Kasualien, Gütersloh 2007, 9–10.
Meyer-Blanck, Michael: Gottesdienstlehre, Tübingen 2011.
Meyer-Blanck, Michael: Inszenierung und Präsenz. Zwei Kategorien des Studiums Praktischer Theologie, in: WzM 49 (1997), 2–16.
Meyer-Blanck, Michael: Liturgie und Liturgik. Der Evangelische Gottesdienst aus Quellentexten erklärt, 2. aktualis. Aufl. Göttingen 2009.
Meyer-Blanck, Michael: Rezension von Deeg, Das äußere Wort, in: ThLZ 137.6 (2012), 731–733.
Meyer-Blanck, Michael: Ritus und Rede, in: Deeg, Alexander u.a., Gottesdienst und Predigt – evangelisch und katholisch, Neukirchen-Vluyn/Würzburg 2014, 11–39.
Meyer-Blanck, Michael (Hrsg.): Die Sprache der Liturgie. Eine Veröffentlichung des Ateliers Sprache e.V., Braunschweig/Leipzig 2012.
Meyer-Blanck, Michael: Zeigen und Verstehen. Skizzen zu Glauben und Lernen, Leipzig 2018.
Mezger, Manfred: Die Sprache der Predigt, in: SThU 29 (1959), 106–121.
Nausner, Michael: Eine Theologie der Teilhabe [Reutlinger Beiträge zur Theologie 2], Leipzig 2020.
Neijenhuis, Jörg: Gottesdienst als Text. Eine Untersuchung in semiotischer Perspektive zum Glauben als Gegenstand der Liturgiewissenschaft, Leipzig 2007.
Neijenhuis, Jörg: Impressionen von der Übung in liturgischem Handeln: sprechen, singen, gehen, verbeugen..., in: Ders. (Hrsg.), Liturgie lernen und lehren, Leipzig 2001, 85–91.
Neijenhuis, Jörg: Die Lage der evangelischen liturgischen Aus- und Fortbildung im deutschsprachigen Raum – das Ergebnis einer Umfrage, in: Ders. (Hrsg.), Liturgie lernen und lehren. Aufsätze zur Liturgiedidaktik [Beiträge zu Liturgie und Spiritualität 6], Leipzig 2001, 13–25.
Neijenhuis, Jörg (Hrsg.): Liturgie lernen und lehren. Aufsätze zur Liturgiedidaktik [Beiträge zu Liturgie und Spiritualität 6], Leipzig 2001.
Neijenhuis, Jörg: Liturgik [Kompendien Praktische Theologie 5], Stuttgart 2020.
Newman, Barbara J.: Accessible gospel. Inclusive worship, Wyoming MI 2015.
Nicol, Martin, Der Weg im Geheimnis. Plädoyer für den evangelischen Gottesdienst, 3. erw. Aufl., Göttingen 2011.
Nisslmüller, Thomas: Homo audiens. Der Hör-Akt des Glaubens und die akustische Rezeption im Predigtgeschehen, Göttingen 2008.
Nordelbische Evangelische Lutherische Kirche (Hrsg.): Evangelisches Gesangbuch, Hamburg/Kiel 1994.
Peng-Keller, Simon (Hrsg.): Gebet als Resonanzereignis. Annährungen im Horizont von Spiritual Care [Theologische Anstöße 7], Göttingen u.a. 2017.

Peters, Frank: Inklusiv feiern. Anreizungen zu einem partizipativen Gottesdienst, in: Geiger, Michaela/Stracke-Bartholmai, Matthias (Hrsg.), Inklusion denken. Theologisch, biblisch, ökumenisch, praktisch [Behinderung – Theologie – Kirche 10], Stuttgart 2018, 279–291.

Peters, Frank: Agende und Gemeindealltag. Eine empirische Studie zur Rezeption des Evangelischen Gottesdienstbuches [PThe 117], Stuttgart 2011.

Pickel, Gert/Jaeckel, Yvonne/Yendell, Alexander: Der Deutsche Evangelische Kirchentag – Religiöses Bekenntnis, politische Veranstaltung oder einfach nur ein Event? Eine empirische Studie zum Kirchentagsbesuch in Dresden und Hamburg, Baden-Baden 2015.

Pickstock, Catherine: After Writing. On the liturgical consummation of philosophy [Challenges in contemporary theology], Oxford/Malden MA 1998.

Plessner, Helmuth: Die Stufen des Organischen und der Mensch. Einleitung in die philosophische Anthropologie, Berlin/New York ³1975.

Plüss, David: Gottesdienst als Textinszenierung. Perspektiven einer performativen Ästhetik des Gottesdienstes [Christentum und Kultur 7], Zürich 2007.

Pohl-Patalong, Uta: Gottesdienst erleben. Empirische Einsichten zum evangelischen Gottesdienst, Stuttgart 2011.

Pyka, Holger: Versteht man, was du liest? Praxisbuch für den Gottesdienst, Bielefeld 2016.

Preul, Rainer: Art. Volkskirche IV. Praktisch-theologisch, in: RGG⁴ 8, 2005, 1186.

Rammstedt, Beate (Hrsg.): Grundlegende Kompetenzen Erwachsener im internationalen Vergleich. Ergebnisse von PIAAC 2012, Münster u.a. 2013.

Ratzmann, Wolfgang (Hrsg.): Der Kirchentag und seine Liturgien. Auf der Suche nach dem Gottesdienst von morgen [Beiträge zu Liturgie und Spiritualität 4], Leipzig, 1999.

Rayner, Keith/Pollatsek, Alexander: The psychology of reading, Hillsdale NJ. u.a. 1989.

Reiß, Katharina/Vermeer, Hans J.: Grundlegung einer allgemeinen Translationstheorie [Linguistische Arbeiten 147], Tübingen ²1991.

Renner, Christiane: „....damit wir klug werden". Potentiale der Gemeinde-Bildungs-Prozesse beim Deutscher Evangelischen Kirchentag, in: PTh 107.3 (2018), 130–137.

Renner, Christiane: Phänomen Kirchentag. Event, Hybrid, Gemeinde? Praktisch-theologische Erkundungen [PTHe 173], Stuttgart 2020.

Richter, Olaf: Anamnesis – Mimesis – Epiklesis. Der Gottesdienst als Ort religiöser Bildung [APrTh 28]), Leipzig 2005.

Rosa, Hartmut: Resonanz. Eine Soziologie der Weltbeziehung, Berlin 2016.

Roth, Günther: Der Skopus eines Textes in Predigt und Unterricht, in: ZThK 62 (1967), 217–229.

Roth, Ursula: Die Theatralik des Gottesdienstes [Praktische Theologie und Kultur 18], Gütersloh 2006.

Rotzetter, Anton: Sprache an der Grenze zum Unsagbaren. Für eine zeitgemäße Gebetssprache in der Liturgie, Ostfildern 2002.

Runge, Rüdiger/Ueberschär, Ellen (Hrsg.): Fest des Glaubens – Forum der Welt. 60 Jahre Deutscher Evangelischer Kirchentag, Gütersloh 2009.
Sagert, Dietrich: Lautlesen. Eine unterschätzte Praxis [Kirche im Aufbruch 28], Leipzig 2020.
Schädler, Johannes/Reichenstein, Martin F.: „Leichte Sprache" und Inklusion. Fragen zu Risiken und Nebenwirkungen, in: Candussi, Klaus/Fröhlich, Walburga (Hrsg.): Leicht lesen. Der Schlüssel zur Welt [Leicht Lesen B1], Wien u.a. 2015, 39–61.
Schlag, Thomas/Klie, Thomas/Kunz, Ralph (Hrsg.): Ästhetik und Ethik. Die öffentliche Bedeutung der Praktischen Theologie, Zürich 2007.
Schleiermacher, Friedrich: Der christliche Glaube nach den Grundsätzen der evangelischen Kirche im Zusammenhang dargestellt (1821), Berlin ^{7}1960.
Schleiermacher, Friedrich: Die praktische Theologie nach den Grundsätzen der evangelischen Kirche, aus Schleiermachers handschr. Nachlasse u. nachgeschr. Vorlesungen hrsg. von Jacob Frerichs, Berlin (1850) 1983.
Schrader, Hans-Jürgen: Zwischen verbaler Aura und Umgangsdeutsch. Zur Sprachgestalt der Luther-Bibel und zur Problematik ihrer Revision, in: Dahlgrün, Corinna/Haustein, Jens (Hrsg.), Anmut und Sprachgewalt. Zur Zukunft der Lutherbibel. Beiträge der Jenaer Tagung 2012, Stuttgart 2013, 145–180.
Schröder, Bernd: In welcher Absicht nimmt die Praktische Theologie auf Praxis Bezug? Überlegungen zur Aufgabenbestimmung einer theologischen Disziplin, in: ZThK 98 (2001), 101–130.
Schroeter, Harald: „Denn die Lehre feiert auch, und die Feier lehrt." Prospekt einer liturgischen Didaktik [Wechsel-Wirkungen 36], Waltrop 2000.
Schroeter, Harald: Kirchentag als vor-läufige Kirche. Der Kirchentag als eine besondere Gestalt des Christseins zwischen Kirche und Welt [PTHe 13], Stuttgart u.a. 1993.
Schulz, Claudia/Meyer-Blanck, Michael/Spieß, Tabea (Hrsg.): Gottesdienstgestaltung in der EKD. Ergebnisse einer Rezeptionsstudie zum „Evangelischen Gottesdienstbuch" von 1999. Im Auftrag der Liturgischen Konferenz, Gütersloh 2011.
Schulz, Frieder: Einheit und Vielfalt der Gottesdienste. Gestaltungsimpulse für den Gottesdienst aufgrund des Strukturpapiers „Versammelte Gemeinde", in: WPKG 64(1975), 457–473.
Schuppener, Saskia/Bock, Bettina M.: Geistige Behinderung und barrierefreie Kommunikation, in: Maaß, Christiane/Rink, Isabel (Hrsg.), Handbuch Barrierefreie Kommunikation [Kommunikation – Partizipation – Inklusion 3], Berlin 2019, 221–247.
Schwier, Helmut: Die Erneuerung der Agende. Zur Entstehung und Konzeption des „Evangelischen Gottesdienstbuches" [Leiturgia NF 3], Hannover 2000, 149–159.
Seitz, Manfred: Beten lernen, lehren üben, in: Ders., Erneuerung der Gemeinde. Gemeindeaufbau und Spiritualität, Göttingen 1985, 83–94.

Siever, Holger: Übersetzen und Interpretation. Die Herausbildung der Übersetzungswissenschaft als eigenständige wissenschaftliche Disziplin im deutschen Sprachraum von 1960–2000, Frankfurt/M. u.a. 2010.
Stollberg, Dietrich: Was ist die theologische Basis geistlicher Begleitung? Ein kritischer Zwischenruf, in: PTh 99 (2010), 39–57.
Suhr, Ulrike: Lebendige Liturgie. Der Kirchentag zwischen Feier und Protest, in: Evangelische Stimmen 3 (2018), 23–26.
Thadden, Rudolf von: Vision und Wirklichkeit. Reinold von Thadden und der Kirchentag, in: Runge, Rüdiger/Ueberschär, Ellen (Hrsg.), Fest des Glaubens – Forum der Welt. 60 Jahre Deutscher Evangelischer Kirchentag, Gütersloh 2009, 12–16.
Theunissen, Georg: Pädagogik bei geistiger Behinderung und Verhaltensauffälligkeiten. Ein Kompendium für die Praxis, 4. neu bearb. u. erw. Aufl., Bad Heilbrunn 2005.
Tillich, Paul: Systematische Theologie 2, Stuttgart ³1958.
Tjarks-Sobhani, Marita: Leichte Sprache gegen schwer verständliche Texte, in: Technische Kommunikation 34.6 (2012), 25–30.
Ueberschär, Ellen (Hrsg.): Deutscher Evangelischer Kirchentag. Wurzeln und Anfänge, Gütersloh 2017.
Vermeer, Hans J.: Ein Rahmen für eine allgemeine Translationstheorie, in: Lebende Sprachen 23 (1978), 99–102.
Vögele, Wolfgang: Leichte Sprache – Schwerarbeit. Warum ´leichte Sprache´ kein religiöses Therapeutikum in post-christlicher Zeit sein kann, in: Deutsches Pfarrerblatt 114.2 (2014), 81–84.
Wagner, Susanne/Schlenker-Schulte, Christa: Textoptimierung von Prüfungsaufgaben. Handreichung zur Erstellung leicht verständlicher Prüfungsaufgaben, 2. überarb. Aufl. Halle (Saale) 2006.
Waldenfels, Bernhard: Topographie des Fremden [Studien zur Phänomenologie des Fremden 1], Frankfurt/M. ²1999.
Wöllenstein, Helmut: Vorwort, in: Kabel, Thomas: Handbuch Liturgische Präsenz 1. Zur praktischen Inszenierung des Gottesdienstes, Gütersloh ²2003, 9–14.
Wöllenstein, Helmut: Werkbuch Liturgische Präsenz nach Thomas Kabel, Gütersloh 2002.
Wöllstein, Angelika: Topologisches Satzmodell [Kurze Einführungen in die germanistische Linguistik 8], Heidelberg, 2010.
Zahrnt, Heinz: Glauben unter leerem Himmel. München/Zürich 2000.
Zethsen, Karen K.: Intralingual translation. An attempt at description, in: Meta 54 (2009), 795–812.

8.2 Internetquellen

Becker, Maria: „So was kurzes...!?" – Poesie und Einfachheit in der Kinderlyrik: www.leseforum.ch, online-Plattform für Literalität, 1/2019 (vom 18.1.2022)

Begleitband GER: 676999_GER_Begleitband_ANHANG_08_Ergaenzende Deskriptoren.pdf (vom 5.1.2022)

Bevollmächtigter des Rates – EKD: https://www.ekd.de/Bevollmaechtigte-10780.htm (vom 31.10.23)

BITV 2.0: Verordnung zur Schaffung barrierefreier Informationstechnik nach dem Behindertengleichstellungsgesetz (Barrierefreie Informationstechnik-Verordnung BITV 2.0). Berlin, 2011: http://www.gesetze-im-internet.de/bitv_2_0/BJNR184300011.html (vom 19.5.19)

Bundesministerium für Arbeit und Soziales (BMAS): BMAS – Bundesteilhabegesetz (vom 9.4.2022)

Bundesvereinigung Lebenshilfe: https://www.lebenshilfe.de/informieren/publikationen/ (vom 29.5.19) | https://www.lebenshilfe.de/shop/artikel/die-liebe-und-das-kleine-herz/ (vom 30.5.19)

Calvin Institute of Worship: What We Do (calvin.edu) (vom 3.3.3022)

Deutscher Evangelischer Kirchentag: www.dekt.de (vom 10.1.2022) | https://static.kirchentag.de/production/htdocs/fileadmin/dateien/zzz_NEUER_BAUM/Service/Downloads/Publikationen/DEKT37_Das_ist_der_Kirchentag_leichte_Sprache.pdf) (vom 5.3.2020) | https://www.kirchentag.de/ueber_uns/organisation/praesidialversammlung/ (vom 03.5.2020) | https://www.kirchentag.de/ueber_uns/kirchentag_barrierefrei/ (vom 15.3.2020) | https://www.kirchentag.de/ueber_uns/kirchentag_barrierefrei/geschichte.html (vom 9.2.2020) | Kirchentag in Leichter Sprache (vom 10.1.2022) | https://lebenshilfe-bremen.de/ (vom 9.2.2020) | https://www.evangelisches-gemeindeblatt.de/publikationen/evangelisches-gemeindeblatt/heftarchiv/detailansicht/leicht-kann-schwer-sein-1069/ (vom 15.3.2020)

DUDEN: https://www.duden.de/ (vom 16.07.19)

Einfache Bücher: https://einfachebuecher.de/ | https://einfachebuecher.de/WebRoot/Store21/Shops/95de2368-3ee3-4c50-b83e-c53e52d597ae/MediaGallery/Kataloge/Catalogus_Duitsland_2018_Leichte_Sprache_final.pd(vom 16.07.19)

Erkenntnis und Transfer: 2020_-_Erkenntnis_und_Transfer._Broschuere_Forschungsstelle_Leichte_Sprache_201209_RZ.pdf (uni-hildesheim.de) (vom 27.2.2022)

Erklärung zur Teilhabe behinderter Menschen: https://www.bmas.de/DE/Themen/Teilhabe-Inklusion/erklaerung-teilhabe-behinderter-menschen.html (vom 18.5.19)

Evangelische Kirche in Baden: Gebete in Leichter Sprache (ekiba.de) (vom 13.2.2022)

Internetquellen

Evangelische Kirche im Rheinland: http://www.ekir.de/pti/Downloads/Da-kann-ja-jeder-kommen.pdf (vom 21.1.2020)
Evangelium in Leichter Sprache: www.evangelium-in-leichter-sprache.de
Forschungsstelle Leichte Sprache: www.uni-hildesheim.de/leichtesprache (vom 30.1.2022)
Gemeinsamer Europäischer Referenzrahmen für Sprachen (GER): A: (europaeischer-referenzrahmen.de)
Gesetze im Internet: § 11 EGG – Einzelnorm (gesetze-im-internet.de)
Gesetze im Internet: https://www.gesetze-im-internet.de/bitv_2_0/BJNR184300011.html (vom 3.11.2019)
Inclusion Europe: Inclusion Europe, 2009: http://easy-to-read.eu/wp-content/uploads/2014/12/DE_Information_for_all.pdf (vom 16.07.19) | http://www.inclusion-europe.org/images/stories/documents/Project_Pathways1/DEInformation_for_all.pdf (vom: 07.09.2019)
Kamann, Matthias: https://www.welt.de/politik/deutschland/article115791128/Der-Papa-und-Mama-Gott-muss-draussen-bleiben.html (vom 21.3.2020)
Kirche Inklusiv: Barrierefreiheit im Gottesdienst: www.kirche-inklusiv.de (vom 17.7.19) | www.netzwerk-kirche-inklusiv.de (vom 17.7.19) | www.netzwerk-kirche-inklusiv.de (vom 21.1.2020) | https://www.netzwerk-kirche-inklusiv.de/fileadmin/user_upload/baukaesten/Baukasten_Netzwerk_Kirche_Inklusiv/Dokumente/Impulse_fuer_einen_inklusiven_Gottesdienst_Endfassung.pdf (vom 21.1.2020)
Leichte Sprache auf Finnisch: www.selkokeskus.fi
Leichte Sprache auf Schwedisch: „Lättlast" (leicht zu lesen)-Center für Schwedisch http://papunet.net/ll-sidor (vom 10.1.2022)
Leichte Sprache im Arbeitsleben (LEISA): Online (Fassung 2018): http://ul.qucosa.de/api/qucosa%3A31959/attachment/ATT-0/ (vom 20.1.2022)
Maaß, Christiane: www.christiane-maass.de/leichte-sprache-2.html (vom 16.7.19)
Mensch Zuerst: http://www.menschzuerst.de/pages/startseite/wer-sind-wir/verein.php (vom 16.7.19)
Nachrichten in Leichter Sprache im NDR-Fernsehen: https://www.ndr.de/fernsehen/service/leichte_sprache/index.html (vom 12.11.20).
Netzwerk Capito: http://www.capito.eu/de/Ueber_uns/Netzwerke/Europaeische_Netzwerke/ (vom 16.7.19)
Netzwerk Leichte Sprache: https://www.leichte-sprache.org/ (vom 16.7.19) | http://www.leichte-sprache.de/dokumente/upload/21dba_regeln_fuer_leichte_sprache.pdf (vom 16.7.19) | http://www.leicht-gesagt.de/ (vom 10.1.2022)
Northwest Territories Literacy Council | NWTLiteracy: https://www.nwtliteracy.ca (vom 29.1.2022)
1. Ökumenischer Kirchentag: www.oekt.de (vom 10.1.2022)
Passanten Verlag: https://www.passanten-verlag.de/lesen/ (vom 15.7.19)
Pastoralkolleg Ratzeburg: www.pastoralkolleg-rz.de (vom 9.4.2022)

Plain Language: http://www.plainlanguage.gov/howto/guidelines/PresMemo-Guidelines.cfm (vom 29.1.2022)

Plain Language Network: What is plain language? – Plain Language Association International (PLAIN) (plainlanguagenetwork.org) (vom 29.1.2022) | www.plainlanguagenetwork.org (vom 29.1.2022) | www.plainlanguage.gov (vom 29.1.2022) | http://clad.tccld.org/plain-language-guides/ (vom 29.1.2022) | Plain language around the world – Plain Language Association International (PLAIN) (plainlanguagenetwork.org) (vom 29.1.2022)

Programme for International Student Assessment (PISA): Aktuelles – PISA (tum.de) (vom 5.1.2022)

Programme for the International Assessment of Adult Competencies (PIAAC): PIAAC Home (gesis.org) (vom 5.1.2022)

Schmidt, Rainer: https://www.schmidt-rainer.com/ (vom 03.5.2020)

Snow, Katie: www.disabilityisnatural.com (vom 18.9.2018)

Sturm, Florian: Einfach schwer. Medienangebote in Leichter und Einfacher Sprache sollen Menschen mit Lese- und Lernschwierigkeiten helfen, aber auch solchen, die Deutsch lernen wollen. Funktioniert das? In: SZ-Online, 3. Dezember 2018, 18:32 Uhr, Presse und Rundfunk – Einfach schwer – Medien – SZ.de (sueddeutsche.de) (vom 10.1.2022)

Teilhabebericht der Bundesregierung über die Lebenslagen von Menschen mit Beeinträchtigungen 2016: https://www.agsv.bayern.de/wp-content/uploads/2018/07/Teilhabebericht_2017.pdf (vom 18.5.19)

The Common English Bible: https://www.bible.com/versions/37-ceb-common-english-bible (vom 22.3.2022)

UN-Behindertenrechtskonvention: Begriffsbestimmungen | UN-Behindertenrechtskonvention (vom 3.3.2022) | Behindertenrechtskonvention im historischen Kontext: https://www.behindertenrechtskonvention.info/die-behindertenrechtskonvention-im-historischen-kontext-3743/ (vom 30.5.2019) | Behindertenrechtskonvention Meinungsfreiheit: https://www.behindertenrechtskonvention.info/meinungsfreiheit-und-informationszugang-3879/ (vom 18.5.19) | Behindertenrechtskonvention englisch: https://www.un.org/development/desa/disabilities/convention-on-the-rights-of-persons-with-disabilities/article-9-accessibility.html (vom 3.3.2022) | https://www.bmas.de/SharedDocs/Downloads/DE/PDF-Publikationen/a990-rehabilitation-und-teilhabe-deutsch.pdf?__blob=publicationFile&v=8 (vom 10.10.2019) | https://www.bmas.de/DE/Service/Medien/Publikationen/a125-16-teilhabebericht.html (vom 30.5.2019) | https://www.bmas.de/DE/Service/Publikationen/Broschueren/a125-21-teilhabebericht.html (vom 31.10.23) | https://www.bmas.de/DE/Service/Medien/Publikationen/a775-zwischenbericht-nationaler-aktionsplan-un-behindertenrechtskonvention.html (vom 19.5.19) | https://www.behindertenrechtskonvention.info/meinungsfreiheit-und-informationszugang-3879/ (vom 30.5.19) | https://www.zivilpakt.de/meinungsfreiheit-3359/ (vom 16.7.19) | https://www.menschenrechtserklaerung.de/ (vom 16.7.19) | https://www.bmas.de/DE/Leichte-Sprache/leichte-sprache.html (vom 16.7.19)

UNESCO Gender Mainstreaming: http://www.unesco.org/new/fileadmin/MULTIMEDIA/HQ/ERI/pdf/UNESCO_Gender_Mainstreaming_Guidelines_for_Publications.pdf (vom 1.5.2020)

Universal Design for Learning: udl-guidelines-version-2-final-3.pdf (tri-c.edu) (vom 19.02.2022)

Universität Hildesheim | Fachbereich 3: Sprach- und Informationswissenschaften | Institut für Übersetzungswissenschaft & Fachkommunikation | Forschungsstelle Leichte Sprache: (uni-hildesheim.de) (vom 2.5.2022)

VELKD: Wochengebet zum 13. Sonntag nach Trinitatis 2018: www.velkd.de (vom 12.2.2022) | Wochengebet – VELK https://www.velkd.de/gottesdienst/wochengebet.php